L'EMPIRE
DU BRÉSIL

PARIS. — IMP. SIMON RAÇON ET COMP., RUE D'ERFURTH, 1.

Ch. Colin d'après J. Gagniet.

Imp. L. Chardon ainé Paris.

S. M. J. DOM PEDRO II

Empereur du Brésil.

L'EMPIRE
DU BRÉSIL

MONOGRAPHIE COMPLÈTE

DE

L'EMPIRE SUD-AMÉRICAIN

OUVRAGE DÉDIÉ A S. M. I. DOM PEDRO II

ET ORNÉ D'UN MAGNIFIQUE PORTRAIT DE CE SOUVERAIN

PAR

V. L. BARIL, COMTE DE LA HURE

PARIS

FERDINAND SARTORIUS, LIBRAIRE-ÉDITEUR

6, RUE JACOB, 6

—

1862

A

SA MAJESTÉ

L'EMPEREUR DU BRÉSIL

Sire,

Les bienveillantes et encourageantes paroles que Votre Majesté daigna m'adresser, en recevant mon écrit sur la *Colonisation du Brésil*, m'ont fait un devoir de poursuivre l'étude des renseignements les plus propres à faire connaître ce vaste et riche Empire.

L'idée de ce travail, conçue sous les auspices de Votre Majesté, Lui appartient tout entière, et

a

la dédicace de l'ouvrage où elle se trouve développée est un hommage qui Lui est dû...

Votre Majesté ne verra dans cette œuvre que
mon désir de servir les intérêts du Brésil, et de
prouver à Son Auguste Souverain ma profonde
gratitude. Les imperfections du travail s'effaceront
devant l'utilité e l'élévation du but.

Je suis, avec un profond respect,

Sire,

De Votre Majesté Impériale,

Le très-humble et très-obéissant serviteur.

V. L. Baril, Comte de la Hure.

LISTE DES SOUSCRIPTEURS

MM.	Exemplaires.
Le commandeur Agostinho Bezerra de Silva Cavalcanti.	1
Le commandeur Antonio Carlos de Pinho Borges.	1
Le commandeur docteur Silveiro Cavalcanti d'Albuquerque.	1
Le commandeur Thomaz-José da Silva Gusmão.	1
Le commandeur docteur João-José Ferreira d'Aguiar.	1
Le commandeur Domingos-Affonso Nery Ferreira.	1
Le commandeur Luiz-Francisco de Barros Rego.	1
Le commandeur José-Francisco de Barros Rego.	1
Le commandeur Manoel Pires Ferreira.	1
Le commandeur João de Sá e Albuquerque.	1
Le commandeur Gustavo-José do Rego.	1
Le chevalier Victoriano de Sá e Albuquerque.	1
Le chevalier Manoel do l'ego Barros de Souza Leão.	1
Antonio Pereira da Camara Lima.	1
Francisco Pedros Soares Brandão.	1
Le docteur Luiz-Felippe de Souza Leão.	1
Manoel de Souza Leão Junior.	1
João-Marinho de Souza Leão.	1
Le docteur Augusto Cavalcanti de Souza Leão.	1
Christovão de Barros Rego.	1
Ernesto de Carvalho Paes de Andrade.	1
Lourenço de Sá e Albuquerque.	1
Manoel de Barros Accyoli Luis.	1
Pedro de Barros Uchòa Cavalcanti.	1
Domingos de Souza Leão Junior.	1
Le docteur Pires Campello.	1
Le docteur Nascimento Portella.	1
Felizmino-Muniz Barreto.	1
Callaça.	1
Antonio Moreira de Castilho Junior.	1
H. de Vernon de Saint-Bruno, di-	

MM.	Exemplaires.
recteur des postes	10
José da Silveira Sampaio.	1
A. de Rouville.	4
Le commandeur docteur Leite de Castro.	5
Odorico Mendes.	1
J. A. Coqueiro.	1
Jansen Pereira.	1
J. C. Rodrigues.	1
Dona Navarro d'Andrade.	1
Miguel-Gonçalves da Cunha.	20
Henrique Velloso d'Oliveira.	1
Rodrigues Pereira.	1
E. C. de Attaide Moncorvo.	1
Le chevalier de Drummond.	2
Le docteur B. J. Martins.	2
Silva Castro.	2
J. C. da Silva.	4
J. F. Pereira de Barros.	4
Jules Mathey, du Havre.	1
Bibliothèque de la ville de Marseille.	1
Chambre de commerce de Marseille.	2
Chambre de commerce de La Rochelle.	1
F. P. Ferreira d'Amorim.	1
Madame Brulay, née de Vernon de Saint-Bruno.	1
Mullier Doval et Cie, de Paris.	1
J. Soubry, de Paris.	1
Cercle de commerce de Bordeaux.	4
Chambre de commerce de Bordeaux.	1
Edward Wilson.	2
Le chevalier J. B. Barla, vice-consul du Brésil à Nice.	1
Le chevalier J. Ribeiro da Silva, ministre du Brésil en Russie.	1
Antoine Tornaghi, de Nice.	1
Chambre de commerce de Dieppe.	2
Chambre de commerce de Dunkerque.	1
Chambre de commerce de Rouen.	1
Chambre de commerce de Bòne.	3
Bibliothèque de la ville de Douai.	1
Tailliar, conseiller à la cour d'appel de Douai.	1
Madame Céret, imprimeur à Douai	1

PRÉFACE

Tant d'ouvrages ont été publiés sur le Brésil, qu'il peut sembler surabondant d'en écrire encore, surtout quand on pense au remarquable talent avec lequel des écrivains renommés se sont occupés de ce pays. Toutefois, un ouvrage purement pratique, faisant connaître ce qu'est le Brésil, les ressources immenses qu'il offre à l'activité humaine et celles que l'avenir en tirera, nous a paru susceptible de quelque intérêt et nous nous sommes décidé à écrire ce livre. Puissions-nous n'avoir pas trop présumé de nos forces, et obtenir l'indulgence du lecteur pour les imperfections qu'il rencontrera dans cette œuvre.

Si nous avons un titre à la confiance du public, c'est notre séjour au Brésil et l'authenticité des documents dont nous nous sommes servi.

Notre écrit se base surtout sur des notes prises au Brésil même, sur des souvenirs tout récents, et, de tout ce que nous rapportons, nous pourrions dire avec la Fontaine : « J'étais là, telle chose m'advint. »

Une longue maladie a retardé cette publication ; néanmoins les données statistiques qui y sont contenues, sont les plus récentes qui puissent être fournies sur le Brésil.

La bienveillante et amicale initiative de M. João-Francisco-Xavier Paes Barreto et de M. de Castilho a puissamment contribué à la publication de ce travail, nous leur en exprimons ici toute notre reconnaissance.

Nous remercions vivement des renseignements et des conseils qu'ils nous ont toujours donnés avec une rare complaisance, M. Ratton, Secrétaire de l'Ambassade Brésilienne à Paris ; M. Darondeau, Conservateur des Cartes et Plans du Dépôt de la Marine ; l'honorable et regretté marquis de Mont'-Alegre, qui fut l'un des hommes les plus éminents de l'empire brésilien ; M. le vicomte de Maranguape, Sénateur et Conseiller d'État, dont les entretiens nous ont toujours été si profitables; M. Taunay, Consul-Chancelier de la Légation de France à Rio-de-Janeiro; M. le Sénateur Borges Monteiro, Président de l'Association centrale de Colonisation; M. Sergio Teixeira de Macedo, alors Ministre de l'Empire; M. João de Souza Mello e Alvim, Major du Corps des Ingénieurs dans la Province de Santa-Catharina; M. Antonio Coelho de Sá e Albuquerque, alors Président de la Province de Pará et depuis Ministre.

Nous ne saurions omettre notre ami M. Rodrigues Ferreira, Chambellan de S. M. l'Empereur et ancien propriétaire de la Ligne intermédiaire des Bateaux à vapeur du Sud, qui nous a fourni de nombreuses données statistiques.

Nous devons aussi un tribut de cordiale reconnaissance aux colons de Dona-Francisca, dont l'affection et le dévouement ont été sans bornes pour nous, et à leur digne et excellent Curé M. Carlos Boegershausen.

Les premiers chapitres de ce livre sont consacrés à la description du pays, des races qui l'habitent et à ses divisions administratives.

Pour la description des côtes, nous nous sommes servi des cartes et des documents les plus nouveaux et des relations des navigateurs. La liste des phares, dont nous n'avons trouvé aucune publication, nous a été communiquée au Ministère de la Marine à Rio-de-Janeiro.

Les frontières de terre, qui n'ont pas encore été décrites, ne nous sont connues que par les traités de limites entre le Brésil et les États voisins.

Nous avons consacré quelques pages à faire connaître les conditions du climat et les maladies les plus fréquentes.

Les cours d'eau, dont l'importance est considérable, ont été l'objet de notre attention particulière, et nous avons spécialement décrit les plus remarquables.

Après un chapitre consacré aux montagnes; nous avons sommairement indiqué les richesses minérales, leur importance et leur immense variété.

Les animaux sauvages, les reptiles, les oiseaux, etc., sont mentionnés avec quelques détails.

Nous avons apporté un soin particulier à faire connaître les plantes utiles du pays; la liste en est longue, mais nous espérons que le lecteur y trouvera des renseignements précieux à divers points de vue.

Les plantes cultivées et l'agriculture sont décrites avec toute l'exactitude que nous avons pu y apporter.

La question agricole étant la première de toutes celles qui intéressent le Brésil, les détails, quelquefois minutieux, ne nous ont pas paru sans utilité.

Nous avons donné les prix des divers produits brésiliens, et des principales marchandises que l'Ancien-Monde fournit au Brésil. Nous avons dit quelques mots du commerce et de la douane, pensant que ces matières, qui se lient par tant de points à l'agriculture, ne pouvaient mieux trouver leur place qu'à la suite de cette question.

La colonisation a été ensuite l'objet de notre examen. En décrivant les moyens de fournir des bras à l'agriculture, nous avons fait ressortir la convenance de donner une grande extension à la publicité des actes du gouvernement, au sujet de la colonisation ; publicité de nature à faire pénétrer, surtout dans les classes agricoles, la connaissance du Brésil et de ses incalculables ressources.

Les divisions politiques du gouvernement, sa force armée, sa marine, son budget, sa dette, ont fait ensuite l'objet d'un chapitre.

Dans un autre, nous avons sommairement décrit les villes principales de l'Empire Brésilien ; ce chapitre est à lui seul tout un livre,

Enfin, dans un dernier chapitre, nous nous somme occupé des mœurs, des habitations et des coutume religieuses.

C'est un devoir pour nous que de citer les ouvrages dont la lecture nous a été le plus profitable et dont les renseignements ont quelquefois modifié les nôtres, ce sont :

Voyage de l'Uranie, par M. Freycinet.

Le *Brésil*, par M. F. Denis. *Univers pittoresque*.

History of the Brazil, par J. Henderson, Londres, 1821, in-4°.

Corographia Brasilica, par A. de Cazal, Rio-de-Janeiro, 1817, in-4°.

Tratado completo de Cosmographia e Geographia historica, physica e commercial, antiga e moderna, par Casado Giraldes, Paris, 1825, 6 vol. in-4°.

Journal of a voyage to Brazil, par Maria Graham, Londres, 1824.

The influence of tropical climates, par Martin.

Les *Deux Amériques*, par X. Eyma, in-8°.

Historia do Brasil desde o seu descobrimento, por Pedro Alvarez Cabral até a abdicação do imperador D. Pedro I, par F. S. Constancio, Paris, 1859.

Historia navigationis in Brasiliam, quæ et America

dicitur, a J. Lerio gallicè scripta, Genevæ, 1586, in-8°.

Cartes du Dépôt des Cartes et Plans de la Marine, porte-feuilles 165 et 166, atlas de l'Amérique méridionale.

Enfin, au moment où l'impression de ce livre touchait à sa fin, on nous a communiqué l'ouvrage de M. le Dr Robert Avé Lallemant, ayant pour titre : *Reise durch Süd Brasilien*, Leipzig, 1859.

L'EMPIRE
DU BRÉSIL

I

DÉCOUVERTE, ÉTENDUE, LIMITES, SITUATION, POPULATION, DIVISIONS

DÉCOUVERTE. — Le Brésil fut découvert, le 24 avril 1500, par Pedro Alvarès Cabral, qui en prit possession, le 3 mai suivant, au nom du Portugal.

ÉTENDUE. — Cette contrée s'étend entre 37° et 75° de longitude Ouest, 4°,17′ latitude Nord et 55° latitude Sud, comprenant ainsi la portion de l'Équateur qui se trouve entre 58° et 75° de longitude Ouest de Paris. Elle mesure quatre mille kilomètres de longueur et trois mille cinq cents kilomètres dans sa plus grande largeur. Sa superficie totale est de sept millions cinq cent seize mille huit cent quarante kilomètres carrés [1],

[1] Plus de quatorze fois l'étendue de la France.

plus des deux cinquièmes de l'Amérique méridionale. Les rivages et les sinuosités de la mer lui donnent six mille cinq cents kilomètres de côtes.

LIMITES. — Ses limites actuelles sont : au Nord, les Guyanes française, anglaise et hollandaise, la République de Colombie; à l'Est, l'Océan Atlantique septentrional et méridional ; au Sud, la République de l'Uruguay ; à l'Ouest, les Provinces-Unies du Rio de la Plata, le Paraguay, la Bolivie ou Haut-Pérou, le Pérou, la Nouvelle-Grenade et la République de l'Équateur.

SITUATION. — Le Brésil est la contrée du monde la plus fertile et la plus agréablement située. Les productions les plus variées y prennent naissance ; dans le voisinage de l'Équateur, des fleuves innombrables et des vents fréquents tempèrent la chaleur. L'intérieur du Brésil n'est, pour ainsi dire, qu'une immense et impénétrable forêt, qui oppose aux colons les plus grandes difficultés; il est sillonné d'une grande quantité de montagnes, au centre desquelles se trouve un immense plateau dénué d'arbres, n'offrant que des terres légères ou des sables, dont l'aspect rappelle celui des vagues de la mer; on n'y trouve d'autre végétation que de rares graminées, à tige mince, de trente à quarante centimètres de hauteur, dont les feuilles petites et rondes ont la forme de lancettes. C'est dans les montagnes, qui forment ce vaste plateau, que naissent toutes les rivières qui se jettent dans l'Amazone et le Paraná, et divers cours d'eau chargés d'or, ou roulant leurs eaux sur des diamants.

Les forêts du Brésil sont si vastes, la variété des bois y est telle, qu'on pourrait aisément construire des flottes immenses. De nombreux végétaux fournissent des résines, des teintures recherchées, des matières textiles, etc. Les incalculables richesses des forêts brésiliennes sont à peine soupçonnées par les habitants, et le jour où le gouvernement de ce vaste empire voudrait en faire ou en faire faire l'exploitation pour son compte, et en consacrer le produit à sa marine, il ne tarderait pas à devenir l'une des plus puissantes nations maritimes du globe.

DIVISION EN PROVINCES. — L'empire brésilien est divisé en vingt provinces, à la tête de chacune desquelles se trouve un Président, nommé par le pouvoir central et chargé de le représenter.

Ces provinces sont :

	CAPITALES.
Alagôas.	Maceió ou Maçayó ou Maceyó.
Amazonas.	Manios ou Barra-do-Rio-Negro.
Bahia.	São-Salvador-da-Bahia-de-Todos-os-Santos ou simplement Bahia.
Ceará.	Fortaleza ou Ceará ou Forte-da-Assumpção ou Fortaleza-da-Nova-Bragança.
Espirito-Santo	Espirito-Santo ou Nossa-Senhora-da-Victoria ou Victoria.
Goyáz.	Villa-Boa ou Goyáz.
Maranhão.	São-Luiz ou Maranhão.
Matto-Grosso.	Matto-Grosso ou Villa-Bella.
Minas-Geraes.	Villa-Rica ou Ouro-Preto.
Pará.	Pará ou Santa-Maria-de-Belem ou Belem.
Parahyba-do-Norte.	Parahyba-do-Norte.
Paraná.	Curityba ou Coritiba.
Pernambuco.	Recife de Pernambuco[1].
Piauhy.	Oeiras ou Mocha.
Rio-Grande-do-Norte.	Natal.

[1] La ville, nommée en France Pernambuco, se compose de trois parties formant tro villes distinctes : Recife, Santo-Antonio et Boa-Vista.

CAPITALES.

Rio-de-Janeiro.	Nictheroy.
Santa-Catharina.	Nossa-Senhora-do-Desterro.
São-Paulo.	São-Paulo.
São-Pedro-do-Rio-Grande-do-Sul.	Porto-Alegro.
Sergipe.	Sergipe-d'El Rei.

POPULATION. — La population, d'après les sources les plus officielles, se trouve répartie de la manière suivante :

Alagôas.	204,200	habitants.
Amazonas.	43,913	—
Bahia.	1,100,000	—
Ceará.	587,000	—
Espirito-Santo.	51,500	—
Goyaz.	160,000	—
Maranhão.	360,000	—
Matto-Grosso.	85,000	—
Minas-Geraes.	1,500,000	—
Pará.	207,400	—
Parahyba-do-Norte.	209,500	—
Paraná.	72,400	—
Pernambuco.	950,000	—
Piauhy.	154,400	—
Rio-Grande-do-Norte.	190,000	—
Rio-de-Janeiro.	1,200,000	—
Santa-Catharina.	114,597	—
São-Paulo.	500,000	—
São-Pedro-do-Rio-Grande-do-Sul. . .	282,547	—
Sergipe.	185,600	—
Population totale du Brésil. . . .	7,755,657[1]	habitants.

La majorité de cette population est condensée sur les côtes de l'Océan Atlantique. Ce fait tient à la fois à l'esprit commerçant de la nation et à la nécessité,

[1] Ce chiffre présente une population moyenne de un habitant par kiomètre carré.

1

pour le Brésil, d'envoyer ses produits sur les marchés de l'ancien monde et des États-Unis. Dans ces conditions, l'exploitation du littoral présente de grands avantages, et ce sera seulement à mesure qu'on établira des routes, s'éloignant des côtes, pour pénétrer au cœur du pays, et que les communications seront rendues faciles, qu'on verra des agglomérations nouvelles et nombreuses se former loin de la mer, pour tirer parti des richesses du sol de l'intérieur.

DIVISIONS ADMINISTRATIVES. — Chaque province est divisée en Comarcas [1], Municipios [2] et Districtos [3] sous le rapport administratif ; en Termos [4], Delegacias, Sub-delegacias et Districtos de Paz pour l'administration de la justice ; en Parochias ou Freguezias [5] sous le rapport ecclésiastique ; enfin quelquefois en Circulos [6] au point de vue agricole et commercial. Les noms de Districtos et de Circulos s'emploient encore pour les divisions électorales.

Province das Alagôas.

VILLES PRINCIPALES.

Alagôas.
Anadia.
Atalaia ou Atalaya.
Barra-de-São-Miguel.
Imperatriz [7] ou Villa-Nova.
Jaraguá.
Maceió ou Maçayó ou Maceyó.
Matta-Grande [8].
Palmeira-dos-Indios.
Passo [9]-do-Cammaragiba.

Penedo [10].
Porto-Calvo [11] ou Bom-Successo.
Porto-das-Pedras [12].
Porto-Francez.
Poxim.
Santa-Luzia ou Alagôa-do-Norte.
Santo-Antonio-Mirim ou Trahipú.
São-Miguel.
Villa-Nova-da-Assembléa.

---

[1] Cantons. — [2] Municipalités. — [3] Districts. — [4] Districts. — [5] Paroisses. — [6] Cercles. — [7] Impératrice. — [8] Forêt grande. — [9] Passage. — [10] Bloc de pierres. — [11] Port chauve. — [12] Port de pierres.

Province do Amazonas.

TROIS COMARCAS.

Campo-Maior[1].   Parintins.   Solimões.

Cette province comprend huit Municipios. Ses villes principales sont :

Avellos ou Coary ou Cuari.
Barcellos.
Borba.
Crato.
Ega ou Teffé.
Lamalonga.
Luzéa.
Mabbá.
Manáos ou Barra-do-Rio-Negro.
Marippi ou Santo-Antonio-de-Maripi.

Moreira.
Moura ou Moira.
Nogueira ou Traquatuhá.
São-José.
Serpa.
Silves.
Thomar.
Villa-Nova-da-Rainha.
Villa-Nova ou Villa-Vistosa-da-Madré-de-Deos.

Province de Bahia.

VINGT ET UNE COMARCAS.

COMARCAS.	MUNICIPIOS.
BAHIA.	Bahia.
CACHOEIRA.	Cachoeira[2]. Tapera. Maragogype.
SANTO-AMARO.	Santo-Amaro. Villa-de-São-Francisco[3].
NAZARETH..	Nazareth. Itaparica. Jaguaripe.
FEIRA-DE-SANT'ANNA..	Feira-de-Sant'Anna. Camisão.
INHAMBUPE.	Inhambupe-de-Cima. Purificação-dos-Campos. Alagoinhas.
JACOBINA.	Jacobina. Villa-Nova-da-Rainha[4].

[1] Grand Champ. — [2] Cascade. — [3] Ville de saint François. — [4] Ville neuve de la Reine

COMARCAS.	MUNICIPIOS.
JOASEIRO.	Joaseiro. Capim-Grosso. Sento-Sé.
MINAS-DO-RIO-DE-CONTAS.	Minas-do-Rio-de-Contas. Santa-Isabel-do-Paraguassú. Maracás. Lenções.
CAETITÉ.	Caetité. Imperial-Villa-da-Victoria [1].
CHIQUE-CHIQUE.	Chique-Chique. Pilão-Arcado. Remanso.
ABRANTES.	Abrantes. Matta-de-São-João [2]. Conde ou Villa-do-Conde [3].
RIO-DE-SÃO-FRANCISCO.	Villa-da-Barra [4].
URUBÚ.	Urubú. Carinhanha. Macaúbas. Monte-Alto [5].
MONTE-SANTO.	Monte-Santo [6]. Geremoabo.
VALENÇA.	Valença. Santarém. Cayrú. Taperoá.
CARAVELLAS.	Caravellas. Villa-Viçoza [7]. Alcobaça.
CAMAMÚ.	Camamú. Marahú. Villa-da-Barra-do-Rio-de-Contas.
ILHÉOS.	Ilhéos [8].
ITAPICURÚ.	Itapicurú. Soure. Pombal. Tucano. Abbadia [9].

[1] Impériale Ville de la Victoire.— [2] Forêt de saint Jean. — [3] Ville du Comte.— [4] Ville de la Barre. — [5] Mont Haut, — [6] Mont Saint. — [7] Ville Feuillue. — [8] Ilots. — [9] Abbaye.

COMARCAS.   MUNICIPIOS.

PORTO–SEGURO . . . . {
Porto-Seguro[1].
Villa-Verde[2].
Belmonte.
Cannavieiras.

Province de Ceará.

VILLES PRINCIPALES.

Aquirás.
Aracaty ou Aracati.
Baturité ou Montemór–Velho.
Bom–Jardim ou Santo–Antonio–do–
Bom–Jardim.
Campo-Maior-de-Quixeramobim.
Cascavel[3].
Conceição-de-Meruóca.
Crato.
Fortaleza ou Ceará.
Granja[4].
Icó.

Montemór–o–Novo.
Riacho–do–Sangue.
São–Bernardo.
São–João–do–Principe.
São–Matheos.
São–Vicente–das–Lavras.
Sobral[5] ou Januaria.
Soure ou Caúcaia.
Viçosa.
Villa–da–Imperatriz ou São-José.
Villa–Nova–d'El–Rei ou Campo–
Grande.

Province de Espirito-Santo.

VILLES PRINCIPALES.

Aldea–Velha [6].
Almeida ou Reis-Magos.
Barra-de-São-Matheus [7].
Benevente.
Conceição-da-Serra.
Guarapary ou Guarapari.

Itapemirim.
Linhares [8].
São–Matheus ou São–Matheos.
Vianna.
Victoria [9] ou Espirito–Santo.

Province de Goyáz.

NEUF COMARCAS.

COMARCAS.   MUNICIPIOS.

GOYÁZ . . . . {
Goyáz ou Villa-Boa [10].
Jaraguá ou Nossa–Senhora–da–Penha–
de-Jaragua [11].
Pilar ou Nossa–Senhora–do–Pilar–do–
Ourofino [12].

[1] Port Sûr. — [2] Ville Verte. — [3] Grelot. — [4] Grange. — [5] Forêt de Chênes-liége. —
[6] Vieux Village. — [7] Barre de saint Matthiêu. — [8] Linières. — [9] Victoire. — [10] Ville
Bonne. — [11] Notre-Dame de la Roche de Jaragua. — [12] Notre-Dame du Pilier de l'Or fin.

COMARCAS.	MUNICIPIOS.
Rio-Maranhão	Meiaponte [1]. Corumbá. Trahiras. São-José-de-Tocantins.
Rio-Corumbá	Bomfim ou Nosso-Senhor-de-Bomfim [2]. Santa-Luzia [3]. Villa-Bella-do-Paranahyba.
Rio-Paranahyba-do-Sul	Catalão [4]. Santa-Cruz [5].
Rio-Paraná	Formosa ou Villa-Formosa-da-Imperatriz [6]. Flores [7]. São-Domingos [8].
Cavalcante	Calvacante. Arraias.
Palma	Palma. Conceição-do-Norte. Santa-Maria-de-Taguatinga.
Porto-Imperial	Porto-Imperial [9]. Natividade [10].
Boa-Vista	Boa-Vista.

Cette province est, en outre, divisée en cinquante-quatre Districts de l'az et en cinquante-trois Paro chias.

Province de Maranhão.

TREIZE COMARCAS.

Alcantara.
Alto-Mearim.
Brejo.
Carolina.
Caxias.
Chapada.
Guimarães.

Itapecurú-Mirim.
Pastos-Bons.
Rosario.
São-Luiz-de-Maranhão.
Tury-Assú.
Viana.

[1] Demi Pont. — [2] Notre Seigneur de Bonne Fin. — [3] Sainte Lucie. — [4] Catalan. — [5] Sainte croix. — [6] Belle Ville de l'Impératrice. — [7] Fleurs. — [8] Saint Dominique. — [9] Port Impérial. — [10] Nativité.

Les Municipios sont au nombre de vingt-huit :

Alcantara.

Anajatuba ou Santa-Maria-de-Ana-jatuba.

Brejo ou Nossa-Senhora-da-Concei-ção-de-Brejo.

Carolina ou São-Pedro-de-Alcantara-da-Carolina.

Caxias.

Chapada.

Codó.

Coroatá ou Nossa-Senhora-da-Pie-dade-de-Coroatá.

Cururupú.

Guimarães.

Icatú ou Nossa-Senhora-da-Concei-ção-de-Icatú.

Itapecurú-Mirim ou Nossa-Senhora-das-Dores-do-Itapecurú-Mirim.

Maranhão.

Mearim.

Paço-do-Lumiar. .

Passagem–Franca ou São-Sebastião-da-Passagem-Franca.

Pastos-Bons ou São-Bento-de-Pastos-Bons.

Riachão.

Rosario.

Santa-Helena.

São-Bento.

São-José.

São-Luiz-Gonzaga do-Alto-Mearim.

Tury-Assú ou São-Franscisco-Xavier-do-Tury-Assú.

Tutoya ou Nossa-Senhora-da-Concei-ção-da-Tutoya.

Vargem–Grande ou São-Sebastião-da-Vargem-Grande.

Viana.

Villa-Nova-da-Imperatriz.

Le nombre des Freguezias de la province de Maranhão est de cinquante-deux.

Les Circulos commerciaux et agricoles sont au nombre de douze :

Alcantara.

Anajatuba.

Caxias.

Guimarães.

Ilha-de-Maranhão.

Itapecurú.

Mearim.

Monim.

Pindaré.

Tury-Assú.

Tutoya.

Viana.

Province de Matto-Grosso.

VILLES PRINCIPALES.

Cuyabá ou Villa-Real-do-Senhor-Bom-Jesus.

Diamantina.

Matto-Grosso [1] ou Villa-Bella.

Paconé ou Poconé.

Villa-Maria.

[1] Grosse Forêt.

Province de Minas-Geraes.

VILLES PRINCIPALES.

Alagôa-Dourada [1].
Araxás.
Arripiados ou Arrepiados.
Ayuruóca ou Ajuruóca.
Baependy ou Santa-Maria-de-Baependi.
Barbacena.
Barra-do-Bacalhão [2].
Barra-Longa [3] ou São-José.
Bocaina.
Cabo-Verde [4].
Caethé ou Villa-Nova-da-Rainha.
Caldas.
Campanha [5] ou Villa-da-Campanha-da-Princeza-de-Beira.
Cocaes.
Conceição [6] da-Barra.
Conceição-do-Serro.
Congonhas-do-Campo.
Congonhas-do-Sabará.
Curvello.
Desemboque.
Diamantina.
Formiga [7] ou Villa-Nova-da-Formiga.
Grão-Mogór ou Estrema.
Itabira
Itabira-de-Matto-Dentro.
Itajúba.
Jaculy ou Jacuhi.
Jaguary ou Jaguari.
Januaria.
Japuré ou Japoré.

Juiz-de-Fóra.
Lavras-do-Funil.
Marianna ou Villa-Real-do-Ribeirão-do-Carmo.
Minas-Novas [8] ou Villa-do-Fanado.
Montes-Claros-de-Formigas.
Oliveira.
Ouro-Preto [9] ou Villa-Rica.
Paracatú-do-Principe.
Paralhybuna.
Patricinio [10].
Piranga.
Pitangui ou Villa-Nova-do-Infante.
Piumhy.
Pomba [11].
Pouso-Alegre ou Pouso-Alto.
Presidio [12] de-São-João-Baptista.
Queluz.
Sabará ou Villa-Real-de-Sabará.
Salgado.
Santa-Anna-dos-Fornos [13].
Santa-Barbara.
São-João-d'El-Rei.
São-João-Nepomuceno.
São-José-d'El-Rei.
São-Romão ou Villa-Risonha.
Sapucahi.
Serro.
Tamanduá.
Tres-Pontas [14].
Ubá.
Uberaba ou Uberava.

Province de Pará.

VILLES PRINCIPALES.

Aveiro.
Beja.

Boim.
Bragança.

[1] Étang doré. — [2] Barre de la Morue. — [3] Barre Longue. — [4] Cap Vert. — [5] Campagne. — [6] Conception. — [7] Fourmi. — [8] Mines nouvelles. — [9] Or noir. — [10] Protection. — [11] Colombe. — [12] Préside. — [13] Sainte Anne des Fours. — [14] Trois-pointes.

Cachoeira.
Cametá.
Cintra.
Collares.
Conde.
Faro.
Gurupá.
Gurupi.
Igarapé-Mirim.
Macapá.
Mazagão.
Melgaço.
Monsaráz.
Monforte ou Joannes.
Mont'Alegre.
Nazareth-da-Vigia [1].
Obidos.

Oeiras.
Ourem.
Outeiro.
Pará ou Santa-Maria-de-Belem [2].
Pinhel ou Santa-Cruz.
Pombal.
Porto-de-Moz.
Prado.
Salvaterra.
Santarém.
Souzel.
Veiros.
Vigia.
Villa-do-Equador.
Villa-Franca.
Villa-Nova-d'El-Rei.

Province de Parahyba-do-Norte.

SEPT COMARCAS.

COMARCAS.	MUNICIPIOS.
PARAHYBA	Parahyba. Alhandra. Mamanguape.
PILAR	Pilar [3]. Ingá. Campina-Grande [4].
BANANEIRAS	Bananeiras [5]. Caité. Independencia.
ARÈA	Arèa [6]. Alagòa-Nova [7].
SÃO-JOÃO	São-João. Cabaceiras [8].
POMBAL	Pombal. Catolé-de-Rocha. Pattos ou Patos [9].
SOUZA	Souza. Piancó.

[1] Nazareth de la Vigie. — [2] Sainte Marie de Bethléem. — [3] Pilier. — [4] Campagne Grande. — [5] Bananiers. — [6] Sable ou Arène. — [7] Étang nouveau. — [8] Calebassiers. — [9] Canards.

Province de Paranà.

VILLES PRINCIPALES.

Antonina.
Castro.
Curityba ou Coritiba.
Guarapuáva.
Guaratúba ou Villa-Nova-de-São-
Luiz.

Morretes.
Palmeiras.
Paranaguá.
São-José-dos-Pinhaes.
Villa-do-Principe.

Province de Pernambuco.

VILLES PRINCIPALES.

Boa-Vista[1] (partie de la ville du Re-
cife).
Bonito.
Bréjo-da-Madre-de-Deos[2].
Cabo-de-Santo-Agostinho[3].
Caruarú
Conceição-de-Itamaracá.
Garanhuns ou Guaranhuns.
Goyana ou Goyanna.
Iguaraçú ou Iguarassú ou Higuaraçú.

Limoeiro.
Nazareth-das-Matas.
Olinda.
Pajehú ou Pajeú de Flores.
Páo-d'Alho[4].
Recife-de-Pernambuco.
Rio-Formoso ou Formosa.
Santo-Antão.
Symbres.

Province de Piauhy.

VILLES PRINCIPALES.

Campo-Maior.
Jaicós ou Jahicós.
Jerumenha.
Marvão.
Oeiras ou Mocha.
Parnaguá ou Pernaguá.

Paranahyba ou Parnahyba.
Piracrúca.
Poti ou Puti.
Principe-Imperial.
São-Gonçalo-d'Amarante.
Valença.

Province de Rio-Grande-do-Norte.

VILLES PRINCIPALES.

Angicos.
Arèz.

Extremoz.
Goianinha.

[1] Bonne-vue. — [2] Bruyère de la Mère de Dieu. — [3] Cap de saint Augustin. — [4] Bois d'Ail.

Maioridade.

Natal[1].

Porto-Alegro[2].

Rio–Grande–do–Norte[3].

Santa-Anna-dos-Matos.

São–Gonçalo

São–José–de–Mipibú.

Toiros.

Villa–Flôr.

Villa-da-Princeza.

Villa–Nova–do–Principe.

Province de Rio-de-Janeiro.

ONZE COMARCAS.

La ville de Rio-de-Janeiro ou de São-Sebastião-do-Rio-de-Janeiro[4] est en dehors de toute Comarca. Elle forme un Municipio, dit Municipio da Côrte, qui s'administre seul et a des autorités particulières. La Camara municipal[5] est à la tête du Municipio neutro da Côrte, pour tout ce qui est du ressort de l'administration. La ville de Rio-de-Janeiro, capitale de l'empire, est divisée en dix-neuf Freguezias, dont quelques-unes forment deux Districtos de Paz[6], ce sont :

FREGUEZIA DO SANTISSIMO-SACRAMENTO[7] forme deux Districtos de paz et a pour églises succursales :

Nossa–Senhora–da–Lampadosa[8].

Santa–Iphigenia.

São-Gonçalo-Garcia-e-São–Jorge.

São–Domingos.

Nossa-Senhora–da–Conceição[9].

Bom–Jesus–do–Calvario[10].

São-Francisco-de–Paula.

Nossa–Senhora–do–Parto[11].

Santo–Antonio.

São–Francisco-da-Penitencia.

Nosso-Senhor-dos–Passos[12].

FREGUEZIA DA CANDELARIA[13] forme un Districto de paz et a pour églises succursales :

Nossa–Senhora–Mãi-dos–Homens[14].   São–Pedro.

---

[1] Noel. — [2] Port-gai. — [3] Grand fleuve du Nord. — [4] Dans les actes publics cette ville est qualifiée de «Muito Leal e Heroica Cidade de São-Sebastião-do-Rio-de-Janeiro,» très-loyale et héroïque cité de Saint-Sébastien-du-Fleuve-de-Janvier. — [5] Chambre municipale. — [6] Districts de paix. — [7] Très-Saint-Sacrement. — [8] Notre-Dame du Lampadaire. — [9] Notre-Dame de la Conception. — [10] Bon Jésus du Calvaire. — [11] Notre-Dame de l'Enfantement. — [12] Notre Seigneur des Pas. — [13] Chandeleur. — [14] Notre-Dame Mère des Hommes.

Hospicio.
Carmo.
Santa-Cruz-dos-Mililares [1].

Nossa–Senhora–da–Lapa–dos–Merca–dores [2].

FREGUEZIA DE SÃO-JOSÉ [3] forme deux Districtos de paz et a pour églises succursales :

Nossa–Senhora–da–Misericordia.
São–Sebastião.
Santo-Ignacio–de-Loyola.
Santa–Luzia [4].

São–José-do–Seminario.
Nossa–Senhora-da–Ajuda [5].
Hospicio–de-Jerusalem.
Santa–Theresa.

FREGUEZIA DE SANTA-RITA forme deux Districtos de paz et a pour églises succursales :

Episcopal–de-Nossa-Senhora–da-Con-
    ceição.
São–Joaquim.
Nossa–Senhora–do–Livramento [6].
Madre-de-Deos.
Nossa–Senhora–da–Saude [7].

São–Francisco–da–Prainha.
São–Bento [8].
São–José-da–Ilha–das–Cobras [9].
São–João-Baptista.
Santa-Barbara.

FREGUEZIA DE SANTA-ANNA forme deux Districtos de paz et a pour église succursale :

Nossa–Senhora–da–Conceição.

FREGUEZIA DE SANTO-ANTONIO, forme deux districtos de paz et a pour église succursale :

Menino–Deos [10].

FREGUEZIA DE SÃO-FRANCISCO-XAVIER-DO-ENGENHO-VELHO forme un Districto de paz et a pour église succursale :

Espirito–Santo-de-Mataporcos [11].

---

[1] Sainte Croix des Militaires. — [2] Notre-Dame de la Caverne des Marchands. — [3] Saint Joseph. — [4] Sainte Lucie. — [5] Notre-Dame du Secours. — [6] Notre-Dame de la Délivrance. — [7] Notre-Dame de la Santé. — [8] Saint-Benoît. — [9] Saint-Joseph de l'Ile des Serpents. — [10] Enfant-Dieu. — [11] Esprit Saint de Tue-Porcs.

Freguezia de São Christovão [1] forme un Districto de paz et a pour églises succursales :

São–Christovão.
Hospital–dos–Lazaros.

São–Francisco–Xavier–do–Cajú.

Freguezia de Nossa-Senhora-da-Gloria forme un Districto de paz et a pour églises succursales :

Nossa–Senhora–da–Gloria.

Nossa–Senhora-da–Lapa–do–Desterro [2].

Freguezia de São-João-Baptista-da-Lagôa forme un Districto de paz et a pour églises succursales :

Nossa–Senhora-da–Copacabana.
São–Clemente.
Nossa-Senhora-da-Cabeça [3].
Nossa–Senhora–da–Conceição–da–Praia-Vermelha.

São-Pedro-de-Alcantara.
Nossa–Senhora–da–Conceição–do–Jardim.
São-João-Baptista.

Freguezia de Nossa-Senhora-do-Desterro-do-Campo-Grande [4] forme un Districto de paz et a pour églises succursales :

Nossa-Senhora-da-Conceição-do-Realengo.
Nossa-Senhora-da-Conceição-do-Bangú.
Nossa-Senhora-da-Lapa.

Nossa–Senhora-da-Conceição-de-Inhuahyba.
Santa-Anna.
Santo-Antonio.

Freguezia de São-Salvador-de-Guaratiba forme deux Districtos de paz.

Freguezia de Santa-Cruz forme un Districto de paz.

Freguezia do Senhor-Bom-Jesus-do-Monte-da-Ilha-de-Paquete forme un Districto de paz.

---

[1] Saint Christophe. — [2] Notre-Dame de la Caverne de l'Exil. — [3] Notre-Dame de la Tête. — [4] Notre-Dame de l'Exil du Grand-Champ.

Freguezia de São-Thiago-de-Inhauma [1] forme un Districto de paz.

Freguezia de Nossa-Senhora-d'Ajuda-da-Ilha-do-Governador [2] forme un Districto de paz.

Freguezia de Nossa-Senhora-da-Apresentação-de-Irajá forme un Districto de paz.

Freguezia de Nossa-Senhora-do-Loreto-de-Jacarépaguá forme un Districto de paz.

Freguezia de Nossa-Senhora-do-Carmo, affectée spécialement aux employés du palais impérial.

Les onze Comarcas de la province de Rio-de-Janeiro sont subdivisées en trente et un Municipios, savoir :

COMARCAS.	MUNICIPIOS.
Nictheroy.	Nictheroy [5]. Magé. Petropolis [4].
Itaborahy..	Itaborahy. Santo-Antonio-de-Sá. Maricá.
Rio-Bonito.	Rio-Bonito [5]. Capivary. Saquarema.
Cabo-Frio.	Cabo-Frio [6]. Macahé. Barra-de-São-João.
Campos.	Campos. São-João-da-Barra. São-Fidelis.
Cantagallo.	Cantagallo. Nova-Friburgo.
Estrella..	Estrella. Parahyba-do-Sul.

---

[1] Saint Jacques de Inhauma. — [2] Notre-Dame du Secours de l'Ile du Gouverneur. — [5] En guarani : Eau cachée. — [4] Ville de pierre. — [5] Fleuve joli. — [6] Cap froid.

2

VASSOURAS.	Vassouras [1].
	Valença.
	Iguassú.
REZENDE.	Rezende.
	Barra–Mansa.
	Pirahy.
SÃO–JOÃO–DO–PRINCIPE.	São-João-do–Principe.
	Rio–Claro.
	Itaguahy.
ANGRA–DOS–REIS.	Angra–dos–Reis [2].
	Paraty.
	Mangaratiba.

Chaque Municipio contient une ou plusieurs Freguezias et des succursales, savoir :

MUNICIPIOS.	FREGUEZIAS.	SUCCURSALES.
NICTHEROY.	São-João–Baptista–de–Icarahy.	
	São-Lourenço.	
	São-Gonçalo.	
	Nossa-Senhora-da-Conceição–de-Cordeires.	
	São-Sebastião-de–Itaipú.	
	Jurujuba.	
PETROPOLIS.	São-Pedro–de–Alcantara.	
RIO–CLARO.	Nossa–Senhora–da–Pie-dade.	
	Santo–Antonio-de-Capivary. .	
SANTO-ANTONIO–DE–SÁ. .	Santo-Antonio-de-Sá.	
	Sant'Anna-de-Macacú.	
	São–José-da–Boa-Morte.	
MAGÉ.	Nossa–Senhora–da–Pie-dade.	
	São–Nicoláo-de-Suruhy.	
	Nossa–Senhora–d'Ajuda-de-Guapymerim.	
	Nossa-Senhora-da-Apparecida [3].	
	Santo–Antonio-do–Paquequer-de-Theresopolis.	

[1] Balais. — [2] Crique des Rois. — [3] Notre-Dame de l'Apparue.

MUNICIPIOS.	FREGUEZIAS.	SUCCERSALES.
Nova-Friburgo. . . .	São-João-Baptista. Nossa-Senhora-da-Conceição-do-Paquequer.	
Paraty.	Nossa-Senhora-dos-Remedios [1]. Nossa-Senhora-da-Conceição-de-Paraty-Merim.	
Angra-dos-Reis. . . .	Nossa-Senhora-da-Conceição.	Santa-Luzia. Nossa-Senhora-da-Lapa. Santissima-Trindade [2]. Bom-Fim. Santa-Theresa. São-Francisco-das-Chagas [3].
	Santa-Anna-da-Ilha-Grande. Nossa-Senhora-do-Rosario-de-Mambucaba. Nossa-Senhora-da-Conceição-de-Ribeira. Santissima-Trindade-de-Jacuecanga.	
Iguassú.	Nossa-Senhora-da-Piedade. Nossa-Senhora-de-Conceição-de-Marapicú. Santo-Antonio-de-Jacutinga. São-João-Baptista-de-Merity. Sant'Anna-das-Palmeiras [4].	
Capivary.	Nossa-Senhora-da-Lapa-de-Capivary. Nossa-Senhora-do-Amparo-de-Correntezas-de-Gaviões [5].	

[1] Notre-Dame des Remèdes. — [2] Très-sainte Trinité. — [3] Saint François des Plaies. — [4] Sainte-Anne des Palmiers. — [5] Notre-Dame de la Protection des courants d'eau des Éperviers.

MUNICIPIOS.	FREGUEZIAS.	SUCCURSALES.
VASSOURAS.	Nossa–Senhora–da–Conceição-de-Vassouras. . .	Nosso–Senhor–dos–Passos.
	Nossa–Senhora–da-Conceição–do–Paty-do-Alferes.	
	Sacra–Familia-do–Tinguá.	
	Santa–Cruz–dos-Mendes.	
SÃO–JOÃO–DO–PRINCIPE.	São–João–Marcos.	
	Nossa–Senhora-de-Conceição–de–Passa-Tres [1].	
	São–José-de-Cacaria.	
ITAGUAHY.	São–Francisco-Xavier–de-Itaguahy.	
	Nossa-Senhora–da Conceição–do–Bananal.	
	São–Pedro-e-São–Paulo-do–Ribeirão–das-Lages.	
SÃO-JOÃO–DA–BARRA. .	São–João–Baptista–da–Barra.	Nossa–Senhora–da–Boa-Morte.
	São–Francisco-de–Paula. .	Itabapoana.
REZENDE.	Nossa–Senhora-da-Conceição–de–Rezende. . . .	Santa–Casa–da–Misericordia.
		Matriz – de – Nossa – Senhora–da–Conceição.
		Nosso–Senhor–dos–Passos.
		Nossa–Senhora–de–Rosario.
	São-José–do–Campo-Bello.	
	Santa–Anna–dos–Tocos.	
	Santo-Antonio-da-Vargem-Grande.	
	São–Vicente–Ferrer.	
ESTRELLA.	Nossa-Senhora-da-Piedade-de–Inhomerim–da–Estrella.	
	Nossa–Senhora–da–Guia-de–Pacobahyba.	

[1] Notre-Dame de la Conception de Passe-Trois.

MUNICIPIOS.	FREGUEZIAS.	SUCCURSALES.
ESTRELLA.	Nossa–Senhora–do–Pilar..	Nossa–Senhora–das–Neves. Nossa –Senhora–do–Rosario. Santa-Rita-de-Cassia–da–Posse. Nossa –Senhora–da–Conceição-do-Cha–rem.
BARRA-DE-São-João. .	Sacra–Familia–de–Ipuca.	
VALENÇA.	Nossa–Senhora–da–Gloria–de-Valença. Santa-Theresa. Santo – Antonio – do – Rio – Bonito. Nossa - Senhora – da – Pie–dade–de–Ipiabas. Santa-Isabel-do–Rio-Preto.	
SAQUAREMA.	Nossa–Senhora–de–Naza–reth–de–Saquarema. São–Sebastião–de–Ararua–ma.	
PARAHYBA-DO-SUL. . .	São–Pedro–e–São–Paulo. Santo–Antonio–de–Encru–zilhada[1]. Santa–Anna–de–Cebolas. São–José–do–Rio–Preto. Nossa–Senhora-da–Concei–ção–de–Bemposta.	
MANGARATIBA.	Nossa–Senhora–da–Guia–de–Mangaratiba. Santa-Anna-de-Itacurussi. Nossa–Senhora–da–Con–ceição–de–Jacarehy.	
MACAHÉ.	São–João–Baptista–de–Ma–cahé. Nossa-Senhora–do–Dester–ro–de–Quissamãa. Nossa-Senhora–da–Concei–ção–de–Carapebus. Nossa-Senhora–das–Neves[2].	

[1] Saint-Antoine de Carrefour. — [2] Notre-Dame des Neiges.

MUNICIPIOS.	FREGUEZIAS.	SUCCURSALES.
ITABORAHY.	São–João–Baptista–de–Ita-borahy. Nossa-Senhora–do–Dester-ro–de–Itamby. Nossa-Senhora–da–Concei-ção-no-Porto-das-Caxias[1]	Santo–Antonio.
RIO–BONITO..	Nossa-Senhora–da–Concei-ção–do–Rio–Bonito. Nossa-Senhora–da–Concei-çao–da–Boa - Esperança.	
BARRA-MANSA.	São – Sebastião–da – Barra–Mansa. Espirito–Santo. Nossa-Senhora–do–Amparo São-Joaquim. Nossa – Senhora–do–Rosa-rio–dos–Quatis.	
CAMPOS.	São–Salvador–de–Campos-de-Goitacazes.	Nossa–Senhora–Mãi-dos-Homens. Carmo. São–Francisco. Boa-Morte. Rosario. Terço. Nossa – Senhora – da–Lapa. Sacco. Santa-Iphygenia. Nossa – Senhora – da–Penha–do–Morro-do–Coco.
	Santo-Antonio-dos-Guaru-lhos.	Nossa – Senhora – da–Conceiçao-do-Tra-vessão. Nossa – Senhora – da–Natividade. Santo-Antonio-de-Ca-rangolla. Senhor – Bom – Jesus-de-Mattosinhos. Lage.

[1] Notre-Dame de la Conception dans le Port des Acacias.

MUNICIPIOS.	FREGUEZIAS.	SUCCURSALES.
CAMPOS..	São-Sebastião. . . . . . São-Gonçalo. Nossa–Senhora-das-Dores– de–Macabú. Santa–Rita–da–Lagôa–de– Cima[1].	São–Bento.
PIRAHY..	Santa–Anna–de-Pirahy. São–João-Baptista–do–Ar– rozal[2]. Nossa-Senhora-das-Dores. São–José–do-Turvo. São-João–Baptista–e–São– José–do–Arrayal–dos– Thomazes.	
CANTAGALLO.	Santissimo– Sacramento– de-Cantagallo. São-Sebastião-do-Alto. Santa-Maria-Magdalena. Nossa–Senhora–do–Monte– do-Carmo. Nossa–Senhora–da–Concei– ção–do–Rio–Negro–das– Duas–Barras. Santa–Rita-do-Rio-Negro. São–Francisco–de–Paula. São-João-Baptista–da–Ven– tania.	
SÃO-FIDELIS.	São–Fidelis. São–José–de–Leonissa–da– Aldèa–da–Pedra. São-João–Baptista–do–Val– lão-dos-Veados. Santo–Antonio–de–Padua.	
CABO–FRIO.	Nossa–Senhora-d'Assump– ção–de–Cabo-Frio.	Nossa–Senhora–dos– Anjos. Nossa–Senhora–da– Guia. São–Benedicto. Nossa–Senhora–dos– Remedios. Santa–Anna. Santo–Ignacio.
	São-Vicente-de-Paulo. Aldèa-de-São-Pedro.	

[1] Sainte-Rite du Lac du Sommet. — [2] Saint-Jean-Baptiste de la Rizière.

MUNICIPIO.	FREGUEZIA.
MARICÁ.	{ Nossa-Senhora-do-Amparo-de-Maricá.

Province de Santa-Catharina.

CINQ COMARCAS.

COMARCAS.	MUNICIPIOS.
DESTERRO.	{ Nossa-Senhora-do-Desterro. São-José.
PORTO-BELLO.	Porto-Bello
SÃO-FRANCISCO-DO-SUL.	{ Nossa-Senhora-da-Graça-do-Rio-de-São-Francisco-do-Sul. Laguna.
LAGES.	Lages.
SÃO-MIGUEL.	São-Miguel.

Une loi du 4 avril 1859 a créé un nouveau Municipio sous le nom de Itajahy, et transféré celui de Porto-Bello à São-Sebastião. Cette loi n'a pas encore reçu son exécution.

Les Freguezias de cette province sont :

MUNICIPIOS.	FREGUEZIAS.
DESTERRO.	{ Nossa-Senhora-do-Desterro. Nossa-Senhora-da-Lapa-do-Ribeirão. Nossa-Senhora-da-Conceição-da-Lagôa. Nossa-Senhora-das-Necessidades-de-Santo-Antonio. São-João-Baptista-do-Rio-Vermelho. São-Francisco-de-Paula-de-Canavieiras. Santissima-Trindade.
SÃO-JOSÉ.	{ São-José. São-Joaquim-de-Garopaba. São-Pedro-de-Alcantara. Nossa-Senhora-do-Rosario-da-Enseada-do-Bonito. Santo-Amaro-do-Cubatão.
SÃO-MIGUEL.	{ São-Miguel. São-João-Baptista-de-Tejucas-Grande.

MUNICIPIOS.	FREGUEZIAS.
LAGUNA.	Santo-Antonio–dos–Anjos–da–Laguna. Nossa–Senhora–da–Piedade–do–Tubarão. São–João–de–Imaruhy. Sant'Anna-de-Villa-Nova. Sant'Anna-do-Mirim. Senhor-Bom-Jesus-do-Soccoro. Nossa-Senhora-Mãi-dos-Homens-do-Araranguá.
São-Francisco-do Sul.	Nossa-Senhora–da-Graça. Nossa-Senhora-da–Penha-de–Itapacoroy. Senhor-Bom-Jesus-de-Paraty. Nossa-Senhora-da-Gloria-do-Sahy. São-Francisco-Xavier–de-Joinville.
Porto–Bello.	Senhor-Bom-Jesus-dos-Afflictos. Santissimo-Sacramento-de-Itajahy. São-Sebastião-da-Foz-do-Tejucas. Nossa–Senhora–do–Bom-Succeßso–de Cambruz.
Lages.	Nossa-Senhora-dos-Prazeres. São-João-de-Campos-Novos. Nossa-Senhora –do–Patrocinio–dos–Baguaes.

Province de São-Paulo..

VILLES PRINCIPALES.

Apiahy ou Apiahi.
Araquará ou São-Bento-d'Araquará.
Arèas ou São-Miguel–das-Arèas.
Atibaia ou São-João–d'Atibaia.
Bananal.
Batataes.
Bragança.
Campinas [1].
Cananéa [2].
Capibari.
Casa–Branca.
Cunha.

França–do–Imperador.
Guaratinguetá.
Iguape.
Itanhaem.
Itapeva ou Faxina.
Itapetininga ou Itapytininga.
Itú ou Y-Tú.
Jacarehy ou Jacarehi.
Jundiahy ou Jundiahi.
Limeira [3].
Lorena.
Mogymirim ou Mogi-Mirim..

[1] Campagnes. — [2] Cananéenne. — [3] Limonier (arbre).

Mogi-das–Cruzes.
Nazareth.
Paranahyba.
Pindamonhangaba.
Piracicaba ou Constituição.
Pirapora.
Porto-Feliz [1].
Pouso-Alegre.
Queluz.
Rio-Claro.
Santa–Isabel.
Santo–Amaro.
Santo–Antonio–da-Barra–do- Parahy-buna, ou Parahybuna, ou Paraúna.

Santos.
São-José–do-Parahyba.
São-Luiz-de-Paraitinga ou Parahitin-ga, ou Pertininga, ou Piratinga.
São-Paulo.
São–Roque.
São-Sebastião.
São–Vicente.
Silveiras.
Sorocába.
Tatui.
Taubaté.
Ubatuba.
Villa–Bella-da–Princeza.

Province de São-Pedro-do-Rio-Grande-do-Sul.

VILLES PRINCIPALES.

Alegrete.
Bagé.
Caçapáva ou Caçapába.
Cachoeira ou Villa–Nova–de–São–João.
Canguçú ou Cangussú.
Encruzilhada.
Espirito–Santo–da-Cruz–Alta.
Pelotas.
Piratinim ou Piratiny.
Porto-Alegre ou São-José-de-Porto-Alegre, ou Porto-dos-Cazaes.
Rio-Grande–de-São-Pedro.

Rio-Pardo.
Santo–Amaro.
Santo-Antonio–da–Patrulha ou da Guarda–Velha.
São-José-do-Norte.
São–Leopoldo.
São-Luiz-das-Missões.
Santa-Maria-da-Boca-do–Monte.
Serrito ou Jaguarão.
Triumpho.
Uruguayana.
Vaccaria.

Province de Sergipe.

SIX COMARCAS.

COMARCAS.	MUNICIPIOS.
SERGIPE.	{ Sergipe. São–Christovão.
ESTANCIA.	{ Estancia. Santa–Luzia.

[1] Port heureux.

DIVISIONS ADMINISTRATIVES.

COMARCAS.	MUNICIPIOS.
LAGARTO..	Lagarto. Campos. Itabaiaminha. Simão–Dias:
LARANGEIRAS OU LARANJEIRAS.	Larangeiras. Divina-Pastora. Itabaiana.
MAROIM.	Maroim. Rosario. Capella. Santo-Amaro.
PROPRIÁ.	Propriá. Villa–Nova. Curral-de-Pedras.

II

RACES

La population aujourd'hui dominante au Brésil est celle qui est issue des Portugais. Les individus de cette origine sont nombreux dans toutes les villes et y forment partout la majorité. L'immigration des Portugais, surtout de ceux des Açores, contribue à maintenir cette prédominance.

La race nègre, dont la plus grande partie est esclave, constitue le second noyau de la population du Brésil. Dans les campagnes, elle est de beaucoup supérieure en nombre aux autres races qui habitent ce pays.

Le mélange des noirs et des blancs, et de ces descendants mêlés, soit entre eux, soit avec les blancs, soit avec des noirs, a produit une multitude de variétés qu'il serait difficile de distinguer. Une grande partie des individus de cette origine est encore soumise à l'esclavage héréditaire; l'autre partie prend, peu à peu, place dans la société régulière et se distingue par la souplesse et la portée de son esprit, et sa facilité à s'assimiler toutes les connaissances européennes. Dans un grand nombre de localités, il subsiste encore à leur égard un préjugé que le temps seul pourra faire disparaître. Ce préjugé ne leur permet pas surtout de former des alliances auxquelles la position qu'ils ont acquise peut leur donner le droit de prétendre.

Sur quelques points, les indigènes civilisés entrent peu à peu dans la population, mais cette race ne se mélange guère avec les autres. La pêche et la chasse sont les occupations principales des indigènes ; ils sont généralement sobres, et s'astreignent difficilement à un travail suivi.

A Rio-de-Janeiro, à Bahia, à Pernambuco, on trouve beaucoup de Français, d'Anglais et d'Allemands établis comme négociants, comme détaillants ou exerçant diverses industries. Dans les autres villes du littoral et de l'intérieur, on en trouve aussi quelques-uns, mais en plus petit nombre. Les divers essais de colonisation ont introduit et introduisent encore au Brésil un assez grand nombre d'Européens. Jusqu'à présent les Allemands prédominent dans cette immigration, mais leur caractère s'assimile peu au caractère brésilien, et ils restent Allemands sur un sol étranger. Leurs enfants n'apprennent, pour ainsi dire, que l'allemand et les unions se font entre Allemands. Les Français et les Belges émigrent aussi, mais en petit nombre, pour le Brésil ; leur caractère est cependant plus sympathique aux Brésiliens ; leurs usages s'introduisent avec facilité, et un Français trouve presque partout quelqu'un qui parle sa langue. Le portugais lui est facile à apprendre, par sa grande similitude avec le français.

La colonisation par les Chinois, plusieurs fois tentée, mais toujours sur une petite échelle, a introduit au Brésil un certain nombre d'individus de cette nation. Ces Chinois, qui tous appartiennent aux classes les plus inférieures, sont, de la part des Européens et des Brésiliens, l'objet d'une sorte de répulsion, qui rend difficile leur fusion avec les autres races de ce pays. On a presque renoncé, quant à présent, à en introduire de nouveaux. A notre avis, la colonisation des provinces du nord du Brésil ne peut être entreprise avec quelque chance de succès que par l'immigration chinoise et indoue.

Avant de clore cet aperçu des races qui habitent le Brésil, nous croyons utile de présenter la liste des diverses nations, — plutôt peuplades, — qui se partageaient le sol brésilien lors de la découverte. Pour suivre dans cette liste une marche topographique, nous conservons la division actuelle du Brésil et nous indiquons quelles tribus habitaient le territoire dont chacune des provinces est aujourd'hui formée.

Alagôas.

Chacriabas.	Remaris.	Tupis.

Amazonas.

Araras.	Mamanás.	Torás.
Aroaquis.	Manaós ou Manhós.	Tupinambas.
Baniba.	Nhengahiba.	Uarahicú.
Gè.	Omagoas ou Omaguas.	Yurimaguas.
Jamundas.	Tacanhúna.	

Bahia.

Abatira.	Camacans.	Chacriabas.
Botecudos.	Canarin.	Cótóchós ou Cótóxós.

Machacaris.
Mongoyós.
Patachó.

Quimimurá.
Tupi.
Tupinambaranas.

Tupinambas.
Tupininquim.

Ceará.

Cairiri.
Icó.

Itanhás.
Petiguare.

Tramembé.

Espirito-Santo.

Aimborés, ou Aimorés, ou Aymores.

Botecudos.
Cótóchós ou Cótóxós.

Puris.
Tupininquis.

Goyaz.

Acroás.
Appinagés.
Aracis ou Araes.
Caipos.
Camecran.
Canoeiras.
Capepuxis.
Carajas.

Caraó.
Chavante.
Cherente ou Xerente.
Crixas.
Goyá.
Guajajara.
Gradahú.
Javaés.

Macramecan.
Noroguágés.
Oppinaze.
Tamembos.
Tapacoá.
Tapirape.
Tapiraqui.

Maranhão.

Bus.
Caractegés.
Cupinharós.
Gamellas.

Gaviões.
Gê.
Guajajáras.
Guaná ou Guanná.

Guapindaia.
Manajos ou Tormembos.
Matteiros.
Timbira ou Timbara.

Matto-Grosso.

Ababás.
Appiacás.
Aricunanés.
Arinos.
Atabás.
Baccahiris.
Baccaris.
Birapaçarapa.
Bórórós.
Cabaïbas.
Cabixi.
Cahan.

Caiuva.
Canoeiras.
Cant'ros ou Cantários.
Caripaina.
Chamocócos.
Coroados.
Gaciá.
Guaicurú ou Guaycurú.
Guariteré.
Gualó.
Lambis.
Magné.

Mambaré.
Mequen.
Mucori.
Nambiucára.
Pacahá.
Pama ou Pamma.
Paranaziná.
Paréci ou Parexi.
Patetui.
Payaguas.
Pucaxaré.
Purarioné.

Quagejú.
Quiniquinado.
Sarúma.
Tamaran.
Tamaré.
Tamepunga.

Tapanhúna.
Terenoc.
Uahiás.
Urucarumi.
Urucunis.
Urupúca.

Ururi.
Vajari.
Vouvè.
Ximbina.
Xiquitos.

Minas-Geraes.

Aráras.
Botecudos ou Botocu-
dos.

Chacriabas.
Machacaris.
Macunis.

Tupinambas.
Xiquitos.

Pará.

Ambuás.
Ammanius.
Andira.
Aráras.
Aroaquis.
Baniba.
Baré.
Cambeba ou Cambiva.
Carahiahis.
Cataúhixi.
Chimanos.
Cocurunas.
Gê.
Italaprias.
Jacundás.
Jamundás.

Júmas.
Majuruna.
Mamanás.
Mahué.
Marabitana.
Marapitanas.
Marahuás ou Marauhás.
Mariaranas.
Mepuri.
Mundrucús.
Múra.
Nhengahiba.
Omagoas ou Cambevas.
Pacajá.
Pacúna.
Parintintin.

Passé.
Pocheti.
Purupurú.
Tacanhúna.
Tacuna.
Tamarambaze.
Tamuana.
Temembó.
Torás.
Tumbira.
Tupinambas.
Uacaranhà.
Uahupé.
Uarahicú.
Urubu.

Parahyba-do-Norte.

Cacheté.

Pimenteiras.

Potiguára ou Petiguáre.

Paraná.

Bugres.

Guaranis.

Pernambuco.

Chacriabas.

Tupi.

Uman.

Piauhy.

Guèguè.

Jahicó.

Rio-Grande-do-Norte.

Groahira.   Paiacú.   Pannati.

Rio-de-Janeiro.

Goitacaz.   Pittas.   Xumeltos.
Guaru ou Guarucho.   Sacarú.
Jórórós.   Tamoios.

Santa-Catharina.

Botecudos.   Bugres.

São-Paulo.

Botecudos.   Bugres.   Carijos.

São-Pedro-do-Rio-Grande-do-Sul.

Bugres.   Guaicanan.   Minuanos.
Charruás.   Guarani.   Tapes ou Tappes.

Sergipe.

Remaris.

III

LANGUES DU BRÉSIL

L'empire brésilien a conservé, comme langue nationale, le portugais, qu'il tenait de l'ancienne métropole.
La langue portugaise, moins sonore, moins ampoulée
que la langue espagnole, l'emporte sur celle-ci en clarté,
en simplicité et en flexibilité. Les Espagnols l'appellent
la langue des fleurs. A peu d'exceptions près, chaque
substantif y possède un adjectif et un verbe correspon-
dants, qui offrent une grande variété d'expressions
pour la même pensée; mais les sons *ão* et *ões* et des
hiatus fréquents diminuent l'harmonie de cette langue.

Au Brésil, la langue parlée s'éloigne un peu de la
langue écrite, et tend à constituer un dialecte du portugais. L'élément français s'introduit aisément dans le
langage du Brésil. Ce résultat provient surtout de la
propension des Brésiliens pour l'étude de la littérature
française, dont les traductions ou même les œuvres
originales sont dans la main de tout le monde. Dans la
majorité des écoles de l'empire du Brésil, la langue
française est obligatoirement enseignée, après la langue

nationale, et une foule d'examens comprennent le français dans le programme des connaissances exigées.

L'orthographe de la langue portugaise est loin d'être fixée comme celle de la langue française; un même mot peut s'écrire, sans faute, de deux et souvent trois manières différentes. L's, entre deux voyelles, est quelquefois remplacée par z, mais l'emploi de cette dernière lettre a vieilli. X ayant souvent le son de *ch*, on écrit presque indifféremment avec *ch* ou *x*. D'autres mots diffèrent d'une manière plus radicale; par exemple: *clina* et *crina* signifient également *crin;* le premier s'emploie de préférence au Brésil et le second en Portugal; toutefois l'un et l'autre sont également usités dans la conversation. Nous pourrions multiplier à l'infini les exemples de ce genre. Les sons *ão* et *ões* sont écrits, par quelques personnes, *am* et *oms*, mais ces dernières formes tombent en désuétude.

Nous en avons dit assez pour faire sentir la nécessité d'une institution analogue à notre Académie française, et ayant la même autorité pour la fixation de l'orthographe. Il serait urgent, en outre, que le gouvernement obligeât ses fonctionnaires à adopter une orthographe uniforme; car il est très-commun de rencontrer des documents officiels qui renferment deux ou trois systèmes différents d'orthographe.

Les indigènes du Brésil, qui sont en grande partie à l'état sauvage, parlent diverses langues de la famille *guarani* ou *ouarani*. Le *guarani propre* est parlé le long du Paraná, de l'Uruguay et de l'Ubicuy ou Ibicuy, dans les environs du Pilcomayo ou Pilcomago. Le *guarani-tupi*, aussi appelé *lingua geral*, est parlé par les Tappes,

dans la province de São-Pedro-do-Sul; par les Tupis,
dans les environs de la baie de Todos-os-Santos; par les
Petiguares, le long du Parahyba-do-Norte et dans la province de Ceará; par les Tupinambas ou Topinambous,
dans les provinces de Bahia, de Sergipe, de Pernambuco, de Maranhão et de Pará. Le dialecte *omagua* est
parlé par les sauvages des bords de l'Amazone et de son
affluent le Yapura; par les Yurimaguas, le long du
Yaruba, affluent droit de l'Amazone; par les Tocantins,
dans les provinces de Goyáz et de Pará. Les Botocudos
ou Botecudos, qui s'appellent eux-mêmes Engerec-
moung, parlent un dialecte de la langue guarani; ils
se trouvent entre le Rio Doce et le Rio Pardo, dans les
provinces de Bahia; de Espirito-Santo et à l'Ouest jusque
dans la province de Minas-Geraes. Le dialecte *machacaris*
est parlé par les sauvages de la province de Espirito-
Santo, dans les environs du Rio Belmonte et du Rio
Santa-Cruz; par les Patachós, entre l'embouchure du
Rio São-Matheus et celle du Rio Santa-Cruz, le long de
la mer; par les Camacans ou Mongoyos, au Nord du
Rio Pardo. Les sauvages Guaycurús parlent le dialecte
enakagas, mais la plupart des individus de cette tribu
parlent aussi le portugais. Les Bugres, qui s'étendent
sur divers points des provinces de São-Paulo, São-Pedro-
do-Sul et de Santa-Catharina, parlent un dialecte du
guarani. Tous les dialectes employés par les indigènes
du Brésil ont entre eux de grandes ressemblances; ces
langues ont des modes et des temps très-compliqués et
fort différents de notre système grammatical. Elles
sont, en général, harmonieuses, à cause du grand
nombre de leurs voyelles. Nos voyelles et nos consonnes

ne sont pas suffisantes pour représenter toutes les articulations de la langue guarani. Les sons s'offrent en si grand nombre et avec une telle variété, qu'il est difficile d'en saisir toutes les nuances.

Les lettres *f*, *l*, *v* et *z* sont inconnues à cette langue. Il est remarquable qu'on y trouve le son de l'*u* français, comme dans les langues mongoles et dans quelques dialectes slaves de la région ouralienne.

Les verbes ont tous deux conjugaisons affirmatives et deux négatives, et le verbe substantif manque. Les noms offrent parfois des formes semblables à l'*état construit* de l'hébreu. Comme dans cette langue, le substantif remplit la fonction d'adjectif et certains substantifs ont un *duel*.

Dans un grand nombre de tribus, la langue des femmes diffère de celle des hommes.

Le dialecte guarani, appelé lingua geral, était tellement répandu sur les bords de l'Amazone, que ce fut seulement en 1755 qu'on commença à introduire le portugais. Jusque-là, le guarani était exclusivement employé dans les affaires publiques et dans la chaire.

Dans certains dialectes ou parmi certaines peuplades, la numération ne passait pas *trente;* chez d'autres, elle s'étendait jusqu'à plusieurs fois mille. Les noms de nombres élémentaires sont : *monhepe*[1], un; *mocôy*, deux; *inboapi*, trois; *irunhei*, quatre; *ecoimbe*, cinq; *apapua*[2], six; *anhonahitdo*, sept; *budje*, huit; *irunhimbe*, neuf; *inhando*, dix.

---

[1] *Nh* ayant la valeur du *gn* mouillé français. — [2] Dans tous les mots que nous transcrivons nous donnons à la voyelle *u* la valeur de *ou*.

IV

DESCRIPTION SOMMAIRE DES COTES DU BRÉSIL. —
Les côtes du Brésil, qui s'étendent en entier sur l'Océan
Atlantique, présentent, comme nous l'avons dit, un dé-
veloppement d'au moins six mille cinq cents kilomètres.
Leur aspect est loin d'être le même sur toute leur
étendue.

D'Oyapock, frontière de la Guyane française, au cap
d'Orange[1], le point le plus Nord de la côte brésilienne,
sur une étendue de soixante kilomètres, la côte se dirige au Nord-Est, puis brusquement et à angle aigu au
Sud-Est, jusqu'au cap Norte[2], sur une longueur de près
de trois cents kilomètres, en formant une courbure
vers le milieu. Ce rivage est bas et composé de terres
noyées et de savanes; on y trouve Conani ou Canoni
et le Velho-Forte-Francez[3]; les principaux cours d'eau
qui ont leur embouchure sur cette côte sont : le Rio

---

[1] Ce nom lui a été donné en l'honneur du prince d'Orange de Hollande.
— [2] Cap Nord. — [3] Le vieux fort français.

Ouassa, qui a pour affluent le Rio Curipi, et débouche dans la baie d'Oyapock; le Rio Cassipurú ou Cachipurú; le Rio Conani, ou Canoni, ou Mayez; le Rio Corazon ou Carsevenne; le Rio Ariccary; le Rio Maracary ou Mayacaré; le Rio Pinçon ou São-Vicente[1]; le Rio Capuroga le Rio Marapuraga; ces cinq derniers se jettent dans la baie Pinçon ou São-Vicente; enfin le Rio Carurerú, le Rio Carapapury, vis-à-vis l'embouchure desquels est située l'île Maracá; et le Rio Aruary ou Araguary, qui forme avec un bras de mer l'île Terra-dos-Coelhos[2] à la pointe Est de laquelle est le cap Norte. Cette île tend à se réunir au continent du côté du Rio Tapado, qui est presque comblé par les sables. A l'embouchure du Rio Araguary, on remarque l'île Nova[3]; plus au Sud, en suivant la côte, on rencontre les îles Baylique, do Croá-Pequena, do Croá-Grande, Yanauçu et quelques autres.

Immédiatement après le cap Norte, on trouve les bouches de l'Amazone, formant une infinité d'îles et un delta qui rappelle celui d'Égypte. Les principales de ces îles situées dans l'embouchure de l'Amazone, sont Ariepoke, Mariari et Cavianá, sur l'Équateur. Ce fleuve, dont une partie se dirige au Sud, puis au Nord-Est, où il confond ses eaux à celles du Tocantins, forme, avec ce dernier, l'île ou delta de Marajo. Cette île a une étendue de trois cent dix kilomètres du Nord-Est au Sud-Ouest, sur deux cent soixante du Nord-Ouest au Sud-Est; elle a pour chef-lieu Marajo, ville située sur la côte Est, dans l'embouchure du Rio

---

[1] Rivière Saint-Vincent. Le mot *rio* signifie fleuve ou rivière. — [2] Terre des Lapins. — [3] Nouvelle.

de Pará ou Tocantins. Le sol y est bas et marécageux.

Sur une étendue de deux cent quarante kilomètres, la côte de l'île Marajo court parallèlement à l'Équateur, dont elle est à une distance moyenne de cinquante kilomètres. A partir de cette île le rivage se dirigeant toujours à l'Est, incline légèrement vers le Sud, formant une ligne presque droite de deux cent cinquante kilomètres, jusqu'au cap Gurupy. On trouve sur cette côte le Rio Curuça; le Rio Maracanãa ou Maracanan, presque en face de l'embouchure duquel sont les îles Selena et Cano-do-Matto; la baie de Caité; le Rio Sinambuoça; le Rio Cupuambaba; le Rio Peray; le Rio Pincana; la baie et le Rio de Gurupy, situés immédiatement après le cap de ce nom.

Se dirigeant ensuite au Sud-Est jusqu'à l'embouchure du Rio Tury-Assú, on rencontre le Rio Curaiba, le Rio Turumahuba, le Rio Pirocaba, le Rio Maracassume, le Rio Carara, le Rio Moluoca et enfin le Rio Tury-Assú, qui a pour affluent le Rio Parauá; la côte forme là une baie dans laquelle on remarque l'île João. De la pointe Tury, extrémité Sud de cette baie, le rivage fuit davantage au Sud, jusqu'à la baie de São-Marcos, et présente les embouchures du Rio Turynâna, du Rio Cururupú et du Rio Piracunan. La baie de São-Marcos est formée par la mer comprise entre l'Ouest de l'île de Maranhão et la terre ferme. A l'extrémité de la baie de São-Marcos, la côte tourne brusquement à l'Est, puis au Nord-Est, et on découvre l'île Santa-Anna, qui forme, avec le continent et l'île de Maranhão, la passe de São-José[1].

[1]. Saint-Joseph.

La côte du Brésil, depuis l'île de Maranhão jusqu'à celle de Santa-Catharina, offre une singularité remarquable. Elle est bordée de deux hauts fonds qui l'enceignent sur presque toute son étendue, comme d'un môle naturel, et la garantissent de l'impétuosité des flots, dont le choc est continuel.

L'une de ces bordures, la plus rapprochée du rivage, est une sorte de ceinture de rochers, dont il est comme enveloppé, surtout depuis l'île de Maranhão jusqu'au cap Frio. Cette bordure, qui s'élève parfois au-dessus de la mer de trente centimètres à trois mètres, ou plus, est souvent de niveau avec la pleine mer, et plus souvent au-dessous. Elle forme, par ses découpures, presque toutes les embouchures et presque tous les ports, les baies, et les criques qu'on trouve le long de la côte.

L'autre ceinture est un haut fond situé de huit à quarante kilomètres du rivage, à une profondeur irrégulière, généralement faible; les Brésiliens la nomment Pracel. Ce second contre-fort n'est pas couvert par la mer dans toute son étendue : la vigie de Manoel-Luiz et les rochers environnants, les îles Abrolhos, les Alcatrazes, les îlots Queimada, Castillo, Figueiro, etc., sont des points saillants de ce haut fond.

A partir de la pointe Est du golfe occupé par l'île de Maranhão, golfe qui reçoit les eaux du Rio Meary ou Mearim et du Rio Itapicurú-Mirim, la plage est couverte de broussailles et d'arbustes si serrés, qu'à peine peut-on apercevoir le sol; cette côte porte le nom de Praia-das-Mangues-Verdes[1]. Plus loin le rivage s'élève

---

[1] Plage des mangliers verts.

de plus en plus et, de couvert de verdure, qu'il était jusque-là, il apparaît triste, aride, se composant de plateaux de sable, unis et accidentellement boisés. On y rencontre la barre du Rio Perguiças.

Le rivage continue, en suivant l'Est, à s'élever jusqu'aux embouchures du Rio Paranahyba. Ces embouchures portent les noms de : Rio Tutoya, Rio Canarias, Rio Cajú, Barra-do-Meio [1], Barra-Velha [2] et Iguarassú. De ce dernier point, bouche la plus orientale du Rio Paranahyba, la côte se dirige de plus en plus à l'Est; en ligne presque droite, jusqu'à la pointe de Tapagi, et au Sud-Est, depuis cette pointe jusqu'au mont Melancia, en passant devant le village d'Almufedas; elle présente ainsi un développement de deux cent soixante kilomètres.

Après le mont Melancia, la côte est toujours stérile et déserte, et continue la direction du Sud-Est jusqu'à la pointe Mocoripe, qui forme le côté Est de la baie de Ceará. On trouve successivement, sur cette partie du rivage, les Serras [3] de Mandahú, le Morro [4] de Curú, le Rio Paraná-Mirim, le Rio Caracú ou Acaracú [5], le Rio Aracaty-Mirim, le Rio Aracaty-Assú, le Rio Mandahú, le Rio Formoso, le Rio Lagôa, le Rio Curú, le Rio Cioppé et le Rio de Ceará-Velha. La ville de Fortaleza ou de Ceará, capitale de la province du même nom, est entourée par les sables du Sertão. On passe ensuite devant les Serras de Ceará, où les Morros de Cannavieiras

---

[1] Barre du milieu. — [2] Vieille Barre. — [3] *Serra* signifie chaîne ou groupe de montagnes. — [4] *Morro* indique une montagne ou une colline isolée. Ce mot a pour équivalent français *morne*. — [5] Le Rio Acaracú prend sa source sur les versants septentrionaux de la serra de Tatajuba et se jette dans l'Océan à environ quarante kilomètres de Jericóa-Côará.

et de Caravellas rompent un instant la monotonie du
désert de sable qui s'étend jusqu'au cap São-Roque [1].
On rencontre le Morro de Tibão, remarquable par sa
couleur rouge et formé uniquement de sable; la pointe
do Mel [2], qui vient après, est une dune élevée au-dessus
des terres avoisinantes.

En se dirigeant au Sud, on rencontre une pointe
basse appelée Petetinga, à quinze kilomètres de laquelle
est le cap São-Roque. Ce cap est formé par une dune de
sable blanc, sur laquelle croissent quelques touffes de
broussailles. A vingt-deux kilomètres du cap São-Roque,
dans la direction du Sud-Est, est située l'embouchure
du Rio Searámirim ou Ceará-Mirim, avant laquelle se
trouve la baie de Massaranguape.

Le Rio Grande-do-Norte [3], appelé aussi Rio Potangi,
a une vaste embouchure qu'on traverse en continuant
à suivre la côte. Ce fleuve, pendant la saison des pluies,
est rapide comme un torrent, et pendant la saison sèche
il a très-peu d'importance. A la pointe Sud de son embouchure est bâti le fort dos Reis-Magos [4]. A quinze
kilomètres, toujours dans la direction Sud-Est de la
barre du Rio Grande-do-Norte, est la pointe Negra [5], après
laquelle la côte est découpée par la Barre do Inferno [6],
le Rio da Conceição [7], la Ponta-Gureo, l'anse de Pringi,
le Rio Cunhão et la Bahia-Formosa [8]. Le rivage tourne
ensuite brusquement à l'Est, et, après quelques sinuosités, se dirige au Sud-Est et n'est interrompu que par
la Bahia-da-Traição [9]. On trouve déjà quelques bouquets

---

[1] Saint-Roch. — [2] Du Miel. — [3] Grand fleuve du nord. — [4] Des Rois
Mages. — [5] Noire. — [6] Barre de l'Enfer. — [7] Fleuve de la Conception.
— [8] Belle baie. — [9] Baie de la Trahison.

de cocotiers, au milieu des broussailles et des dunes de sable blanc; mais pas encore de grands arbres. C'est vers ce point que finit le Sertão, terrain d'une étendue considérable, presque sans végétation et sans habitants, et qui forme la partie septentrionale du Brésil.

De la Bahia-da-Traicão ou d'Acejutibiró, jusqu'à l'embouchure du Rio Mamanguape, la côte présente une suite de falaises rougeâtres, presque continues et coupées à pic. A seize kilomètres Sud-Est du Rio Mamanguape, en suivant le rivage, on trouve une côte élevée sur laquelle est bâti un couvent de religieuses de Santa-Theresa [1]. Cette colline se nomme Ponta-Lucena; elle forme l'extrémité Nord de l'embouchure du Rio Parahyba-do-Norte. La pointe Sud de cette embouchure porte le nom de Ponta-Balea [2]; elle est peu élevée et couverte de bois. Le Rio Parahyba-do-Norte coule entre deux plans formés par la côte, en se dirigeant du Sud-Sud-Ouest au Nord-Nord-Est; l'un de ces plans, celui qui longe la mer, est sablonneux, bas et en partie boisé; l'autre est formé d'une suite de petites collines couvertes de bois. Cette côte continue ainsi jusqu'au cap Branco, formé par une falaise entièrement composée de sable blanc, bien tranchée à pic.

Pendant plus de vingt kilomètres après le cap Branco, le rivage est bordé de récifs. Les deux îlots Tamaracá ou Itamaracá sont des points saillants de ce haut fond.

On trouve ensuite le Porto-do-Francezes ou Potimbú, qui peut recevoir une quinzaine de navires. A huit kilomètres, plus au Sud gît la barre du Rio Capibaribe [3]

---

[1] Sainte-Thérèse. — [2] Pointe de la Baleine. — [3] Le nom de Rio Capibaribe se trouve surtout sur les cartes de l'Office hydrographique anglais.

ou Rio Goyana, située entre deux pointes : la pointe dos Coqueiros et la pointe das Pedras. Seize kilomètres au Sud du Rio Goyana ou Goyanna, on rencontre la barre Nord de l'île Itamaracá. Cette barre, qui porte le nom de Catuama, ne peut donner accès qu'à des barques de pêcheurs et à de petits navires. A marée basse, on n'y trouve que quatorze palmes d'eau ; à marée haute, il y en a jusqu'à vingt-cinq. Un peu au-dessus, il y a plus de quarante palmes de profondeur d'eau. La largeur du canal qui sépare l'île du continent est de cinq à six kilomètres, sur une longueur de quinze kilomètres environ. L'entrée Sud de ce canal peut recevoir des navires de trois cents tonneaux.

Le Rio Maria-Farinha est à quatre kilomètres au Sud quart Sud-Est de cette dernière entrée. A huit kilomètres au Sud se trouve la barre du Rio Páo-Amarello, qui admet des navires d'un assez fort tonnage. Quatre ou cinq kilomètres plus au Sud, on passe l'embouchure du Rio Doce, faible cours d'eau qui ne reçoit que des bateaux légers et des pirogues. Quatre kilomètres ensuite est la barre du Rio Tapado ; enfin, à cinq kilomètres Sud quart Sud-Est, on découvre la pointe d'Olinda. D'Olinda à la barre du Recife de Pernambuco il y a cinq kilomètres.

La ville de Recife est située dans une baie peu profonde, commençant à la pointe d'Olinda, et formée par une ouverture du récif qui borde la côte. Cette baie est large et suffisamment vaste pour recevoir un assez grand nombre de navires, de trois à quatre mètres de tirant d'eau. Le port est divisé en trois parties.

La première, sorte de port extérieur, qui porte le nom de Poço[1], est située au Nord du vrai port et sert de mouillage aux bâtiments qui ne peuvent pas entrer immédiatement ou ne doivent point séjourner. La seconde partie, appelée Recife, est le véritable port, compris entre la ceinture de rochers, très-voisine de la côte en cet endroit, et la ville; on lui donne aussi le nom de Mosquierão ou Lamarão. La rade de Pernambuco reçoit les eaux du Rio Caparibe.

Au Sud de l'anse de Pernambuco est situé le cap Sant'-Agostinho[2]; au milieu de la côte intermédiaire on remarque l'église de Nossa-Senhora-dos-Prazeres[3]. Le cap Sant'-Agostinho est formé par une colline peu élevée, médiocrement boisée, s'avançant vers la mer en s'abaissant par degrés. Il est terminé, en plusieurs endroits, par des falaises rouges.

A vingt-neuf kilomètres Sud-Ouest du cap Sant'-Agostinho, on trouve les îlots Sant'-Aleixo[4], situés vis-à-vis l'embouchure du Rio Serenhem. Après cette rivière, on découvre la Barra do Rio-Formoso[5], puis le Porto-Tamandaré, petit port formé par une échancrure du haut fond qui longe le rivage. Les criques ou embouchures de Barra-Grande[6], Porto-Grande[7], Porto-Calvo[8], Cammaragibe, Sant'-Antonio ou Santo-Antão[9]-Grande et Sant'-Antonio-Mirim, qu'on rencontre ensuite successivement, en suivant la plage, sont suivies de la Ponta-Verde[10]. A côté de la Ponta-Verde se trouve le port Maçayó ou Maceió, nommé également Porto-Jaraguá,

[1] Puits. — [2] Saint-Augustin. — [3] Notre-Dame des Joies. — [4] Saint-Alexis. — [5] Barre du beau fleuve. — [6] Grande Barre. — [7] Grand Port. — [8] Port Chauve. — [9] Saint-Antoine. — [10] Pointe Verte.

et à douze kilomètres plus au Sud-Ouest est le Porto-Francez[1]. Après ce port on trouve le Rio São-Miguel-das-Alagôas[2], le Rio Jiguia, le Rio Poxim et le Rio Cururippe. Les embouchures de ces divers cours d'eau sont situées dans de légères inflexions du rivage, qui dans toute cette partie est sablonneux et bas, et se dirige constamment au Sud-Ouest. Devant la barre du Rio Cururippe, à environ cinq kilomètres en mer, on découvre un rocher qui porte le nom de Dom-Rodrigo.

Le Rio de São-Francisco-do-Norte[3], qu'on rencontre ensuite, est un des plus grands fleuves du Brésil; son embouchure très-vaste est terminée par deux pointes : la pointe septentrionale est très-basse et formée de sable vif, presque sans trace de végétation; la pointe méridionale, appelée Manguinha, n'est guère plus élevée, mais couverte de mangliers.

A partir de la pointe Manguinha, la côte rentre, par une légère inflexion, qui se termine à la baie d'Itapicurú. Sur cette portion du littoral, on distingue plusieurs groupes de montagnes, dont les plus saillants sont : les Serras de Coratinho, le Morro de Telha[4], les Serras d'Itabayanna et les Serras de Pacatuba. Ces dernières sont composées d'une suite de collines se terminant au bord de la mer par les sables de Santa-Isabel[5]. Les principaux cours d'eau de la même côte portent les noms de : Japaratuba; Cotandiba, qui débouche à la pointe Miseria[6]; Rio Sergipe, aussi nommé Vasa-Barris.

A douze kilomètres de l'embouchure de ce dernier, on rencontre trois collines peu élevées, appelées Os-

---

[1] Port Français. — [2] Saint-Michel des Lagunes. — [3] Fleuve de Saint-François du Nord. — [4] Mont de Tuile. — [5] Sainte-Elisabeth. — [6] Misère.

Tres-Irmãos[1], et au pied de ces collines, bâtie sur un des affluents du Rio Sergipe, la ville qui a donné son nom à ce fleuve.

A vingt-huit kilomètres de Rio Sergipe débouche le Rio Real[2], à partir d'où la côte est sablonneuse, peu élevée, n'offrant que de rares touffes de broussailles, quelquefois des collines boisées, et dont les principaux points sont : Boa-Vista[3], les Morros-Itaparoa et Massarandupio. Le Rio Ariquitiba et le Rio Itapicurú ont leurs embouchures sur cette plage, et sont suivis dans la direction Sud-Est par les Oiteros-de-São-Miguel, succession de collines qui bordent le rivage.

La Torre[4]-de-Garcia-de-Avila est un petit fort bâti sur le haut de la côte, à quelque distance du Rio Itapicurú, et à soixante kilomètres duquel, dans la direction Sud-Ouest, sont les pointes d'Itapuan et d'Itapuanzinho. Ce rivage, composé de dunes de sable, est parsemé de palmiers et de broussailles; on y trouve les barres du Rio Salype, du Rio Pojuca et du Rio Jacoipe. A peu de distance de la pointe d'Itapuanzinho est le cap Sant'-Antonio ou São-Antão, sur lequel un phare indique l'entrée de la baie de Todos-os-Santos[5], ordinairement appelée Bahia[6]. Cette baie forme une échancrure très-profonde dans le continent, et a près de cent cinquante kilomètres de circonférence; elle est nommée Reconcavo[7] : c'est la plus vaste baie de tout le Brésil. La mer y pénètre de tous les côtés, et elle reçoit un grand nombre de cours d'eau, dont quelques-uns sont considérables.

[1] Les Trois Frères. — [2] Fleuve Royal. — [3] Bonne-Vue. — [4] Tour.— [5] Tous les Saints. — [6] Baie. — [7] Lieu enfoncé.

L'île Itaporica, située dans ce golfe, en borde l'entrée
à l'Ouest ; cette île est plus élevée que les terres avoisinantes et semble se confondre avec elles quand on
vient du large.

A partir de l'île Itaporica, le rivage forme une anse
profonde ; il est sablonneux, bas et bordé de récifs
jusqu'au Morro de São-Paulo [1], situé à la pointe Est de
la barre du Rio Una, près de la petite ville de Camamú,
qu'on trouve au Sud-Ouest du Rio Una ; en longeant la
côte, est la rivière d'Acarahi, qui a son embouchure
dans un bassin formé par l'île Quiepe, la Ponta-de-Muta,
pointe de terre très-basse, et la pointe de Castelhanos [2].
Plusieurs embouchures de ruisseaux coupent le rivage
suivant, mais le Rio de Contas est le seul qui ait de
l'importance. Au Sud, la côte tourne un peu à l'Est et
forme une petite baie jusqu'à la pointe de São-Jorge-
dos-Ilhéos [3]. La baie de São-Jorge-dos-Ilhéos suit la
pointe de ce nom, et est formée par le rivage et deux
îlots placés à peu de distance à l'Est. Ce port offre un
bon abri aux navires qui fréquentent ces parages. La
ville peu importante de São-Jorge-dos-Ilhéos est pro-
tégée par un fort bâti sur la pointe Sud de la baie du
même nom.

Depuis le Morro de São-Paulo jusqu'à ce point, la
côte offre un aspect agréable par sa variété. De nombreuses collines boisées, des vallées fertiles et cultivées,
contrastent agréablement avec le rivage stérile du Nord.

Du fort São-Jorge-dos-Ilhéos, la côte, uniformément
boisée, est droite sur une étendue de quatre-vingt-quatre

---

[1] Mont de Saint-Paul. — [2] Castillans. — [3] Saint-George des Ilots.

kilomètres dans la direction Sud, inclinant légèrement à l'Est, jusqu'à Belmonte; on y rencontre le Rio Cururupe, le Rio Oaqui, le Rio Meco, le Rio Aracary et le Rio Pardo ou Patype. La ville est bâtie sur la pointe Sud de l'embouchure du Rio Belmonte ou Rio Grande-de-Belmonte. A quarante kilomètres au Nord de cette ville sont les Serras de Itaraca, chaînes de montagnes au pied desquelles commencent les terres basses, qui finissent au mont Pascoal[1]. Les montagnes les plus au Sud de ce groupe sont les Morros de Commandatuba. De Belmonte, le rivage court du Nord au Sud jusqu'à Porto-Seguro[2], ville distante de la précédente de plus de cinquante kilomètres. Elle est bâtie sur la côte au Nord du port, dans lequel se jette une petite rivière. Ce port est formé, comme la plupart de ceux de la côte du Brésil, par une coupure du récif qui borde le rivage.

A quatre kilomètres au Sud de Porto-Seguro est la chapelle de Nossa-Senhora-da-Judea[3], après laquelle on rencontre successivement la petite baie de Trancoso, les embouchures des rivières du Frade[4], qu'on peut remonter en canot jusqu'à deux journées de route, et dont les rives sont d'une remarquable fertilité; de Joasime, de Cramimuan.

En s'éloignant de Porto-Seguro, la côte, qui se dirige au Sud et légèrement à l'Ouest, est bordée de falaises rouges; elles s'abaissent sensiblement, et parmi les arbres qui les surmontent on distingue encore le cocotier, espèce d'arbre qu'on ne tardera pas à cesser de

---

[1] Pascal. — [2] Port Sûr. — [3] Notre-Dame de la Judée. — [4] Moine. Ce nom lui vient de ce qu'un missionnaire franciscain s'est noyé dans ce fleuve.

voir en allant vers le Sud. Pour continuer la route, on est obligé de s'éloigner un peu de la mer, dans laquelle les rochers s'avancent, et d'atteindre une plaine qui porte le nom d'Imbassuaba. Cette plaine, entourée par la forêt, est presque en entier couverte de gazon ; au pied des arbres qui s'y trouvent on rencontre le lichen des rennes [1].

On découvre bientôt ensuite l'embouchure du Rio Jucurucu, près de laquelle est la petite ville de Prado [2]. On aperçoit de ce point le mont Pascoal, en vue duquel Pedro Alvarès Cabral se trouva le jour de Pâques de l'an 1500. On peut aussi voir de là la cataracte du Rio Prado, à peu de distance du mont Pascoal.

A quinze kilomètres environ de Prado, on rencontre la ville de Alcobaça, bâtie sur une plage de sable blanc, couverte de gazon, de mimosas rampantes et de pervenches à fleurs roses [3]; puis celle de Caravellas, sise dans une vaste prairie bordée de tous côtés par la forêt; celle de Villaviçosa [4], petite ville très-agréablement située, et celle de Porto-Alegre [5], communiquant chacune avec l'Océan par une rivière.

L'embouchure du Rio Alcobaça est large et profonde, et ses bords, près de la mer, sont couverts de mangliers; en le remontant un peu, on se trouve dans une vaste forêt. Le Rio Peruipé, qui se termine près de Villaviçosa, est encombré par des bancs de sable à son embouchure.

Les îlots des Abrolhos [6], aussi nommés de Santa-Barbara, au nombre de quatre, plus deux ou trois amas

---

[1] *Lichen rangiferimus.* — [2] Prairie. — [3] *Vinca rosea.* — [4] Ville feuillue. — [5] Port gai. — [6] Brisants.

de roches, sont situés à une distance moyenne de
soixante-quinze kilomètres du rivage, par 17° 57′ 44″
de latitude Sud et 41° 2′ 9″ de longitude Ouest. Ce sont
de véritables et très-dangereux écueils entre lesquels
on a découvert plusieurs canaux étroits, qui peuvent
donner passage à des navires, mais présentent de
grands dangers. Ces îlots occupent un espace d'environ
trente-six kilomètres carrés. Les deux plus au Nord
sont les deux plus grands et les plus élevés; l'un, celui
de l'Ouest, a quarante-trois mètres, et l'autre trente-
huit mètres de hauteur. Ils sont composés d'une roche
tendre et blanchâtre, qui s'effrite à l'air, mais se durcit
dans l'eau de mer. Presque tous les rochers ou îlots
disséminés le long de la côte du Brésil sont de la même
nature. La stérilité des îlots des Abrolhos est presque
complète. Toute la végétation se compose de joncs, de
quelques cactus et de pourpier sauvage; sur un rocher
à fleur d'eau on voit en outre quelques arbustes chétifs et tourmentés. Des myriades d'oiseaux de mer,
surtout des grapiras [1], sont les habitants de ces îles,
qu'ils couvrent de leurs nids. On y rencontre aussi
des tortues, et on trouve du sel marin et un peu d'eau
douce dans l'îlot le plus au Nord. Les pêcheurs de la
côte s'y rendent en canot, et y demeurent souvent
plusieurs jours pour y pêcher du poisson et des tortues.
Le principal produit de cette pêche est un poisson appelé
guarupa, dont la chair a beaucoup d'analogie avec celle
du saumon.

La barre du Rio de São-Matheo ou São-Matheus [2], ou

---

[1] *Halieus forficatus.* — [2] Fleuve de Saint-Mathieu.

Rio Branco, est la première embouchure importante après Porto-Alegre, en allant au Sud. Viennent ensuite le Rio Secca [1], dont la largeur est moindre; le Rio Doce [2], qui s'étend loin dans l'intérieur; le Rio dos-Reis-Magos [3] et le Rio Carahipe; la pointe du Tubarão [4] est peu distante de ce dernier.

Depuis le Rio São-Matheo, la côte est basse, composée d'un sable roux et couverte d'une luxuriante verdure. Elle suit, à très-peu près, jusqu'à Espirito-Santo [5], la direction du Nord au Sud.

La baie d'Espirito-Santo, formée d'une coupure du rivage, est peu profonde; à sa pointe septentrionale on distingue le Mestre-Alvaro [6], et à la pointe Sud le Monte-Moreno [7]. Ce dernier a une forme conique et est en partie couvert de bois; le côté Est est tout à fait privé de verdure, et présente des traces volcaniques. A deux kilomètres environ, dans le Sud-Ouest du Monte-Moreno, se trouve le Morro de Nossa-Senhora-da-Penha [8], colline de roche, boisée en partie, au sommet de laquelle est bâtie une église du même nom. Au Nord-Nord-Ouest du Monte-Moreno, sont deux îles qui occupent une grande partie de la baie d'Espirito-Santo. A deux mille mètres environ, à l'Est de Victoria [9], on remarque un énorme rocher nommé Pão-de-Assucar [10], comme celui de Rio-de-Janeiro, et à cause de la forme qu'il accuse.

A cinquante-huit kilomètres environ au Sud d'Espirito-Santo, on rencontre, tout près de terre, les îlots de Jicú, et, à peu de distance de là, les roches Pacotes [11].

---

[1] Rivière sèche. — [2] Rivière douce. — [3] Fleuve des rois Mages. — [4] Requin. — [5] Esprit-Saint. — [6] Maître Alvaro. — [7] Mont brun. — [8] Mont de Notre-Dame de la Roche. — [9] Victoire. — [10] Pain de sucre. — [11] Paquets.

Le rivage, peu élevé, est presque couvert par des arbres de petite dimension, mais très-serrés; il offre en certains endroits des falaises d'une couleur jaunâtre.

Le Rio Guaraparim a son embouchure située entre deux collines; celle du Sud est surmontée d'une église, celle du Nord porte le nom de Perro-do-Cão[1]. Les îles Guaraparim, l'îlot Rasa[2] et l'îlot Calvada[3] se rencontrent près de la côte, sur laquelle débouche le Rio Guaraparim. A peu de distance, au Sud-Ouest de la barre du Rio Guaraparim, on trouve la pointe Benevente. De cet endroit, le rivage s'écarte considérablement des montagnes de l'intérieur et forme un plateau très-bas dont la largeur, de l'Ouest à l'Est, atteint jusqu'à plus de cinquante kilomètres. Le cap São-Thomé[4] est situé sur la côte à cette distance des montagnes. Entre ce cap et le cap Buzios[5], le rivage présente une sorte de golfe de près de cent vingt kilomètres de dévelopement. A quatorze kilomètres de la côte, et vers le milieu de ce golfe, se trouvent les îles Santa-Anna[6], qui sont au nombre de trois. Au Sud des îles Santa-Anna, gît la petite île do Ferro[7]; sur la plage, on voit les embouchures de deux ou trois petits cours d'eau, puis le Morro-São-João[8], ensuite une plage de sable jusqu'au cap Buzios. Au Nord de ce cap est située la petite île Branca[9], et à trente-sept kilomètres au Nord du Morro de São-João, on aperçoit une autre montagne d'une grande élévation, à pic du côté du Nord, et surmontée

---

[1] Chien du chien. — [2] Rase. — [3] Chauve. — [4] Saint-Thomas. — [5] Buzio signifie noirâtre. C'est aussi le nom d'une sorte de coquillage — [6] Sainte-Anne. — [7] Du Fer. — [8] Mont Saint-Jean. — [9] Blanche.

d'un piton; elle est appelée le Frade-de-Macahé[1]. On trouve sur la côte divers cours d'eau, dont les plus importants sont : le Rio Itapemirim, le Rio Camapua-nan, le Rio Parahyba-do-Sul, le Rio Macabú et le Rio Macahé.

A l'Est-Sud-Est du cap Buzios, à une distance de sept mille cinq cents mètres en mer, sont placées les îles Ancoras[2], dont la plus grande, à l'Est, rappelle, par sa forme, un chapeau de cardinal. Ces îles, le continent, et d'autres petites îles qui se trouvent au Nord du cap Frio, forment un golfe assez profond au milieu duquel on rencontre les îlots des Papagaios[3].

L'extrémité méridionale d'une île située à l'endroit où la côte tourne brusquement à l'Ouest, à peu de distance de la pointe Est de la Praia[4] de Maçambaba, forme le cap Frio[5]. Cette île, principalement composée de roche, et dont plusieurs espaces sont dénués de végétation, laisse entre elle et le littoral du continent un passage fréquenté par des navires d'un faible tonnage, mais qui peut servir d'abri à de plus grands.

Depuis le cap Frio jusqu'à Rio-de-Janeiro, le rivage est bas et sablonneux; les montagnes qu'on aperçoit ont la direction du Sud-Ouest jusqu'au méridien du cap Negro[6], en laissant un terrain uni d'une étendue de quarante kilomètres entre elles et le cap Frio; et, de là, celle de l'Ouest-Sud-Ouest, jusqu'à Rio-de-Janeiro.

Entre le cap Frio et le cap Negro, la côte est basse, ne présentant que de petites collines sur un rivage sablonneux et n'ayant d'autre végétation que quelques touffes

[1] Moine de Macahé. — [2] Ancres. — [3] Perroquets. — [4] *Praia* veut dire plage. — [5] Froid. — [6] Noir

de broussailles. Sur toute cette plage, qu'on nomme
Praia-de-Maçambaba, on ne voit qu'une colline remarquable par l'église bâtie à son sommet, sous le nom de
Nossa-Senhora-de-Nazareth[1]; elle est située à douze kilomètres environ à l'Est-Nord-Est du cap Negro. Une lagune, de plus de trente kilomètres de longueur, suit le
rivage en dedans de la Praia-de-Maçambaba, et communique en quelques endroits avec l'Océan.

Le cap Negro est formé par une colline peu élevée,
au pied de très-hautes montagnes, à cinquante kilomètres au moins à l'Est de Rio-de-Janeiro. Vers la
moitié de cette distance, et à quatre ou cinq mille
mètres de la côte, on voit les deux îles Maricas.

La Gabia ou Gavea annonce l'entrée de la baie de
Rio-de-Janeiro. A vingt-cinq kilomètres de la Gabia ou
Gavea[2], dans la direction Ouest-Sud-Ouest, on aperçoit
l'Ilha-Redonda[3], remarquable par ses falaises vertes et
blanches. En arrivant du large, les montagnes qui entourent la baie de Rio-de-Janeiro semblent figurer un
homme couché de l'Est-Nord-Est à l'Ouest-Sud-Ouest,
dont la Gabia forme la tête, et un énorme rocher conique, appelé le Pão-de-Assucar[4], les pieds.

La baie de Rio-de-Janeiro[5] est fort vaste et l'une des
plus belles du monde; son diamètre varie de douze à
quinze kilomètres ; de hautes montagnes, couvertes de
la plus majestueuse végétation et parsemées de maisons
de campagne, l'entourent de tous côtés.

De l'Ilha-Redonda, on distingue, à trente-deux kilo-

[1] Notre-Dame de Nazareth. — [2] Ilune. — [3] Ile ronde. — [4] Pain de sucre.
— [5] La baie de Rio de Janeiro, d'abord prise pour l'embouchure d'un fleuve,
fut découverte au mois de janvier. En portugais *Janeiro* signifie janvier.

mètres à l'Ouest, la pointe de Guaratiba, où finissent les montagnes qui enceignent la baie de Rio-de-Janeiro, et où commence la Praia-de-Marambaya, se terminant à l'Ouest au Morro de Marambaya, à peu près vis-à-vis lequel se trouve l'Ilha-Grande[1]. Cette île forme, avec le continent, une vaste baie du même nom, qui a deux entrées : l'entrée Est est limitée par l'Ilha-Grande et le promontoire de Marambaya; l'entrée Ouest, par la même île et la pointe Joatinga[2]. A environ quatre mille mètres au Sud de Ilha-Grande gît la petite île de Jorge-Grego[3]. La pointe Joatinga et celle de Cairoçu bornent au Sud les terres formant la grande baie de Ilha-Grande. Les îles Porcos[4] comprennent une grande île et trois plus petites; elles sont situées à trente-six kilomètres environ de la pointe Cairoçu.

L'île São-Sebastião[5], qu'on rencontre ensuite, est séparée de la côte par une passe étroite. L'ancienne ville du même nom est bâtie sur le continent, au plus étroit du canal. Les montagnes de l'île et celles de la côte voisine sont très-élevées et couvertes de forêts. L'île São-Sebastião a dix-huit kilomètres environ dans sa plus grande largeur.

Après l'île São-Sebastião, la côte rentre profondément jusqu'à la Ponta-de-Manduba. Dans l'espace de mer formé par cette courbure, on trouve plusieurs îles et îlots, parmi lesquels on distingue le Montão-de-Trigo[6] et le groupe des îles Alcatrazes[7]. A dix-huit cents mètres au Sud-Est de la Ponta-de-Manduba est située la petite île

---

[1] Grande ile. — [2] Cette baie est aussi appelée *Bahia d'Angra-dos-Reis*. — [3] Georges Grec. — [4] Pourceaux. — [5] Saint-Sébastien. — [6] Tas de blé. — [7] Pélicans.

Moela [1]. C'est à la Ponta-de-Manduba que commence le
port de Santos, qui se termine à la Ponta-de-Taipu.
Cette rade, formée par la côte et l'île Sant'-Amaro, que
le Rio Bertioga sépare du continent, a deux entrées,
dont la plus méridionale peut seule donner accès aux
grands navires. La côte, qui forme le port de Santos, est
appelée Sacco-Grande [2].

De la Ponta-de-Taipu, le rivage suit la direction du
Sud-Ouest; on rencontre le village de la Conceição,
bâti près de la plage, sur une colline. A peu de distance
de la côte, on voit les îles Queimada-Grande [3] et Quei-
mada-Pequena [4], composées de deux masses de roches,
presque dépourvues de végétation; plus loin les îlots
Guarahú; sur la côte, les hauteurs et la Praia-de-
Piruibe, la Barra-da-Una, la Ponta-de-Jurea, l'embouchure de la rivière d'Iguape.

La Praia et la Barra-d'Iguape viennent ensuite dans
la direction Sud-Ouest; la Praia-d'Iguape, formée de
petites dunes de sable blanc [5], sur lesquelles croissent
çà et là quelques touffes de broussailles, a une longueur
d'environ quarante kilomètres, et est séparée du continent par un lac qui fait communiquer la Barra-de-
Iguape à celle de Cananéa [6]. Ce lac porte le nom de
Mar-Pequeno [7]; par la Barra de Cananéa, il peut recevoir
de grands bâtiments; mais des bateaux seulement peuvent entrer par celle d'Iguape. Cette dernière ne doit
pas être confondue avec l'embouchure de la rivière

---

[1] Gésier. — [2] Grand sac. — [3] Brûlée grande. — [4] Brûlée petite. —
[5] Tout le sable du littoral est un sable blanc quartzeux, presque sans
autre mélange que des débris de coquillages, réduits en fragments souvent
impalpables. — [6] Cananéenne. — [7] Petite Mer. Le mot *mar*, mer, est
masculin en portugais.

d'Iguape, dont nous avons parlé plus haut, et qui est situé à douze kilomètres environ plus au Nord-Est.

La Barra-de-Cananéa, sise à l'extrémité de la Praia-d'Iguape, est limitée d'un côté par cette plage, et de l'autre par la Ponta-de-Cananéa et l'île de Bom-Abrigo[1]. A vingt kilomètres environ de cette île, on aperçoit le mont Cardoz, dans la direction Ouest-Nord-Ouest. Après la Ponta-de-Cananéa, le rivage continue à suivre le Sud-Ouest; on voit, à huit kilomètres environ en mer, les deux îlots Castello[2] et Figo[3], et plus loin une île basse et assez grande, l'île do Mel[4].

La côte subit là une profonde échancrure et forme la baie de Paranaguá, qui reçoit le Rio Guaraguissava. Le port a douze à quinze kilomètres de diamètre; il reçoit, outre le Rio Guaraguissava, plusieurs rivières et ruisseaux. L'île do Mel et les îles das Palmas[5] en divisent l'entrée en deux parties : celle du Nord seule est navigable.

En mer, à peu de distance de la Barra-do-Sul[6] de la baie de Paranaguá, on distingue les rochers Itacolomis, dont la hauteur est d'environ sept mètres, et l'île Coral[7].

La côte se dirige ensuite davantage vers le Sud, et, à quarante kilomètres de Paranaguá, elle est découpée par la Barra-de-Guaratúba et celle de Cubatão, embouchures d'une baie et d'une petite rivière. A soixante-cinq kilomètres Sud de Guaratúba, on arrive à la pointe de João-Diaz, située sur l'île de São-Francisco. A l'extrémité Est du bras de mer appelé Rio-de-São-Francisco-do-Sul[8], quatre mille mètres environ à l'Est de

[1] Bon abri. — [2] Château. — [3] Figue. — [4] Du miel. — [5] Des palmiers — [6] Barre du sud. — [7] Corail. — [8] Rivière Saint-François du sud.

la pointe de João-Diaz, sont les îlots de Garcia ou de Graça[1].

L'île São-Francisco est séparée du continent par un bras de mer qui se dirige d'abord du Nord au Sud-Ouest, puis de ce point au Sud-Est. Il est parsemé d'îles et de rochers et très-irrégulier dans sa largeur. Il reçoit les eaux de plusieurs petites rivières; à son extrémité Nord, il porte le nom de Barra-Grande[2] ou Barra-do-Norte[3]; l'extrémité Sud-Est est appelée Barra-de-Araquary ou Aracary. Ce canal, généralement peu profond, reçoit cependant de petites frégates, qui y trouvent un bon mouillage.

A partir de l'île São-Francisco-do-Sul, la côte suit la direction du Sud sur une longueur de plus de deux cents kilomètres. Les barres de Itajahy, Bupeda et Tejúcas sont les premières qu'on rencontre en allant au Sud; plus loin on aperçoit l'île Santa-Catharina[4]. Cette île, située très-près du continent, est assez élevée et peut être contournée entièrement. Ce n'est cependant que dans la partie Nord du canal qu'on peut faire entrer des navires d'un fort tonnage. Au Nord de l'île Santa-Catharina, les terres sont très-élevées, offrant un aspect tourmenté et présentant de grandes vallées. Ces terres sont généralement couvertes de bois. Au Nord de l'île Santa-Catharina, on voit plusieurs autres petites îles, dont la principale est l'île d'Arvoredo[5]. Elle se trouve à peu près à une distance égale de la Ponta-Rapa[6], de l'île Santa-Catharina, de l'îlot Pedra-

---

[1] Grâce. — [2] Grande barre. — [3] Barre du Nord. — [4] Sainte-Catherine. — [5] Bocage. — [6] Toton, sorte de toupie.

de-Gale, de la Ponta-Zambo [1] et de la Ponta-Ganxos sur le continent.

De Santa-Catharina à la Laguna [2], le rivage est droit, couvert de sable blanc, parsemé de broussailles. A ce dernier point, une sorte de lagune, qui suit la direction du Nord au Sud et est parallèle à la mer, communique avec elle par une assez vaste échancrure.

La côte tourne ensuite au Sud-Ouest jusqu'à l'extrémité méridionale du Brésil, c'est-à-dire sur une longueur de plus de cinq cents kilomètres. Plusieurs petites rivières, qui la découpent, ont leurs embouchures près des petites villes ou villages de Conventos [3], Torres [4], Taramandi. Ce sont le Rio Embahu, le Rio Piraguera, le Rio Urussanga, le Rio Ararangua et le Rio Manbituba. Près de Taramandi est le lac du même nom, formant sur le rivage une large crique. Ce lac a environ cinquante kilomètres de longueur dans la direction du Nord-Nord-Est au Sud-Sud-Est, sur une largeur variable et maxima de quinze kilomètres. De la pointe Sud de la barre du lac Taramandi à Palmares [5], il y a environ cinquante kilomètres. Au Nord-Ouest de ce dernier point, à vingt-cinq kilomètres à peu près, on trouve le lac Barros, qui déverse ses eaux, par un canal de plus de trente kilomètres de longueur, dans un autre lac fort vaste nommé Lagôa ou Alagôa-dos-Patos. Ce lac, le plus grand du Brésil, est parallèle à l'Océan, avec lequel il communique à l'extrémité Sud de l'empire, aux environs de la ville de Rio-Grande-de-São-Pedro. Il a deux cent quarante kilomètres de lon-

---

[1] Bancal. — [2] Lagune. — [3] Couvents. — [4] Tours. — [5] Bois de palmiers.

gueur, du Nord-Est au Sud-Ouest, et une largeur variable qui atteint jusqu'à cinquante kilomètres. Plusieurs villes, entre autres celle de Santo-Amaro, sont sises sur la bande de terre comprise entre l'Océan et le lac dos Patos.

PROFONDEUR DE L'OCÉAN PRÈS DES COTES. — Le long de la côte du Brésil, la profondeur de la mer est très-variable, et souvent le brassiage ne suffit pas pour la sécurité des atterrages. De brusques variations de profondeur rendent nécessaire toute l'attention du marin et exigent de sa part une grande habitude ou une prudence vigilante pour les approches de la côte.

Nous donnons ici l'indication de quelques profondeurs, soit en vue, soit à une petite distance de terre. Les chiffres sont disposés en s'éloignant de la côte : le premier est celui du brassiage le plus voisin de terre. Pour l'entrée des fleuves ou des baies, ils sont dans l'ordre inverse, c'est-à-dire en allant de la mer à l'intérieur de la baie ou du fleuve.

	BRASSES.
Devant la ville de Macapà.	1 3/4 — 4 1/2
A l'Est de la vigie de Manoel–Luiz.	1 1/2
A la pointe Ouest de la vigie de Manoel–Luiz.	4 1/2
A l'embouchure du Rio Tury–Assù.	14 1/4 — 16 — 22
Devant Guimaraens.	14 — 22
— Itacolomi.	10 1/2 — 14 — 16
Entrée de la baie de São–Marcos.	10 1/2
Fond.	4 — 3
Banc do Mago (port de São–Luiz).	2 — 4
Au Nord du banc do Mago.	18 palmes.
Devant le fort São–Francisco.	3 — 4
Baie de São–José.	4 1/2 — 5 1/2
Devant la plage das Mangues-Verdes.	4 — 8 — 10
Banc du Nord au Sud, devant Perguiças :	
Près du banc { Ouest.	4 1/2
Est.	7 — 9 — 16

BRASSES.

En face de Barra–Grande. 16
— de Barra–Velha. 15
— de Iguarassú. 9
Devant le village de Jericóa–Cóará. 9 2/3
Sur le banc qui s'étend de Castelhanos à Aracati. . . 2 — 4 1/2
Autour du banc. . . . . 7 — 8
En face de la Serra Mandahú. . . . . 3 1/2 — 10 1/2
— du mont Melancia. . . . . 6 1/4 — 8
Près de la Ponta-do–Mel. . . . . 4 — 5
— Ponta-do–Tubarão. 5
Puis viennent les bancs du cap São-Roque. Entre ces
bancs et le continent il y a un canal où l'on trouve
une profondeur de. . . . . 8 — 7 — 6
Au cap même le canal est très-resserré et n'a que. . 4
Ce canal s'élargit ensuite et a, de profondeur. . . . 5 — 6 — 7 — 8
Devant l'embouchure du Rio-Grande. . . . . 6 — 9
Baie Formosa. . . . . 4 — 5 — 10
Baie da Traição. . . . . 4 — 5
Devant l'embouchure du Rio Mamanguape. . . . . 3 — 5 — 7
— la Ponta-Lucena. 7
— le Rio Parahyba. . . . . 2 — 4 — 6
— Porto-dos-Francezes. . . . . 5 — 6
— le Rio Goyana. . . . . 7 — 8 — 19 — 20
— Itamaracá. . . . . 7 — 8
Dans le canal entre le continent et Itamaracá. . . . 7 — 5 — 5 — 1 — 2
Devant le fort Buraco. . . . . 2 — 5 — 1 3/4
— Brun. (Fond de sable et de madrépores). 2 — 3
Devant Recife. . . . . 5 — 6 — 7 — 8
Autour de l'île Sant'Aleixo. . . . . 7 — 6 — 8 — 12
Devant l'embouchure du Rio Una (ancrage près d'un
petit banc). . . . . 6 — 7
Devant Barra-Grande. . . . . 6 — 7 — 9
— Porto-Calvo. . . . . 2 — 3 — 5 — 6
— Porto-Francez. . . . . 10 — 17
— Barra-Vermelha . . . . 3 — 7 — 12
A quarante kilomètres à l'Est du Rio de São-Francisco. 40
Rio de São-Francisco-do-Norte, à la barre. 2
— — dans le fleuve. . . 4 — 3 — 6
Devant le Rio Sergipe (au Sud d'un banc de sable). . 4 — 6 — 4 — 5
Le long de la côte jusqu'au Rio Real. . . . . 5 — 6 — 4
Devant le Rio Real. . . . . 3 — 4 — 5 — 6 — 7
A quatre-vingts kilomètres du Rio Real. 200
A trente-six kilomètres à l'Est du Rio Itapicurú. . . 210
En suivant la côte jusqu'à la Torre-de-Garcia-de-
Avila. . . . . 20 — 15 — 11 — 10

BRASSES.

A trente-six kilomètres à l'Est de la Torre-de-Garcia-de-Avila.	180
Devant la baie de Todos-os-Santos.	24 — 20 — 30
Dans la baie de Todos-os-Santos.	6 — 14
A trente kilomètres du cap Sant'Antonio-de-Bahia.	200
A six kilomètres à l'Ouest ou au Nord de ce cap.	18 — 20
Devant Tabatinga.	12
— Castelhanos.	9 — 12 — 20
Près de la côte.	10 — 15 — 16
Devant le Rio de Contas.	3 — 4 — 10 — 16
A l'Ouest dos Ilhéos.	7 — 6
A l'Est —	15
Devant Porto-Seguro.	10
Au Nord des Abrolhos.	18 — 17 -- 16 — 20 — 35
Au Nord-Est des Abrolhos.	15 — 30
A l'Est des Abrolhos.	11 — 15
Au Sud des Abrolhos.	20 — 19 — 24
Tout près des Abrolhos.	3 — 7 — 9 — 10
Devant Espirito-Santo	6 — 7 — 8
Canal entre le banc de sable et le cap São-Thomé.	5
A cent kilomètres Est-Sud-Est de ce cap.	120
Devant le cap Frio.	30 — 40
Au Sud du cap Frio.	8
A vingt-cinq ou trente kilomètres du cap Frio.	50 — 60
Entrée de Rio-de-Janeiro.	30 — 17 — 19 — 18 — 9 — 14
A soixante-dix kilomètres Sud-Est de Rio-de-Janeiro.	80
Devant la plage de Marambaya.	6 — 7
Dans la baie d'Angra-dos-Reis.	6 — 8 — 10 — 4
Devant Mambucaba.	7 — 10
— la pointe Joatinga.	6 — 12 — 35
A vingt kilomètres de la pointe Joatinga.	35 — 40
A quarante-huit kilomètres à l'Est de l'île São-Sebastião.	50
Devant Santos.	4 — 5 — 6 — 9 — 5
— Iguape.	3 1/2 — 5
— Cananéa.	3 — 4 — 5
En allant au Nord-Est vers Iguape (canal).	6 — 5 — 3 — 4
Devant la baie de Paranaguá.	4 — 3 — 6 — 5
A quarante-huit kilomètres Est de Paranaguá.	40
Devant la baie de Guaratúba.	5 — 4
Au fond de la baie de Guaratúba.	3
Barra-do-Norte de São-Francisco-do-Sul.	3 — 7 — 8 — 7
Nord de l'île Santa-Catharina.	9 — 10 — 11 — 12

	BRASSES.
Canal entre l'île et le continent.	7 — 6 — 4 — 3 — 5
Est de l'île.	3 — 5
Sud de l'île.	7 — 9 — 10 — 12
A quelque distance à l'Est.	20
A soixante kilomètres au Nord-Est et à l'Est.	70
Devant Laguna.	19 — 28
Le long de la côte Sud à une distance de six à huit et à douze kilomètres.	19 — 18 — 15 — 14 — 9
Rio–Grande-de-São-Pedro. — Devant l'entrée. . . .	5 — 4 — 3
Canal ou Rio Grande (Changements fréquents dans la profondeur.), ...	2 — 6 — 7 — 5

Les renseignements qui précèdent sont basés sur des sondes faites en 1843, 1845, 1849, 1854 et 1857.

Le voyage d'Europe au Brésil est facilité par un courant naturel qui part du golfe de Gascogne et se divise en deux à la hauteur du cap São-Roque. L'une des branches se dirige à l'Ouest, puis au Nord, dans le golfe du Mexique, et contribue à former le Gulf-Stream. Ce courant gêne parfois les navires qui traversent l'Équateur, à l'Ouest de 25° de longitude Ouest, par sa tendance à les porter vers la côte Nord du Brésil. L'autre branche suit la côte du Brésil et ne se termine qu'après le 45° parallèle Sud.

PHARES. — Les phares qui existent (1860) sur les côtes du Brésil sont les suivants :

PROVINCE DE RIO-DE-JANEIRO. — *Ilha-Rasa*. Phare à mouvement circulaire, à éclipse de cinq en cinq minutes, de couleur rouge et blanche.

Cabo-Frio. Phare à feu fixe de couleur rouge.

PROVINCE DE SÃO-PAULO. — *Ilha-da-Moella*. Phare à feu fixe de couleur blanche.

PROVINCE DE SÃO-PEDRO-DO-RIO-GRANDE-DO-SUL. — *Rio-Grande*. Phare à mouvement circulaire, trois minutes de rotation, présente trois feux très-clairs, trois plus obscurs et trois éclipses. Ce phare peut être vu à trente milles au large.

Dans la même province, et pour la navigation intérieure, il existe quelques petits phares visibles à sept ou huit milles de distance, à l'embouchure du Rio São-Gonçalo et dans le lac dos Patos.

PROVINCE DE BAHIA. — *A la Barre*. Phare à mouvement circulaire, cinq minutes d'éclipses, de couleur rouge et blanche.

PROVINCE DE PERNAMBUCO. — *Recife*. Phare à mouvement circulaire, cinq minutes d'éclipses, de couleur rouge et blanche.

PROVINCE DE MARANHÃO. — *Ilha-de-Santa-Anna*. Phare à mouvement circulaire, cinq minutes d'éclipses, de couleurs rouge et blanche.

Itacolomi. Phare à feu fixe.

PO VINCE DE CEARÁ. — *Ponta-de-Mocoripe*. Phare à huit lumières fixes.

PROVINCE DE PARÁ. —*Ponta-da-Atalaia*. Appareil lenticulaire de Fresnell et Arago. Phases de la lumière : lumière claire et égale, soixante-dix secondes ; éclipse, seize secondes ; lumière croissante, très-brillante, puis décroissante, douze secondes ; éclipse, vingt-deux secondes ; total, deux minutes.

PROVINCE DAS ALAGÔAS. — *Porto-de-Maceió*. Phare catadioptrique, couleur naturelle. Phases : lumière naturelle, soixante-dix secondes ; éclipse, seize secondes ; lumière très-brillante et augmentant d'intensité, douze secondes ; éclipse, vingt-deux secondes ; total, deux minutes.

PROVINCE DE RIO-GRANDE-DO-NORTE. — Phare à feu fixe. Visible à huit ou neuf milles au large.

Un phare doit prochainement être placé à l'entrée de la rade de Santa-Catharina.

ASPECT GÉNÉRAL DES COTES. — Le littoral du Brésil est loin de se présenter partout sous les mêmes apparences. Ici, des terres basses; là, de hautes montagnes qui bornent l'horizon ; ailleurs, des collines, les unes couvertes d'arbres, les autres arides et nues ; enfin, une diversité qui forme, il est vrai, un véritable et majestueux panorama, mais exige de la part des navigateurs qui fréquentent ces côtes une connaissance parfaite de leur configuration.

L'Office hydrographique anglais a publié, à cet égard, d'excellentes cartes et vues à des distances variées; il est regrettable que la côte entière du Brésil n'ait pas encore été l'objet d'un travail analogue. Les vues de terre, publiées au Brésil même, sont des copies de celles du Dépôt des Cartes et Plans de la Marine française ou de l'Office hydrographique anglais.

Du cap d'Orange à l'île de Marajo, la côte est élevée par endroits et peut généralement être aperçue de cinquante kilomètres au large. L'île São-João, en venant du Nord-Est, paraît médiocrement élevée, boisée à l'Ouest et plus loin à l'Est. Jusqu'à Rio-Grande-do-Norte, la côte est uniforme et peu élevée. A la distance d'environ cinq kilomètres de Rio-Grande, en venant du large, le rivage est élevé à gauche, s'abaisse sensiblement vers la droite, puis se relève en pente douce et continue.

Au Sud-Ouest-demi-Sud du fort, on voit quatre

groupes de montagnes, et au Nord de ce même fort un groupe plus élevé.

A la distance de dix kilomètres, depuis Rio-Grande-do-Norte jusqu'à Parahyba-do-Norte, la côte a un aspect uniforme. Dans la direction Sud-Ouest-demi-Sud de Parahyba, elle est élevée et s'abaisse ensuite en allant au Sud.

A six milles de Maceió, dans la direction Ouest-demi-Nord, des bouquets d'arbres parsèment la côte, qui a un aspect régulier et est d'une élévation médiocre. A neuf milles du même point, le rivage paraît élevé à droite, bas au milieu, puis offre une montagne isolée, après laquelle la côte s'abaisse encore, puis se relève à gauche.

Entre le cap Sant'-Agostinho et la Torre-de-Garcia-de-Avila, presque sans exception, le rivage est bas ou d'une élévation très-faible, et présente, çà et là seulement, quelques collines ou petites montagnes ; les montagnes plus élevées se trouvent trop loin dans l'intérieur des terres, pour qu'il soit possible de les distinguer de la pleine mer.

La côte est aussi très-basse depuis Bahia jusqu'à Espirito-Santo. L'atterrage sur toute cette partie exige des précautions, la terre ne pouvant, en général, être reconnue qu'à une faible distance.

Depuis le cap Frio jusqu'à l'île Santa-Catharina, et même au delà de ce point, jusqu'au cap Santa-Martha-Grande, les terres, très-hautes et couvertes d'une puissante végétation, peuvent être aperçues, par un beau temps, à une distance variable de soixante à quatre-vingts kilomètres au large.

La Serra do Mar s'éloigne des côtes à partir du cap
Santa-Martha-Grande, et jusqu'à l'embouchure du Rio
Grande-de-São-Pedro, le rivage est bas, sablonneux et
souvent inondé.

V

DESCRIPTION SOMMAIRE DES FRONTIÈRES DE TERRE

Les frontières continentales du Brésil, en général peu fixées et peu connues, sont déterminées tantôt par des cours d'eau, tantôt par des conventions arbitraires et vagues, et quelquefois par des montagnes. Leur développement offre une étendue de plus de huit mille cinq cents kilomètres.

D'Oyapock, à environ quarante kilomètres au Sud des ruines de Saint-Pierre, le Brésil est séparé de la Guyane française par le Rio Oyapock. De ce point jusqu'à la source du Trombetas, affluent de l'Amazone, la limite des deux contrées est formée par les hautès montagnes de la Serra Tumucuraque, qui courent de l'Est à l'Ouest, parallèlement à l'Équateur, sur une longueur d'environ quatre cent cinquante kilomètres. La frontière brésilienne se dirige ensuite au Nord, suivant une ligne conventionnelle qui la sépare de la Guyane française; puis, au Nord-Ouest, en limitant la Guyane hollandaise et la Guyane anglaise. Elle tourne là presqu'à angle droit et suit les côtes de la Serra Pacaraina, au pied de laquelle sont bâties les petites villes de São-João [1] et de Santa-Rosa [2]. De ce lieu elle prend la direction de l'Ouest-Sud-Ouest, sur une étendue de cent cinquante kilomètres, se redresse vers l'Ouest pendant plus de cent kilomètres, jusque sur le méridien du lac Parime, là se dirige au Sud-Ouest, suivant ainsi les contours de la Serra Pacaraina. Une ligne idéale et sinueuse courant à l'Ouest jusqu'au Rio Joanna, puis au Sud-Ouest jusqu'au Rio Yapura, près de Salto-Grande [3], sur une longueur totale d'au moins huit cents kilomètres, sépare le Brésil de la Nouvelle-Grenade. De Salto-Grande, la frontière suit le cours du Rio Yapura, jusqu'à sa rencontre avec le Rio Miriti; de ce dernier point elle descend presque perpendiculairement au Sud, jusqu'à São-Francisco-Xavier-de-Tabatinga, ville bâtie sur la rive gauche de l'Amazone, qui en cet endroit porte le nom de Rio Solimões. Le Rio Javari, affluent du Rio Solimões, sert plus loin de limite au Brésil et au Pérou.

La frontière se dirige ensuite suivant une courbe Sud-Sud-Est et Sud-Est, puis court en ligne droite de l'Ouest à l'Est, à une distance régulière de vingt-cinq kilomètres au Nord du dixième parallèle Sud; traversant ainsi un pays presque inconnu et habité seulement par les tribus sauvages des Comomamas. Cette ligne droite se termine au Rio Madeira, et de ce point la frontière remonte le cours du Rio Madeira, puis de ses affluents le Rio Mamoré et le Rio Paraguá, dont elle s'écarte un peu, depuis la ville do Principe-de-Beira [4],

---

[1] Saint-Jean. — [2] Sainte-Rose. — [3] Grand saut. — [4] Du Prince de Beira.

pour suivre la Serra dos Limites, jusqu'à São-Joaquim [1].
De São-Joaquim à Uberava, la frontière décrit un arc
passant aux environs de Marco, puis longe le lac
Xarayes, qui lui sert de limites jusqu'au Rio Mondego,
dont elle remonte ensuite le cours. Cette rivière et le
Rio Yaguari, affluent du Rio Paraná, sépare le Brésil
du Paraguay, au Nord-Est de ce dernier pays. A l'Est
de la même contrée, le Brésil et le Paraguay sont bornés
jusqu'au Rio Curityba par le Rio Paraná. Le Rio Curityba ou Rio Iguassú, affluent du Paraná, sépare l'empire brésilien du pays des Missions, au Nord de celui-ci.
Enfin le Rio Taquari, affluent du Rio Curityba et une
ligne qui suit le Rio Uruguay, depuis l'embouchure du
Rio Pepiri-Guassú jusqu'à celle du Rio Quarahim, rejoint le Rio Yaguay et forme un demi-cercle d'un rayon
de plus de cent cinquante kilomètres, puis atteint
Lagôa-dos-Patos, vis-à-vis Rio-Grande-de-São-Pedro,
forment la frontière Ouest et Sud du Brésil entre ce
pays, la Banda-Oriental et Montévideo [2].

---

[1] Saint Joachim. — [2] Un traité récent (mai 1860), conclu entre l'Empire du Brésil et l'État Oriental de l'Uruguay a déterminé exactement les
limites entre ces deux États.

VI

CLIMATOLOGIE ET PATHOLOGIE

CLIMATOLOGIE. — Le Brésil jouit à la fois de plusieurs climats ; son étendue le place en même temps sous la zone torride et la zone tempérée. Selon ces diverses situations, le sol est propice à toutes les productions végétales du globe. Toutefois les saisons, bien qu'offrant une grande variété, ne sont pas aussi tranchées que dans nos pays d'Europe. Dans le voisinage de l'Équateur, les chaleurs sont en partie atténuées par l'humidité de l'Amazone et de ses innombrables affluents. Dans les provinces de Minas-Geraes, de Goyáz et de São-Paulo, on trouve de fertiles vallées, des plaines élevées et une température sous l'influence de laquelle les fruits d'Europe et ceux des tropiques peuvent mùrir. Plus au Sud, la majeure partie des fruits d'Amérique prospèrent encore, mais ceux d'Europe retrouvent leur climat, moins pourtant les longs froids, qui, là, ne durent que peu de semaines, quelquefois peu de jours, sur les plateaux les plus méridionaux et les plus élevés.

La température moyenne, sur les côtes, est de 25° à 25° centigrades, du mois de mars au mois de septembre, et de 28° à 30° de septembre à mars. A Rio-de-Janeiro, la température est en moyenne plus élevée qu'à Pernambuco, bien que cette dernière ville soit rapprochée de l'Équateur. A Rio-de-Janeiro, le thermomètre marque souvent de 30° à 35° et s'élève parfois à 40°, rarement au-dessus. Le moment de la plus forte chaleur est toujours à deux heures et demie de l'après-midi. A Pernambuco, le thermomètre se maintient entre 27° et 28° et parfois s'élève à 30°. A Bahia, la chaleur moyenne d'été est de 25° à 26°.

En s'éloignant des côtes pour pénétrer dans l'intérieur, ces températures s'abaissent sensiblement, par suite de l'élévation du terrain. Le sol du Brésil est tellement accidenté, qu'il est difficile d'établir des moyennes thermométriques d'une certaine valeur. Des lieux élevés situés près de l'Équateur jouissent d'une température modérée; d'autres lieux plus au Sud, mais plus bas, éprouvent de fortes chaleurs. Il est presque impossible de parcourir une étendue de soixante et quinze à cent kilomètres, sans reconnaître plusieurs fois des différences climatériques notables.

Malgré ce que nous venons de dire, les saisons peuvent être réduites à deux dans tout le Brésil : la saison sèche et la saison pluvieuse. A l'Est, et vers les côtes, la saison sèche commence vers la fin du mois de septembre et dure jusqu'au mois de février. Pendant ce temps, les orages éclatent parfois, mais souvent sans pluie. Ces orages suivent, en général, la direction du Nord à l'Ouest. Le vent, qui souffle alors du Nord, fane et dessèche la végétation ; les lieux exposés au soleil et à ce vent se changent en un sol jauni et comme brûlé.

La saison des pluies dure pendant le reste de l'année, mais la pluie ne tombe en réalité, de manière à justifier ce nom, que pendant les mois de mai, juin, juillet, août et partie de septembre. A Rio-de-Janeiro, il pleut davantage pendant les derniers mois de la saison sèche que pendant le reste de l'année. De fréquents et violents orages, accompagnés de pluies diluviennes, fondent sur la ville au moment du coucher du soleil. Cette anomalie s'explique par la position des montagnes qui entourent Rio-de-Janeiro. Sur divers points de la province de Santa-Catharina, et par un motif analogue, le même phénomène se produit. Des orages et des pluies torrentielles surviennent fréquemment pendant les mois de la saison sèche. Ces faits ne sont que des exceptions, qui tiennent, en majeure partie, à la disposition du sol des localités où ils se produisent.

La saison pluvieuse amène des brouillards très-intenses et une extrême humidité. Les pluies tombent quelquefois en grande abondance pendant dix, douze et même quinze jours consécutifs. Les pluies, qui surviennent à la suite d'un orage, durent ordinairement trois jours. Au moment de la pleine et de la nouvelle lune, il pleut encore davantage et les orages sont plus fréquents. Il n'est pas rare qu'à la suite d'un orage ou après de longues pluies, les rivières débordent au point de couvrir de vastes espaces ; mais ces crues se dissipent rapidement, et un jour ou deux suffisent pour que les eaux rentrent dans leur lit.

Les vents généraux et réguliers, appelés moussons,

suivent, au Brésil, les équinoxes. Le mousson du Nord, caractérisé par les vents de l'Est-Nord-Est au Nord-Nord-Est, règne du mois de septembre au mois de mars. Le mousson du Sud, qui dure le reste de l'année, amène les vents de l'Est-Sud-Est au Sud-Sud-Est.

Pendant presque toute l'année et sur tous les points de la côte du Brésil, durant la nuit, la brise de terre souffle avec assez de puissance pour que les navires puissent sortir des ports, ce qui permet presque toujours de commencer un voyage au jour déterminé.

Dans le Sud, pendant la saison des pluies, les vents du Sud-Est au Sud-Ouest et même jusqu'au Nord-Ouest, soufflent parfois avec une telle violence, qu'ils deviennent de véritables et terribles ouragans, auxquels on donne le nom de Pampeiros. Les Pampeiros étendent leurs effets depuis le cap Frio jusqu'au lac dos Patos. Leur durée est d'autant plus courte que leur intensité est plus grande ; quand ils atteignent une grande violence, il est rare qu'ils durent plus de vingt-quatre ou trente heures. Ces vents diminuent de force en allant vers l'Équateur. On reconnaît qu'ils éclateront bientôt lorsque le soleil se couche dans des nuages brumeux et très-foncés, et que la terre, devenant fort distincte, semble se rapprocher.

Au Brésil, la chaleur humide est la règle et la chaleur sèche l'exception. L'atmosphère contient toujours une grande quantité de vapeur d'eau, et l'hygromètre de Saussure marque souvent de 90 à 100° ; il descend rarement au-dessous de 80°. La moyenne des indications, que donne cet instrument, est de 93° le matin, de 92° à midi et de 92°,7 le soir. Les abaissements de température, le rayonnement nocturne, rendent sensible cette eau atmosphérique. Dans la saison sèche, la rosée qui se dépose abondamment pendant les nuits calmes, suffit seule à la végétation.

PATHOLOGIE. — Les modifications des fonctions digestives sont les premières que le tempérament de l'Européen subit au Brésil. Le goût s'émousse, l'appétit diminue, l'alimentation végétale est préférée à l'alimentation animale, l'usage des condiments excitants devient bientôt un besoin, si le séjour se prolonge. Les fonctions digestives deviennent plus lentes, et pour quelques-uns la constipation passe à l'état habituel. La soif est aussi vive que l'appétit est languissant; mais ce besoin d'ingestion des liquides diminue à mesure que l'Européen s'habitue au climat, et, au lieu de la transpiration d'abord très-abondante, la peau de l'acclimaté devient sèche.

L'air raréfié de ce climat modifie quelques-uns des phénomènes de la respiration; l'air respiré s'oxygène moins, l'exhalation de l'acide carbonique diminue et le sang conserve une partie du carbone qu'il rejette sous d'autres climats. Le foie supplée à ce défaut d'oxygénation par une plus grande activité et ses sécrétions de bile deviennent abondantes; il se congestionne et augmente sensiblement de volume. Les diarrhées bilieuses, très-fréquentes chez l'Européen, sont des évacuations naturelles de cette sécrétion, devenue trop abondante.

La lumière vive et presque constante du soleil du Brésil a pour résultat de brunir les parties découvertes de la peau. L'électricité, abondante dans l'atmosphère en raison de l'intensité de la lumière, excite le système nerveux et rend très-impressionnable.

Les principales maladies qui attaquent l'habitant du Brésil, et principalement l'Européen, sont : l'hépatite, le tétanos, les fièvres paludéennes, la dyssenterie et la fièvre jaune.

Les miasmes qui s'échappent des marais, des terres inondées, des forêts humides, sont une source constante de maladies diverses. L'analyse chimique n'a rien trouvé de particulier dans la constitution de l'air des marécages, mais l'existence des effluves paludéennes est néanmoins incontestable. L'infection produite par des marais où la décomposition des matières animales domine, diffère dans ses symptômes de celle qui résulte des marais alimentés surtout par des matières végétales. La dyssenterie résulte plutôt de la première, et les diverses fièvres, y compris la fièvre jaune, de la seconde.

Cette dernière maladie, qu'on ne connaît en Amérique que depuis la fin du dix-septième siècle, et au Brésil, que depuis 1850, fait chaque année de nombreux ravages.

La fièvre jaune a reçu, suivant les contrées, les noms de *mal de Siam* ou *fièvre de Siam*, aux Antilles; *vomito prieto*, dans les possessions espagnoles; *black vommiting*, dans les îles anglaises; *lake fever*, aux États-Unis; elle est appelée *die Pest des Okzidents*, par les Allemands; *febre amarella*, par les Portugais; *febbre giallia americana*, par les Italiens. Les auteurs la désignent encore de diverses manières. Makiltrick la nomme fièvre jaune maligne des Indes-Occidentales; Moultrie, fièvre bilieuse maligne jaune ; Lind, fièvre remittente bilieuse des pays chauds ; Mosely, fièvre gastro-hépatique ; Sauvages, tritéophie d'Amérique ; Cullen, typhus ictérodes ; Bally, fièvre miasmatique ataxique, etc., etc.

Les caractères principaux de la fièvre jaune sont : la peur, le chagrin, les yeux hagards, la crainte de la mort. Le malade ressent des douleurs à l'épigastre, une grande chaleur à la peau, avec ou sans frisson ; ses forces diminuent, son visage s'enflamme, la bouche devient pâteuse, amère, les yeux larmoyants ; puis viennent les nausées, les vomissements ; le teint jaunit, le pouls se ralentit. Les déjections de l'estomac sont brunes, poisseuses, accompagnées d'une chaleur douloureuse et d'agitation anxieuse. L'ictère fait des progrès sensibles. Les déjections alvines sont noires, sanguinolentes ; les extrémités deviennent froides ; le malade ne peut conserver les plus légères couvertures, le ventre se météorise et la mort survient, si les secours n'ont pas été administrés à temps.

L'invasion de la fièvre jaune frappe presque subitement : à terre, la maladie éclate indistinctement à toute heure, mais de préférence le jour ; à bord des navires, elle se déclare plutôt la nuit. Sa contagion est loin d'être démontrée, et tout porte à croire, au contraire, à une prédisposition morbide chez l'individu frappé. Les excès alcooliques, les longues courses à l'ardeur du soleil, le sommeil sur la terre humide, les travaux pénibles, l'impression produite, sur certaines personnes, par la vue d'un malade atteint de la fièvre jaune, sont autant de causes dont l'influence est généralement décisive pour l'explosion de cette terrible ma-

ladie. Il est rare que la même personne soit atteinte
plusieurs fois par ce fléau ; des exemples assez fré-.
quents tendraient cependant à modifier cette opinion,
mais chez ceux qui l'ont plus d'une fois la maladie ne
présente pas, en général, d'aussi graves symptômes
que chez ceux qui n'en sont frappés qu'une fois. Pour
ces derniers, la fièvre jaune semble avoir pour résultat
de leur communiquer une innocuité perpétuelle, quelle
que soit par la suite la violence du fléau.

Pour dire toute notre pensée à cet égard, nous devons ajouter que les personnes signalées comme ayant
été plusieurs fois atteintes par la fièvre jaune ne l'ont
peut-être été que par des fièvres paludéennes graves.
Plusieurs de ces fièvres offrent tous les caractères du
typhus américain, la rachialgie, la teinte jaune et
même les vomissements noirs; mais, à l'encontre de la
vraie fièvre jaune, la première atteinte des fièvres paludéennes n'est souvent que le début d'une série d'accès de même nature, et l'annonce d'une modification
grave de la constitution. La fièvre jaune est bien d'origine miasmatique végétale, mais passée à l'état d'épidémie, avec des périodes d'augmentation et de diminution. Il y a tout lieu de croire qu'à cette cause s'ajoute
la désoxygénation de l'air par les émanations chlorhy-
driques de l'Océan, car cette maladie n'étend ses ravages que sur les côtes et ne pénètre qu'accidentellement dans l'intérieur du pays [1].

Chercher à expliquer comment, une fois entrée au

---

[1] Les médecins anglais font un usage fréquent et heureux des boissons
gazeuses dans le traitement de la fièvre jaune, pour rendre au sang l'acide
carbonique dont il est privé.

Brésil, la fièvre jaune s'y est maintenue, acclimatée, pour ainsi dire, au lieu de se dissiper, comme la peste ou le choléra, ce serait chercher à expliquer les modifications impalpables et inappréciables de l'air, ses maladies, si nous pouvons nous exprimer ainsi, et la prédisposition qui en résulte pour cet élément, à de nouvelles altérations produites par des causes moins violentes que la première, et qui, sans celle-ci, seraient demeurées bénignes. La léthalité de la fièvre jaune est moindre pour les femmes et les enfants que pour les hommes, et parmi ceux-ci, moindre pour les hommes faibles que pour ceux qui sont doués d'un tempérament énergique et puissant.

Parmi les Européens, qui vont au Brésil, les uns, et c'est le plus petit nombre, résistent à l'influence du climat; les autres y cèdent, se modifient, s'acclimatent. Les premiers sont réfractaires à l'influence des miasmes et de la chaleur, ils traversent les mauvaises saisons et les épidémies sans la moindre perturbation dans leur tempérament. Ils sont doués d'une plus grande force de résistance vitale. Ils ne s'acclimatent pas. L'acclimaté a le visage pâle, ses forces sont diminuées, son appétit est amoindri; il s'est fait en lui une transformation générale, et son sang est appauvri. Le mot acclimatement est en réalité synonyme de modification constitutionnelle radicale.

Il y a des nuances dans l'acclimatement comme il y en a dans la résistance au climat. Il en est qui résistent pendant trois, quatre, dix, douze ans et même plus, et qui subissent ensuite les accidents de l'acclimatation.

L'hiver est le moment le plus favorable pour arriver au Brésil, c'est-à-dire dans les mois de juillet à octobre; la température est alors moins élevée et les émanations miasmatiques moins développées. La résistance au climat est plus facile, et les modifications du tempérament plus lentes.

L'air de l'Océan, l'habitation des lieux élevés, et, mieux que tout, la résidence loin de la mer, dans l'intérieur du pays, sur les coteaux secs, arrêtent ou atténuent les altérations organiques résultant du climat. Les principales précautions à prendre consistent à éviter les excès de tout genre, à ne point s'exposer aux rayons du soleil sans être couvert, et, pendant les mois d'août, septembre et octobre, s'éloigner des lieux situés sous le vent des marécages.

Nous donnons ici un tableau indicatif de la proportion des diverses maladies constatées sur mille décès, sans distinction d'origine ni de nationalité. Les éléments nécessaires nous manquent entièrement pour offrir une statistique plus complète à cet égard.

CAUSES DES DÉCÈS.	PROPORTION SUR MILLE pendant les mois de	
	OCTOBRE A MARS.	AVRIL A SEPTEMBRE
Aliénation mentale.	5	4
Apoplexie.	30	32
Asphyxie par submersion.	3	2
Avortement.	3	2
Cachexie paludéenne.	5	5
Cancer.	20	20
Choléra.	5	4
Convulsions des nouveaux nés.	38	35
Coqueluche.	15	7
Croup.	12	8
Diarrhée et Dyssenterie.	82	75
Dentition.	10	12

CAUSES DES DÉCÈS.	PROPORTION SUR MILLE pendant les mois de	
	OCTOBRE A MARS.	AVRIL A SEPTEMBRE.
Éléphantiasis.	6	3
Fièvre jaune.	103	190
Fièvres paludéennes.	62	50
Fièvre typhoïde.	40	32
Gangrène.	28	28
Hydropisie.	16	18
Ictère.	10	»
Maladies du cœur.	58	18
Maladies du foie.	49	55
Maladies gastriques.	106	98
Maladies puerpérales.	12	10
Maladies pulmonaires.	210	249
Morsure de serpent.	1	1
Mort-nés.	25	21
Paralysie.	9	8
Rhumatisme.	16	4
Suicide	6	4
Tétanos.	10	6
Tétanos des nouveaux nés.	4	5
Vieillesse.	16	12
Indéterminées.	5	4

Ces chiffres se basent sur des observations faites dans onze provinces, pendant un espace de deux années; ils peuvent donc être considérés comme approximativement exacts.

VII

HYDROGRAPHIE

Les fleuves du Brésil sont en très-grand nombre et se jettent tous dans l'Océan Atlantique. Les plus importants sont :

> Le Rio das Amazonas ou Amazone,
> Le Rio Tocantins ou Pará,
> Le Rio Paranahyba-do-Norte,
> Le Rio São-Francisco-do-Norte,
> Le Rio Jiquitinhonha ou Gequitinhonha ou Belmonte,
> Le Rio Doce,
> Le Rio Parahyba-do-Sul,
> Le Rio Paraná.

D'autres moins importants sont connus sous les noms de :

> Rio Oyapock,
> Rio Gurupy,
> Rio Tury-Assú,
> Rio Mearim,
> Rio Itapicurú do-Norte,
> Rio Ceará ou Seará,

Rio Iguaripe,
Rio Grande-do-Norte,
Rio Parahyba-do-Norte,
Rio Paraguaçsú,
Rio Ilheos,
Rio Iguape.

FLEUVES PRINCIPAUX :

Amazonas. — Le Rio das Amazonas est le plus grand cours d'eau du globe. Les indigènes du Brésil lui donnent le nom de Guiena. Les Espagnols et les Portugais l'appellent Arellana ou Maranhão; les autres peuples le nomment Amazone. Ce dernier nom vient des femmes rencontrées par Francisco Arellana ou Orellana, qui les combattit. Il fut le premier Européen qui remonta en entier le cours de l'Amazone.

Ce fleuve prend sa source au lac Lauricocha, dans la Cordillière des Andes, par 12° de latitude Sud, district d'Huanuco, au Pérou, à trois mille mètres au-dessus du niveau de la mer. Il traverse en entier l'Amérique méridionale de l'Ouest à l'Est; de sa source au confluent de l'Ucayale ou Rio Paro, on lui donne le nom de Maranhão; plus loin, celui de Solimões, jusqu'à l'embouchure du Rio Negro, et de ce point à l'Océan, le nom de Amazone.

L'Amazone se dirige d'abord au Nord, puis à l'Est, et devient bientôt navigable. De sa source à l'Océan, son cours est de plus de quatre mille huit cents kilomètres. Sa largeur, qui s'augmente à chacun des nombreux affluents qu'il reçoit, est de deux à huit kilomètres, à une distance de mille kilomètres de son embouchure,

et à son embouchure même, d'au moins cent kilomètres. Cette embouchure est sise sur l'Équateur. La
profondeur moyenne de l'Amazone varie de trente à
quarante brasses, et elle atteint cent brasses à l'embouchure. Sur ce fleuve, les tempêtes sont plus terribles qu'en pleine mer. De nombreuses îles en parsèment le long cours et en rendent en quelques endroits
la navigation très-dangereuse.

Une branche de l'Amazone, qui rejoint le Rio Pará
ou Tocantins, forme l'île de Marajo, qui présente une
étendue de côtes de six cents kilomètres.

Du cap Norte à l'île de Marajo, la mer, en entrant
dans l'Amazone, produit, aux époques des plus hautes
marées, c'est-à-dire pendant trois jours, au moment
de la pleine et de la nouvelle lune, un phénomène majestueux et effrayant, autant que terrible en ses effets,
sorte de ras de marée périodique, nommé póróróca.
A ces époques, la mer, au lieu d'employer six heures
à monter comme les autres jours, s'élève en moins de
cinq minutes à quinze mètres de hauteur. La póróróca
produit un bruit incomparable qui peut s'entendre à
sept ou huit kilomètres de distance. Ce bruit augmente
à l'approche du flot, et on voit apparaître une vague
longue de cinq ou six cents kilomètres dans le sens
de la côte, semblable à un mur d'albâtre, ou mieux à
une immense cataracte, haute de quatre, cinq et même
huit mètres; puis, à la première vague, succèdent une
seconde, une troisième, quelquefois une quatrième,
toutes s'élançant vers la terre et dans le lit de l'Amazone, avec une rapidité dévorante, renversant et en-
traînant tout ce qui se trouve sur leur passage. La

violence de la lame est telle, que parfois elle dépouille d'arbres de vastes étendues de forêts, ne laissant rien subsister sur le sol qu'elle dévaste.

Pour échapper aux dangers de la póróróca, les embarcations doivent présenter leur avant debout à la lame, et bientôt elles sont enlevées au sommet sans danger pour leur sécurité[1].

Les eaux de l'Amazone diminuent, fort au large, la salure de l'Océan; leur force est suffisante pour repousser les navires, comme une sorte de courant, qui s'étend à plus de trois cents kilomètres des côtes.

Il est à souhaiter de voir se peupler les rives presque désertes d'un cours d'eau sans pareil, accru par une multitude de rivières et produisant le long de ses rives une végétation à nulle autre comparable.

Les affluents de l'Amazone sont en général considérables, tant par la longueur de leur parcours que par leur largeur et la profondeur de leurs eaux. Il en est dont l'étendue et le volume dépassent les plus grands fleuves d'Europe, et qui eux-mêmes reçoivent de nombreux tributaires.

Le Rió Yapura ou Caqueta, qui prend sa source dans la Cordillière des Andes, au Sud-Est de l'Almaguer, dans la Nouvelle-Grenade, reçoit le Rio Ira, le Rio Miriti et le Rio Apoporis, et se divise à Sant'-Antonio-de-Marapi, en plusieurs bras, par lesquels il se jette dans l'Amazone. Ces branches portent les noms de Rio Aua-

---

[1] Le fleuve Tsien-Tang, en Chine, présente un phénomène du même genre, quoique sur une moins vaste échelle; les Chinois, dont les embarcations sont innombrables sur ce fleuve, sont tellement habitués à l'arrivée, presque périodique, de ce ras de marée, qu'il n'en résulte jamais aucun accident.

tiparaná, Rio Igarape-Varanapú, Rio Uanana, Rio Aranuaba, Rio Araú, Rio Igarape-Tijuaca, Rio Codaya et Rio Hyuca. Cette rivière communique avec le Rio Negro par le Rio Igarape-Varanarussú, le lac Ayana et le Rio Urarirá. Elle possède un cours de plus de mille quatre cents kilomètres.

Le Rio Negro ou Guainia, dont l'eau, dans les débordements, occupe une si vaste étendue, qu'il a été comparé à une mer d'eau douce, a sa source dans la Nouvelle-Grenade, au pied de la chaîne des Andes, et se jette dans l'Amazone après un cours de plus de mille trois cents kilomètres. A son embouchure il n'a pas moins de quinze kilomètres de largeur. Il reçoit les eaux de diverses rivières, dont les plus remarquables sont : à droite, le Rio Aquio; le Rio Tomo; le Rio Mapicóro; le Rio Matcichi; le Rio Unapi; le Rio Maliapo; le Rio Paba; le Rio Xié, qui a pour affluent le Rio Uelalá; le Rio Içanna, dont les affluents sont : le Rio Unibuni, le Rio Gujari et le Rio Iguari; le Rio Cicaiari; le Rio Guapés ou Uapés, qui reçoit les eaux du Rio Coyary et du Rio Tiquié; le Rio Curicuriaú; le Rio Maria; le Rio Xivura, qui a pour affluent principal le Rio Emabary; le Rio Inuiry ou Uenenesey, dont les affluents les plus considérables sont : le Rio Driveny, le Rio Puacaby et le Rio Touá; le Rio Ajuaná, grossi du Rio Uajanapy et du Rio Judaca; le Rio Urubaxi, qui reçoit les eaux du Rio Baboarú; le Rio Maba; le Rio Xibarú; le Rio Uarary; le Rio Urarira; le Rio Caihyuni; le Rio Gunimarú; le Rio Barury; le Rio Uatahanary; le Rio Cabory; le Rio Caybury; le Rio Canapó au confluent duquel est bâtie la petite ville de Carvoeiro; le Rio Cayhaury; le Rio Urubina; le Rio Anapo ou Chamuy; le Rio Anany; le Rio Carapunary et le Rio Siborena. A gauche, le Rio Joanna; le Rio Pacimony ou Caboburi ou Idapa, par lequel le Rio Negro communique avec le Cassiquiare et l'Oréno- que; le Rio Matovita; le Rio Mahuaba; le Rio Buniti; le Rio Dimity; le Rio Beturu; le Rio Hyhya; le Rio Mabuaby; le Rio Miuha; le Rio Cassabú; le Rio Uhuhybara; le Rio Maruhueny; le Rio Uacaburú; le Rio Cahuabury, qui a pour affluents principaux le Rio Baria, le Rio Mahuruca, le Rio Umariahuhy et le Rio Maria; le Rio Dida; le Rio Sabururuhú; le Rio Abuará; le Rio Ynabú; le Rio Yarudy; le Rio Marauya; le Rio Aruary; le Rio Inambú; le Rio Darahá; le Rio Hydiahá; le Rio Anapara; le Rio Padauiry ou Padaviri, dont les principaux affluents sont : le Rio Chié et le Rio Uexiemirim; le Rio Uerere; le Rio Uara- rirá, qui reçoit les eaux du Rio Demene; le Rio Para- taqui; le Rio Buhybuhy; le Rio Yamurauhau; le Rio Uirauhaú; le Rio Cuarú; le Rio Uanibá; le Rio Uanapixi; le Rio Branco ou Parima, ou Quécuéné, ou Paraviana, qui traverse le lac Parima, sur les frontières de Vene- zuela, coule d'abord vers l'Est, puis au Sud et forme plusieurs cataractes; cette rivière a un cours de plus de mille deux cents kilomètres, dans lequel elle reçoit un grand nombre d'affluents, dont les plus remarqua- bles portent les noms de : Rio Majury, Rio Mahú, grossi des eaux du Rio Picarara et du Rio Tacutú, Rio Maraca, Rio Camu, Rio Aiti, Rio Piatú, Rio Tapuiquiari, Rio Gauamé, Rio Arauau, Rio Umeni, Rio Xipari, Rio Curi- nau, Rio Quirauau, Rio Tuniau, Rio Ucayay, Rio Camani ou Canani, Rio Iripara, Rio Maputi, Rio Tarau, Rio Inajatuba, Rio Purupana, Rio Gerimo, Rio Muoipau,

Rio Uanahuau ou Anava, ou Guanahau, Rio Urariquera, Rio Uariacory, Rio Curiuçú ou Curiaçú, Rio Cauamé, Rio Ayarany, Rio Eniuiny, Rio Ememeneny, Rio Cora-tirimany ou Caritorimani, Rio Manaú, Rio Agua-Preta, Rio Cercueny et Rio Macoary ou Macuary; le Rio Jaua-pary ou Jaupari; le Rio Jaguapiri ou Rio Jaguapuri, qui a une étendue de trois cent cinquante kilomètres; le Rio Gariaûn ou Uacriaûn ou Ouacruau; le Rio Mapau-hau ou Meputy; le Rio Cunama ou Apicaua; le Rio Anavelhana ou Anauene; le Rio Ayurim ou Ayarim; le Rio Caxoeira ou Curumahi et le Rio Novo.

Le Rio Matary; le Rio Urubú; le Rio Guatuma et ses affluents : le Rio dos Pariguizes, le Rio Macaco et le Rio Branco; le Rio Nhamundá ou Jamundas; le Rio das Trom-betas ou Oriximina, ou Crixi-Mena, auquel se réunissent le Rio Saraguata, le Rio Copu ou Cupo et le Rio Ara-pecura ou Arapecurú, et qui, après un cours de cinq cent soixante kilomètres, a son embouchure près d'O-bidos; le Rio Curua-Manema ou Pauxis; le Rio Surubio; le Rio Guruputuba ou Gurupatuba; le Rio Urubuguara ou Urubuuára ou Urubaquara, qui traverse le lac du même nom ; le Rio Vaccarapy ou Uacarapy; le Rio Paru ou Genipapo, qui a un cours de plus de quatre cent cinquante kilomètres; le Rio Igarone; le Rio Tuheré, grossi des eaux du Rio Aramucú ; le Rio Yari ou Jairi; le Rio Cojary ou Cadri; le Rio Urupy; le Rio Anauraama; le Rio Maracapuçu; le Rio Mutuaca; le Rio Camaipa; le Rio Anahuirapuçú; le Rio Carapanatuba ou Curiau; le Rio Arapacá et le Rio Macuacuary, sont aussi des affluents de la rive gauche de l'Amazone.

Le Rio Javari ou Yabary, qui reçoit dans son cours le

Rio Xuguirana, accru du Rio Preto, le Rio Curucatua et le Rio Tacuchy à droite ; le Rio Conomana, le Rio Yehua-Puatani et le Rio Garapé, à gauche, se jette dans l'Amazone par la rive droite, près de São-Francisco-Xavier-de-Tabatinga.

Le Rio Tacuchy, le Rio Capazeta, le Rio Juripari-Tapera, le Rio Maupurá, le Rio Pacuty, le Rio Jandiatiba, le Rio Iniaté, le Rio Acuruy ou Coroi, le Rio Patia, le Rio Maturacupaca, le Rio Matura, le Rio Aruti et le Rio Capatana sont des affluents de la rive droite de l'Amazone.

Le Rio Jutay ou Hyutahy, grossi par le Rio Macarary, à gauche ; par le Rio Maraguas et le Rio Preto, à droite, entre dans l'Amazone près de Fonteboa.

Le Rio Jurua ou Hyarua, dont la source est près du lac Rogagualo, a un cours de cent cinquante kilomètres environ et reçoit le Rio Canamirim, le Rio Catuquina et le Rio Tacanomirim ; le Rio Guará ; le Rio Urana ; le Rio Tefé ou Jepé ou Ega, qui a un cours de près de mille kilomètres ; le Rio Cajão ; le Rio Uariau ; le Rio Urucuparaná et le Rio Coary ou Cuary versent leurs eaux dans l'Amazone par la rive droite, entre 65° et 70° de longitude Ouest et 3° et 5° de latitude Sud.

Le Rio Purus, après avoir reçu son affluent le Rio Cumayari à droite, communique avec l'Amazone par divers bras nommés Rio Arupanná, Rio Cochiuará et Rio Coianá. Le Rio Uatos, dont l'embouchure est plus à l'Est, sur la même rive de l'Amazone, traverse le lac Uatos ou Catauixis.

Le Rio Madeira ou Rio Opotari, affluent de la rive droite de l'Amazone, se forme à la limite de la Bolivie et du Brésil, par la réunion du Rio Guaporé et du Rio Mamoré [1].

Le Rio Guaporé ou Itenez ou Paraguá sert de frontière à la Bolivie et au Brésil ; il a pour affluents sur la

[1] AFFLUENTS DU RIO MAMORÉ EN BOLIVIE.

Rio de los Itenes.
Rio Iruyani. . | Rio Bococa.
Rio Maticoré.
Rio Yacuma. . | Rio Rapulo.
Rio Aperé. . . | Rio de San-José.
Rio Tijamuchi. | Rio Taricuri.
Rio Ivari . . . { Rio de San-Miguel. / Rio Tico. / Rio de San-Antonio.

Rio Sécuri.
- Rio Samamasama.
- Rio Isiboro. { Rio Chipiri. / Rio Samucébébé.
- Rio Yaniyula. { Rio Coïcuta.
- Rio Moléto. { Rio Iñé-Sama { Rio Soloto-Sama. / Rio Ipuchi.
- Rio Icho.
- Rio Maruvo.

Rio Sara.
- Rio Ibabó.
  - Rio Surutu. { Rio Tembladeras. { Rio de San-Blas.
  - Rio Yapacani. { Rio Tasajos. { Rio de Vallé-Grandé.
- Rio Piray.
  - Rio Palacios.
  - Rio Palometas | Rio Asuvicito.
  - Rio Bondad. { Rio de San-Gorgé.
  - Rio Pari.
  - Rio Piojera. | Rio Pietaca.
  - Rio de Laja. { Rio de las Astas. / Rio Colorado. / Rio Samaypata.
- Rio Parapiti.

rive droite — rive brésilienne — le Rio Galera, le Rio
Sangra-Joure, le Rio Candeas, le Rio Momudo, le Rio
Guarative, le Rio Piolho, le Rio Paredão, le Rio Agua-
Turvo, le Rio Alcaide, le Rio Verde, augmenté du Rio
Corumbyára et du Rio Abábas, le Rio Mequem, le Rio

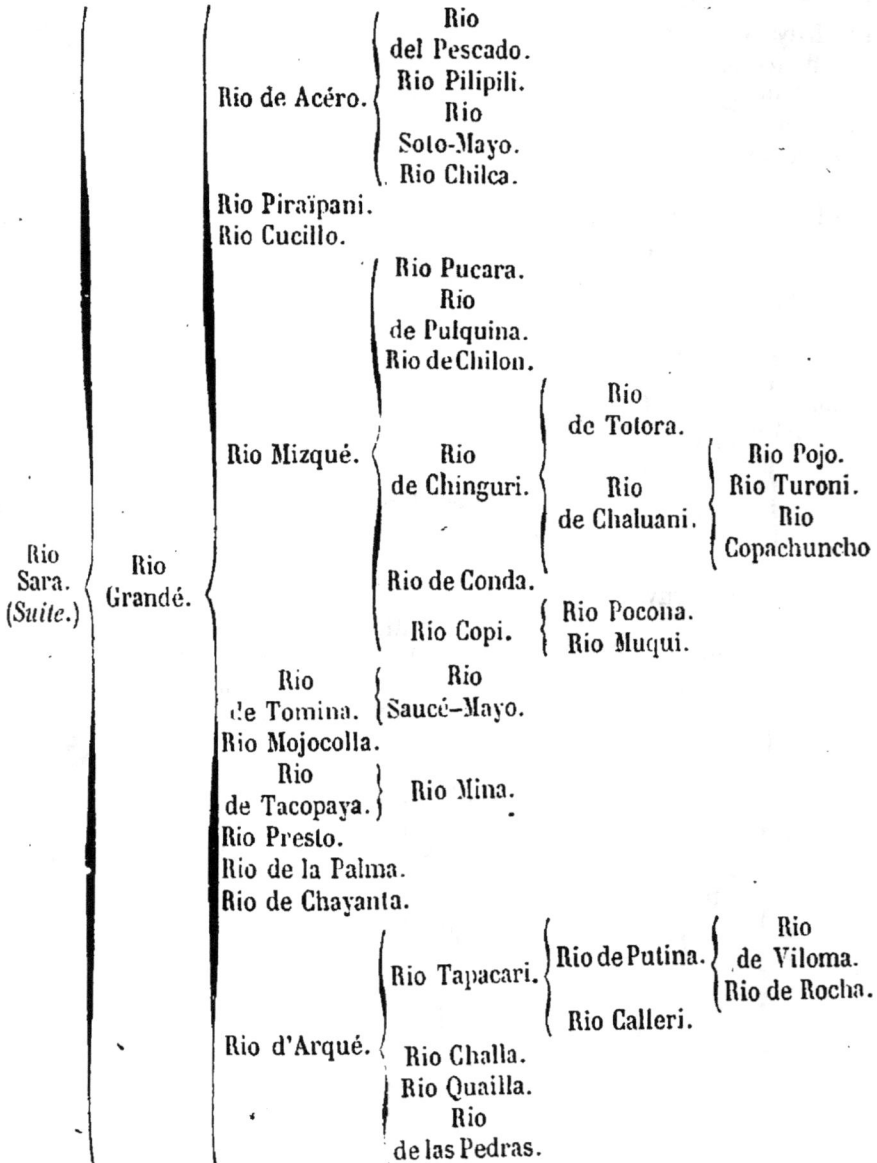

Rio Sara. (*Suite.*)

Rio Grandé.

Rio de Acéro.
- Rio del Pescado.
- Rio Pilipili.
- Rio Soto-Mayo.
- Rio Chilca.

Rio Piraïpani.
Rio Cucillo.

Rio Mizqué.
- Rio Pucara.
- Rio de Pulquina.
- Rio de Chilon.
- Rio de Chinguri.
  - Rio de Totora.
  - Rio de Chaluani.
    - Rio Pojo.
    - Rio Turoni.
    - Rio Copachuncho
- Rio de Conda.
- Rio Copi.
  - Rio Pocona.
  - Rio Muqui.

Rio de Tomina.
- Rio Saucé-Mayo.

Rio Mojocolla.

Rio de Tacopaya.
- Rio Mina.

Rio Presto.
Rio de la Palma.
Rio de Chayanta.

Rio d'Arqué.
- Rio Tapacari.
  - Rio de Putina.
    - Rio de Viloma.
    - Rio de Rocha.
  - Rio Calleri.
- Rio Challa.
- Rio Quailla.
- Rio de las Pedras.

Porepindado, le Rio Sinanum, le Rio Simão, le Rio Cau-
tario, le Rio Canastra, le Rio São-Bartholomé, le Rio
Leonil, le Rio Cauterinhos, le Rio Tapois et le Rio
Chapuare[1].

Le Rio Madeira se dirige au Nord-Est et reçoit, à
droite : le Rio Inferno, grossi du Rio Soteiro; le Rio
Pequeno; le Rio Pacanova ou Pucas-Novas; le Rio de
Caymanas; le Rio Apony; le Rio Erena; le Rio Corassi;

AFFLUENTS DU RIO GUAPORÉ EN BOLIVIE.

Rio Nuevo.

Rio Itonama. .
- Rio Machupo. . .
  - Rio Huarichon.
  - Rio Chunanoca.
  - Rio de San-Pedro.
    - Rio Molino.
    - Rio Cocharca.
    - Rio Moocho.
    - Rio San-Juan.
- Rio Huarichona.
- Rio Chunano.
- Rio Palo.
- Rio del Guacarajé.
- Rio Huacari.
- Rio de San-Miguel.
  - Rio de la Puenté.
  - Rio Quiseré.
  - Rio Quitta-Calšon.
  - Rio Sapococh.
  - Rio San-Lorenzo.
  - Rio de San-José.

Rio Blanco. .
- Rio de San-Simon.
- Rio Negro.
- Rio de San-Francisco.
- Rio Sapococh.

Rio Serré. . .
- Rio Riacho.
- Rio de Barca-Rota.

Rio Verdé. . .
- Rio Virgen.
- Rio Tono.
- Rio Ruabicua.

Rio Sarave.

Rio Barbados .
- Rio Allegné.
- Rio Guabey.
- Rio Purubi.

le Rio Jassi ou Yassi ou Jaciparaná, qui s'augmente du Rio Urupas ; le Rio Jamary et ses affluents : le Rio Camarare et le Rio das Candeas [1] ; le Rio Tucanaré ou Macassipo ; le Rio Jacaré ; le Rio Jeuparaná ou Giparaná ou de Machado, qui a une étendue de plus de cinq cents kilomètres [2] ; le Rio Massy ou Mahissy ; le Rio Pirajaura ; le Rio Uraguára ; le Rio Urupuny ; le Rio Urupajará ou Aruipiará ; le Rio Arauaxia ou Araxia ou Axia ; le Rio Manicary ; le Rio Amicary ; le Rio Coatininga ; le Rio Urumpé ; le Rio dos Marmellos ; le lac Murucútutú ; le Rio Manicoré ou Amiloré ; le Rio Obirauáça ; le Rio Agenagatiminga ou Anhiangatiny ; le Rio Yacaré, qui a pour affluent le Rio Mataúra ; le Rio das Araras ; le Rio Aripuána ; le lac Matamata ; le lac Canoma, qui communique avec le Rio Madeira par un petit canal ; le Rio Saraqui et le Rio Jataúaraná.

A gauche, les principaux cours d'eau, qui se versent dans le Rio Madeira, sont : le Rio Béni [3], qui a une

---

[1] Le Rio Jamary est un cours d'eau très-important ; ses rives sont peuplées par de nombreuses tribus d'indigènes.

[2] Le Rio Jeuparana est le plus considérable des affluents du Rio Madeira.

[3] AFFLUENTS DU RIO BENI EN BOLIVIE.

Rio Madidi.
Rio Itaca.
Rio Tumupasa.

Rio Tuiché.
- Rio Chupiamonas.
- Rio Tupili.
- Rio Santa-Cruz
- Rio de Mojo.
- Rio Motosolo.
- Rio de Pala.
- Rio Péléchuco. . .
  - Rio Puenté grande.
  - Rio Potobamba.
  - Rio Santa-Ana.

Rio Quiquire.
Rio Veu.

embouchure de huit cents mètres, le Rio Triste, le Rio
de Cannas ou Agua-Preta, le Rio do Inferno, le Rio Ma-

Rio Yutico.

Rio Mapiri ou Taca. . . .
- Rio Chumate.
- Rio Ticacuana.
- Rio Tucaché.
- Rio Coroïco. . . . | Rio Mururata.
- Rio Vilaqué.
- Rio Tipuani.
- Rio Aten.
- Rio de Sorota. . .
  - Rio Consata.
  - Rio Santiago.
  - Rio Poco-Mayo.
  - Rio Cuturapi.
  - Rio Cuconi.
- Rio Malpiri.

Rio Muchani.
Rio Insenya.

Rio Boghi. . .
- Rio de la Paz. . .
  - Rio de Suri. . .
    - Rio Cargadero.
    - Rio de la Bacas.
    - Rio de la Plata.
  - Rio Meguilla.
  - Rio Caracato.
- Rio Tamampaya. .
  - Rio Chalumani. .
    - Rio de Pura.
    - Rio Cutusuma.
    - Rio Solacama.
  - Rio Chajro.
  - Rio de Chupé.

Rio Quétoto.
- Rio Yacani. . . .
  - Rio de Palca.
  - Rio Hierba-Buena.
  - Rio Pamacachi.
- Rio Sacambaya. Rio d'Ayupaya.
  - Rio Colquiri.
    - Rio Colchani.
    - Rio Chiri.
    - Rio Cunotar.
    - Rio Laromorota
  - Rio Huancarama.

Rio Choquécamata.
Rio de la Réunion.

Rio Pedrillo. .
- Rio de la Paciencia.
- Rio del Oro.
- Rio de las Peñas.
- Rio del Mal-Paso.
- Rio Tutulima. | Rio Marca.
- Rio Altamachi.

morony ou Maparaná, le Rio Chamari, le Rio Cacheari, le Rio Extarai, le Rio Aponia, le Rio Puncam, le Rio Yaruvá, le Rio Auará, le Rio Cuyana, le Rio Paúanemá ou Mogurani, le lac Uaranu, le Rio Arayas ou das Arraias, le Rio Minan ou Maguarany, le Rio Baietas ou Baetas, le Rio Jabahira ou Jaravary, le Rio Copana ou Carapana ou Iguarape dos Perus, le lac Cayaa, le lac Moarassutuba, le lac Matapy et le Rio Mananiaçú ou Furo de Vautas.

Le Rio Madeira [1] est la grande voie du commerce de la province de Matto-Grosso. De grands bateaux à fond plat, munis d'une tente, sous laquelle s'abritent les bateliers, partent trois ou quatre fois par an de Belem pour Matto-Grosso. Ces bateaux portent vingt-cinq à trente tonnes. Ils remontent le Rio das Amazonas, le Rio Madeira et le Rio Guaporé. Aux chutes du Rio Madeira, on décharge les bateaux, on transporte les marchandises à dos d'homme et on recharge ensuite. Cette navigation dure environ un an, aller et retour. En allant, les bateliers cultivent des champs sur les rives, pour faire la récolte au retour.

Les cascades du Rio Madeira sont au nombre de dix-sept principales, qui portent les noms de : Guajara-Mirim, Guajara-Assú, Bananeira, Páo-Grande, Lages, Madeira, Misericordia, Ribeirão, Araras, Pederneira, Paredão, Os Tres-Irmãos, Salto-de-Girão, Caldeirão-do-Inferno, Os Morrinhos, Salto-de-Theotonio et Santo-Antonio.

Le Rio Topinambaras ou Rio Topinambaranas, sorte

---

[1] Le nom de Madeira (bois) lui vient des troncs d'arbres que ses eaux entraînent en grand nombre, lors des crues.

de bras du Rio Madeira, dont il se détache au Nord de
Borba, a un cours de plus de deux cents kilomètres de
l'Ouest-Sud-Ouest au Nord-Est, il reçoit les eaux du lac
Guaribas; du lac Cauhintú; du lac Jatuarana, augmenté
de celles du lac Macacos; du lac Vaycurapá, qui a pour
affluents le Rio Mauhémirim et le Rio Mauhéguassú;
du Rio Massary; du Rio Andira et du lac dos Cariocos
et se jette dans une branche de l'Amazone appelée
Mauhé.

Le cours entier du Rio Madeira est de plus de deux
mille kilomètres.

Le Rio Topayos est formé par la réunion du Rio Arinos et du Rio Juruena ou Jurena, qui ont leurs sources
dans la Serra dos Vertentes. Le Rio Juruena, dont le
cours est de six cents kilomètres à travers les provinces
de Matto-Grosso et de Pará, reçoit dans cette étendue le
Rio Quatro-Casas, le Rio Carana, le Rio Camarare, le
Rio Chacuruina et le Rio Tunevina. Le Rio Arinos est
grossi par le Rio Simodouro ou Sumidouro et le Rio
Orú. Le Rio Topayos parcourt les provinces de Matto-
Grosso et de Pará, en suivant la direction du Nord, sur
une longueur d'environ mille kilomètres, et se jette
dans l'Amazone à Topayo ou Alter-do-Chão, après avoir
reçu le Rio Mombariari, le Rio Apiaca, le Rio do Ouro,
le Rio Azevedo, le Rio Tres-Barras, le Rio dos Oregatus,
le Rio Oregatus-Baixo et le Rio Negro.

Le Rio Cuzary, le Rio Uruara, le Rio Guayará ou
Guajará et le Rio Jarauçu versent leurs eaux dans l'A-
mazone près du 55° de longitude.

Le Rio Xingú ou Chingú a sa source dans le pays habité par les sauvages Bororos, dans la province de

Matto-Grosso, il coule du Sud au Nord sur une longueur de plus de trois mille kilomètres, à travers une immense contrée habitée seulement par des tribus errantes d'indigènes, reçoit dans son cours, à droite : le Rio Jangada, le Rio dos Boys, le Rio Fresco, le Rio Arinos, le Rio Itoma, le Rio Itabagua-Alto, le Rio Pacaxa, le Rio Itabagua et le Rio Pacara ; à gauche : le Rio Trahyras ou Trahiras, le Rio Bacahú, le Rio Alvar, le Rio Cariary et le Rio Guiriri ou Guarini, qui a pour affluent le Rio Carinis, et entre dans l'Amazone, par la rive droite, après avoir passé par Pombal.

Les autres affluents remarquables de la rive droite de l'Amazone sont : le Rio Pucuruy; le Rio Marajohy; le Rio das Arêas; le Rio Amapú, qui reçoit le Rio Araparipuçu ; le Rio Pacajas, dans lequel se jette le Rio Iriunna ; le Rio Jacundoz et le Rio Araticú.

TOCANTINS. — Le Rio Tocantins ou Tucantins, qui vers son embouchure reçoit aussi le nom de Rio Pará, coule, du Sud au Nord, sur une étendue de mille huit cents kilomètres. Il a sa source dans les montagnes de la Serra do Espinhaço, entre les chaînes nommées Serra das Almas et Cordilheira Grande, vers les montagnes appelées Serra Dourada. Jusqu'à sa rencontre avec le Rio das Velhas, il porte le nom de Rio das Almas et au delà celui de Tocantins. Il traverse les provinces de Goyáz, de Matto-Grosso et de Pará, puis se jette dans l'Océan par une embouchure de plus de trente kilomètres de large, et à l'Est de celle de l'Amazone [1]. Ce fleuve, navigable dans presque toute son étendue, offre

---

[1] Plusieurs navigateurs désignent cette embouchure sous le nom d'embouchure orientale de l'Amazone.

une voie précieuse pour pénétrer jusqu'au centre du
Brésil. Avant son embouchure, il reçoit un bras de l'A-
mazone, auquel on donne le nom de Tapijuri et qui met
ainsi en communication l'Amazone et le Tocantins. Le
Rio Tocantins reçoit un grand nombre d'affluents dont
les principaux sont les suivants :

Le Rio Maranão, dont l'embouchure est située près de
Agua-Quente; le Rio das Velhas, qui réunit ses eaux
au Rio Tocantins, près de Valéria ; le Rio Manoel-Alves,
à l'embouchure duquel est bâtie la ville de São-Pedro-
de-Alcantara. Le Rio Grande ou Araguay, ou Uruguay,
ou Araguaya, qui prend source dans la Serra Seiada,
province de Goyáz, reçoit dans son cours le Rio Cayapo;
le Rio Pilombas, grossi de son affluent le Rio Jububa;
le Rio Taguaral, qui s'unit au Rio Pilombas, un peu
avant leur entrée commune dans le Rio Araguay ; le
Rio Vermelho; le Rio de Peixe; se divise en deux branches de longueur à peu près égale, — quatre cents kilomètres environ, — coulant presque parallèlement l'une
à l'autre en laissant entre elles une bande de terre de
soixante kilomètres de largeur, qui porte le nom de
Ilha de Santa-Anna ou do Bananal, puis se réunissent
un peu au-dessus du dixième parallèle Sud. Dans ce
double parcours, le Rio Araguay reçoit : à droite, le
Rio Estrondo, le Rio Crixa ou Crixas-Assú et son affluent
le Rio do Peixe, le lac de Brito, le Rio d'Amaro-Leite ;
à gauche, le Rio Cristalino, le Rio das Mortes, le Rio da
Caya, grossi de son affluent le Rio Forto et le Rio dos
Vertentes. Après la réunion des deux bras du Rio Araguay, cette rivière reçoit encore le Rio Charante ou
Tacuja, le lac Perdida, le lac Javahais, le Rio dos Tapira-

pés, le Rio Paraná et le Rio da Ponta, puis se jette dans le Tocantins à São-João-de-Duas-Barras, par 5° 21' 3" de latitude Sud et 51° 1' 30" de longitude Ouest, après avoir parcouru une étendue de plus de mille cinq cents kilomètres.

Le Rio Tocahunos, qui a pour affluent le Rio Paraupaba, et le Rio Agua-da-Saude, sont des affluents de la rive gauche du Tocantins; ses derniers affluents importants de la rive droite sont : le Rio Maru, le Rio Acara et le Rio Capim.

PARANAHYBA-DO-NORTE. — Le Rio Paranahyba-do-Norte, qui a un cours d'environ neuf cents kilomètres, prend sa source au pied d'une montagne du versant Nord de la Serra de Tabatinga et court, du Sud-Ouest au Nord-Nord-Est, sur la limite des provinces de Piauhy et de Maranhão. Ce fleuve entre dans l'Océan par six embouchures, dont la principale est située à vingt-trois kilomètres de la ville de Paranahyba, bâtie sur la rive droite, et après un parcours de mille sept cents kilomètres, dont près de sept cents sont navigables. Ces six embouchures portent les noms de Hyguarassú ou Iguarassú, Barra-Velha, Barra-do-Meio, Barra-do-Cajú, Barra-das-Cannarias ou Canarias et Rio Tutoya ou Tutoia.

Les affluents principaux du Rio Paranahyba sont désignés par les noms qui suivent :

Affluents de la rive droite. Le Rio Urruymirim ou Urussuhymirim, le Rio Urrusy ou Uruçuhi, le Rio Crasogueia, le Rio Piauhy, qui donne son nom à la province de ce nom et la traverse de l'Est à l'Ouest; il a sa source dans les monts Piauhy et possède un cours de plus de cinq cents kilomètres, et le Rio Caninde, qui s'unit au précédent, un peu avant leur entrée commune dans le Rio Paranahyba.

Affluent de la rive gauche. Le Rio de Balsas ou Balças, formé par la réunion de plusieurs petites rivières.

SÃO-FRANCISCO-DO-NORTE. — Le Rio São-Francisco-do-Norte naît dans la province de Minas-Geraes, sur le flanc des montagnes de la Serra de Canastra, au point appelé Cachoeira-da-Casca-d'Anta, par 20° 40' de latitude Sud, parcourt un plateau élevé en se dirigeant au Nord et tourne circulairement à l'Est, à travers les provinces de Minas-Geraes et de Pernambuco, et sur la limite de cette dernière et de la province de Sergipe. Ce fleuve a un cours de plus de mille deux cents kilomètres, qui est fréquemment interrompu par des cataractes, souvent très-hautes, et parsemé d'îles nombreuses habitées par une multitude d'oiseaux aquatiques. La profondeur du Rio de São-Francisco est très-considérable dans presque tout son parcours; mais à son embouchure il ne peut donner accès qu'à de très-petits navires. Près de l'Océan, ce fleuve se divise en deux branches, dont la principale a plus de deux kilomètres de largeur, et est située par 10° 28' 50" de latitude Sud et 38° 43' 37" de longitude Ouest.

Ses principaux affluents sont :

A droite, le Rio Velhas, dont l'embouchure se trouve près de la ville du même nom; le Rio Salgado, qui débouche près de Carinhanha, et le Rio Verde, dont le cours est d'environ trois cents kilomètres.

A gauche, le Rio-Grande, qui se termine à la ville du même nom.

JIQUITINHONHA. — Le Rio Jiquitinhonha, ou Gequitinhonha, ou Rio Belmonte, aussi appelé Rio Grande-de-Belmonte ou Rio Grande-de-Porto-Seguro, a sa source dans la Serra de Pitungui ou Serra do Frio, se dirige vers le Nord, puis vers l'Est, à travers des contrées où l'on trouve beaucoup de diamants et des bois précieux. Il communique avec le Rio Pardo, dont l'embouchure est plus au Nord, par une sorte de canal naturel appelé Puhassú, et débouche à la mer près de la petite ville de Belmonte, par 15° 51′ 4″ de latitude Sud et 41° 14′ 28″ de longitude Ouest. Le seul affluent important de ce fleuve est le Rio Aracuady ou Aracuahy, qui se déverse à deux cent quarante kilomètres de la source du Rio Jiquitinhonha.

DOCE. — Le Rio Doce naît près de Villa-Rica, coule au Nord-Est, puis à l'Est, et dans son cours de plus de quatre cents kilomètres reçoit quelques petites rivières dont les plus importantes sont : Rio Seruhy, Rio dos Bugres, Rio Santo-Antonio. Ce fleuve traverse les provinces de Minas-Geraes et de Espirito-Santo, et se jette dans l'Océan Atlantique par 19° 56′ 57″ de latitude australe, et 42° 11′ 56″ de longitude occidentale.

PARAHYBA-DO-SUL. — Le Rio Parahyba-do-Sul, aussi appelé Paratinga ou Piraitinga, prend sa source dans la province de São-Paulo, au pied des montagnes de la Serra Bocaina, arrose cette province et celle de Rio-de-Janeiro, et est remarquable par son cours presque parallèle à l'Océan, sur une longueur de six cents kilomètres de l'Ouest-Sud-Ouest à l'Est-Nord-Est, puis à l'Est, et dont il n'est séparé que par les chaînes de la Serra do Mar, qui forment le cap São-Thomé et le cap

Frio. Ce fleuve ne reçoit que des affluents peu importants, tels que le Rio Parahy ou Parahybuna, le Rio Pomba et le Rio Muriahé. Il se jette dans l'Océan, près de la petite ville de São-Salvador-de-Campos-de-Goitacazes.

PARANÁ. — Le Rio Paraná n'a pas tout son cours dans l'empire du Brésil ; il y prend sa source à São-João-d'El-Rei, de là se dirige au Nord-Ouest à travers la province de Minas-Geraes, puis à l'Ouest et au Sud-Sud-Ouest, en limitant les provinces de Goyáz, de São-Paulo et de Matto-Grosso, sépare ensuite la province de São-Paulo de la République du Paraguay, coule plus loin dans la même direction, puis à l'Ouest en servant de frontière à cette république et au Pays des Missions, enfin, se dirige de nouveau au Sud, après avoir reçu le Rio Paraguay, et se jette dans l'Océan entre les républiques de Monte-Video et de Buenos-Ayres, après avoir échangé son nom de Paraná contre celui de Rio de la Plata ou Rio da Prata. Les eaux de ce fleuve grossissent annuellement du mois d'octobre au mois de mars.

Les affluents que reçoit le Rio Paraná dans le Brésil sont les seuls que nous voulions mentionner.

Sur la rive droite on distingue : le Rio Paranahyba-do-Sul, qui a sa source dans la province de Goyáz, parcourt une étendue d'environ mille kilomètres, et reçoit lui-même le Rio Gurumba, qui a pour affluent le Rio Anicum, et le Rio Guaratim, auquel se joint le Rio Pasmado ; le Rio Cururuy ; le Rio Verde ; le Rio Pardo, ayant pour affluent le Rio Iguari ou Araquara, qui reçoit les eaux du Rio Ita ; le Rio Negro ; le Rio Yaguari ; le Rio Anambai et le Rio Yrieima.

Les principaux affluents de la rive gauche sont : le Rio Mogi; le Rio Tiété ou Anhemby, dont la source est à quatre-vingts kilomètres de São-Paulo, et qui reçoit le Rio Jacaré-Pipira ; le Rio Aguapey; le Rio Anastacio; le Rio Panapamena ou Paranapamena ou Iguassú, qui reçoit le Rio Piropo, et a une étendue de sept cents kilomètres; le Rio Jubay et le Rio Iguassú ou Rio Grande de Curityba, qui a pour affluent le Rio Taquari.

Le Rio Paraguay, qui est aussi un affluent du Rio Paraná, mais dans la république de la Plata seulement, prend sa source dans la province de Matto-Grosso, aux Sete-Lagos, traverse le lac de Xarayes[1], et sépare la république du Paraguay des États du Rio-de-la-Plata. Cette rivière a un cours de plus de deux mille kilomètres et une largeur de deux cents à quatre cent cinquante mètres; ses eaux croissent tous les ans depuis la fin du mois de février jusqu'au mois de juin. Elle pour affluents le Rio Taquary, qui reçoit le Rio Jauru [2], et le Rio Mondego, qui sert de frontière au Brésil et au Paraguay.

FLEUVES SECONDAIRES.

Oyapock. — Le Rio Oyapock, dont l'embouchure est située près de la ville de ce nom, sur l'Océan, sépare le Brésil de la Guyane-Française, où il prend sa source. Il a un cours d'environ trois cents kilomètres, et reçoit le Rio Inini, grossi de ses affluents le Rio Tamouri et le Rio Camopi; le Rio Anataye ou Anotaye, le Rio Ciparini et le Rio Ouassa.

[1] Immense lagune pendant la saison des pluies, divisée, pendant la saison sèche, en une infinité de lacs. — [2] L'embouchure du Rio Jauru gît par 16° 22' 31" latitude Sud, et 59° 55' 30" longitude Ouest.

Gurupi. — Le Rio Gurupi ou Gurupy, naît dans la province de Pará, suit un cours d'environ quatre cent cinquante kilomètres, et se jette dans l'Océan Atlantique à peu de distance d'une petite ville du même nom.

Tury-Assú. — Le Rio Tury-Assú prend sa source au Sud-Ouest de la province de Maranhão, sépare cette province de celle de Pará, et, après un cours de près de six cents kilomètres, se jette dans l'Océan Atlantique, vis-à-vis l'île João.

Mearim. — Le Rio Mearim se forme dans la province de Maranhão, au pied de la Serra-de-Itapicurú et se jette dans l'Atlantique, vis-à-vis l'île de Maranhão. Ce fleuve, qui parcourt une étendue de près de sept cents kilomètres, reçoit le Rio Grajahú et le Rio Pindaré, dont le cours est de quatre cent cinquante kilomètres.

Itapicurú-do-Norte. — Le Rio Itapicurú-do-Norte, qui prend sa source dans les montagnes de la province de Maranhão, se dirige d'abord au Nord-Est, puis au Nord-Ouest, et après un cours de sept cents kilomètres, entre dans l'Océan, par la baie de São-José, au Sud-Est de l'île de Maranhão.

Ceará. — Le Rio Ceará ou Seará est peu important et n'est remarquable que par la ville de Nossa-Senhora-da-Assumpção ou de Ceará, bâtie sur la rive, à dix kilomètres de l'embouchure de ce petit fleuve, par 5° 41′ de latitude australe et 37° 54′ 53″ de longitude occidentale.

Iguaripe. — Le Rio Iguaripe ou Jaguaribe [1], prend sa

___

[1] Fleuve des Jaguars.

source dans la province de Ceará, sur le versant Est de la Serra Piauhy, et entre dans l'Océan, après un cours de plus de quatre cents kilomètres, à dix-huit kilomètres de la ville d'Aracati.

RIO-GRANDE-DO-NORTE. — Le Rio-Grande-do-Norte ou Potangi ou Potengy traverse la province de Rio-Grande-do-Norte, et a son embouchure à six kilomètres de la ville de Natal, capitale de la province, à seize kilomètres du cap São-Roque. Ce fleuve est navigable jusqu'à près de cent kilomètres au-dessus de son embouchure.

PARAHYBA-DO-NORTE. — Le Rio Parahyba-do-Norte naît dans la province de Pernambuco, au pied de la Serra Jabitacá, traverse celle qui porte son nom et se jette dans l'Océan, à vingt-quatre kilomètres de la ville de Parahyba, par deux embouchures, entre lesquelles se trouve l'île São-Bento [1].

PARAGUASSÚ. — Le Rio Paraguassú prend sa source sur les versants de la Serra das Almas, et, après un cours de cinq cents kilomètres, débouche dans la baie de Todos-os-Santos.

ILHÉOS. — Le Rio Ilhéos ou Rio dos Ilhéos se forme dans la province de Minas-Geraes, traverse celle de Bahia, et, après un parcours de près de deux cents kilomètres, se jette dans la baie dos Ilhéos, par 14° 49′ 25″ de latitude Sud et 41° 20′ 25″ de longitude occidentale.

IGUAPE. — Le Rio Iguape prend sa source au Sud-Est de la Serra do Cubatão, et, après avoir reçu quelques affluents dont les plus importants sont : Rio Caité, Rio

---

[1] Saint-Benoît.

Ubapurunduba et Rio Assunguhy, débouche dans l'O-
céan Atlantique, près de la ville du même nom, par
24° 58′ 29″ de latitude méridionale et 49° 56′ 47″ de
longitude Ouest de Paris. L'étendue de ce fleuve n'atteint pas trois cents kilomètres.

VIII

OROGRAPHIE

Le Brésil possède une grande quantité de montagnes formant des chaînes importantes. Les principales sont: au Nord, les versants méridionaux des Serras Pacaraina et Tumucuraque; à l'Est, la Serra do Mar[1] ou Serra Geral[2]; au centre, les Serras do Espinhaço[3] et dos Vertentes[4]; à l'Ouest, les versants orientaux de la Serra dos Limites et la Cordilheira Geral.

Les Serras Pacaraina et Tumucuraque donnent naissance à une multitude de rivières qui se jettent dans l'Amazone sur la rive gauche de ce fleuve.

La première chaîne commence dans la province do Amazonas, se dirige vers le Nord jusqu'à la frontière brésilienne; là, elle tourne à l'Est, jusqu'à la Guyane Anglaise, puis rentre dans le Brésil, en allant vers le Sud-Ouest, et forme la Serra Uassari.

Au Sud de cette dernière commence la Serra de

---

[1] Chaîne de montagnes de la mer. — [2] Chaîne de montagnes générale. — [3] Espinhaço signifie épine dorsale. — [4] Vertentes veut dire eau qui suit la pente d'une montagne.

Tumucuraque, qui, se dirigeant vers le Nord-Est, limite la Guyane Française et se termine à l'Océan, au cap Norte.

La Serra do Mar part de la province de Sergipe, à peu de distance de l'Atlantique, se dirige à l'Ouest sur une étendue de près de quatre cents kilomètres, puis brusquement au Sud, en se tenant à une distance à peu près régulière de la côte, jusqu'au cap São-Thomé, et de là au Sud du Brésil. Les montagnes les plus élevées de ce groupe ont à peine mille trois cents mètres de hauteur. Les principaux groupes de cette chaîne sont la Serra dos Orgãos [1] et la Serra dos Aymores.

La Serra do Espinhaço commence au Nord de la Serra do Mar, sur la limite des provinces de Ceará, Rio-Grande-do-Norte et Parahyba; un de ses rameaux se dirige vers le Nord de la province de Goyáz à la limite de celle de Maranhão. En traversant la province de Pernambuco, elle forme un arc dont l'ouverture regarde le Nord-Nord-Ouest. Elle prend ensuite la direction du Sud et se confond avec la Serra do Mar, vers le vingtième parallèle, à la Serra de Mantiqueira. Les plus hauts pics de cette chaîne sont :

Itambé.	1,816 mètres.
Serra da Piedade.	1,774 —
Itacolomi ou Itaconumi.	1,754 —
Itabira.	1,590 —

La Serra do Espinhaço se divise en divers groupes, dont les principaux portent les noms de Serra Piauhy, Serra das Almas [2], Cordilheira Grande [3] et Serra Taugatinga.

---

[1] Des Orgues, à cause de la forme de ces montagnes. — [2] Chaîne de montagnes des Ames — [3] Chaîne de montagnes Grande.

A l'Ouest de la Serra do Espinhaço sont les montagnes appelées Serra dos Vertentes. Elles ne présentent aucun sommet d'une élévation remarquable et gisent entre le dixième et le vingtième parallèle, dans une direction générale de l'Ouest-Nord-Ouest au Sud-Est. La Serra Parexis, la Serra de Canastra[1], les Montes Pyrenéos[2] et la Serra da Laguna, sont des groupes appartenant à cette chaîne de montagnes.

La Serra dos Limites et la Cordilheira Geral, situées à l'extrémité occidentale du Brésil, dans un pays presque inconnu, sont des montagnes qui dépendent du système orographique de la Bolivie ou Haut-Pérou.

La plus grande masse de montagnes gît au Nord-Ouest de Rio-de-Janeiro, et donne naissance à une multitude de rivières et à trois grands fleuves : le Rio Tocantins, le Rio São-Francisco et le Rio Paraná.

[1] Canastra signifie panier. — [2] Pyrénées.

IX

GÉOLOGIE ET RICHESSES MINÉRALES

Les chaînes de montagnes, que nous venons d'énumérer, se divisent en un grand nombre de ramifications qui portent des noms particuliers. Toutes paraissent appartenir à la même formation. Les roches gneissiques et granitiques y prédominent ; les gneiss porphyroïdes ou granitoïdes superposées au granit, supportent tantôt des gneiss à grains fins, tantôt des micaschistes ou des schistes argileux.

Les gneiss porphyroïdes sont souvent mélangés de lames de mica noir, de grands cristaux de feldspath rose et blanc, de quartz et quelquefois de tourmaline. On les emploie pour bâtir.

Dans l'Est du Brésil, c'est-à-dire dans les montagnes de la Serra do Mar ou Serra Geral, les roches granitiques se présentent sous la forme de diorite. On y trouve aussi une sorte de gneiss friable à grains moyens, variable de teinte, mais généralement gris rosé.

En divers endroits, le grès rougeâtre, ferrifère, très-quartzeux et friable en partie, est rempli d'oxyde de

fer. Ces grès sont souvent recouverts d'une couche
d'épaisseur variable — moyennement de deux mètres
— d'argile d'un gris blanchâtre ou d'argile rouge contenant des cailloux de quartz. Certaines hautes collines
sont formées d'une roche amygdaloïde grise ou d'une
teinte rappelant le violet effacé; d'autres de quartzite
très-dur.

On rencontre parfois dans les provinces du Sud des
schistes talqueux ayant les mêmes caractères que ceux
des Alpes, et des quartzites schisteux analogues à ceux
du Piémont.

Les calcaires manquent généralement au Brésil. Il
en existe dans les montagnes des Orgãos, dans la province de Rio-de-Janeiro. La province das Alagoas possède
des calcaires et des pierres à filtrer.

Les marbres et les ardoises ne sont l'objet d'aucune
exploitation commerciale. Jusqu'à présent le marbre
et le plâtre ont été importés d'Europe au Brésil, et la
chaux qu'on y emploie provient de coquillages, dont
on trouve d'immenses dépôts sur certains points du
littoral et même de l'intérieur.

L'argile, qui abonde partout au Brésil, est excellente
pour la fabrication des briques, des tuiles et des poteries. Le kaolin existe dans quelques localités, mais il
n'a pas encore été utilisé. Dans divers endroits, dépourvus de végétation, appelées Sertões [1], on trouve
du sel gemme.

---

[1] On donne en particulier le nom de Sertão au vaste plateau presque
désert et ayant quelque analogie avec le Sahara d'Afrique, qui est situé au
Nord du Brésil, dans les provinces de Pará, do Amazonas, de Piauhy, de
Ceará, de Goyaz et de Matto-Grosso.

Les montagnes du Brésil sont riches en minerais de différentes sortes; le fer et le cuivre y sont abondants; de riches mines de fer existent partout et souvent sont à fleur de terre; elles peuvent être exploitées à ciel ouvert. Il s'en trouve en grande quantité dans les provinces de Maranhão, de São-Paulo, surtout dans la Serra Araassoiava ou Guarassoiva, et dans la province de Minas-Geraes. Ces mines sont si considérables qu'elles pourraient fournir du fer pendant des siècles à la consommation du globe entier, sans que leur rendement en diminuât d'une manière appréciable.

Les provinces de Bahia, municipio da Cachoeira et de Ceará, dans la Serra Ibiapaba, contiennent de très-riches mines de cuivre.

A mesure de l'accroissement de la population et de son extension dans l'intérieur du Brésil, il n'est pas douteux que des gisements nouveaux de divers métaux ou pierres précieuses soient découverts et mis en valeur.

De nombreuses mines d'or et de diamants ont déjà été exploitées, et il en reste encore beaucoup dont une exploitation intelligente et bien conduite tirerait d'énormes profits. L'or existe tantôt en filons, tantôt en terres ou en feuilles, souvent en particules presque impalpables. Jusqu'à ce jour, l'or recueilli au Brésil l'a été par le lavage et n'a point donné lieu aux excavations et aux travaux de mines exécutés dans les autres pays pour ce genre d'exploitation.

Le cristal de roche se rencontre fréquemment; les topazes, les cymophanes, les tourmalines, les saphirs sont également très-abondants. En général, ces gemmes sont d'une moindre valeur, que leurs analogues provenant d'Asie.

Le platine se trouve en différents endroits et particulièrement dans la Serra do Ouro-Branco[1]. L'argent, qu'on trouve aussi dans diverses localités, est généralement mélangé à l'étain ou au plomb.

Il existe également, au Brésil, des mines de zinc et de manganèse, et la houille a été découverte sur plusieurs points, mais les frais d'extraction en augmentent le prix au point que celle qu'on apporte d'Europe revient à meilleur marché. Une commission spéciale a été créée pour la recherche de ce précieux combustible, et tout fait espérer que dans un avenir prochain l'exploitation des gisements découverts pourra se faire d'une manière fructueuse. Dans la province de Santa-Catharina, à peu de distance du Rio Tubarão, à Tiririca et sur les rives du Rio Bonito, on a découvert d'abondantes mines de houille. Elles sont recouvertes d'un terrain pierreux d'une épaisseur qui varie entre un mètre soixante-quinze centimètres et trois mètres cinquante centimètres; le charbon se présente ensuite par couches d'épaisseur variable séparées par des lits de schiste bleu foncé. La plus grande épaisseur de charbon est de un mètre dix centimètres, et la plus petite de six centimètres. La plus grande épaisseur de schiste est de soixante-cinq centimètres, et la plus petite de six centimètres.

Toutes ces richesses enfouies dans le sol attendent des explorateurs; jusqu'à présent le prix de la main-

[1] Or blanc.

d'œuvre est un obstacle aux tentatives faites pour tirer parti de ces immenses dons de la nature, et les entreprises timides formées dans ce but n'arrivent qu'à de précaires résultats.

Sur divers points de la province de Rio-de-Janeiro, les granits sont recouverts d'une terre rougeâtre formée de débris de gneiss. On rencontre aussi des granits éruptifs, découverts ou avec gisements de quartz, une terre végétale ocreuse règne à la surface.

La province de Minas-Geraes offre des granits verts très-tourmentés, des gneiss recouverts de terre rouge, souvent argileuse, des gneiss avec gisements de marne et filons de minerai de fer. Sous certains terrains rouges et violacés, on trouve de la tourbe, puis des gneiss verticaux rougeâtres et des schistes micacés. Il s'y rencontre aussi des phyllas talqueux et des topazes, des filons de diorite, des roches de formation itacolomique et des ardoises. L'or, le bismuth et les topazes y ont de nombreux gisements, surtout près des dépôts de schistes sidérochristiques.

Dans la province de Goyáz, il existe de nombreuses roches itacolomites très-quartzeuses, des granits leptinoïdes, des quartz superficiels roses, des granits décomposés, du minerai de fer en grande quantité, et des terres végétales ocreuses ou ferrugineuses.

Dans les provinces du Sud, le sol se compose d'argile ou d'alluvions modernes, recouvrant un calcaire ostréen. Les grès azurés, les grès à ossements, les grès à dendrites et les grès marins forment les couches inférieures. Sous les argiles contenant des débris animaux, gisent des grès quartzeux, puis un calcaire arénifère et le grès ostréen. Sous l'argile grise, se trouvent le grès à ossements, le grès tertiaire marin, et sous l'argile gypseuse, le calcaire à fer hydraté. Les sommets des montagnes sont formés de porphyre amygdalaire et de porphyre syénitique. Sur beaucoup de points, le sol est constitué par un dépôt marin moderne.

Les débris animaux qui se rencontrent le plus fréquemment dans les terrains tertiaires supérieurs, appartiennent aux genres Canis, Cténomys, Mastodontes et Toxodons.

Les coquilles fossiles les plus communes dans le Nord du Brésil sont celles des espèces Anatina, Astarte, Cardium, Exogyra, Inoceramus, Mediola, Natica, Nautilus, Ostrea, Paganum, Pecten, Rostellaria, Tellina, Terebratula, Trigonia, Venus.

Dans les provinces du Sud, les terrains tertiaires contiennent des coquilles des genres Arca, Azar, Bulla, Cardium, Cleryana, Fusus, Mactra, Moneceros, Natica, Ostrea, Pecten, Perna, Trigonia, Unio, Venus.

Les terrains de transition des mêmes provinces renferment les coquilles fossiles des espèces suivantes : Actinocrinus, Asaphus, Bilobites, Calymenes, Ceriopora, Enomphalus, Lingula, Melania, Natica, Pecten, Pleurotomaria, Prionotus, Productus, Retepora, Solarium, Spirifer, Terebratula, Trigonia, Turbinolia.

X

ANIMAUX SAUVAGES, OISEAUX, POISSONS, REPTILES, ETC.

MAMMIFÈRES. — Le plus gros mammifère indigène du Brésil est le Tapir ou Tapirussú, qui y porte le nom d'Anta ; on le trouve dans toutes les forêts de la côte et de l'intérieur. Sa forme a quelque analogie avec celle du porc et sa taille est celle d'une grosse vache. Ses poils sont courts, lisses et peu nombreux, d'un brun fauve ; sa queue est courte, son cou charnu est revêtu, chez le mâle, d'une sorte de crinière. Cet animal est doux et timide, il se nourrit de fruits et d'herbes et peut s'apprivoiser facilement. Sa chair peut être mangée.

Le genre Felis présente de nombreuses variétés : le Jaguar ou Jaguareté[1], animal redoutable, dont les ravages parmi les troupeaux sont parfois considérables ; le Jaguar noir ou tigre[2] ; le Couguar Suçuarana ou Suçuaranna[3] ; ce dernier parvient à une grosseur consi-

[1] Onça pintada. — [2] Felis brasiliensis ou Felis discolor. — [3] Felis concolor.

dérable ; c'est le moins dangereux des trois que nous
venons de citer : il n'attaque que les jeunes bestiaux,
tandis que les autres peuvent tuer un bœuf et l'empor-
ter fort loin. Le Mbaracaya [1], le Gato-pintado [2] et le
Gato-murisco [3] sont de la même famille, mais d'une
taille très-inférieure.

Au Brésil, les singes sont plus nombreux que sur aucun autre point du globe. Les plus remarquables espèces sont celles auxquelles on donne les noms suivants :

L'Alouate, singe à queue prenante, qui est très-
répandu dans tout le Brésil. Sa voix très-forte l'a fait
surnommer Stentor. Il se nourrit de fruits. Sa chair,
comparable à celle du lièvre, le fait rechercher par les
chasseurs. Lorsqu'un Alouate n'est que blessé, ses ca-
marades s'empressent autour de lui, étanchent le sang
de sa plaie et, pour hâter la guérison, y appliquent
des feuilles mâchées, qu'ils choisissent avec un instinct
admirable.

Le Sakis [4] qui a près d'un mètre de long, la queue
comprise ; mais la queue seule a plus de cinquante
centimètres. Cet animal a les poils longs, touffus et
doux, noirs et blancs, la queue blanchâtre ou jaunâtre.
Il a la tête arrondie et la face peu proéminente.

Le Guariba [5] ou Barbados, grand singe barbu, très-
lent dans ses mouvements et dont la voix est très-per-
çante et très-forte. Il a la queue et les membres très-
longs.

Le Sahui [6] ou Sagouin, petit singe très-commun,

---

[1] Felis pardalis. — [2] Felis tigrina. — [3] Felis yaguarundi. — [4] Callithrix
melanochir. — [5] Mycetes ursinus. — [6] Jacchus penicillatus et Jacchus
lecuocephalus.

marchant par troupes, agile comme l'écureuil et très-friand des noix des cocotiers sauvages.

Le Simia [1], l'une des espèces les plus connues, qu'on trouve dans tout le Nord du Brésil.

Enfin le Sahuassú [2], dont les cris perçants se font entendre dans beaucoup de forêts.

Le Guara ou Guaxinim [3] se rencontre le long des côtes, dans les épais buissons de mangliers et aussi dans presque toutes les forêts de l'intérieur.

Le Cachorro-do-Matto [4] est une sorte de renard, qu'on trouve en beaucoup d'endroits, où il exerce des ravages comme le renard d'Europe.

Les Pecaris ou Caytetús [5] vivent en nombreuses troupes dans les forêts et fournissent aux chasseurs une chair excellente.

Le Cabiai ou Cachorro-de-Agua et la Loutre [6], dont l'espèce est fort grande, se rencontrent dans les grands cours d'eau et les lacs. Le Cabiai atteint jusqu'à un mètre de longueur, il a le corps gros et ramassé, le poil brun jaunâtre. Il se nourrit de végétaux et surtout de poissons.

Parmi les Cerfs, on remarque le Veado galhero, le Veado campeiro [7], le Veado mateiro et le Veado catingueiro. La chair de tous est bonne et même recherchée.

Le grand Fourmilier [8], nommé Tamandua cavallo, est disséminé dans plusieurs provinces. Le Tamandua mirim en est une variété plus petite. Le grand Four-

---

[1] Simia Jacchus. — [2] Callithrix personatus. — [3] Canis campestris. — [4] Canis Azaræ. — [5] Dycotyles labiatus. — [6] Lutra brasiliensis. — [7] Cervus mexicanus. — [8] Myrmecophaga jubata.

milier atteint jusqu'à un mètre trente centimètres de longueur, non compris la queue, qui a un mètre.

Le Tatú verdadeiro fait de nombreux terriers dans les forêts. Cet animal vit de végétaux et d'insectes. Il a le corps épais et les jambes courtes. Son corps est entièrement couvert d'une sorte de test écailleux, composé de petites plaques carrées.

Le Coutia ou Agouti [1] forme des bandes nombreuses d'un gibier excellent, ainsi que le Paca [2].

On trouve aussi dans les forêts diverses espèces de Porcs-épics, dont les dards font des blessures dangereuses; des Armadillas ou Porcs cuirassés, des Couys, sorte de Porc-épic à queue prenante, etc.

Les forêts et les plaines immenses du Brésil sont encore habitées par des bœufs et des chevaux sauvages, qui y vivent en troupes considérables. Ces animaux ne sont point indigènes, mais proviennent de ceux qui y ont été transportés et abandonnés lors de la découverte de ce pays, pendant les premiers établissements des Européens. L'espèce qu'ils forment aujourd'hui diffère essentiellement de leurs analogues en Europe. Les bœufs ont généralement gagné sous le rapport de la force et de la quantité de chair, et leurs cornes se sont beaucoup allongées; les chevaux ont dégénéré et sont très-inférieurs aux chevaux espagnols dont ils sont issus. Dans certaines contrées du vaste empire du Brésil, les bœufs sont si communs, qu'on ne les chasse que pour la peau, abandonnant la chair aux animaux carnassiers et aux oiseaux de proie. Il est vrai de dire que

---

[1] Dasyprocta agouti. — [2] Cœlogenys paca.

le défaut de voies de communication et l'absence de
tout moyen de transport n'en permettent aucun emploi avantageux. Sur d'autres points, on fait sécher la
viande et on en obtient ainsi un produit de consommation très-usité au Brésil et dans les États plus au Sud,
sous le nom de Carne secca. Cette viande sèche forme
une branche importante du commerce d'exportation et
du commerce intérieur.

Les Chauves-Souris sont nombreuses au Brésil : certaines variétés sont redoutables pour les animaux. Elles
s'attachent la nuit à leur corps et y sucent le sang en
battant légèrement des ailes, de manière à produire
un air frais qui atténue en quelque sorte l'inflammation causée par leur succion. Les chevaux et les
bœufs sont les victimes ordinaires de ces vampires, et
il arrive parfois qu'elles s'attaquent aux hommes et
surtout aux enfants.

REPTILES. — Les reptiles du Brésil sont nombreux
et variés, mais le danger qu'ils présentent pour la
sécurité des habitants a été très-exagéré. On rencontre,
il est vrai, assez fréquemment, des serpents et des
lézards dans les maisons et sur les routes, mais le
premier instinct de ces reptiles est de fuir ; ce n'est
que lorsqu'ils sont attaqués ou heurtés par inattention
qu'ils usent de leurs terribles moyens de défense.
Plus d'une fois nous avons été à même d'en voir dans
les habitations, sans qu'ils y aient jamais causé aucun
accident. Quelques personnes même se contentent de
les rejeter au loin sans se préoccuper de les détruire.
Une observation curieuse, dont il nous a été donné
de nous assurer par nous-même, a été faite au sujet

de certaines espèces de serpents. Lorsqu'un de ces reptiles a été tué près d'une maison, on ne tarde pas à en voir arriver un second de la même espèce, paraissant chercher celui qu'on a détruit et se laissant presque toujours tuer au même endroit. Ce fait, qui se reproduit à toute époque de l'année, semble indiquer que ces animaux vivent par couples distincts, ce qui, d'ailleurs, est une croyance populaire au Brésil.

Le Giboya ou Jiboya, connu en Europe sous le nom de Boa constrictor, est le plus commun des serpents du Brésil. Il est gros comme le corps d'un homme moyen et d'une longueur qui varie de huit à douze mètres. Il a sous le ventre comme deux rudiments de griffes qui lui aident à saisir sa proie. Son corps est couvert d'écailles parsemées de taches ; il a le dos d'un noir verdâtre et les flancs jaunes ; sa tête est aplatie et sa large mâchoire renferme une double rangée de dents très-aiguës. Sa force est telle qu'un sanglier et même un tigre deviennent aisément sa proie ; les bœufs et les chevaux ne lui résistent pas non plus ; tous les animaux sont facilement étouffés, broyés et réduits en une masse informe, en présence de laquelle le gosier du monstre se dilate assez pour l'avaler en entier. Il n'attaque les hommes que lorsque la faim l'y pousse ; il fait sa nourriture habituelle des chevreuils, des agoutis et autres petits mammifères, qu'il engloutit avec une facilité surprenante. Pour saisir sa victime, il s'élance dessus comme une corde violemment jetée, l'entoure des longs replis de son corps, la broie et l'arrose d'une bave visqueuse. Sa digestion lente, pendant laquelle il demeure presque immobile, permet de le tuer aisément. Si on le blesse en tout autre temps, il devient très-dangereux, il s'agite avec une telle violence qu'il coupe les broussailles, brise les jeunes arbres, rugit, siffle, se dresse, se courbe, se replie de mille manières, frappe la terre ou l'eau de sa queue, et fait jaillir la poussière ou la vase fort loin autour de lui ; souvent, dans ce cas, ses assaillants n'ont d'autre parti à prendre que la fuite. Quand il est blessé à mort, sa longue agonie lui permet encore de se venger, parfois cruellement, ou de se soustraire par la fuite à de nouveaux coups. On a vu cependant des nègres assez hardis pour l'attaquer et le combattre avec avantage, à l'aide d'un fusil ou des flèches.

Un autre serpent du même genre, appelé Sucuriúba et Sucuriú au Brésil, et Boa anacondo par les naturalistes, est presque aussi redoutable que le Boa constrictor. Il atteint souvent une longueur de plus de dix mètres et une grosseur énorme. Ce reptile vit presque constamment dans l'eau et n'en sort que pour chercher une proie. Ses couleurs sont moins brillantes que celles du Boa constrictor ; une bande formée de deux lignes de taches noires et rondes règne sur tout son dos, de couleur noirâtre. Il est le seul de son genre qui soit amphibie.

Le Serpent à sonnettes[1], nommé Cobra-cascavel, est très-dangereux. Il rampe avec une rapidité si grande qu'il semble voler. On le trouve communément dans les contrées élevées.

Le Bojoli, appelé aussi Serpent de feu, à cause de

---

[1] Crotalus horridus.

la couleur de ses écailles, est également redoutable.

L'Ibiracuca fait des morsures infailliblement mortelles et qui, avant d'amener la mort, occasionnent des hémorrhagies par les yeux et les oreilles.

Le Cipó verde ou Cobra verde[1] est un serpent de deux à trois mètres de long, qui rampe avec une vitesse prodigieuse.

Le Jararáca[2] est fort à craindre ; il n'est pas ordinairement très-grand, mais sa facilité à pénétrer partout le rend plus dangereux. Le Jararácassú est le même reptile plus âgé et ayant atteint tout son développement.

L'Ibiboca[3], autre petit serpent venimeux, a environ quatre-vingt-dix centimètres de long. Sa tête est couleur orangée, rouge et iris ; son corps est rayé mipartie de bandes noires et jaunes, et de bandes rouges et noires.

Le Surucucú[4] atteint deux mètres et demi à trois mètres de longueur, et une grosseur relativement énorme. Il est aussi redoutable que les précédents. Sa couleur est jaune rougeâtre sale, avec des taches brunes en losange sur le dos ; il y a aussi des taches sur le ventre.

Le Cobra fria est un serpent qui en dévore d'autres, même des plus venimeux. Pour en prendre un, il tourne autour de lui, répand en cercle une bave visqueuse, et le serpent fasciné devient immobile et se laisse dévorer.

On trouve encore le Coral[5] ou Surucucúcatinga, le

---

[1] Coluber bicarinatus. — [2] Vipera atrox ou Bothrops Neuwiedii. — [3] Coluber formosus. — [4] Lachesis mutus ou Bothrops Surucucú ou Crotalus mutus. — [5] Coluber fulvius.

Cobra de Duas-Cabeças, le Cainana ou Caninana de Papo amarello, le Cainana ou Caninana de Papo branco, le Cauda branca, le Jaracuçu et le Papa pintos.

Le Serpent Coral se rencontre fréquemment dans les provinces méridionales du Brésil, ses couleurs vives et variées, disposées en anneaux, le font aisément reconnaître. Sa longueur est rarement supérieure à un mètre et demi.

Le Cobra de Duas-Cabeças est un serpent assez long, et de la même grosseur dans toute sa longueur.

Les deux espèces appelées Caninana sont des serpents très-longs et très-déliés, de couleur noire avec des points jaunes. La première espèce a la gorge jaune et la seconde, blanche.

Le Cauda-Branca est un petit reptile, dont la longueur n'atteint pas plus de vingt-deux centimètres ; son venin n'a pas d'antidote connu.

Le Jaracuçú est assez long, d'une couleur vert-noir ; sa piqûre est souvent mortelle.

Le Papa-Pintos est un grand serpent, de couleur brune, inoffensif et se nourrissant de grenouilles, de crapauds, de rats, etc.

Dans les endroits sablonneux, autour des maisons, on rencontre l'Ibiyau[1], serpent long et mince.

Presque tous les serpents du Brésil sont vivipares.

Les lézards, les caïmans, les crocodiles sont en grand nombre dans tout l'empire brésilien.

Le Jacaré de Papo-Amarello[2] est dangereux et atteint jusqu'à trois mètres de longueur.

---

[1] Lepidosternon phocæna. — [2] Crocodilus sclerops.

Une autre variété, connue sous le seul nom de Jacaré, est moins grande et moins redoutable que la précédente.

Le Caïman à lunettes, très-commun au Brésil, doit
son nom à une arête transversale qui semble réunir
les bords saillants des orbites. Il atteint une longueur
de quatre à cinq mètres. Cet animal n'attaque jamais
l'homme, son premier mouvement est de fuir lorsqu'il
est attaqué, et ce n'est que si la retraite lui est fermée
qu'il se défend.

Le Tiú [1], espèce de lézard énorme, fournit une chair
excellente comparable à celle du poulet.

Le Chuchio [2] est un joli petit lézard qu'on rencontre
fréquemment dans les provinces occidentales.

Le Teyú-Obi ou Tarahui-Obi [3] atteint une longueur
de trente centimètres.

Une innombrable quantité de lézards, de formes les
plus diverses et de couleurs les plus variées, se rencontrent à chaque instant, jusque dans les maisons ; ils
sont généralement inoffensifs.

Une multitude de grenouilles font, le soir ou après
les pluies, un bruit assourdissant, dans les marécages
et dans les flaques d'eau. Certaines espèces ont une
voix forte, dont le son peut faire naître quelque effroi,
lorsqu'on n'en connaît pas la cause.

Les crapauds, dont les espèces sont très-nombreuses,
ont aussi des voix fort diverses : les uns semblent frap-
per des coups mesurés, comme un ouvrier qui bat du
cuir sur une pierre dure et sonore ; les autres produi-

---

[1] Tupinambis monitor. — [2] Anolis-Fusco-Auratus. — [3] Ameiva Cœlestis.

sent un son analogue aux psalmodies des prêtres enten-
dues dans le lointain; d'autres imitent le bruit du
tournebroche; quand le temps est à l'orage, le Leipe-
rus marmoratus et le Phryniscus nigricans font entendre un cri rauque et prolongé. Tous ces coassements
sont si variés, qu'on est longtemps avant de s'habituer
à les entendre sans surprise.

Sur plusieurs points des côtes et dans l'intérieur, sur
les bords des grands fleuves, on rencontre beaucoup
de tortues. Les espèces les plus communes sont : le
Testudo careta, le Testudo midas, le Testudo tabulata,
vulgairement nommé Jabuti, le Testudo corycea, le
Carumbé ou Emis Orbignyi et le Chelodina Maximiliana. Les œufs de toutes les espèces forment une nourriture abondante et recherchée; on les trouve souvent
au nombre de plus de cent dans un même trou.

OISEAUX. — Les oiseaux qui vivent dans les forêts
et sur les marécages du Brésil sont si nombreux, la
variété de leurs couleurs est si grande, que leurs
plumes forment une branche de commerce et servent
à faire des fleurs magnifiques.

Au premier rang des oiseaux se place le Nandú ou
Ema, analogue américain de l'Autruche. Cet oiseau a,
en moyenne, un mètre quarante-cinq ou un mètre cinquante centimètres de longueur, du bec à l'extrémité
de la queue, et deux mètres trente centimètres d'en-
vergure. Son plumage est brun, parfois tacheté. La femelle du Nandú pond seize à dix-sept œufs dans un
même trou, qu'elle recouvre d'un peu d'herbe sèche.
On trouve parfois dans ces trous soixante-quinze à
quatre-vingts œufs, ce qui prouve que plusieurs femelles

viennent pondre dans le même nid. Ces œufs sont moitié moins gros que ceux de l'Autruche.

Le Seriéma[1] se rencontre avec le précédent dans les vastes plaines sablonneuses des Sertões. Sa chair est très-recherchée et d'un goût semblable à celle du dindon.

Les autres oiseaux les plus remarquables et les plus nombreux sont les suivants :

Le Cotinga pourpré noirâtre[2], assez commun dans les forêts. Il a le sommet de la tête d'un rouge vif, les plumes rectrices sont blanches. Dans sa jeunesse l'oiseau est gris cendré.

Le Cotinga bleu, appelé Crejoa et Kirua[3], dont le plumage, d'un bleu brillant, paraît vert clair quand on le regarde dans le sens de la lumière.

Le Bentavi ou Tictivi[4], ainsi nommé à cause de son cri.

L'Agami, qui atteint la grosseur d'un chapon ; il a les plumes noirâtres avec des reflets brillants, d'un bleu violet sous la gorge, et a le dos cendré. Sa nourriture consiste en graines et en fruits. Cet oiseau s'apprivoise facilement.

Le Moteux au plumage gris clair ou roux, qui construit son nid dans les roseaux.

Le Toucan[5], qui vole par troupes nombreuses et dont le bec noir est fort gros. Cet oiseau, plus gros qu'un pigeon, a la gorge de couleur orangée, avec un peu de jaune et de rouge, et le reste du plumage

[1] Palamedea cristata. — [2] Ampelis atro purpurea. — [3] Ampelis cotinga ou Procnias cyanotropus ou Procnias ventralis. — [4] Lanius ptangua. — [5] Ramphastos dicolorus.

d'un noir bleu foncé. Ce contraste de couleurs, qui frappe lorsque l'oiseau vole, produit un effet fort agréable.

Le Surucúa ou Curucú[1], dont la voix est un sifflement qui va du ton le plus haut jusqu'au plus bas.

Le Pic jaune rayé de noir[2], le Pic à huppe rouge ou Ouantou[3], le Pic à gorge rouge sang et le reste des plumes noires, appelé Pavó[4], qui font retentir la forêt des coups répétés de leur bec sur les arbres.

Le Sabiasicca[5], perroquet très-remarquable. Ses plumes sont d'un beau vert, le ventre est bleu d'azur, la queue allongée et le bec blanc. La voix de cet oiseau offre diverses modulations.

Le Mayttacca[6], très-beau perroquet.

Le Vanneau de Cayenne[7], qui est commun dans toutes les prairies; il se promène tranquillement entre les bœufs et même sur leur dos, mais il s'envole en tournant à l'approche de l'homme. Pour construire son nid, il rapproche quelques brins d'herbe et de la terre sèche; ses œufs sont au nombre de quatre, de couleur olive et marbrés de noir; ils sont plus gros que ceux de pigeon et très-renflés à une extrémité.

L'Arará ou Ará[8], magnifique oiseau au plumage resplendissant, de couleur rouge, dont la queue est fort longue et qui est l'un des plus beaux des forêts du Brésil. Il en existe deux autres espèces également remarquables. L'une a les ailes bleues et la poitrine

[1] Trogon viridis. — [2] Picus flavescens. — [3] Picus lineatus. — [4] Picus robustus. — [5] Psittacus cyanogaster. — [6] Psittacus menstruus. — [7] Vanellus Cayennensis ou Tringa Cayennensis. — [8] Psittacus macao.

dorée [1] ; l'autre, les ailes et le corps d'un bleu magnifique [2]. Cette dernière variété est la plus rare.

Le Hocco, aussi appelé Mutum [3], se rapproche de l'espèce du Dindon et offre comme lui une chair délicate.

L'Anheima ou Kamichi [4], remarquable par une corne pointue, longue de dix à quatorze centimètres, qu'il porte sur la tête. Son plumage est noir et ses ailes sont armées d'éperons très-forts; sa taille est celle d'une oie. Il vit dans les endroits marécageux et fait la guerre aux reptiles. La force de son cri, qui a du rapport avec celui du ramier, le fait entendre de fort loin.

Le Guaranthé-engera ou Teitei, dont le plumage est moitié jaune d'or et moitié bleu foncé. Le chant de cet oiseau est très-remarquable par sa mélodie.

L'Ani [5], qui se plait dans les pâturages, au milieu des bestiaux.

Le Héron à aigrette blanche ou Garça-Real [6], qui vit dans les marécages.

Le Socó-Boi ou Héron-bœuf, dont le plumage est grisâtre et qui est le plus grand et le plus fort de tous ceux de son espèce.

La Poule d'eau bleue [7], dont le plumage est parfaitement beau et qui ressemble par ses mœurs à la poule d'eau d'Europe. Elle nage très-bien et saute sur les branches d'arbustes.

Les Sabiás [8][9], remarquables par leur chant.

---

[1] Psittacus ararauna. — [2] Psittacus hyacinthinus. — [3] Crax alector. [4] Palamedea cornuta. — [5] Crotophaga ani. — [6] Ardea Pileata. — [7] Gallinula Martinicensis. — [8] Turdus rufiventris. — [9] Turdus Brasiliensis.

Le Bec en Ciseaux [1], qui vit au bord des eaux.

Le Carão [2], grand oiseau qui se promène d'un air craintif.

Le Pato [3], canard sauvage, qui niche dans les bois, sur le bord des cours d'eau. Ses plumes sont d'un noir tournant au vert et au pourpre ; chez les individus âgés de cette espèce, le bout des ailes devient blanc luisant. Ce canard porte sur la tête et autour des yeux une membrane rouge, analogue à celle des dindons. Il est domestique en Europe, où on lui donne le nom de Canard de Barbarie.

Un autre canard sauvage [4] qui est couleur de rouille et à l'intérieur des ailes noir, avec une tache d'un jaune blanchâtre sur les plumes du côté. Il mesure environ quarante-sept centimètres de longueur, de la pointe du bec au bout de la queue.

Le Guacho [5], oiseau qui niche avec un grand nombre d'autres dans un nid en forme de sac.

Le Myua [6], oiseau de marécage, très-commun en quelques endroits.

Le Picapara [7], qui emporte ses petits en les couvrant de ses ailes, comme le Plongeon.

Le Tangara [8], qui a la tête d'un jaune doré, la poitrine et le dessous du cou d'une couleur éclatante, bleu verdâtre, le dos noir rayé de jaune, et les côtés verdâtres ainsi que le ventre.

Le Todier vert à ventre jaune, qui construit son nid

---

[1] Rynchops nigra. — [2] Numenius carauna. — [3] Anas moschata. — [4] Anas Virgata. — [5] Oriolus hæmorrhous. — [6] Plotus melanogaster. — [7] Plotus Surinamensis ou podoa. — [8] Tanagra elegans.

en coton, le ferme en haut et ne laisse qu'une ouverture étroite sur le côté.

Des Manakins de différentes espèces, toutes ornées de belles couleurs [1][2][3], et dont la plus petite variété [4] a le sommet de la tête d'un rouge très-vif, le dos vert et le ventre rayé de rouge brun.

Le Tijé [5], dont le plumage est rouge foncé. Il est très-commun dans tous les endroits marécageux et au bord des cours d'eau.

L'Engoulevent, qu'on rencontre fréquemment sur le sable des plages.

Les Periquitos ou Perruches, oiseaux d'un joli vert, mais qui sont trop souvent un fléau pour les terres ensemencées.

Le Vautour, que son instinct carnassier porte à dévorer tous les cadavres des animaux. Dans certaines villes du Brésil, il est interdit de le détruire, son action remplaçant en partie le nettoyage des rues.

Certaines espèces d'Émouchet sont redoutables pour la volaille.

Dans le Nord du Brésil, on trouve la Buse noire et blanche, oiseau nocturne, de la famille des Falconidées, section des Rapaces Ignobles. La Buse se distingue de l'Aigle par son bec courbé dès la base. Cet oiseau ne chasse pas de la même manière que les autres oiseaux de proie : il guette le gibier et fond sur celui qui passe à sa portée.

Au bord de la mer, on rencontre d'innombrables quantités de Mouettes, des Frégates et des bandes

---

[1] Pipra pareola. — [2] Pipra erythrocephala. — [3] Pipra leucocilla. — [4] Pipra strigilata. — [5] Tanagra Brasilia.

d'Hirondelles de toutes sortes. On y voit parfois des Albatros [1] ou Moutons du Cap. Ces oiseaux sont blancs, à l'exception du dessus des ailes, qui est noir.

Les Colibris et les Oiseaux-Mouches sont fort nombreux au Brésil, et on y trouve une grande quantité de variétés de ces oiseaux. Tous chatoient au soleil comme des pierres précieuses animées, dans lesquelles l'émeraude le dispute à l'or et au rubis. Il en est de si petits que leur taille n'atteint pas trente-cinq millimètres. Ils établissent leur nid à l'aisselle d'une ou plusieurs branches, dans les arbustes peu élevés et à feuilles lisses et serrées, afin d'être préservés de la pluie. On en trouve habituellement un grand nombre dans les caféiers. Ce petit nid est garni intérieurement d'un duvet léger et moelleux, sur lequel deux petits œufs, à peine gros quelquefois comme un gros pois, sont déposés par la femelle. Lorsque les petits sont en état de prendre leur vol, le nid est défait et éparpillé. Beaucoup de ces petits oiseaux vivent d'insectes, qui sont souvent invisibles pour nous. Ils viennent fréquemment le long des maisons chercher leur nourriture, en voletant le long des murs, et si on les examine avec attention, on voit s'ouvrir et se fermer leur petit bec, bien souvent sans qu'il soit possible de distinguer leur proie.

Nous citerons encore :

Le Tiriba, petit perroquet à queue cunéiforme; le Jabiru [2]; le Cormoran; le Plongeon [3]; le Spatule rose [4]; le Maracana; le Mutunis [5]; le Jacú ou Jacuntingua [6]; le

---

[1] Diomedea exulans. Famille des Longipennes. — [2] Ciconia Americana ou Tantalus loculator. — [3] Podiceps. — [4] Platalea ayaya. — [5] Crax alector. — [6] Penelope leucoptera.

Jacupemba ou Jacupema [1]; le Macúca ou Macúara [2]; le
Chorarão [3]; la Grive à cou jaune; le Piacoça ou Jacana [4];
le Grimpereau bleu ou Caï [5], et le Sabèle [6].

POISSONS. — L'Océan fournit abondamment du
poisson sur les côtes du Brésil. La pêche occupe un
grand nombre de personnes et, dans beaucoup de localités, ses produits forment la base de l'alimentation.

Les Baleines se rencontrent encore assez fréquemment, bien que les pêches exagérées qui en ont été
faites, en aient beaucoup diminué le nombre. Les
Marsouins et les Dauphins sont communs sur les côtes,
aux approches des embouchures des grands fleuves.

Parmi les poissons usités dans la consommation, on
distingue : le Guarupa ou Garupa, que nous avons déjà
nommé en parlant des îles Abrolhos : ce poisson est
l'objet d'un commerce important ; le Cavallo, très-
commun aux environs de Bahia, et dont la chair rappelle celle du Thon ; l'Anchova, qui ressemble à l'Alose ;
le Robaldo ; un grand nombre de Raies, de Salmones,
de Murènes, de Percis, de Squales, de Labres, de Gals,
de Pimelodes, etc.

Les Crustacés du genre des Homards et des Lan-
goustes sont aussi en grande quantité, mais n'atteignent
pas un volume aussi développé que leurs analogues
d'Europe. Les Crabes et un genre de grosses Crevettes,
appelé Camarão, sont innombrables, tout le long de la
côte et particulièrement au Sud. Une multitude de
Crabes, surtout des Gearcins et des Ocypodes, vivent

[1] Penelope marial. — [2] Magoua ou Tinamus Brasiliensis. — [3] Tinamus variegatus. — [4] Parra jacana. — [5] Nectarinia cyanea. — [6] Tinamus
noctivagus.

dans la vase et le sable, au bord des rivières. Quelques variétés de ces animaux sont d'un rouge éclatant.

Les poissons d'eau douce abondent également. Tous les fleuves et toutes les rivières en contiennent de nombreuses espèces. Le Suruby fournit une nourriture recherchée. Le Dourado est un poisson supérieur à la morue fraîche. Le Piránha (Myletes-macropomus) atteint soixante centimètres de longueur et nage par bandes; sa chair est très-délicate. On trouve encore l'Acari, le Bagre, le Curvina, le Jondiá, le Lambari, le Mandy, le Matrinchan, le Piáo, le Pari, le Perpitinga, le Roncador, le Curmatan et une infinité d'autres.

Au Sud du Brésil, et particulièrement à Santa-Catharina, on confectionne, avec les écailles colorées des poissons, des fleurs fort belles et très-appréciées.

COQUILLAGES. — Les Huîtres et les Moules sont, à peu près, les seules coquilles dont on fasse usage pour la nourriture, encore ce genre d'alimentation est-il abandonné, presque généralement, à la classe pauvre.

Les côtes du Brésil fournissent une grande variété de Mollusques, dont beaucoup sont revêtus de coquilles intéressantes, au point de vue conchyliologique. Nous donnons ici, en les classant par régions, les noms des Mollusques répandus sur le littoral brésilien.

Sur la côte entière du Brésil. — Buccinanops Lamarckii, Cardium Lamarckii, Crepidula aculeata; Crepidula protea, Lucina costata, Lucina semireticulata, Mactra fragilis, Marginella bullata, Mytilus chenuanus, Mytilus viator, Periploma inequivalvis, Pholas costata, Pholas pusillus, Plicatula Barbadensis, Sphæna Cleryana, Tellina punicea, Terebratula rosea et Venus flexuosa.

Sur la côte qui s'étend de Pernambuco au Nord du Brésil. — Lucina cryptella, Littorina columellaris, Purpura bicostata, Purpura undata.

Sur la côte qui s'étend de Bahia au Nord du Brésil. — Donax Cayanensis, Fasciolaria traperium, Fusus morio, Murex microphyllus.

Sur la côte qui s'étend de Rio-de-Janeiro au Nord du Brésil. — Amphidesma reticulata, Amphidesma variegata, Arca Americana, Arca bicops, Aricula squamulosa, Chemnitzia dubia, Chemnitzia turris, Cardium muriaticum, Cardium Serratum, Cassis granulosa, Cassis testiculus, Littorina lineolata, Lucina Jamaicensiis, Lucina quadrisulcata, Murex asperrimus, Mytilus domengensis, Nassa polygona, Natica canrena, Neritina meleagris, Neritina virginea, Ostrea spreta, Pisma listeri, Purpura hæmastosa, Strombus pugilis, Tellina Brasiliana, Tellina Cleryana, Tellina constricta, Tellina lineata, Tellina Petitiana, Thracia rugosa, Triton Americanum, Venus dysera, Venus maculosa, Venus paphia, Venus pectomia, Venus Philippii, Venus Portesiana, Venus rubiginosa, Venus rugosa.

Sur la côte qui s'étend de Santos a Victoria. — Aplysia livida, Cerithium atratum, Cerithium Guaranianum, Donax Brasiliensis, Fusus multicarinatus, Helcion subrugosa, Lucina Guaraniana, Lucina Portesiana, Littorina flava, Mactra Cleryana, Mactra pectitii, Murex sirat, Mytilus elongatus, Pectunculus longior, Pectunculus tellinæformis, Pleurotoma Guarani, Siphonaria picta, Trochus articulatus, Turleinella Brasiliana, Vermetus varians.

Sur la côte qui s'étend de Rio-de-Janeiro au Sud du

Brésil. — Chemnitzia Americana, Chemnitzia fasciata, Lavignon papyracea, Mytilus falcatus, Olivancillaria auricularia, Olivancillaria Brasiliensis, Ostrea Puelchana, Venus purpurata.

Sur la côte qui s'étend de Santos au Sud du Brésil. — Lavignon lineata, Tellina carnaria.

Sur la côte qui s'étend de Paranaguá au Sud du Brésil. — Buccinanops cochlidium, Buccinanops globulosum, Buccinanops moniliferum, Natica Isabelleana, Paludestrina Parchappii, Siphonaria Lessonii, Voluta Brasiliana, Volutella angulata.

La mer rejette souvent sur les côtes divers Acalèphes de formes bizarres. Ces animaux marins, vulgairement appelés Orties de Mer, ont une apparence gélatineuse qui les distingue particulièrement. Il en est de très-petites espèces et d'autres qui atteignent un volume énorme. Les plus remarquables sont les Méduses ou Ombrelles[1], dont le plus grand nombre a l'apparence d'un champignon. Quelques-uns de ces animaux déterminent, quand on les touche, une sensation de brûlure.

INSECTES. — Plus que les bêtes féroces, plus que les reptiles les plus dangereux, les insectes du Brésil sont redoutables à l'homme.

Les Fourmis sont si voraces et en si grand nombre qu'elles détruisent les plantations lorsqu'elles se jettent sur les terrains cultivés. Elles traversent parfois les maisons en troupes innombrables, comme si elles émigraient d'un lieu à un autre, sans tenir compte des

---

[1] Rhizostome bleu et Pélagie Noctiluque.

obstacles de la route, et dévastent tout sur leur passage. Les choses sucrées les attirent particulièrement, mais elles dévorent indistinctement toutes les provisions. Le seul moyen de les écarter, c'est d'isoler les vases en les plongeant dans l'eau, ou de placer dans l'eau les pieds des meubles destinés à renfermer les provisions.

Certaines espèces de Fourmis sont tellement petites qu'elles pénètrent partout, jusque dans les endroits qui semblent le mieux clos ; d'autres construisent avec de la terre des galeries sous lesquelles elles passent sans être aperçues ; d'autres tracent des sentiers, souvent larges comme la main et battus comme une route fréquentée, qui leur servent de passage pour transporter des morceaux de feuilles ou de tiges de plantes qu'elles enfouissent dans leurs nids. Il en existe une variété très-grosse, nommée Tanachara[1] ou Formiga Mandioca, dont la longueur excède deux centimètres et demi.

Dans beaucoup d'endroits on la mange grillée.

Ces fourmis attaquent particulièrement les plantations de coton et de manioc, et les orangers ; une nuit leur suffit pour dépouiller de leurs feuilles plusieurs arbres ou de vastes étendues de terres en culture.

Une espèce particulière, appelée Termite ou Fourmi blanche, construit des nids qui, avec le temps, atteignent au delà de trois mètres de hauteur. C'est, en général, avec de la terre argileuse que cette construction s'effectue ; sa forme est cylindrique et arron-

---

[1] Atta cephalotes.

die au sommet, ou en pain de sucre. Elle est revêtue extérieurement d'une couche dont l'épaisseur varie de six à huit centimètres. L'intérieur est composé d'une multitude de petites cellules arrondies, polies, et communiquant toutes entre elles.

D'autres fourmis de cette même espèce font leur habitation sur les arbres, soit dans les branches, soit sur le tronc même ; à cet effet, elles construisent d'abord, avec de la terre, un chemin couvert, sorte de longue galerie, dont la largeur est quelquefois de deux centimètres et demi et la hauteur de six à huit millimètres, puis transportent la terre destinée au nid, qui prend la forme sphérique ou ovoïde s'il se trouve dans les branches, et hémisphérique seulement s'il est sur le tronc.

Une espèce de fourmi très-petite, de couleur blanchâtre, appelée Formiga cupim, s'introduit dans les charpentes et les bois de construction, et les réduit intérieurement en poussière.

Un autre insecte des plus désagréables et fort commun, est la Puce pénétrante [1], appelée Bicho-do-Pé ou Chica. Elle s'enfonce sous la peau, dans toutes les parties du corps qui lui sont accessibles, mais surtout dans les doigts et sous la plante des pieds. Cet insecte, infiniment petit et allongé, court plus vite que la puce ordinaire, mais ses sauts sont moins rapides ; il pénètre en entier dans la petite plaie qu'il fait et dont on ne ressent qu'une piqûre légère ; bientôt le développement excessif qu'il y acquiert ne lui permet plus d'en

[1] Pulex penetrans.

sortir. Il devient rapidement gros comme un petit pois, de couleur blanchâtre, et ne peut plus se mouvoir en aucun sens. Une démangeaison assez vive prévient alors de la présence de l'insecte, et le seul moyen de l'extraire est d'ouvrir la peau sous laquelle il s'est renfermé. La blessure qui en résulte doit être cicatrisée avec un alcali léger. Les Brésiliens emploient à cet usage la cendre de cigare, qui, par son principe alcalin caustique, prévient l'inflammation. Si on négligeait d'extraire la Puce pénétrante des endroits du corps où elle se loge, il pourrait en résulter de sérieux accidents.

Les Moustiques (Mosquitos) sont, en divers lieux, un véritable fléau. Les innombrables piqûres de ces insectes, et surtout de l'espèce appelée Vincudo, rendent parfois le sommeil impossible. Les pays humides et boisés en produisent une quantité qui défie toute appréciation. C'est par centaines qu'on en compte les variétés, toutes plus incommodes les unes que les autres. Il est des points de la côte où, pendant les chaleurs, les habitants vont coucher près de la mer, afin d'échapper, grâce à la brise qui s'en élève, aux tourments que les moustiques leur font endurer. Pendant le jour, à moins que le temps soit humide, ils se tiennent cachés ; mais, dès l'approche de la nuit, ils se montrent par myriades, et, outre leur piqûre qui produit une démangeaison brûlante, leur bourdonnement en *la* aigu, comme celui du diapason, mais plus prolongé, contribue puissamment à troubler un repos dont on a tant besoin dans ces climats. Pour s'en préserver en partie, les Brésiliens de la campagne font une

épaisse fumée dans l'intérieur de leurs habitations;
dans les villes, on s'entoure, autant que possible, de
mousselines ou autres étoffes légères, mais ce moyen
n'arrête pas les espèces infiniment petites, et qui sont
celles dont les piqûres sont le plus cuisantes.

Les Carrapatos [1] sont de petits insectes d'un rouge
sang, qui couvrent, dans certains lieux secs de l'intérieur du Brésil, les branches des arbres. Les plus
gros le sont à peine comme la pointe d'une épingle.
Quand on traverse, sans y apporter une attention mi-
nutieuse et presque impossible, les bois de ces contrées,
les Carrapatos ne tardent pas à se répandre sur tout le
corps, où ils s'attachent en quantité innombrable; les
piqûres qu'ils font causent d'intolérables douleurs qui
ne laissent aucun repos jusqu'à ce qu'on les ait détruits. Le seul moyen connu de s'en préserver ou de
s'en débarrasser consiste à se laver le corps avec une
forte infusion de tabac. Dans le Sud, on nomme ces
insectes Vinohucas, et, dans le Nord, Tiques.

Dans les provinces du Sud, depuis celle d'Espirito-
Santo jusqu'à celle de São-Pedro, on trouve un insecte
très-incommode, appelé Borrachudo [2]. C'est une sorte
de très-petit Taon, qui se pose légèrement sur les parties découvertes du corps et pique sans causer de douleur. Sa piqûre attire sous la peau une petite gouttelette
de sang, qui noircit bientôt, comme lorsqu'on s'est
pincé fortement; une légère démangeaison survient
peu après la piqûre, et si l'on se gratte une assez
sensible inflammation ne tarde pas à se produire,

---

[1] Acarus du genre Ixodes. — [2] Smilium pertinax.

et elle est d'autant plus vive qu'on se gratte davantage.

Les Abeilles du Brésil sont de plusieurs espèces; toutes fournissent un miel excellent et une cire très-utile, plus brune que celle qui est produite par les Abeilles d'Europe. Les variétés appelées Mumbuca et Uruçu sont celles qui donnent le plus de miel; celles qu'on nomme Mandaçaya, Marmelada, Mondurá, Jatay, produisent le meilleur.

Certaines espèces de Guêpes, très-méchantes, font des ruches en terre sur les arbres, à la façon des fourmis termites. Leur piqûre produit un bouton qui occasionne une très-vive mais courte douleur.

Les Araignées sont représentées, au Brésil, par de nombreuses variétés, dont quelques-unes sont colossales. L'Aranha caranguejeira[1] est celle dont la taille est la plus grande et la forme la plus hideuse. Sa morsure produit une inflammation très-douloureuse, et la résistance de ses toiles est suffisante pour arrêter de gros coléoptères. Une autre variété, qui se rencontre fréquemment dans les maisons. porte, pendant le temps de la ponte et jusqu'à ce qu'ils soient éclos, ses œufs sous le ventre, enveloppés d'une pellicule blanche et mince, formant une petite poche arrondie et aplatie, comme certaines pastilles de Vichy. C'est l'Araignée-loup ou Citigrade.

Les Papillons offrent les plus riches couleurs et les formes les plus variées. Les uns, tels que le Leilus, sont noirs avec des raies d'un vert métallique; les autres,

---

[1] Aranea avicularia.

parmi lesquels on remarque le Nestor, ont les ailes d'un bleu nuancé; quelques-uns, très-grands, sont en entier d'une couleur jaune citron, d'autres blancs. Le plus grand de tous ces insectes, qui porte le nom de Phalœna Agrippina, a une largeur qui dépasse souvent vingt-cinq centimètres, sa couleur est d'un blanc grisâtre, parsemé de quelques points noirs. Lorsqu'il vole, il ressemble à un morceau de soie promené par le vent.

Les coléoptères sont innombrables; leurs couleurs variées. leurs formes diverses en font un des ornements des forêts et des sertões du Brésil.

On trouve l'Amare-bourreau [1] sous les pierres, dans les lieux humides du bord de la mer, par deux ou trois individus à la fois.

L'Auladère gibbeuse [2], insecte de la tribu des Mélasomes, a vingt-cinq millimètres de longueur; ses élytres ont de douze à quatorze millimètres.

Le Bembidion varié [3], de la famille des Bembidiens, est d'un vert bronze dessus et d'un brun luisant dessous.

En octobre et novembre, on trouve le Bupreste anguleux [4].

La Calléide brillante [5] est d'un vert bleuâtre brillant dessus et dessous. Elle a la tête et le corselet d'un rouge cuivreux, les antennes noires et les élytres striées. On la trouve sur les feuilles des arbustes.

La Calléide brune [6] se cache sous les bois pourris.

---

[1] Amara carnifex. — [2] Auladera gibba. — [3] Bembidium variegatum. — [4] Buprestis angularis. — [5] Calleida splendida. — [6] Calleida fusca.

Le Camptodonte de Cayenne[1] est un joli insecte qu'on rencontre dans les provinces du Nord.

. Le Canthon à corselet bleu[2] a environ huit millimètres de longueur ; il a le corps d'un bleu violet et les pattes bleues.

Le Canthon à larges pattes[3] est d'un noir violacé, il a le prothorax très-bombé, lisse et fort violet. Sa longueur est de dix à douze millimètres. On le trouve près de la mer.

Le Canthon émeraude[4] vole le soir avec un fort bourdonnement.

Le Canthon histrion[5] se tient sur les feuilles des arbustes.

Sur les feuilles des petits arbustes et des plantes basses se rencontre aussi le Cardiorhine marqué[6].

Le Chæridie subbronzé[7] est un insecte de huit à neuf millimètres de longueur ; sa couleur dominante est le noir bronzé. Il se tient sous les excréments de bœufs.

Le Chlænie à col bleu[8] a la tête et le corselet d'un bleu brillant, avec des reflets verts ; les élytres, d'un beau violet ; le dessous du corps, noir ; les pattes et les antennes, d'un jaune roux.

Le Cicindèle à col cylindrique[9], qu'on rencontre dans les provinces au Sud de Rio-de-Janeiro, est d'une belle couleur bronzée.

Le Clairon à poils cendrés[10] est un insecte noir, qui

[1] Camptodontus Cayennensis. — [2] Canthon cæruleicolle. — [3] Canthon latipes. — [4] Canthon smaragdulum. — [5] Canthon histrio. — [6] Cardiorhinus plagiatus. — [7] Chæridium subænum. — [8] Chlænius cyanicollis. — [9] Cicindela cylindricollis. — [10] Clerus cinereo-pilosus.

a la tête couverte d'une pubescence cendrée, le prothorax noir et les pattes velues.

Le Clairon versicolor[1] est jaune roux, avec le prothorax noir.

Le Colliure à pieds roux[2] se trouve dans les provinces de São-Paulo, de Paraná et de Santa-Catharina.

Le Copris arrondi[3] a le corps court, épais, massif ; il est d'un noir brillant et mesure neuf à dix millimètres de longueur. On le rencontre dans les endroits sablonneux.

Le Cyclocéphale à corselet rouge[4] est un magnifique Scarabée de vingt-deux à vingt-quatre millimètres de long.

Le Dasyte à bandes rouges[5] est un insecte noir-bronze très-velu, avec des antennes noires et un prothorax vert sombre.

Le Dasyte à quatre lignes[6] se tient généralement sur les fleurs de camomille.

Le Dasyte varié[7] se distingue par sa couleur jaune et son vol très-agile.

Le Dyscol bleu[8] se rencontre dans les provinces de l'Ouest et du Sud.

On trouve dans les mêmes provinces le Dytique costal[9], le Dytique varié[10] et le Dytique vert[11], de la famille des Dyticiens.

La Féronie demi-sillonnée[12] est un insecte de couleur

---

[1] Clerus versicolor. — [2] Colliuris rufipes. — [3] Copris rotundatus. — [4] Cyclocephala erythrodera. — [5] Dasytes rubrofasciatus. — [6] Dasytes quadrilineatus. — [7] Dasytes variegatus. — [8] Dyscolus chalybeus. — [9] Dyticus costalis. — [10] Dyticus variegatus. — [11] Dyticus glaucus. — [12] Feronia subsulcata.

bronze-cuivreux, ayant le dessous du corps noir et les élytres profondément striées.

La Galérite unicolore [1] se rencontre assez communément dans l'Ouest de la province de São-Paulo et dans celle de Paraná.

Le Gyrin elliptique [2] est remarquable par sa forme ovale. Il est d'un vert bronzé sur le corps et d'une couleur ferrugineuse dessous. On le trouve fréquemment au bord des torrents.

L'Harpale d'airain [3], de la famille des Harpaliens, est de couleur bronzée, avec une nuance verte plus prononcée sous le corps que dessus.

L'Hæmatode bicolore [4] et le Staphylin varié [5], de la famille des Brachelytres, vivent dans l'Ouest et le Sud du Brésil.

L'Helluo du Brésil [6] vit sous les pierres et ne sort qu'à la nuit.

L'Hémirhipe fasciculé [7] se trouve au sein des forêts, sur les troncs d'arbres.

L'Hister à fossette [8] et l'Hister liant [9], de la famille des Histériens, sont communs sur les sables et les arbustes.

Le Leptotrachèle du Brésil [10] est un joli insecte, qu'on trouve sur les petits arbres.

Le Mégacéphale à croix [11], le Mégacéphale à deux bandes [12] et le Mégacéphale du Brésil [13], sont des insectes

---

[1] Galerita unicolor. — [2] Gyrinus ellipticus. — [3] Harpalus chalceus. — [4] Hæmatodes bicolor. — [5] Staphylinus variegatus. — [6] Helluo Brasiliensis. — [7] Hemirhipus fascicularis. — [8] Hister foveola. — [9] Hister connectens. — [10] Leptotrachelus Brasiliensis. — [11] Megacephala cruciata. — [12] Megacephala bifasciata. — [13] Megacephala Brasiliensis.

de la famille des Cicindeliens; ils se tiennent le jour dans des trous qu'ils creusent au bord des fleuves et sortent à la chute du jour pour chercher leur nourriture. Ils courent avec une extrême vitesse.

Le Mélanote à pieds pâles [1] est un insecte très-commun dans le Sud.

Le Microcéphale à col déprimé [2] est un très-bel insecte qu'on trouve sous les pierres, dans les parties humides des montagnes.

Le Monocrépidie illustre [3] se cache sous les pierres, dans les lieux secs.

Le Monocrépidie martelé [4] se tient de préférence sur les arbustes, au bord des forêts.

La Nécrobie à cou rouge [5] est un fort joli insecte, assez rare.

Le Nécrophore scrutateur [6] est d'un noir intense.

La Nitidule large [7] et la Nitidule pâle [8] se rencontrent assez fréquemment dans les forêts, près des cours d'eau.

L'Oode robuste [9] est un insecte noir, avec des reflets bronzés sur les côtés; il a les élytres striées. La forme générale de son corps est un ovale allongé. On le trouve sous les arbres renversés.

L'Orthognathe brunâtre [10] a vingt-huit millimètres de longueur. On le trouve communément dans les bois, à peu de distance de la mer.

La Passandre à lignes rouges [11], de la tribu des Xylophages, a une longueur de trente millimètres.

[1] Melanotus flavipes. — [2] Microcephalus depressicolis. — [3] Monocrepidius illustris. — [4] Monocrepidius malleatus. — [5] Necrobia ruficollis. — [6] Necrophorus scrutator. — [7] Nitidula lata. — [8] Nitidula pallens. — [9] Oodes robustus. — [10] Orthognathus albo-fuscus. — [11] Passandra rubro-lineata.

Le Pædère du Brésil [1] se rencontre sous les bois morts.

Le Phanée corydon [2] est un insecte d'un beau vert, qui habite les montagnes couvertes de forêts. Il a dix-huit à vingt millimètres de longueur.

Le Phanée distinct [3] est vert brillant ou d'un beau bleu.

Le Phanée splendide [4] a le corps vert, avec des reflets cuivreux. Il vole surtout le soir.

Le Pinophile criblé [5] est un insecte très-noir.

Le Prostène violet [6] mesure de douze à quatorze millimètres de longueur.

La Ptosime plane [7] est un insecte fort joli, de dix-huit à vingt millimètres de long.

Dans les provinces de Paraná, de Santa-Catharina et de São-Pedro, on trouve le Rhipicère abdominal [8], de la famille des Rhipicériens.

La Rutèle émeraude [9] se tient sur les fleurs des arbres élevés.

On rencontre le Scarite noir [10] dans la province de Santa-Catharina.

Le Sémiote bois [11] se tient sur les troncs d'arbre.

La Silphe à bout rouge [12] est d'un noir intense, avec un peu de rouge à l'extrémité de l'abdomen. Elle vit près de la mer, dans les lieux humides.

Le Stenogaster linéaire [13] habite les bois morts.

La Sterculie splendide [14] est d'un beau violet, avec

[1] Pæderus Brasiliensis. — [2] Phanæus corydon. — [3] Phanæus conspicillatus. — [4] Phanæus splendidulus. — [5] Pinophilus cribratus. — [6] Prostenus violaceus. — [7] Ptosima planata. — [8] Rhipicera abdominalis. — [9] Rutela smaragdina. — [10] Scarites anthracinus. — [11] Semiotus ligneus. — [12] Silpha erythrura. — [13] Stenogaster linearis. — [14] Sterculia splendens.

l'abdomen couleur d'or, relevée de reflets verdâtres; elle a le prothorax d'un violet très-brillant. Cet insecte se trouve dans les bois pourris.

Le Strongyle triste [1] est un insecte d'un noir brillant, poli; il se tient sur les arbustes, près de la mer.

Le Trichognathe bordé [2] vit en famille, sous les arbres des rivages. Il court très-vite.

La Zémine à quatre zones [3] a une longueur de quinze à seize millimètres. Elle est d'un vert bronzé.

Pendant la nuit, l'air est sillonné par une multitude d'insectes phosphoriques; les uns ont une lumière jaune-verdâtre, les autres l'ont rouge-sombre; l'intensité de cette phosphorescence varie suivant les espèces et suivant les individus, qui ont tous la faculté d'en accroître ou d'en diminuer l'émission. La lumière de certaines espèces est assez forte pour permettre de lire et pour éclairer les objets les plus proches. Il en est, et c'est le plus grand nombre, dont le vol est horizontal, à une hauteur du sol, qui varie de trois à cinq mètres; chez d'autres espèces, le vol est parabolique; chez quelques autres, enfin, il est vertical.

Le Caloptéron bordé [4] est un Lampyrien, dont le vol est rapide et prolongé.

Le Chauliognathe marqué [5] est aussi un Lampyrien; ses couleurs dominantes sont le jaune et le noir.

Le Chauliognathe ochracé [6] est jaune d'ocre.

Le Lampyre à antennes épaisses [7] jette une vive lumière en volant.

---

[1] Strongylus tristis. — [2] Trichognathus marginipennis. — [3] Zemina quadrizonata. — [4] Calopteron limbatum. — [5] Chauliognathus plagiatus. — [6] Chauliognathus ochraceus. — [7] Lampyris crassicornis.

Le Lampyre à corselet marqué [1] a deux anneaux lumineux jaune-soufre.

Le Lampyre à élytres uniformes [2] a une vive et large phosphorescence.

Le Lampyre à pattes fauves [3] a deux anneaux de lumière jaune.

Le Lampyre diaphane [4] répand autour de lui une clarté vive et longtemps soutenue.

Le Lampyre du soir [5] et le Lampyre noir [6] sont également remarquables par l'intensité de leur lumière.

Le Lampyre tacheté [7] vole en décrivant des angles et en faisant apparaître de temps à autre une vive phosphorescence. Il se montre surtout après les pluies.

La Lucidote thoracique [8] a une lumière vive et intermittente.

Le Pyrophore épais [9] a vingt-quatre à vingt-cinq millimètres de longueur ; il est d'un brun foncé et possède deux points lumineux, arrondis, très-grands.

Le Pyrophore porte-flambeau [10] se tient caché pendant le jour sous des pierres, dans les endroits secs. Il vole le soir, en faisant briller très-vivement deux taches lumineuses rondes.

Le Pyrophore très-ponctué [11] a le corps d'un brun-noirâtre, couvert d'une pubescence brun-jaunâtre ; il a le prothorax très-bombé et des taches phosphoriques rondes. Cet insecte fait briller sa lumière en tous sens, en volant le soir ; le jour, il se tient dans les lieux secs

---

[1] Lampyris signaticollis. — [2] Lampyris concoloripennis. — [3] Lampyris fulvipes. — [4] Lampyris diaphana. — [5] Lampyris hespera. — [6] Lampyris nigra. — [7] Lampyris maculata. — [8] Lucidota thoracica. — [9] Pyrophorus crassus. — [10] Pyrophorus facifer. — [11] Pyrophorus punctatissimus.

et élevés. Il est long de trente-deux à trente-huit millimètres.

La Silis agréable [1] est noire, avec le prothorax roux.

La Silis jolie [2] est d'un jaune roux vif.

La Silis pâle [3] est d'une couleur jaune pâle, avec la
tête d'un noir luisant.

Le Téléphore à antennes dentées [4], le Téléphore à
ventre jaune [5] et le Téléphore jaunâtre [6] sont, ainsi que
les précédents, des insectes phosphorescents.

La Blatte américaine [7], appelée au Brésil *Barata*,
appartient à l'ordre des Orthoptères, famille des Blat-
tiens. Cet insecte a la tête presque entièrement cachée
sous un prothorax, ayant la forme d'un bouclier; il a
les antennes longues, les élytres plates, se recouvrant
l'une l'autre sur une ligne médiane; ses pattes ont des
tarses composés de cinq articles, et sont extrêmement
propres à la course; il a l'abdomen arrondi, déprimé
et muni de filets terminaux. Sa grosseur et sa couleur
le font ressembler tout d'abord au hanneton; il en
existe plusieurs variétés dont les plus grandes atteignent
jusqu'à quatre ou cinq centimètres de longueur.

La Blatte vole rarement, et ce n'est jamais que la
nuit, dans les temps qui précèdent les longues pluies.
En volant, elle produit un bruit désagréable, se heurte
contre tous les objets qu'elle rencontre, s'arrête alors,
et ne reprend son vol que quelques instants après. La
femelle vole plus rarement que le mâle, ses ailes sont

---

[1] Silis læta. — [2] Silis amæna. — [3] Silis pallens. — [4] Telephorus denti-
cornis. — [5] Telephorus flaviventris. — [6] Telephorus luteus. — [7] On lui
donne aussi les noms de Cancrelat, Cankerlat, Kakerlac, Kakerlaque, Bête
noire, Ravet, etc.

aussi plus courtes. Elle pond ses œufs dans une sorte de poche qui a la forme d'un haricot; ce sac est, pendant quelques jours, suspendu à son abdomen, puis elle l'abandonne. La chaleur suffit pour faire éclore les petits à l'intérieur de cette poche, qui est divisée en compartiments contenant chacun un œuf; ces petits changent six fois de peau et de forme avant d'arriver à être insectes parfaits.

Les Blattes vivent, en général, dans l'intérieur des habitations. Elles attaquent les comestibles, les étoffes de toute nature, le cuir, le bois même. Elles rongent parfois la figure et les mains de ceux qui dorment; elles sont enfin d'une voracité extrême. Grâce à leur corps mince et plat, elles pénètrent par les fissures les plus étroites; et une fois qu'elles se sont introduites, il est très-difficile de s'en débarrasser. Ces insectes répandent une sorte de salive âcre et corrosive, d'une odeur nauséabonde et assez persistante.

Il en existe deux autres espèces, nommées Corydia et Phoraspis, dont les couleurs sont brillantes, et qui ne vivent que dans les champs aux dépens du Maïs, du Riz et de la Canne à sucre.

XI

RICHESSES VÉGÉTALES NATURELLES

Les vastes forêts vierges du Brésil produisent une innombrable quantité de végétaux. Les arbres y sont très-élevés et entremêlés de lianes si serrées, qu'elles forment un tissu ou plutôt un mur de verdure. En outre, ils sont couverts de plantes grasses aux feuilles et aux fleurs variées, qui semblent former avec l'arbre un seul et même végétal. Ces plantes parasites appartiennent à diverses familles; on trouve communément des cactus, des grenadilles, des bauhiniées, des bromeliées, des agavés, des épidendrums, etc., mêlant leurs fleurs de mille couleurs aux rameaux des arbres qui les portent.

Parfois, les forêts sont si épaisses, qu'elles forment une majestueuse et sombre solitude, d'un vert foncé, dans laquelle les rayons du soleil ne peuvent pénétrer. Les arbres présentent une grande diversité dans leurs aspects : la couleur de leur écorce, la forme et la nuance de leurs feuilles, la disposition de leurs branches, croissant chez quelques-uns avec une symétrie architecturale, tout enfin offre une belle et admirable variété. Les moindres irrégularités du tronc, presque chaque aisselle des branches et des rameaux, supportent des plantes étrangères qui vivent aux dépens de l'arbre et souvent le font périr. Ces plantes croissent, tantôt en longues lianes, tantôt en touffes serrées, du milieu desquelles sortent de belles fleurs rouges, jaunes, orangées, ayant la forme d'une flamme, d'un lis, d'un œillet, etc. Un grand nombre de ces végétaux produisent de longs filaments qui descendent jusqu'au sol, y prennent racine ou s'y appuient seulement, s'attachent à des troncs renversés ou à des branches basses, ou parfois s'élancent contre un arbre, remontent, circulent jusque dans ses branches les plus élevées, redescendent, remontent, et ainsi successivement enlacent de leurs ramifications un grand nombre d'arbres, sont elles-mêmes entourées dans leur parcours par d'autres plantes du même genre, plus grosses ou plus légères, et finissent par former un fourré impénétrable. Au Brésil, tous ces végétaux grimpants sont connus sous le nom générique de Cipó.

Parmi les arbres, les Palmiers sont les premiers qui attirent l'attention ; leur tige droite, élancée, souvent nue, couronnée d'un immense bouquet de longues feuilles, disposées en parasol ou en gerbe, tout dans ces arbres est grandiose et intéressant. Leur bois, leur feuillage, leur écorce, leurs fruits, sont utilisés avec un grand avantage. Au nombre des différentes espèces que possède le Brésil, les plus remarquables sont les suivantes :

Le Palmier-Cocotier [1], appelé, au Brésil, Coco-de-Bahia, et qui n'est point originaire de ce pays. Depuis le Nord du Brésil jusqu'au vingtième parallèle Sud, il est très-commun, plus au Sud, il devient rare et ses fruits ne mûrissent pas. Les noix de coco, qui atteignent un volume égal à celui de la tête d'un enfant, contiennent, avant leur entière maturité, un lait agréable; plus mûrs, ils renferment une amande creuse, d'un goût analogue à celui de l'amande et de la noisette d'Europe, mais d'une chair plus ferme. Cette amande contient encore du lait dont la quantité diminue à mesure que le fruit vieillit. On reconnait ce cocotier à sa tige renflée près de terre.

Le Palmito [2], aussi nommé Coco-de-Jissara, croît dans tout le Brésil méridional : c'est le plus élégant de tous les palmiers. Sa tige, très-élevée, est parfaitement droite et surmontée d'un bouquet de dix ou douze feuilles d'un vert luisant, pinnées, à folioles rapprochées. Immédiatement au-dessous des feuilles, on voit une sorte de gaine verte qui semble être le prolongement de la tige. C'est le bourgeon, qui contient les feuilles et les fleurs non encore développées. Ces feuilles tendres sont très-serrées les unes contre les autres, et à mesure que le développement d'une feuille nouvelle est effectué, une feuille ancienne se dessèche et tombe. Les fruits de ce palmier ne sont pas comestibles; ils consistent en une grappe de grains noirs et durs, gros comme de petites noisettes. Les feuilles tendres, dépouillées des premières enveloppes colorées de nuances

---

[1] Cocos nucifera. — [2] Euterpe oleracea.

rouges variées qui les recouvrent, sont bonnes à manger et possèdent un goût qui rappelle celui de la noisette. On les mange en salade ou cuites comme des légumes.

Le Piaçaba [1] est aussi un palmier très-beau, à tige haute et forte. Les feuilles ne se courbent pas comme celles des autres palmiers, les folioles sont séparées. Les fruits, qui viennent en grappe fort grosse, sont comestibles. Chaque noix a une longueur d'environ douze à treize centimètres. Les spathes ou enveloppes des feuilles fournissent des filaments ligneux, gros, souples et noirs, dont on fait des cordages qui résistent bien dans l'eau.

L'Andaya-oçú ou assú [2] est un palmier à tige très-forte et élevée; ses feuilles sont grandes, belles et pinnées, le pétiole est ligneux, les folioles sont unies, entières, acuminées et rapprochées, d'un vert foncé et luisant. Les fruits naissent en grappe comme ceux du piaçaba, dont ils ont à peu près la forme et la grosseur.

Le Patioba ou Aricuri [3] croît le long des côtes centrales du Brésil. Ce palmier ne s'élève qu'à la hauteur de cinq ou six mètres; il a de quatre à huit feuilles d'un vert brillant, rarement plus; le pétiole des feuilles est armé des deux côtés d'excroissances épineuses obtuses. Ce pétiole persiste après la chute des feuilles et forme une sorte de tige très-rude et très-courte. Le fruit se produit sous forme de grappe, dont chaque grain consiste en une pulpe couleur orange, renfermant un noyau très-dur, de la grosseur d'une prune. Les

---

[1] Attalea funifera. — [2] Attalea compacta. — [3] Cocos botryphora.

feuilles fraîches servent à fabriquer des paniers, des nattes, des chapeaux, etc.

Le Guiri ou Guriri [1] est un palmier très-bas, qui ne se rencontre que sur les plages de sable. Ses feuilles sont lisses, pinnées et courbées, ses folioles doubles et un peu pliées. La grappe de fruits que ce palmier produit, et qui sont bons à manger, croît près de terre. Ces fruits sont formés d'une chair d'un rouge orangé, d'un goût agréable, contenant un noyau très-dur dans lequel est une amande excellente. On emploie les feuilles à faire des balais.

L'Ayri-Assú [2] n'atteint pas une hauteur de plus de huit à dix mètres. Sa tige, d'une couleur brune noirâtre, est couverte de longues épines de même couleur et disposées circulairement autour du tronc. En certains endroits ce palmier se multiplie au point de former des fourrés impénétrables. Son fruit consiste en une grappe de noix, grosses comme des prunes et très-dures. Les sauvages se servent du bois de cet arbre pour faire leurs arcs.

On distingue encore parmi les palmiers :

Le Buriti ou Bority ou Palmier royal [3], dont les feuilles sont employées à un grand nombre d'usages, les fruits bons à manger, et la tige ou plutôt le stipe fournit, par incision, une séve vineuse recherchée. Il croît dans les vallées, se plaît dans les endroits humides, au bord des forêts.

L'Euterpe andicola, qui croît isolément sur les pentes abruptes.

---

[1] Diplothemium littorale. — [2] Astrocaryum ayri. — [3] Mauritia vinifera.

L'Euterpe hænkeana, qui végète au milieu des taillis, au-dessus desquels sa tête s'élève. On trouve ce palmier jusque dans les rochers.

L'Euterpe precatoria, qui recherche les plaines chaudes, humides et accidentellement couvertes par les eaux, et l'ombre des grands arbres. Il ne vit pas en rase campagne. Ses grains sont employés à faire des chapelets.

L'Acuna ou Vinte-Pés [1], qui se fait remarquer par ses racines hors de terre.

Le Chamædorea gracilis, qu'on trouve à l'ombre des grandes forêts, par groupes isolés, dans les endroits humides et chauds.

Le Chamædorea conocarpa ou Hyospathe montana, dont les parties couvertes des collines sont ornées.

Le Morenia frangans ou Stirps fœminea, qui croît toujours à l'ombre des grands arbres, dans les ravins chauds et humides ou sur le sommet des collines.

L'Œnocarpus tarampabo, qui recherche les plaines humides et dont les feuilles sont alternes et disposées en éventail.

Le Bactris infesta, qui se couvre de fleurs en juillet et donne en novembre et décembre des fruits, dont la pulpe est sucrée et acidulée. On mange aussi, avant la maturité du fruit et lorsqu'elle est encore molle, l'amande que contient le coco. Ce palmier aime les lieux humides et sablonneux.

Le Tacumba-ivi [2], dont un grand nombre d'endroits marécageux sont remplis. Ses folioles donnent des

---

[1] Iriartea Orbigniana. — [2] Bactris inundata.

fibres très-solides et plus durables que le chanvre et le lin.

Le Pindó [1], qui fournit en décembre et janvier des fruits comestibles en grappes jaunes. Le cœur de l'arbre se mange aussi, surtout dans les temps de disette. Le feuillage de ce palmier est d'un vert sombre et très-élégant.

Le Vina [2], qui atteint à la hauteur de vingt-cinq ou trente mètres et dont le tronc est renflé au milieu. Ce palmier recherche l'ombre des arbres de cinquante à cent mètres d'élévation. Son bois est très-employé; il flotte même étant vert; ses feuilles servent à couvrir les maisons.

Le Carandahí [3], dont le bois est très-dur et qu'on trouve surtout dans les endroits marécageux.

Le Palmier épineux [4], qui croît au milieu des bambous, dans les vallées humides. Ce palmier produit un fruit très-recherché, l'un des plus agréables de tous les fruits que fournissent les palmiers. Sa pulpe épaisse et sucrée se mange fraîche ou séchée.

Le Cocos Yatay, qui se plaît dans les endroits sablonneux. La pulpe de ses fruits fournit de l'eau-de-vie; avec ses feuilles on fait des chapeaux, et l'intérieur du tronc se réduit en farine.

Le Trithrinax Brasiliensis, qu'on trouve dans les lieux secs. Ses feuilles servent à faire des chapeaux.

Le Trithrinax chuco, qui croît dans les plaines boisées.

Le Jubea spectabilis, dont on retire de l'eau-de-vie.

---

[1] Cocos australis. — [2] Iriartea phæocarpa. — [3] Copernicia cerifera. — [4] Guilielma insignis.

Le Maximiliana regia, qui se rencontre isolément à la lisière des bois et au bord des cours d'eau.

L'Urubamba [1], qu'on trouve dans les plaines inondées et qui donne des fibres solides comme le rotin.

Le Bactris socialis, dont le fruit, en grappe, est comestible.

Le Carnauba [2], palmier qui produit une cire estimée.

Le Coco de Quaresma [3], qui donne un fruit comestible.

Le Guariroba [4], dont le fruit est recherché.

D'autres arbres fournissent des bois estimés pour la teinture, la charpente, la menuiserie, l'ébénisterie, etc. Le Jacarandá ou Bois de rose ou Bois saint, dont on fait des meubles précieux; le Jacarandatan [5] ou Palissandre; le Jacarandá-Mulato; l'Araribá; le Canela; le Caixeta, bois léger qui, au Brésil, tient lieu de sapin; le Vinhatico ou Tamboril, arbre de la famille des Légumineuses, dont le bois jaune est très-durable et très-employé pour la construction des planchers de navires; on en fait aussi des pirogues d'une seule pièce; le Peroba; l'Angelim; l'Oleo-amarello ou Páo-d'Oleo sont tous des bois excellents pour les divers usages de la construction en général. Le Jatauba, l'Oiticica, l'Arco-Verde ou Páo-d'Arco [6], le Páo-Roxo, le Peguim, le Sapucaya, le Putumúju, fournissent un bois précieux pour les poulies, les courbes, les quilles, surquilles et bordages de navires, et pour les cabestans.

L'Ibiratea ou Bois de fer, le Merindiba, la Mangue-

---

[1] Desmoncus rudentum. — [2] Corypha cerifera. — [3] Cocos flexuosa. — [4] Cocos oleracea. — [5] Jacaranda mimosæfolia. — [6] Famille des Bignoniacées.

brava, le Gangirana, le Goyabeira-do-Matto, le Guiri, l'Ajetahipeta, le Buranhé, le Coração-de-Negro, le Gonçalo-Alves, le Mocetahyba, le Mocuhyba, le Brahuna, l'Oyty, l'Itapicurú et le Sassafras sont employés avec avantage dans les travaux qui exigent de la durée et de la solidité. Le Cedro[1] est employé dans la sculpture; le Condurú ou Candurú, pour les meubles; le Jaquitiba ou Jequitiba fournit de petits mâts; le Jetahy sert à construire des pirogues d'une seule pièce, des douves et des caisses à sucre; le Louro fait d'excellentes vergues et autres pièces de mâture; le Massaranduba est employé pour les solives et les seuils de porte; l'Olandim donne des mâts durables, on en fait aussi des cintres et des planchers; on fait des meubles précieux avec le Sebastião-d'Arruda-Macho; on construit des navires avec le Sucupira-Mirim et le Sucupira-Assú.

Tous ces arbres sont mélangés dans les forêts, où il est très-rare d'en rencontrer quelques-uns de la même espèce les uns près des autres. Sur un espace restreint on peut en distinguer un très-grand nombre de tout à fait différents de genre et de famille.

L'usage a prévalu de couper les bois qu'on doit employer aux travaux de menuiserie ou de charpente, pendant la période décroissante de la lune. A une autre époque, ils sont promptement la proie des vers. Cette observation a reçu maintes fois sa confirmation de la part de ceux qui, la traitant de préjugé, ont tenté de n'en pas tenir compte.

L'Ibirapitanga ou Páo-Brasil[2] est l'arbre qui fournit

---

[1] Icica altissima. — [2] Cæsalpinia Brasiliensis et Cæsalpinia echinata; famille des Légumineuses.

le bois de teinture connu sous le nom de Bois du Brésil. On en distingue trois variétés : le Brasil-Mirim, le
Brasil-Assú et le Brasileto. La première est la plus estimée ; son écorce est rouge et fine, ses feuilles petites
et sa fleur blanche. La seconde, le Brasil-Assú, est rosée ;
son tronc droit est plus haut que celui de la variété
précédente, mais moins gros. Enfin, la troisième diffère peu de la seconde pour la forme extérieure, mais
fournit moins de teinture. Le Taijiva[1] ou Tatajiba est
une sorte de bois qui produit une teinture estimée.
Comme celle de bien d'autres espèces, l'exploitation
de cet arbre a été faite sans aucune prévision de
l'avenir, et, dans quelques localités où il abondait
il y a cinquante ans, il est aujourd'hui presque inconnu.

On obtient une couleur rouge incarnat des feuilles
macérées d'une sorte de liane appelée Carajuru[2]. Cette
couleur se précipite en ajoutant au liquide quelques
fragments de l'écorce d'un arbre nommé Arayana. Le
coton teint par cette substance prend une belle couleur
rouge orangé.

Au Sud du Brésil, on trouve l'Araucaria Brasiliensis, arbre de la famille des Conifères, dont la forme
est très-belle et les produits fort utiles ; ses fruits sont
comestibles.

Le Manglier rouge, appelé Mangue-Vermelha[3], arbre
de la famille des Combrétacées, qui a des feuilles
épaisses et ovoïdes, est très-employé pour la préparation des cuirs. L'écorce du Manglier blanc, nommé

---

[1] Broussonetia tinctoria ; famille des Artocarpées. — [2] Bignonia chica ;
famille des Bignoniacées. — [3] Conacarpus racemosa.

Mangue-branca[1], est employée aux mêmes usages. La feuille du Manglier blanc est étroite et allongée, son fruit est cotonneux, de la grosseur d'une cerise et un peu ovale.

Parmi les arbres et autres plantes indigènes du Brésil, et donnant des fruits utiles, on remarque les suivants :

L'Ambuzeiro, arbre peu élevé, qui donne un fruit estimé, analogue à la prune.

L'Araticú[2], dont on connaît plusieurs espèces, et qui a l'apparence extérieure du précédent. Les fruits qu'il produit ressemblent à de grosses poires-pommes.

L'Andiroba, plante très-semblable au concombre, qui donne un fruit rond, médicinal et ayant goût de pomme.

L'Argueiro, arbre de la taille d'un olivier; c'est un des plus jolis arbres du Brésil.

L'Araça-Mirim[3], arbre assez grand, dont l'écorce est lisse et les feuilles petites; son fruit a l'apparence d'une prune.

Le Barriguda, qui a le tronc plus renflé au milieu que près de terre; son fruit rappelle le concombre par sa forme.

Le Cajueiro, qui croît de préférence dans les terrains sablonneux. Son tronc est petit et tortueux; son fruit a la grosseur et l'aspect du piment rond.

Le Cajaty, arbuste dont l'écorce est très-grosse, les feuilles analogues à celles du laurier et les fruits jaunes et de la grosseur d'une prune.

---

[1] Avicennia tomentosa. — [2] Anona. — [3] Psidium.

Le Cacauzeiro, arbre de petite dimension, dont les branches sont horizontales et le fruit, qui croît sur le tronc, a la grosseur d'un melon.

La Cuitezeira, petit arbre aux racines horizontales, dont le fruit est grand et ovale.

La Cajazeira, assez grand arbre dont la cime est ronde et disposée en coupole; ses feuilles sont petites et ses fruits, d'un goût insipide, sont jaunes et gros comme des glands.

Le Candea, arbuste tortueux, dont le bois, lorsqu'il est très-sec, donne une bonne lumière.

Le Grumichameira[1], arbre d'une grandeur médiocre, qui produit un fruit d'un goût frais et agréable et de la grosseur d'une cerise. Ce fruit est tantôt violet foncé, tantôt rouge ou blanc.

Le Guabirabeira[2], grand arbre dont les fruits ressemblent à une grosse poire.

Le Goyabeira, dont il existe soixante-quatre espèces; l'écorce de cet arbre est lisse, ses feuilles sont presque rondes; ses fruits, gros comme de petites pommes, sont jaunes et odoriférants. Les meilleurs sont ceux du Goyabeira-branca ou Pera[3], dont la forme rappelle celle d'une poire et qui ont la grosseur d'un œuf de poule. Ces fruits sont tantôt blancs, tantôt verdâtres ou rouges à l'intérieur et forment un aliment assez généralement agréable. Les fruits du Goyabeira-Maçãa ne se mangent guère qu'en confitures ou en compotes; ils sont très-astringents et moins recherchés que les précédents.

Le Gamelleira, gros arbre à feuilles grosses et rondes.

---

[1] Eugenia Brasiliana. — [2] Psidium. — [3] Psidium pyriferum.

Le Joazeiro, qui recherche les terres sablonneuses et produit un fruit gros comme une cerise.

Le Jabuticabeira[1], petit arbre à écorce lisse qui produit un fruit de la grosseur d'une cerise griotte et d'une couleur rouge aussi, mais moins brillante. Ce fruit croît sur le tronc; il a une saveur sucrée, fraîche, et agréablement mucilagineuse sans être fade.

Le Jambeiro, arbre de médiocre grandeur, qui donne un fruit gros comme un abricot.

Le Mangabeira, de la famille des Apocinées[2], est un arbre peu élevé, dont les feuilles sont petites, les fruits ronds et de diverses grosseurs.

Le Jenipapeiro ou Genipapeiro[3], arbre haut et droit comme un châtaignier, qui porte des fruits gros comme une pomme.

Le Muricy[4], arbuste à feuille grande, grosse et âpre.

Le Mozés, arbre de hauteur et de grosseur moyennes, et à fleurs blanches. Ses cendres sont bonnes pour la lessive.

Le Mucory, dont le bois est excellent, produit un fruit gros comme une prune, savoureux et odoriférant.

L'Oyty, que nous avons déjà cité parmi les bois de construction, fournit un fruit qui est un remède efficace contre la dyssenterie et certaines hémorrhagies.

Le Pitangueira[5], arbre épineux, de la taille d'un prunier, appartenant au genre Myrtée, produit des fruits nombreux, gros comme des cerises, de couleur rose, d'un goût aigre-doux et un peu résineux. On en fait d'excellentes confitures.

---

[1] Myrtus cauliflora. — [2] Hancornia speciosa. — [3] Genipa Americana. — [4] Malpighiée. — [5] Eugenia Michelii.

Le Sapucaya, arbre très-grand, dont le bois est recherché pour la construction, produit un fruit sphérique, gros comme des billes de billard.

Le Théu, liane déliée, de la grosseur d'un tuyau de plume, fournit un remède contre la morsure des serpents.

L'Urucú, grand arbuste, qui produit un fruit rouge, gros comme une grosse châtaigne.

Le São-Caetano, plante analogue au melon, et qui produit une sorte de petit concombre.

Nous citerons encore, bien qu'ils ne soient pas originaires du Brésil, le Cólla, arbre africain, dont les feuilles sont longues et luisantes, et dont le fruit croît en gousse;

Le Mangueira, indigène d'Asie, gros arbre très-touffu, donnant des fruits aromatiques, gros comme des pommes;

Le Jaqueira, aussi d'origine asiatique, très-grand et très-touffu et dont le fruit, qui est fort gros, naît sur le tronc.

Le Brésil produit en abondance des végétaux employés dans les différents usages domestiques et des plantes médicinales balsamiques et aromatiques d'espèces diverses. Notre intention n'étant point d'en présenter la nomenclature entière, nous allons citer seulement celles qui sont le plus usitées ou le plus généralement connues.

Le Raiz-do-Padre-Salerma ou Perpetua[1], plante de la famille des Amarantacées, produit une racine tonique

---

[1] Gomphrena officinalis.

et stimulante, qu'on emploie contre les fièvres intermittentes, les diarrhées et la morsure des serpents.

Dans la famille des Amyridées ou Amyridacées, deux
plantes, l'Almecegeyra ou Icica[1], et l'Elemi[2], fournissent de la résine employée à calfater les navires. La
production de cette substance est d'autant plus considérable que le sol est plus sablonneux. Une troisième,
nommé Hedwigia balsamifera, donne aussi une résine
recherchée connue sous le nom d'Encens du Brésil.

La Spondia tuberosa, de la famille des Anacardiacées,
fournit un fruit dont on administre des décoctions
contre les fièvres. (Les Anacardiacées sont quelquefois
comprises dans la famille des Térébinthacées.)

Deux végétaux de la famille des Anonacées ou Ano-
nées produisent des fruits qu'on emploie aux mêmes
usages que le poivre; on les nomme Pindaiba[3], et Pi-
menta-da-terra[4]. L'écorce de ces arbres est très-flexi-
ble, et de ses fibres, qui se séparent aisément, on fait
de très-bons cordages.

Deux Apocynées fournissent du caoutchouc; ce sont:
la Sorveira[5] et la Mangaba[6].

Le Mil-Homens[7] et la Jarrinha[8], de la famille des
Aristolochiées ou Aristolochiacées, sont deux lianes
dont les racines s'emploient contre la morsure des serpents. Ces racines sont très-amères et d'un goût cam-
phré et nauséeux.

Une Artocarpée, à laquelle on donne le nom de Jaca

---

[1] Amyris ambrosiaca. — [2] Amyris heterophylla. — [3] Xylopia sericea. —
[4] Xylopia grandiflora. — [5] Callophora utilis. — [6] Hancornia speciosa. —
[7] Aristolochia ringens. — [8] Aristolochia cymbifera ou Macroura.

ou Jacquier[1], produit un suc laiteux qui devient du caoutchouc par condensation ; son fruit, d'une douceur désagréable lorsqu'on n'y est pas habitué, se vend sur les marchés.

Outre l'Ananas, si recherché et dont nous parlerons plus loin, les Broméliacées donnent le Bromelia Pinguin, usité comme anthelmintique et diurétique ; la Tillandsia usneoïdes, dont les filaments desséchés ressemblent à une longue barbe et sont employés pour empailler les oiseaux et préparer une pommade contre les hémorrhoïdes ; ils peuvent également servir à faire des matelas et des sommiers. Le nom de Gravatá s'applique, au Brésil, à plusieurs Broméliacées.

La famille des Bignoniacées fournit l'Ipe ou Ipeuva[2], dont l'écorce est purgative ; deux sortes de Caaroba[3], dont les feuilles et l'écorce sont aussi d'excellents purgatifs, et le Cipó-Guyra[4], sorte de liane dont on emploie la racine en infusion pour le même objet.

Les Byttnériacées ou Buttnériacées fournissent au Brésil plusieurs plantes très-utiles. Nous placerons en première ligne le Cacaoyer[5], petit arbre dont les graines forment la base du chocolat. La Douradinha[6], employée dans les cas d'affections syphilitiques. Le Guazuma ulmifolia, qui produit un fruit rempli d'une substance mucilagineuse douce et agréable, que les Brésiliens mangent avec beaucoup de plaisir. En infusion, l'écorce de cette plante est sudorifique.

La Gustavia Brasiliana, de la famille des Barring-

[1] Artocarpus integrifolia. — [2] Bignonia chrysantha. — [3] Jacaranda Brasiliana ou Jacaranda tomentosa. — [4] Bignonia guyra. — [5] Theobroma cacao. — [6] Waltheria douradinha.

tonniées, produit un fruit émétique; sa racine est amère et aromatique.

La Begonia grandiflora et la Begonia tomentosa, plantes de la famille des Bégoniacées, ont une racine amère douée de propriétés très-styptiques.

La famille des Cabombées ou Hydropeltidées, dont tous les végétaux qui la composent sont aquatiques, offre l'Hydropeltis purpurea, dont les feuilles sont recommandées contre la dyssenterie.

Le Cinnamodendron axillare, arbre de la famille des Cannellacées, possède de remarquables propriétés aromatiques. Son écorce est employée avec succès contre les fièvres lentes et le scorbut.

Dans certaines localités du Brésil méridional, le Mate ou Congonha[1], arbre de la famille des Célastrinées ou des Aquifoliacées, donne lieu à un commerce assez important. Les provinces de Paraná, de Santa-Catharina et de São-Pedro en font une exportation considérable. Cet arbre, de hauteur médiocre, a ses rameaux au sommet et produit beaucoup de feuilles. Ce sont ces feuilles qu'on emploie en guise de thé; fraîches, elles ne possèdent qu'un goût herbacé, mais, sèches et préparées, leur odeur est analogue à celle du tilleul mélangé d'un peu de thé.

Il existe deux espèces de Mate, appelées Herva-mansa et Herva-caúna ; la première est la plus appréciée, et, naturellement, la plus recherchée ; la seconde est très-amère et perd ce défaut par la culture.

La cueillette des feuilles a lieu pendant les mois de

---

[1] Ilex Paraguariensis.

Mars, Avril, Mai, Juin, Juillet et partie d'Août ; on les coupe avec leurs branches et on les expose au feu, pour les griller, et ensuite au feu et à la fumée, pour les sécher. Ces opérations s'accomplissent de la manière suivante : on dresse un bûcher de bois vert ou presque vert au feu duquel on expose successivement toutes les branches coupées. Dès qu'elles sont légèrement grillées, on les dispose sur une sorte de four construit en bois arqué et treillagé, dans lequel on fait du feu pendant une heure et demie environ, temps qui suffit pour faire arriver les feuilles et les petits rameaux à un degré de siccité suffisant. Ces feuilles et ces ramules sont ensuite battues à l'aide d'un lourd morceau de bois, et le Mate est confectionné dès que le tout est concassé en une sorte de poussière grossière. Le Mate s'emballe dans des paniers de bambou, intérieurement garnis de feuilles de fougère sèches. Le Mate se prend en infusion et généralement on ne le clarifie pas ; on boit cette infusion au moyen d'un chalumeau, dont l'extrémité, qui doit plonger dans le liquide, est garnie d'une petite boule percée de trous. On la boit ainsi avec du sucre ou sans sucre ; dans ce dernier cas on lui donne le nom de Mate-simarron.

L'arbre Mate se rencontre communément dans les forêts des provinces que nous avons citées plus haut et dans celles du Paraguay.

Il s'en fait une grande consommation dans les républiques de Monte-Vidéo et de Buenos-Ayres, dans les provinces du Brésil où on le récolte, dans celle de Minas-Geraes et presque généralement dans toutes les villes du littoral. Dans toutes ces contrées le Mate est le thé

quotidien, le thé de tous les instants; il n'y existe peut-
être pas un seul habitant, si pauvre qu'il soit, qui ne
fasse un usage journalier de cette boisson.

Parmi les plantes de la famille des Capparidées nous
citerons le Cratæva tapia, dont les. feuilles sont employées contre les inflammations; le Cratæva nurvala,
qui produit des fruits comestibles, et le Capparis pul-
cherrima, dont le fruit est très-vénéneux.

La famille des Chenopodées fournit plusieurs plantes
employées à divers usages. Le Guiné ou Mucura[1] et le
Raiz-de-Pipi[2] produisent une racine purgative, et la
plante entière s'emploie dans les bains contre la para-
lysie. L'Herva-de-Santa-Maria[3] est un excellent anthelmintique.

Parmi les Chrysobalanées, on distingue le Chrysoba-
lanus icaco, dont la racine, l'écorce et les feuilles sont
employées avec succès contre la diarrhée, et la Moqui-
lea grandiflora, dont les fruits sont comestibles.

La famille des Clusiacées offre deux plantes dont on
obtient de la résine. Le Maronobea coccinea, dont la
résine brûle avec fumée, en répandant une odeur aromatique agréable; la substance résineuse de cette
plante porte au Brésil le nom de Mani. Le Calophyllum
Brasiliensis, dont la racine possède une odeur analogue
à celle du citron.

Deux sortes de Carqueja[4], appartenant à la famille
des Composées, sont très-employées contre les fièvres
intermittentes.

---

[1] Petiveria alliacea. — [2] Petiveria tetrandra. — [3] Chenopodium ambro-
sioides. — [4] Baccharis genistelloides et Baccharis trimera.

Une Convolvulacée, la Batata-de-Purga [1], produit une racine fusiforme, qui, réduite en poudre, est usitée comme le jalap.

Deux lianes de la famille des Dilleniacées, le Cipó-de-Carijo [2] et le Cipó-de-Caboclo [3], donnent des feuilles rudes qui s'emploient comme purgatif, en infusion, et comme résolutif, dans des bains. La Davilla rugosa et la Tetracera Breyniana, plantes de la même famille, sont employées contre les enflures résultant de la chaleur humide. Une autre Dilleniacée, la Davilla elliptica, fournit une sorte de vulnéraire, auquel on donne le nom de Sambaibinha.

La famille des Érythroxylées produit la Gallinha choca ou Mercurio-do-campo [4], qui donne une matière colorante rougeâtre, très-solide à la teinture; l'Erythroxylon campestris, dont l'écorce est usitée comme purgatif.

Les Euphorbiacées fournissent divers végétaux utiles, dont les plus remarquables sont : l'Euphorbia papillosa, douée de propriétés éminemment purgatives, mais dont une dose trop forte produirait de dangereuses superpurgations; l'Euphorbia linearis, qu'on administre comme antisyphilitique; l'Euphorbia phosphorea, dont le bois, dans les nuits chaudes, répand parfois des lueurs phosphorescentes; le Medicineiro-officinal [5], très-vanté contre les affections syphilitiques; l'Omphalea triandra, dont on extrait un suc blanc, qui devient noir en séchant et qu'on peut employer aux mêmes

---

[1] Ipomea operculata. — [2] Tetracera oblonga *seu* oblongata. — [3] Tetracera volubilis. — [4] Erythroxylon suberosum. — [5] Jatropha officinalis.

usages que l'encre; l'Euphorbia cotinifolia, dont le suc est un poison mortel, dans lequel les sauvages de certaines contrées du Brésil trempaient leurs flèches; le Pé-de-Perdiz, aussi appelé Alcamphora ou Cocallera[1], qui passe pour un excellent diurétique; le Velame-do-Campo[2], dont la racine est diuré-tique et antisyphilitique; le Raiz-de-Teiu ou Raiz-de-Cobra[3], dont la racine fusiforme sert contre les mor-sures des serpents et pour combattre l'hydropisie; le Timbo[4], qui produit des feuilles employées comme narcotique; le Marmeleiro-do-Campo[5], qui fournit une teinture noire et dont on emploie la racine contre certains maux d'estomac; l'Anda-Assú[6], fa-meux par la vertu purgative de ses graines, dont l'énergie égale celle des graines de Ricin; son écorce grillée est très-vantée contre les diarrhées; à l'état frais, cette écorce possède des propriétés narcotiques; l'huile qu'on retire des graines est un excellent sic-catif pour la peinture; le Pinhão ou Purga-de-Gentiõ[7], dont l'huile, extraite des fruits, est un puissant dras-tique; le Caxim[8], plante laiteuse dont on retire du caoutchouc; la Seringeira ou Siringueira[9], qui fournit également un suc laiteux, dont la condensation fait du caoutchouc.

Les feuilles d'une sorte de Fougère, appelée Avenca[10], sont usitées contre diverses maladies.

Les Gentianées offrent deux sortes de plantes amères,

---

[1] Croton perdicipes. — [2] Croton campestris. — [3] Adenorhopium ellip-ticum. — [4] Phyllantus. — [5] Maprounea Brasiliensis. — [6] Anda gomesi.— [7] Jatropha curcas. — [8] Siphonia cahuchu. — [9] Siphonia elastica. — [10] Adianthum capillus Veneris ou Rhizophorum.

stomachiques et fébrifuges : la Centauréa[1], et la Centauréa-minor[2].

Dans la famille des Iridées, on remarque le Rhuibarbo-do-Campo[3] et la Batatinha-do-Campo[4], dont les racines fort grosses et tubéreuses sont purgatives.

Parmi les Laurinées, on distingue le Sassafras[5], qui, au Brésil, est infiniment plus aromatique que celui de l'Amérique du Nord ; la Casca-preciosa[6], dont l'écorce rude est très-aromatique ; le Cravo-de-Maranhão[7], qui a une écorce lisse et fine et contient une huile volatile aromatique d'une odeur semblable à celle du girofle ; le Pichurim[8], dont on trouve deux espèces qui fournissent un fruit connu sous le nom de Nozmuscada-da-terra (Noix muscade du pays).

Le Tucari ou Castanha-de-Maranhão[9], arbre de la famille des Lécythidées, produit des graines dont on extrait cinquante pour cent d'une huile presque équivalente à l'huile d'amandes.

La famille des Légumineuses fournit un grand nombre de plantes à la flore du Brésil. Les plus remarquables par leur utilité ou leurs applications sont les suivantes :

Le Brauna ou Grauna[10], qui fournit un bois de teinture estimé.

L'Andyra[11] et l'Angelim[12] dont l'écorce et les fruits sont anthelmintiques.

---

[1] Callopisma perfoliatum. — [2] Callopisma amplexifolium. — [3] Ferraria purgans. — [4] Ferraria cathartica. — [5] Ocotea cymbarum. — [6] Cryptocarya pretiosa. — [7] Persea caryophyllacea. — [8] Ocotea pichury major et Ocotea pichury minor. — [9] Bertholletia excelsa. — [10] Melanoxylon brauna. — [11] Geoffroya andyra. — [12] Geoffroya vermifuga.

L'Angico-Barbatimão[1], dont il existe deux espèces très-communes dans tout le Brésil, et qui fournissent une écorce amère et astringente, contenant beaucoup de tannin.

Il existe une autre espèce d'Angico dont le tronc produit, par transsudation, une gomme qui ne diffère en rien de la gomme arabique. Cet arbre précieux a les feuilles longues d'environ seize centimètres et deux fois ailées; leurs axes sont pubescents, leurs folioles nombreuses n'atteignent pas deux millimètres de largeur et quatre de longueur.

La Sebipira[2], arbre dont on obtient une huile très-usitée contre les coliques.

La Senna[3], plante laxative et purgative.

La Canna fistula[4], qui fournit une écorce astringente, renfermant beaucoup de tannin.

La Copahyva[5], dont le Brésil possède plus de dix variétés toutes également balsamifères.

Le Jatai[6] et la Jatoba[7], plantes dont on extrait la résine Copal. La meilleure qualité de cette résine s'obtient de la racine de ces plantes.

Le Páo-Balsamo ou Cabrieuva[8], arbre dont le bois, excellent pour les constructions, fournit un baume comparable à celui du Pérou.

La Casca-para-tudo[9], appartient à la famille des Magnoliacées, et fournit une écorce employée contre les coliques.

---

[1] Acacia jurema et Acacia virginalis. — [2] Sebipira major. — [3] Cassia cathartica. — [4] Cathartocarpus Brasilianus. — [5] Copaifera officinalis. — [6] Hymenœa courbaril. — [7] Hymenœa stilbocarpa. — [8] Myrospermum. — [9] Drymis Granatensis.

Une Méliacée, la Carapa ou Andiroba[1], fournit une huile extraite de ses graines, et bonne à brûler. On peut aussi en faire du savon.

La Caapeba[2], la Pareira-brava[3], la Butua[4], de la famille des Ménispermacées, ont des racines amères employées comme fébrifuges.

La Bicuiba[5], plante de la famille des Myristicées, donne un fruit huileux, aromatique et légèrement amer. L'huile, extraite de ces fruits, s'emploie aux mêmes usages que les huiles grasses.

Le Cravo-da-Terra[6] est une Myrtacée dont les feuilles et l'écorce sont aromatiques.

Diverses Piperacées fournissent des racines amères et aromatiques, dont on fait usage comme sudorifiques ou stomacales : ce sont la Caapeba[7], la Periparoba[8] et le Jaborandi[9].

La famille des Rubiacées produit aussi de nombreuses plantes utiles, parmi lesquelles on distingue celles dont les noms suivent :

Caninana[10], Cainca[11], Raiz-preta[12], Cipó-Cruz[13]. Cette dernière, sorte d'arbrisseau grimpant, fournit une racine dont l'écorce, épaisse, d'un goût désagréable et d'une odeur nauséabonde, est drastique et diurétique; —Ipecacuanha[14], Poia[15], Ipecacuanha-branca[16], dont les racines sont employées comme émétiques. On mélange fréquemment aux vrais quinquinas les écorces des Ru-

---

[1] Xylocarpus carapa. — [2] Cisampelos pareira. — [3] Cisampelos ovalifolia. — [4] Cisampelos ebracteata. — [5] Myristica bicuiba et Myristica officinalis. — [6] Calyptranthes aromatica. — [7] Piper umbellatum. — [8] Piper reticulatum. — [9] Serronia Jaborandi. — [10] Chicocca racemosa. — [11] Chicocca anguicida. — [12] Chicocca densifolia. — [13] Chicocca anguicida. — [14] Cephœlis ipecacuanha. — [15] Richardsonia scabra. — [16] Psychotria emetica.

biacées nommées : Quina-do-Matto[1] et Quina-de-Piauhy[2]. Ces écorces possèdent, à un faible degré, des propriétés fébrifuges.

La Donradinha[3] et l'Herva-do-Rato[4] fournissent des écorces et des feuilles employées comme diurétiques et antisyphilitiques.

Trois Rutacées produisent des écorces amères et fébrifuges : la Laranjeira-do-Matto[5], la Tres-Folhas-brancas[6] et la Quina[7].

Le Buranhem ou Guaranhem[8] est une Sapotée dont l'écorce, grosse, pesante, lactescente, possède un goût, d'abord doux, puis astringent.

Le Columbo[9], et la Calunga[10] sont deux Simaroubées, dont la racine est très-amère et s'emploie comme fébrifuge.

Trois Smilacinées sont très-usitées contre les affections syphilitiques : la Salsaparilha[11], la Jupicanga[12] et la Salsaparilha-do-Rio[13].

Une Solanée, la Quina[14], donne des écorces amères et fébrifuges, dont les usages et les effets sont comparables à ceux du quinquina.

L'arbre nommé Estoraque[15] appartient à la famille des Stryacinées ; on en extrait un baume très-estimé.

Le Quinquina du Brésil, appelé dans ce pays Quina-do-Campo ou Quina-da-Serra[16], est un arbre de trois

[1] Exostemma floribundum. — [2] Exostemma cuspidatum. — [3] Palicurea diuretica. — [4] Palicurea strepens. — [5] Esembeckia febrifuga. — [6] Ticorea febrifuga. — [7] Hortia Brasiliensis. — [8] Chrysophyllum. — [9] Simaba ferruginea. — [10] Simaba columbo ou humilis. — [11] Smilax officinalis. — [12] Smilax syphilitica. — [13] Smilax glauca. — [14] Solanum pseudochina ou quina. — [15] Stryax ferrugineum. — [16] Strychnos pseudo-china ou quina.

mètres de hauteur environ, rabougri et tortueux, de la famille des Strychnées. Il croît dans les provinces de Minas-Geraes, de Goyáz, de Rio-de-Janeiro, de São-Paulo, etc. Son écorce est jaunâtre et amère.

Une Térébinthacée ou Anacardiacée, le Cajú[1], produit un fruit, appelé Noix d'Acajou, dont on extrait une huile inflammable et un principe caustique astringent. Des racines et du tronc on retire une gomme résine.

La Caa-Apia[2], la Carapia[3] et la Contraveyra[4] appartiennent à la famille des Urticées ; elles produisent des racines tubéreuses, épaisses, aromatiques, amères, drastiques et astringentes qui sont fort employées contre la morsure des serpents.

Le Chá-pedestre ou Capitão-do-Matto[5] est une Verbenacée dont les feuilles donnent une infusion aromatique et sudorifique, que beaucoup de personnes préfèrent au thé. Le Girvão[6] appartient à la même famille de plantes ; l'infusion de ses feuilles est stimulante et fébrifuge.

Les racines d'une Violariée, la Poia-branca[7], sont employées comme émétiques.

Les amandes du Quatele[8] sont très-recherchées. On en vend sur les marchés.

Dans la famille des Flacourtiacées ou des Bixacées ou Bixinées, on remarque le Rocouyer[9], dont les graines sont revêtues d'une pellicule cireuse d'un rouge orangé.

---

[1] Anacardium occidentale. — [2] Dorstenia arifolia. — [3] Dorstenia cordifolia ou opifera. — [4] Dorstenia Brasiliensis. — [5] Lantana pseudo-thea. — [6] Verbena Jamaicensis. — [7] Ionidium ipecacuanha. — [8] Lecythis ollaria. — [9] Bixa Orellana.

Cette matière est le Rocou ou Arnotto du commerce. On l'emploie à colorer le chocolat, le fromage et le beurre; les teinturiers en obtiennent une couleur rouge. On administre avec succès cette substance dans les cas d'empoisonnement par les racines du Manioc. Le Rocouyer est susceptible de culture et donne, dans ce cas, une plus grande quantité de produits. Un hectare de bonne terre, planté en Rocouyers, peut donner, en moyenne, trois cents kilogrammes de Rocou par an.

Sans vouloir entrer dans des détails étendus sur les plantes innombrables du Brésil, nous citerons encore celles qui attirent le plus l'attention, soit par leur forme, soit par leurs fleurs, ou leur rareté.

Le Bignonia bellas, plante grimpante, dont les fleurs, d'un rouge feu, forment des touffes magnifiques.

Une Bauhiniée à tige ligneuse croissant en arcs, qui alternent d'une manière si régulière qu'on les prendrait pour le résultat d'un travail de l'homme. Sur chaque arc saillant croît une sorte d'épine courte et obtuse. Cette liane grimpe jusqu'au sommet des arbres les plus élevés et en redescend par mille contours gracieux. Sa feuille est petite et bilobée. Il arrive fréquemment que des mousses et de petites graminées croissent dans les sinuosités de cette plante bizarre.

Un grand nombre de Cactus, tels que le Cactus pendulus, le Cactus phyllanthus et diverses Broméliées, vivent sur les troncs d'arbres. Le nom de Gravatá s'applique, en général, à ces sortes de plantes en touffes.

La famille des Cactées ou Cactacées, aussi appelée des Nompalées ou Opuntiacées, est tout entière origi-

naire du Nouveau-Monde. Outre les espèces que nous
venons de nommer, nous citerons encore les Melocac-
tées, dont la forme se rapproche de celle du Melon et
dont quelques espèces atteignent un volume énorme. Il
s'en trouve beaucoup dans la Serra dos Orgãos. Les
Cactacées Céréastrées ou Cierges fournissent le Cereus
speciosissimus, qui produit l'une des plus belles fleurs
de tout le règne végétal; ses nuances de rouge et de
pourpre violacé sont d'une incomparable fraîcheur.
Les Cactées Opuntiées ont des ramifications qui ressemblent à des feuilles larges et épaisses, en forme de
raquette. Les fruits de l'Opuntia tuna et de l'Opuntia
vulgaris sont connus sous les noms de figues de Barbarie ou Pommes-Raquettes; ils ont la grosseur et souvent la forme d'une figue. La pulpe est aqueuse et
rougeâtre, fade, quoi qu'un peu sucrée. L'Opuntia
Cochenillifer est remarquable par l'insecte, appelé
Cochenille, qui vit principalement sur ce Cactus.

On trouve souvent, au bord de la mer, une belle
Ipomœa à fleurs d'un rouge pourpre[1]; ses branches
longues, d'un noir brun, ressemblent à des cordes; ses
feuilles sont épaisses, laiteuses et oviformes.

Les sables des plages, de grès vif pour la plupart,
offrent parfois une végétation qui étonne, quand on
considère le sol où naissent et vivent les plantes qui la
composent. Ce sont généralement des arbrisseaux de un
mètre à un mètre et demi, quelquefois plus, de hauteur. On y distingue l'Aroeira[2], de la famille des Térébinthacées, qui forme des berceaux au bord de la mer;

---

[1] Ipomœa littoralis. — [2] Schinus terebinthifolius.

son écorce est employée pour teindre en noir. On y voit aussi plusieurs sortes de Myrtées, dont une donne des fruits, appelés Frutas-de-Cachorro, qui ont un goût résineux et peu agréable. Ce fruit est de la grosseur d'une cerise, noir, globuleux, et sessile; il ne contient qu'une seule semence.

Près des rivières et dans les endroits marécageux, on rencontre communément l'Aninga[1], plante de deux à trois mètres de hauteur, dont les tiges vont en diminuant rapidement de bas en haut, de manière à former une sorte de cône allongé; ses feuilles sont sagittées.

Le Jatropha urens ou Cnidoscolus quinquelobus, dont la piqûre est très-douloureuse, croît en grande quantité dans les marais; on y voit aussi communément de nombreuses variétés de Primulacées; la Clitoria frutescente, dont la tige s'élève droite et porte une belle fleur violette; l'Allamanda cathartica, arbrisseau qui donne de magnifiques fleurs jaunes et des Butomées à fleurs très-apparentes, de couleur pourpre ou jaune. Nous avons accidentellement trouvé dans les endroits marécageux de l'île São-Francisco et près de Santos, une plante dont la fleur était tombée, mais que par son ovaire et ses graines innombrables, nous avons cru reconnaître pour une Burmanniée.

La plante appelée Feijão-da-Praia[2] croît au bord de la mer ou des lagunes, en compagnie d'une Rubiacée à fleurs bleues[3], qui a le même aspect que le lierre terrestre. Si le sol est humide, il se couvre d'un gazon

---

[1] Arum liniferum. — [2] Sophora littoralis. — [3] Coccocypselum mimmularifolium.

composé d'une variété d'Hedyotis, de Cypéracées et de quelques autres petites plantes dont la multiplication est fort rapide.

Des Eriocaulon, des Vellozia, des Mélastomées dont les feuilles sont fort petites, couvrent certains endroits pierreux ou sablonneux.

Ils produisent aussi d'épais buissons d'une espèce de gros roseau, appelé Ubá ou Canna-brava, qui porte des feuilles longues et lancéolées, entières et rangées en éventail et dont les fleurs sont disposées au bout d'une hampe, comme un petit drapeau.

Les plaines découvertes et les prairies donnent naissance à des Eryngium et à des Composées dont les fleurs bleues sont nombreuses et de nuances variées; il y croît aussi des Verbenacées, des Mimosées, une sorte de Vernonia, un Convolvulus, une Labiatiflore et une Composée, appelée Charrua.

Dans la province de Santa-Catharina, nous avons en outre remarqué quelques touffes de Marrubium vulgare, de Policarpon tetraphyllum, de Silene gallica et d'Utricularia vulgaris.

Le Balisier à fleurs jaunes se rencontre dans diverses provinces du Sud.

Les Figuiers atteignent partout des proportions colossales et donnent des fruits savoureux.

Les fougères, dont les espèces sont nombreuses et variées, atteignent parfois jusqu'à huit mètres de hauteur. Il en existe une variété dont les feuilles ressemblent à des guirlandes de plumes.

On peut encore admirer une multitude de plantes grasses, de Cryptogames variés, dont une espèce est

rouge carmin, et des Vanilles, qui sont si répandues
qu'on les rencontre dans toutes les forêts, où elles
grimpent le long des plus grands arbres.

Les Justicias, dont l'odeur est suave et pénétrante;
les Buginvillées, aux belles fleurs rouges; des arbustes
Diadelphes, donnant de grandes fleurs jaunes et dont
l'un, le Chicot[1], s'élève souvent à plus d'un mètre, et
est armé d'épines très-fortes; des Utriculaires à fleurs
roses et très-grandes; des Apocynées, à large corolle;
de magnifiques lianes qui entourent sans les toucher
les arbres les plus gros, avec une régularité qui fait
penser au serpentin d'un alambic, et dont les feuilles
forment une couronne au sommet de l'arbre; enfin une
infinie variété de plantes contribuent à embellir les
forêts du Brésil.

[1] Guilandina bondue.

XII

PLANTES CULTIVÉES.

Les principales plantes cultivées au Brésil sont : le Caféier, la Canne à sucre, le Cotonnier, le Tabac, les divers arbres ou plantes qui donnent le Caoutchouc ou Gomme élastique, le Manioc, le Riz, le Maïs, le Cacao. Après avoir passé en revue ces diverses sources de production agricole, nous parlerons de quelques autres moins importantes, mais qui ont cependant leur rôle dans le commerce brésilien ou dans la consommation.

CAFÉIER [1]. — Cet arbuste appartient à la famille des Rubiacées ou Cinchonacées. Il est toujours vert. Son aspect est fort joli et assez régulier. Ses feuilles sont brillantes et comme vernissées, ovales, entières, opposées et amincies en pointe à leurs deux extrémités ; elles sont attachées à des rameaux quadrangulaires. La fleur du Caféier est petite, blanche et rappelle celle du Jas-

[1] Coffea arabica.

min ; elle est odorante et naît en bouquets à l'aisselle
des feuilles ; elle a cinq étamines et un style au milieu ;
à la fleur succède une baie d'abord verte, qui devient
rouge comme une cerise, puis noirâtre dans sa maturité. Ce fruit est un peu sucré, d'un goût fade et muci-
lagineux ; il contient intérieurement deux semences
accouplées sous une pellicule coriace et entourées d'une
arille ; elles sont aplaties du côté où elles se font face.
Les fruits du Caféier peuvent donner de l'eau-de-vie ;
secs et non brûlés, leur décoction est un excellent remède contre les fièvres.

Le Caféier se plante par boutures ou par graines.
Lorsque les grains sont beaux et bien choisis, cette
dernière méthode donne des pieds plus vigoureux, mais
dont le rapport se fait attendre un an ou deux de plus.
On peut planter, suivant la qualité du terrain, de mille
cinq cents à deux mille caféiers par hectare. Vers la
troisième ou quatrième année, ils commencent à donner des fruits et c'est à six ans qu'ils sont dans toute la
force de leur végétation. Une plantation bien entretenue, bien soignée, et située dans un bon terrain, peut
durer vingt-cinq et même trente ans. Si le sol est moins
bon, les Caféiers cessent de produire vers quinze ou
vingt ans ; parfois même, il en est qui au bout de dix
ans ne donnent plus de fruits. Ces arbustes ne prospèrent que sous les latitudes où la chaleur ne descend
pas au-dessous de 12°5 et n'est pas supérieure à 31°
centigrades en moyenne.

La terre où croissent les Caféiers doit être nettoyée
deux ou trois fois par année ; on extirpe alors aussi les
branches sèches ou celles qui ne produisent plus. Quel-

ques-uns de ces arbustes, lorsqu'ils sont languissants, chétifs, doivent être émondés à cinquante ou soixante centimètres du sol et parfois plus bas, afin de leur redonner de la vigueur et de leur faire produire de nouvelles branches. Le nettoyage s'effectue habituellement avant la floraison, puis avant la récolte et enfin après les pluies.

La récolte du café commence ordinairement au mois de juin et dure jusqu'au mois de septembre ou d'octobre, suivant les localités. On emploie pour cette récolte des nègres, des femmes et des enfants. Le peu d'élévation des Caféiers permet d'en atteindre aisément le sommet. Les grains noirs et les grains d'un rouge foncé, tirant sur le noir. sont cueillis et disposés ensuite pour être séchés. La cueillette se poursuit à peu près tous les jours jusqu'à l'achèvement de la récolte.

On débarrasse le café, lorsqu'il est sec, des diverses enveloppes qui l'entourent et on le met dans des sacs qui en contiennent cinquante à cinquante-huit kilogrammes. Le meilleur procédé de décortication du café est celui qui consiste à soumettre les baies fraîches à l'action d'un moulin, appelé grage, qui enlève la pulpe, sans toucher à la pellicule mince dont la graine est enveloppée. Ces grains dépouillés sont ensuite séchés au soleil. Nous signalerons encore un moulin proposé, pour la décortication du café, par un fazendeiro¹ de Piracicaba, province de São-Paulo. Cet appareil consiste en un moulin de forme ordinaire, aux meules de pierre duquel on substitue des pièces de bois d'un mètre dix

---

¹ On donne ce nom aux propriétaires qui font valoir par eux-mêmes leurs propriétés.

centimètres de diamètre ; la face inférieure de la pièce de bois mobile, c'est-à-dire, de celle qui remplace la meule supérieure, est garnie de lattes étroites ou de cercles de barriques étendus et cloués avec des clous de cordonnier, de manière à présenter une surface ferrée et couverte d'aspérités. Ce moulin peut être mis en mouvement par l'eau ou par un cheval ; il donne des résultats infiniment préférables à ceux qu'on obtient des pilons généralement usités, et n'a pas l'inconvénient de briser la fève du café. A la pièce de bois mobile et à face rugueuse, on pourrait substituer avec avantage une chappe en fonte, dont les aspérités seraient coulées avec la pièce même. Rien ne serait plus facile, en outre, que d'adapter un ventilateur à cette machine.

Le produit de chaque pied de café est annuellement de un kilogramme en moyenne, et le rendement d'un hectare en argent varie de deux cent cinquante à trois cents francs.

Pendant presque tout le temps de la domination portugaise au Brésil, le café de ce pays a été généralement inconnu à l'étranger. En 1822, il n'était pas coté à New-York et on le considérait comme inférieur à tous les cafés alors connus. En 1833, c'est-à-dire onze ans plus tard, le tiers du café vendu à New-York provenait du Brésil. Avant 1825, les colonies anglaises, Java, Saint-Domingue et Cuba étaient presque les seules contrées productrices du café ; depuis cette époque, le Brésil les a distancées de beaucoup, et plus de la moitié du café qui se consomme sur la terre est de provenance brésilienne. La tâche du Brésil est aujourd'hui de se maintenir à ce premier rang, duquel l'abolition de la traite des noirs pourrait avoir pour résultat de le faire déchoir. Nous nous proposons d'exposer plus loin les moyens de prévenir cette décroissance de production, moyens déjà tentés mais avec peu de fruit, jusqu'à présent.

On trouvera dans le chapitre suivant les données les plus récentes sur l'exportation de cette nature de produits.

Les prix du café varient très-peu sur les divers marchés d'écoulement et la consommation semble s'accroître avec la production.

Nous extrayons d'une circulaire anglaise les chiffres de la production et de la consommation du café sur la terre en 1858-1859.

Production du Café en 1858-1859.

	MILLIONS DE KILOGRAMMES.	NOMBRE DE SACS DE 5 ARROBAS.
Brésil.	173	2,422,000
Java	67 $\frac{1}{2}$	945,000
Ceylan	35	490,000
Haïti.	25	350,000
Cuba et Porto-Rico.	10	140,000
Sumatra.	10	140,000
Venezuela.	10	140,000
Costa-Rica.	5	70,000
Singapore et Malacca.	5	70,000
Moka.	2 $\frac{1}{2}$	35,000
Inde anglaise.	2 $\frac{1}{2}$	35,000
Manille.	1 $\frac{1}{2}$	21,000
Inde française et allemande.	1	14,000
Total.	348	4,872,000

Consommation du Café en 1858-1859.

États-Unis.	112 ½	1,575,000
Allemagne.	60	840,000
Belgique et Hollande.	47 ½	665,000
Autriche et autres points de l'Allemagne. . .	37 ½	525,000
Suisse, sud de l'Europe et Turquie.	37 ½	525,000
France.	30	420,000
Danemark, Suède, Norwège et Russie.	25	350,000
Angleterre.	20	280,000
Australie, cap de Bonne-Espérance et Californie.	10	140,000
Total.	380	5,320,000

Canne a sucre [1]. — Cette plante appartient à la nombreuse famille des Graminées; ses racines sont fibreuses, genouillées et rampantes ; la plante se compose de plusieurs tiges à la fois; elles sont articulées, hautes, lisses et luisantes ; elles atteignent souvent plus de trois mètres et un diamètre de deux à six centimètres. Chaque tige a quarante ou cinquante nœuds, qui donnent naissance à des feuilles longues de un mètre trente centimètres, et larges de vingt-cinq à trente-cinq millimètres ; ces feuilles sont dentées à leurs bords et tombent au moment de la maturité de la Canne. A l'époque de la floraison croît une flèche sans nœuds, haute de un mètre trente à un mètre soixante centimètres, de laquelle sort un panicule de petites fleurs blanches et soyeuses, portées par une multitude de petites ramifications grêles et longues. Chacune des moindres parties de la Canne à sucre est sucrée, mais le sucre s'élabore en plus grande quantité entre les nœuds de la tige.

[1] Saccharum officinale.

C'est par boutures qu'on multiplie la Canne à sucre ;
ces boutures s'obtiennent des parties supérieures des
tiges, qui s'enracinent promptement par les nœuds.
On place dans de petits trous, faits à l'avance, les bouts
de canne destinés à la reproduction, en les inclinant un
peu et en laissant deux ou trois nœuds dehors. La plantation se fait de janvier à mars ou de juillet à septembre. On choisit de préférence les endroits légèrement humides et les collines peu élevées. Certains cultivateurs prétendent que les terres nouvellement défrichées sont moins favorables à la culture de la Canne à
sucre, que celles qui ont déjà été cultivées.

Les essais de culture faits au moyen de la charrue
ont donné les résultats les plus avantageux. Les pluies
contrarient beaucoup la croissance de la Canne et altèrent sa qualité, en diminuant son produit. Les plantations faites sur les lieux un peu élevés sont celles qui
souffrent le moins de la pluie ; ce sont aussi celles qui
exigent le moins de main-d'œuvre pour la destruction
des mauvaises herbes et le nettoyage du sol.

Dès que la végétation commence, on doit nettoyer le
terrain ; on le nettoie une seconde fois en septembre et
une troisième en janvier. Enfin, quand la Canne est
sur le point de fleurir une seconde fois, c'est-à-dire
quinze mois environ après sa plantation, on sarcle en
buttant légèrement la terre autour de chacun des pieds.
C'est en mai, juin et juillet qu'on coupe la Canne à
sucre, quelle que soit d'ailleurs l'époque qu'on ait choisie
pour la planter. Celle qui est restée le plus longtemps
en terre est aussi celle dont on obtient le meilleur rendement. Dès que la Canne à sucre est coupée et privée de ses

feuilles, on la presse entre des cylindres pour en extraire le jus. C'est de ce jus, condensé dans des chaudières, sur le feu, qu'on obtient la cassonnade. Quelques propriétaires préfèrent laisser fermenter le suc de la Canne et le distiller ensuite pour en faire de l'eau-de-vie appelée Cachaça ou Caxaça, sorte de Rhum, auquel il ne manque qu'une meilleure fabrication pour être estimé autant que le plus renommé. Dans les petites exploitations, il est préférable de transformer le jus de Canne en eau-de-vie plutôt qu'en sucre, parce qu'alors le produit est supérieur et plus facilement obtenu. La mélasse ou résidu, qui s'écoule lors de la cristallisation du jus sert aussi à fabriquer de la Cachaça. Un grand nombre de propriétaires conservent cette liqueur dans d'énormes troncs creusés pour cet usage, et qu'on recouvre simplement d'une planche, qui s'enlève à volonté.

Cette eau-de-vie est généralement frappée d'impôts assez élevés, établis par les assemblées provinciales. Ces taxes ont pour but principal de diminuer la fabrication de la Cachaça et d'augmenter celle du sucre. L'abus que les esclaves font de cette liqueur a aussi engagé à ces mesures restrictives, malgré lesquelles la production de la Cachaça suit une progression croissante, et forme même une branche assez importante d'exportation.

L'augmentation la plus sensible se remarque dans la province de Pernambuco; cet accroissement s'explique par l'extension donnée à la culture du café, qui ne laisse place qu'à de faibles récoltes de Canne à sucre, dont il est plus avantageux de tirer de l'eau-de-vie que du sucre.

Quand la récolte des Cannes est achevée, l'usage le plus général est de brûler sur le sol les feuilles desséchées, dans le but de nettoyer la terre et de lui fournir un aliment. Une pratique infiniment préférable consiste à réunir ces feuilles pour en faire du fumier qui, répandu sur le terrain en culture, produit des effets bien supérieurs à ceux du peu de cendre que ces mêmes feuilles peuvent donner. La légère perte de temps que cette manière d'opérer occasionne est largement compensée par l'excédant de produit qui en résulte.

Après une première récolte, la Canne n'a pas besoin d'être plantée à nouveau pour donner un bon produit ; des racines restantes croissent d'autres rejetons, qui fournissent une nouvelle récolte et ainsi de suite, trois ou quatre fois. Dans les terrains les meilleurs, les mêmes plants peuvent donner jusqu'à sept coupes productives.

Le sucre forme la seconde branche d'exportation du Brésil et sa production peut aisément y être augmentée.

Nous présentons, dans le chapitre qui suit, les chiffres de cette exportation.

Cotonnier. — Cette plante appartient à la famille des Malvacées. On en distingue plusieurs espèces, dont les plus remarquables sont : le Cotonnier arborescent[1] et le Cotonnier herbacé[2]. Le premier atteint cinq ou six mètres de hauteur ; sa tige est ligneuse par le bas, ses rameaux, pubescents au sommet, sont glabres dans leur partie inférieure. Les feuilles, divisées en lobes pro-

---

[1] Gossypium arborescens. — [2] Gossypium herbaceum.

fonds, sont portées sur des pétioles allongés ; lés fleurs, purpurines, sont axillaires et solitaires. Le Cotonnier herbacé ne s'élève pas à plus d'un mètre cinquante centimètres ou deux mètres. Ses fleurs sont d'un jaune pâle et tachées de pourpre au bas de chaque pétale.

Le Cotonnier est originaire des contrées chaudes des deux mondes[1]. Lors de la découverte de l'Amérique les indigènes du Mexique et du Brésil se servaient d'étoffes de coton et ne faisaient aucun usage du lin qui croissait chez eux.

La variété de Cotonnier qui donne les plus importants et les meilleurs produits au Brésil est appelée par les naturalistes Gossypium conglomeratum *seu* Peruvianum *seu* acuminatum. Ses semences noires adhèrent fortement entre elles et son coton, plein de nerf et de lustre, est une véritable et belle laine végétale.

Les graines du Cotonnier donnent une huile bonne à manger, tant qu'elle est fraiche, et qui ensuite peut être employée soit à brûler, soit pour faire du savon.

---

[1] Cette plante fut cultivée dès la plus haute antiquité en Égypte, dans l'Inde, en Assyrie, etc. Le mot כַּרְפַּס, *Karpas*, employé dans Esther, i, 6, désigne évidemment le coton. (Bible, édit. Cahen, 1848, שׁיד הישירים, tome XVI, אֶסְתֵּר). Hérodote, en 445 avant J. C., décrit une plante de l'Inde qui, au lieu de fruits, portait une laine plus fine que celle des moutons, et dont les hommes de ce pays s'habillaient. En sanscrit, le coton se nomme *Kurpasum*, et, dans la langue actuelle des Hindous, *Carbasus*, deux mots qui ont une frappante analogie avec l'hébreu כַּרְפַּס, *Karpas*. De ces mots, les Grecs ont fait χαρπασος. Pline, dans son livre IX, chapitre xix, dit « que dans la Haute-Égypte croit une plante appelée *Gossypium* ou *Xylon*, dont on fait du fil d'une blancheur et d'une finesse telles, qu'il n'y a aucune laine qu'on puisse lui comparer. » Dans un tombeau de Thèbes, on a trouvé des semences de cotonnier. En Chine, le cotonnier est connu depuis les siècles les plus reculés, mais ce ne fut que vers le dixième siècle de notre ère que l'usage des tissus de coton s'y généralisa, et aujourd'hui les neuf dixièmes de la population chinoise s'habillent de coton.

Les tourteaux qui résultent de l'extraction de l'huile sont recherchés, comme aliment, pour les bestiaux.

La décoction des jeunes feuilles et des graines du Cotonnier à feuilles de vigne s'emploie contre la dyssenterie ; on les fait macérer dans du vinaigre, pour les appliquer comme topique contre les migraines.

Dans les cas de brûlures étendues, le coton en rame est un des meilleurs topiques pour intercepter le contact de l'air.

Le Cotonnier redoute les grandes pluies et les terrains trop humides ou inondés ; il recherche cependant les terrains humides, mais perméables et offrant à l'eau un écoulement facile ; ses racines profondes lui permettent de résister énergiquement aux effets de la sécheresse. L'eau qui séjourne au pied de ces plantes les rend maladives et finit par les détruire, si l'humidité est trop prolongée. La maladie occasionnée par l'excès d'humidité se nomme brouissure.

Les meilleurs engrais, pour les Cotonniers, sont les vases salées des bords de la mer ou des cours d'eau, dans lesquels la marée se fait sentir. Sous l'influence de cet amendement, la plante se fortifie, ses fruits mûrissent moins vite, mais mieux, et ne tombent pas aussi facilement. Les localités voisines de la mer, si préjudiciables aux caféiers, sont, au contraire, très-favorables aux Cotonniers. Un terrain élevé, où le sol est compacte et de couleur jaunâtre, convient encore très-bien à la culture du coton et les amendements peuvent être formés de feuilles, de fumier, de chaux vive mélangée avec des matières végétales. Le guano est aussi un excellent engrais pour cette culture.

Les Cotonniers croissent très-bien dans toutes les contrées où la température ne descend pas au-dessous d'un moyenne de 16° centigrades. On peut les cultiver avec succès en Europe, jusqu'au quarante-cinquième parallèle Nord ; en Asie, ainsi que dans l'Amérique du Nord, jusqu'au quarante et unième, et dans l'Amérique du Sud, jusqu'à 35° de latitude.

Les provinces du Brésil qui fournissent le plus de Coton sont celles de Pernambuco , de Parahyba-do-Norte, das Alagôas, de Maranhão et de Pará.

Avant l'an 1800, les cotons de Pernambuco et de Maranhão étaient les plus recherchés dans les fabriques d'Angleterre ; ainsi que nous l'avons dit plus haut, leur lustre, leur fermeté y donnaient un mérite très-apprécié en Europe. Malheureusement, le désir d'accroître un gain déjà raisonnable, la passion d'un lucre exagéré, firent préférer la production en quantité à la production en qualité ; les bonnes espèces furent négligées, et on s'attacha à la culture de celles qui offrent un rendement plus considérable. Le Coton du Brésil ne tarda pas à se ressentir de ce calcul intéressé et aveugle, à perdre de sa valeur et à voir s'amoindrir la préférence dont il avait joui jusqu'alors. L'avidité de quelques-uns porta un coup funeste à cet élément de la richesse nationale. Les graines furent prises au hasard, et le mélange des sortes fit tomber la valeur totale du coton au prix de la qualité la plus inférieure. Le coton était dégénéré ; il ne fournissait plus qu'un brin cassant, inégal, sans consistance et peu soyeux. La fraude s'étendit jusqu'aux emballages, qu'on rendit humides, afin d'augmenter le poids des balles. Le coton arriva sur

les marchés en état d'avarie et sa dépréciation rapide
fut le résultat de ces manœuvres déloyales, résultat
qui frappa la production brésilienne d'un coup dont elle
n'est pas encore relevée.

Un bon système d'encouragement, des primes offertes aux planteurs des meilleures qualités de coton,
produiraient bientôt, nous en avons la ferme croyance,
un résultat très-satisfaisant. Les cotons pourraient,
avant l'expédition, être rigoureusement classés par
sortes par des courtiers appréciateurs, agissant sans
considération d'amitié ou autre, et la marque venant
s'ajouter à ce contrôle serait une garantie de la loyauté
du marchand. Ces diverses mesures, toutes dans l'intérêt des producteurs et des exportateurs, seraient appréciées par eux et relèveraient, avant peu, le commerce
des cotons brésiliens.

La meilleure préparation à donner au sol consiste
à labourer la terre avec une charrue ou avec la houe,
de manière à ramener sur des lignes droites, espacées
de un mètre cinquante centimètres, toutes les matières
végétales qui se trouvent sur le champ. On forme
ensuite des bandes sur les lignes ainsi préparées.
Le terrain est labouré avec la charrue, lorsque cela est
possible.

Le coton se sème ou se plante pendant les mois de
septembre, d'octobre et de novembre, lorsque la saison
des pluies est passée. Il vaut mieux semer les graines
du Cotonnier que les planter, c'est-à-dire, — suivant
une méthode fort usitée,—en mettre un certain nombre
ensemble dans un même trou. Dans ce dernier cas, elles
sont plus aisément attaquées par les fourmis, et les

plantes qu'elles produisent, lorsqu'elles échappent à ces insectes, sont moins vigoureuses que celles qu'on obtient au moyen du semis. Trois mois après l'ensemencement, c'est-à-dire lorsque la tige prend une couleur brune, on nettoie la terre et on éclaircit les pieds, en arrachant ceux qui sont le moins bien venus.

Le premier sarclage se fait dès que la plante est levée. Le but de ce sarclage est de pulvériser la terre. On fait successivement cinq, six ou sept sarclages, pendant la saison et on cesse tout travail dès que la plante se couvre de fruits. Lorsque les cotonniers sont trop vigoureux, il est avantageux de les écimer.

La récolte du coton se fait depuis le mois de juin jusqu'au mois d'octobre. En général, il est d'usage d'attendre que les capsules s'ouvrent d'elles-mêmes pour faire la cueillette du coton. Cette méthode a l'inconvénient d'exposer le coton à la poussière et à la pluie, au moins dans sa partie supérieure. Il serait préférable de cueillir les capsules mûres, et de les faire sécher ensuite à l'abri de tout ce qui peut endommager le produit. Du choix dans le temps utile à la cueillette, dépend beaucoup la qualité du coton. Pas assez mûr, les soies sont fines, brillantes, mais faibles; trop attendu, le coton perd de son éclat et de sa souplesse. Laissé trop tard sur pied, le soleil le brûle, ou rend les fibres sèches. Le coton est cueilli à la main et mis dans un sac que chaque ouvrier porte attaché à sa ceinture. Lorsque le sac est plein, on verse le coton sur des nattes ou des pièces d'étoffe, et on le transporte ensuite dans les bâtiments de la plantation. Là, on l'étend sur le plancher pour le sécher et le nettoyer.

Au mois de décembre, de janvier ou de février après la récolte, on sarcle le terrain et on brise les Cotonniers près du sol. Les mêmes plants peuvent donner une bonne récolte pendant deux ou trois ans et même plus, suivant la qualité du sol.

Au commencement de cet article nous avons indiqué comme principales deux espèces de Cotonniers. Chacune de ces espèces admet un grand nombre de variétés; les planteurs brésiliens les divisent à peu près de la manière suivante :

I. Le Cotonnier de Maranhão [1], que nous avons déjà cité comme le meilleur; son coton est d'un très-beau blanc, à soies longues, recevant très-bien la teinture;

II. Le Cotonnier à semences agglutinées couvertes d'un duvet brun [2];

III. Le Cotonnier à semences agglutinées, fournissant un coton nankin [3];

IV. Le Cotonnier à semences agglutinées et entourées d'un duvet vert, ou Cotonnier à feuilles de vigne [4];

V. Le Cotonnier dit vulgaire, dont les semences noires et agglutinées comme celles du Cotonnier de Maranhão, forment un congloméré moins allongé [5]; le coton fourni par cette variété est faible et court;

VI. Le Cotonnier de l'Inde, à semences séparées, couvertes d'un duvet blanc et dont les fleurs sont d'un rouge feu [6];

---

[1] Gossypium conglomeratum *ou* Peruvianum *ou* acuminatum. — [2] Gossypium Barbadense. — [3] Gossypium religiosum. — [4] Gossypium vitifolium. — [5] Gossypium rubium. — [6] Gossypium Indicum herbaceum.

VII. Le Cotonnier de l'Inde, à graines noires et séparées[1]; les capsules qu'il produit sont belles et renferment un très-beau coton, d'un blanc d'argent.

Divers appareils ont été inventés pour séparer le coton de ses graines; ces machines ont une certaine influence sur la qualité du coton et cette observation doit guider, avant aucune autre, dans les perfectionnements dont ces instruments sont susceptibles.

On fait usage, en général, d'une machine composée de deux cylindres de trente centimètres de long environ et de un ou deux centimètres de diamètre. On présente entre les cylindres, qui sont très-rapprochés l'un de l'autre, le coton tel qu'il est recueilli sur la plante, et on imprime à l'appareil un mouvement de rotation, qui est inverse pour chaque cylindre; le coton se trouve ainsi saisi et rejeté du côté opposé à celui où on l'a présenté et les graines tombent vers celui qui opère le travail.

D'autres machines, moins primitives, donnant de meilleurs et plus rapides résultats, peuvent être utilement introduites chez les planteurs, pour l'égrenage du coton. Nous citerons entre autres le moulin de Georgie, système Burn, et le moulin Ride, qui égrène bien et carde le brin dans toute sa longueur. Cette dernière machine donne aux fibres plus de cohésion et une belle apparence de force et de finesse; le coton en sort brillant, très-doux au toucher, il crie quand on l'étire et enfin, acquiert plus de qualités marchandes, que par l'usage des autres moulins. Nous devons toutefois

---

[1] Gossypium Indicum arboreum.

ajouter que l'excès de soins nuit à la qualité du coton ; une manutention trop répétée produit l'effet de trop de maturité.

En plongeant le coton dans une solution de soude caustique, les fibres qui, vues au microscope, ont une apparence rubannée, perdent cette forme et deviennent remarquablement rondes, en se condensant. Elles deviennent ainsi plus fines, gagnent en force et leur affinité pour les matières tinctoriales augmente.

Il existe au Brésil quelques fabriques de tissus de coton. La province de Rio-de-Janeiro en compte une, située dans le municipio de Magé ; il y en a deux dans la province de Bahia : une à Bahia même et une à Valença ; dans la province de São-Pedro, à Mustandas, on fabrique divers tissus de coton et particulièrement des couvre-pieds fort bien exécutés ; la province de Minas-Geraes possède aussi quelques fabriques de tissus.

L'ensemble des produits de toutes ces manufactures n'atteint pas un chiffre équivalent à la centième partie des tissus de coton employés dans les provinces où elles sont situées. Les couleurs qu'on emploie pour teindre ces tissus, et qu'on ne fixe pas parfaitement, sont extraites de diverses plantes, entre autres de l'Araribá, de l'Herva-do-Rato et de la Ruivinha [1].

Le chiffre des exportations de coton est indiqué dans le chapitre suivant.

Tabac. — Le Tabac ou Nicotiane [2] est une plante annuelle de la famille des Solanées. Ses feuilles varient suivant les espèces ; elles sont, en général, très-grandes,

---

[1] Rubia noxia. — [2] Nicotiana tabacum.

lancéolées, pointues ou ovales. Les fleurs sont d'une couleur rose violacée. Ses graines sont extrêmement petites ; un centimètre cube en contient onze mille deux cents et pèse cinquante-cinq centigrammes en moyenne. Les feuilles forment une branche importante de la production agricole du Brésil.

Ce sont les sauvages de l'Amérique méridionale qui enseignèrent aux Européens civilisés à fumer et à mâcher ou chiquer le Tabac ; l'usage de le priser par le nez est d'invention européenne : cet usage est particulièrement suivi dans l'Europe occidentale.

Il n'est pas un point du sol brésilien où le Tabac ne puisse prospérer et donner de bons produits. Les terres particulièrement favorables à cette plante sont celles de consistance moyenne, riches, profondes, et qui ne se dessèchent pas trop sous l'influence de la chaleur. Si le terrain est trop humide, la plante croît rapidement, mais ses feuilles acquièrent une saveur herbacée.

La culture de cette plante se fait, au Brésil, de la manière suivante :

On sème les graines en toute saison, mais plus généralement au mois d'août ; on couvre le terrain avec des feuilles de palmier dès que les jeunes pousses commencent à se montrer, et on les laisse ainsi abritées jusqu'à ce quelles aient acquis un développement de dix à douze centimètres de hauteur. Lorsque la tige atteint environ trente centimètres, on éclaircit les plants en laissant entre eux une distance de trente à cinquante centimètres, et on repique, à des distances pareilles, les plants arrachés, en buttant la terre contre chaque plant.

Le sol, où croissent les pieds de tabac, doit être nettoyé aussi souvent que besoin ; chaque jour, autant qu'on le peut, on enlève les bourgeons qui naissent à l'aisselle des feuilles.

Les terrains bien fumés conviennent au Tabac, et, s'il croît dans des terres qu'on n'a point amendées, il y donne un produit médiocre ou bien, pour que le produit soit bon, il faut que le sol n'ait point encore été cultivé et que l'ensemencement du Tabac suive le défrichement.

Autant que possible, pour cette culture, la terre doit être nette et purgée des mauvaises herbes. Le Tabac peut être semé plusieurs années de suite dans le même terrain, pourvu que le sol soit entretenu par des engrais couvenables. Les engrais qui lui sont le plus profitables sont les plus riches en potasse, en chlorures alcalins, en chaux, en phosphates. Le bon fumier, les composts unis aux cendres et à la chaux, la poudrette, les tourteaux oléagineux, le guano, lui conviennent parfaitement. Lorsque le bouquet, duquel doit naître la fleur, commence à paraître, on doit l'enlever avec la main. Cet écimage a pour but d'empêcher la floraison et de restreindre la croissance de la plante et la production des feuilles. Si l'écimage était omis, les dernières feuilles écloses n'auraient pas le temps d'atteindre des dimensions et une maturité suffisantes, lorsque déjà il faudrait récolter les autres. Dans quelques localités, et lorsque la plantation est assez importante, on laisse croître la plante et on récolte les feuilles au fur et à mesure de leur maturité.

Comme dans toutes les cultures, l'usage de la charrue est d'un grand secours pour la culture du Tabac.

La maturité des feuilles est arrivée quand elles se cassent lorsqu'on les plie. Pour qu'elles conservent toutes leurs qualités, il est indispensable de ne les cueillir qu'en état de maturité parfaite, puis de les étendre pour sécher de manière qu'elles ne se trouvent point les unes sur les autres; quand elles sont accumulées celles du dessus se contractent, tandis que celles du centre conservent une certaine verdeur, germe d'altération pour toutes celles qui composent un paquet. Les feuilles altérées n'ont plus qu'un goût âcre, une odeur désagréable, une couleur noirâtre, et perdent beaucoup de leurs propriétés narcotiques, de leur velouté et de leur flexibilité, qualités essentielles et très-appréciées dans la fabrication des cigares. Les feuilles de Tabac, cueillies en état de parfaite maturité et convenablement séchées, doivent avoir une couleur blond doré, une odeur aromatique, un velouté et une souplesse qui les font se prêter aisément à être roulées.

Les insectes attaquent très-peu les feuilles de Tabac, mais les pluies violentes et les grands vents les déchirent et les altèrent.

Les feuilles de Tabac contiennent un principe actif volatil, nommé Nicotine. La Nicotine est un violent poison; pure, elle donne infailliblement la mort dans d'atroces douleurs; en petite quantité, et prise avec le tabac qui la contient, elle est un stupéfiant plus ou moins actif, selon la dose qu'on s'en introduit dans les voies respiratoires et dans l'estomac. Elle se développe par la manutention que subit le Tabac avant d'être livré à la consommation, et sa délétère influence explique les maux de tête, les vertiges, la prédisposition au sommeil narcotique et cette espèce d'engourdissement de la pensée et d'hébètement, dont sont frappés ceux qui font un usage immodéré du tabac, soit en le fumant, soit en l'introduisant dans le nez, soit en le mâchant. De nombreux exemples prouvent, en outre, que la plus grande partie des squirres et des cancers de l'estomac sont dûs à l'ingestion de la fumée de tabac dans l'œsophage. Certains affaiblissements de la vue et quelques amauroses n'ont pas d'autre origine que l'usage du tabac; la cessation ou la diminution de cette habitude rétablit presque toujours la force normale des yeux. Ces effets fâcheux se font non-seulement sentir à l'égard de ceux qui font usage du tabac, mais se transmettent aux enfants ou, tout au moins, leur donnent une prédisposition maladive, qui ne fait que s'accroître avec la succession des générations. La disparition graduelle des races américaines n'a d'autre motif que leur abus des substances narcotiques et des spiritueux, et l'état d'abaissement où nous voyons aujourd'hui les Turcs, autrefois si vaillants et si forts, peut, sans crainte d'erreur, être attribué aux mêmes causes, c'est-à-dire à l'usage immodéré du tabac et des narcotiques.

Le factice besoin du tabac est devenu si grand, qu'il donne lieu à un commerce très-important, que beaucoup d'États monopolisent, vendant ainsi, eux-mêmes, le poison qui doit ralentir la pensée et dont l'effet réel est de retarder les progrès de l'esprit humain.

La culture du tabac offre au planteur d'immenses avantages; les frais qu'elle entraîne sont peu considédérables et ses produits toujours assurés.

Le Tabac brésilien est excellent et ne le cède en rien pour la qualité au Tabac de Virginie et de Maryland. Mais il ne peut point rivaliser avec eux sur les marchés parce qu'il n'est pas aussi bien préparé. Ce défaut disparaîtra facilement, le jour où les cultivateurs du Brésil voudront apporter plus de soin et d'attention, non-seulement pour la récolte, mais aussi pour la dessiccation des feuilles et le conditionnement en paquets ou en ballots. Les planteurs qui donneront tous leurs soins à la récolte et à la préparation du Tabac, lors même qu'ils en produiraient une moindre quantité, obtiendront certainement des résultats plus avantageux, parce que la valeur du produit augmentera en raison directe de l'amélioration de sa préparation, qualité qui seule lui fait défaut, pour en faire le meilleur Tabac du monde.

Le Tabac du Brésil est généralement léger et se fait remarquer par la finesse et la souplesse du tissu et des nervures, et par le faible diamètre des côtes. Sa couleur est d'un brun plus ou moins foncé ou d'un jaune doré, sans mélange de vert ou de taches.

Outre ces qualités, qui sont essentielles, il possède celle, non moins recherchée, de conserver le feu quand on l'allume et de ne point fournir une fumée âcre et corrosive ; celle qu'il produit est douce et d'une odeur agréable.

Quand les feuilles sont sèches et doivent être emballées, on les trie et on les réunit en manoques.

Pour opérer le manoquage, on choisit le matin ; les feuilles, étant devenues moites et souples par la fraîcheur de la nuit, ne risquent pas d'être brisées pendant le travail. On prend vingt ou trente feuilles assorties de couleur et de longueur, on les serre dans la main gauche, puis prenant une feuille plus petite et la plaçant sur les premières, on la presse avec le pouce, à cinq centimètres de l'extrémité des queues des feuilles; on saisit alors de la main droite le bout de la petite feuille et on lui fait faire deux ou trois révolutions autour du faisceau, en passant au-dessus du pouce et en serrant à chaque tour ; il ne reste plus qu'à passer ce bout sous l'espèce de cravate qu'on vient de former, et entre les grandes feuilles, pour que la manoque soit formée.

Le manoquage et surtout le triage demandent toute la surveillance du planteur.

Le manoquage terminé, on procède à l'emballage en ayant soin de toujours tourner la pointe des feuilles en dedans. Il est bon de soumettre le Tabac à la presse avant de fermer les emballages.

Les provinces qui exportent le plus de Tabac sont celles de Bahia, de Rio-de-Janeiro et de São-Paulo, mais le Tabac exporté de la province de Rio-de-Janeiro provient, en majeure partie, de celle de Minas-Geraes. Il est presque exclusivement préparé en corde et de la meilleure qualité possible, surtout celui de Baependy. On en expédie d'assez grandes quantités pour les républiques de l'Amérique du Sud.

Une branche de Tabac, conjointement avec une branche de Caféier, sont représentées dans les armes du Brésil, pour symboliser les sources principales de la richesse de ce pays.

Le Brésil possède aujourd'hui neuf fabriques de Tabac à fumer et six de Tabac en poudre. Les fabriques de Bahia sont renommées entre toutes pour la bonne qualité de leurs produits.

Nous donnons plus loin, avec ceux des autres branches d'exportation, les chiffres de l'exportation du Tabac brésilien.

Caoutchouc. — Le Caoutchouc ou gomme élastique est produit par un suc laiteux, qui constitue la séve de certains végétaux. Lorsqu'on abandonne ce suc à lui-même, il se forme à la surface une sorte de crème visqueuse, composée de petits globules, analogues aux globules graisseux du lait : cette crème est le Caoutchouc. Ce corps est doué d'une élasticité qu'aucune autre substance ne peut égaler. Lorsqu'il est échauffé, il répand une odeur désagréable. On le dissout aisément dans l'éther ou dans le sulfure de carbone.

L'extraction du Caoutchouc, au Brésil, est des plus simples et n'exige, pour ainsi dire, aucun travail. On l'obtient par des incisions faites à la base de divers arbres et particulièrement de celui qu'on nomme Siringueira[1]. Le Ficus prinoïdes, de la famille des Morées; e Castilloa elastica et le Cecropia peltata, de la famille des Artocarpées ; le Collophora utilis et le Cameraria la tifolia, de la famille des Apocynées, et quelques autres plantes, non encore bien connues, en fournissent également.

La majorité des individus que cette branche de commerce occupe sont des indigènes civilisés. Ils façonnent en terre de petits moules, auxquels ils donnent

---

[1] Siphonia elastica-Euphorbiacée.

la forme d'une poire ; c'est sur ces moules qu'ils étendent le suc épaissi des diverses plantes que nous venons de nommer. Plusieurs couches sont nécessaires pour donner au Caoutchouc l'épaisseur qu'il a dans le commerce. A chaque couche, on expose rapidement le moule au feu pour activer la coagulation ; le moule est ensuite brisé et on en extrait les fragments par l'espèce de goulot, que produit l'extrémité du moule pyriforme. La couleur brune du Caoutchouc lui vient des particules charbonneuses que la fumée y dépose, pendant la coagulation par le feu. Préparé avec soin le Caoutchouc est incolore.

Les provinces de Pará, do Amazonas et de Maranhão sont celles dans lesquelles la récolte est le plus abondante. La province de Pará surtout fournit la très-grande partie de tout le Caoutchouc, qui s'emploie au Brésil ou qu'on exporte de ce pays.

Manioc[1]. — Cet arbuste, qui atteint jusqu'à trois mètres de hauteur, et dont il existe plusieurs variétés, produit une racine tubéreuse et longue, dont on fait de la farine. Les plus grosses racines du Manioc pèsent environ quinze kilogrammes.

La plantation du Manioc a lieu en octobre, novembre ou décembre. On choisit, en général, une terre nouvellement défrichée, on la prépare à la houe et on y fait des trous larges, peu profonds et obliques. On place, dans chacun de ces trous, une bouture de manioc, longue de quatorze à vingt centimètres, et on ramène la terre autour de cette tige. L'espace, qui doit rester

---

[1] Jatropha Manihot ou Manihot utilissima.

libre entre chaque plant, est de cinquante à soixante
centimètres. Trois mois après, on nettoie le sol, on détruit les mauvaises herbes et, de trois en trois mois,
on opère le même nettoyage, jusqu'au moment de la
récolte.

Un an après la plantation, le Manioc peut déjà être
récolté, mais les racines ne sont pas encore assez char-
nues à cette époque et perdent beaucoup trop d'eau en
séchant. Ordinairement ce n'est qu'après dix-huit,
vingt ou vingt-quatre mois qu'on arrache les racines.
Dès qu'elles sont sorties de terre, on les racle avec un
couteau, ce qui se fait mieux que par tout autre moyen,
et on les lave à grande eau. Toutes les racines étant
bien nettoyées, on les râpe. La râpe est en cuivre et
fixée sur une roue, qu'on peut faire mouvoir au moyen
d'une manivelle ; les racines y sont soumises successivement, et la pulpe tombe dans un baquet placé au-
dessous et contenant de l'eau. Cette pulpe est ensuite
pressée avec les mains et placée dans des sacs ou dans
des paniers pour qu'elle s'égoutte, ou bien on la presse
complétement de manière à en faire sortir tout le jus.
Ces sacs ou paniers sont faits de diverses matières ; ils
sont tantôt en roseaux, tantôt en fibres ou en écorces,
provenant de diverses plantes, et tressées. L'eau, dans
laquelle on lave la pulpe, laisse surnager une fécule
très-fine et très-pure, qui est le véritable Tapioca. On
s'en sert au Brésil, sous le nom d'Araruta ou Aroruta,
pour empeser le linge fin.

Le liquide, extrait du Manioc, est un violent poison
et son extraction complète est indispensable pour que
la farine ne contienne plus aucun principe vénéneux.

La pulpe bien égouttée est passée à travers un tamis, puis séchée dans des chaudières en cuivre ou en terre cuite, dont le fond est très-aplati et les bords très-bas. On fait sous ces chaudières un feu vif et soutenu et on remue, jusqu'à siccité complète, la farine de Manioc, qui est préparée après cette opération. Il existe une variété de Manioc, appelée Aipim[1], qui ne présente aucun des caractères vénéneux de la précédente ; il est à désirer que la culture s'en propage et se substitue à la première, dont les inconvénients sont nombreux pour la santé.

La culture du Manioc épuise considérablement la terre, et certaines localités, où cette culture a été presque exclusive pendant longtemps, sont aujourd'hui réduites à la misère, par suite de l'aridité du sol. Tous les efforts du gouvernement doivent donc tendre à substituer les céréales à ce végétal, dont l'usage rappelle trop l'enfance de l'agriculture et les sauvages indigènes de l'Amérique, de qui les Européens ont emprunté cet aliment.

La farine de Manioc se consomme avec tous les autres mets secs ou liquides. Si l'aliment est liquide, on le saupoudre, jusqu'à consistance d'une bouillie épaisse, avec cette farine. Parmi ces mets, le plus connu et qui est en quelque sorte le mets national, est la *Feijoada*, mélange de haricots noirs et de farine de Manioc. Si l'aliment est sec, on prend à chaque bouchée une forte pincée — prise avec l'extrémité de tous les doigts — de cette farine et on se la lance dans la

---

[1] Manihot aïpi.

bouche avec une dextérité telle qu'il n'en tombe pas une parcelle. Les Européens sont longtemps avant de pouvoir.imiter cette manœuvre.

Le Manioc ne donne guère lieu qu'à un commerce intérieur. Les quantités exportées à l'étranger sont peu importantes.

Riz. — Le Riz [1] appartient à l'utile et précieuse famille des Graminées. C'est une plante annuelle, à racines fibreuses, analogues à celles du blé : les tiges du Riz atteignent une hauteur de plus d'un mètre et deviennent plus grosses que celles du froment ; ses feuilles sont étroites et longues, elles embrassent la tige à leur base ; ses fleurs terminales sont purpurines et disposées en panicules, comme celles du millet ; chacune d'elles est composée d'un calice à deux valves inégales, creusées en forme de bateau ; la valve extérieure est surmontée d'une arête, de six étamines et d'un ovaire, muni à sa base de deux écailles opposées et soutenant deux styles à stigmate plumeux. La graine est dure, obtuse, demi-transparente et le plus souvent blanche.

La consommation du Riz s'étend à plus de la moitié des habitants du globe. C'est le végétal le plus répandu.

Une température assez élevée est nécessaire à la fructification du Riz, pendant quatre ou cinq mois de l'année. La qualité du sol a peu d'influence sur son produit ; il prospère également bien dans des terres sablonneuses, sur des argiles, sur des terres calcaires et même sur des graviers presque stériles.

---

[1] Oriza sativa.

L'eau est indispensable au Riz pour qu'il passe convenablement par toutes les phases de sa végétation; aussi les terres vierges et humides, celles qui sont fréquemment inondées, celles des localités sujettes à des pluies fréquentes, sont-elles également favorables au bon succès de sa culture.

On cultive au Brésil plusieurs variétés de Riz, dont les principales sont : le riz à barbe, remarquable par l'arête qui surmonte le grain; le riz sans barbe, plus précoce que le précédent et dont le grain décortiqué est moins blanc ; le riz rouge [1], dont le grain est rouge. Nous citerons encore le riz sec, variété du riz impérial de la Chine, et dont la culture, sur une grande échelle, serait un bienfait immense pour le Brésil.

Avant d'ensemencer le Riz, on le fait tremper pendant huit ou dix heures ; puis, dans des trous peu profonds faits avec la houe, et éloignés de trente à trente-cinq centimètres, on jette une pincée de semences. Il en faut environ deux hectolitres par hectare.

Il est très-important de faire surveiller les rizières jusqu'à ce que les graines soient levées, parce qu'une multitude d'oiseaux très-friands de riz ne tardent pas, sans cette précaution, à porter un grand préjudice à la récolte.

C'est au mois de septembre ou d'octobre qu'on opère l'ensemencement; un sarclage doit être effectué un mois et demi ou deux mois après, et la récolte a lieu en février. On coupe la tige immédiatement au-dessous de l'épi et on laisse la paille, dont on ne fait générale-

[1] Arroz vermelho.

ment aucun usage. On reconnaît que le Riz est mûr lorsque les panicules s'inclinent et prennent une couleur jaune-rougeâtre; le grain se rompt alors sous l'ongle sans présenter aucune apparence laiteuse. C'est au moyen de longues gaules qu'on bat le riz, après quoi on met les grains au soleil pendant un ou plusieurs jours, suivant le temps, en ayant soin toutefois de ne pas le laisser trop sécher, ce qui le rendrait cassant au décortiquage.

La culture du Riz ne présente pas, au Brésil, d'aussi grands inconvénients que ceux qui en résultent en Italie ou dans l'Inde; cependant comme l'humidité du sol et son exposition à un soleil ardent ne peuvent que développer des miasmes délétères, source trop fréquente de fièvres pernicieuses, nous allons indiquer les moyens qu'emploient les cultivateurs chinois, pour se préserver de ces influences morbides.

Pendant tout le temps qu'ils travaillent à une plantation de Riz et à la récolte, ils font largement usage de thé; ils en prennent le matin, dans l'intervalle de leurs repas et à leurs repas. En mangeant, ils y joignent un peu de vin de riz. En outre, avant de se coucher, ils ne manquent jamais de se laver le corps avec de l'eau chaude. Par ce moyen, ils ne sont jamais atteints des maladies que la culture du Riz occasionne ordinairement.

Nous avons parlé plus haut de l'introduction du Riz sec au Brésil. Cette espèce mûrit plus tôt que le Riz ordinaire, est moins sujette aux maladies, supporte la sécheresse et croît parfaitement dans tous les terrains secs. Il y en a trois sortes, qui ont toutes le grain plus

petit que celui du Riz commun ; ce sont : le riz sec à
balle blanche, le riz sec à balle tachetée et le riz sec à
balle rouge. En Chine, ce riz porte le nom de Riz du
royaume de Tsiam-pa[1] ; il est cultivé particulièrement
dans les lieux élevés des provinces de Kiang-Nan et de
Tché-Kiang. Quand la terre est préparée, on le fait
tremper pendant une nuit, on le sème et on l'arrose
avec de l'eau à laquelle on mélange de la cendre de
paille de Riz ; puis on sarcle à trois époques différentes
en l'arrosant chaque fois avec de l'eau de fumier. Pour
le reste de la culture, elle se fait de la même manière
que celle du froment. Le Riz sec mûrit, suivant les
variétés, en soixante, quatre-vingts ou cent jours.

Les indications abrégées que nous venons de donner
sur le Riz sec sont extraites de l'Encyclopédie impériale
d'agriculture chinoise, qui a pour titre : *Cheóu-chi-
Thong-Kao*.

Maïs. — Différentes variétés de Maïs[2] sont cultivées
au Brésil. Le Maïs commun[3] et le Maïs des Péruviens[4]
sont les deux espèces dont la culture est le plus répandue. Celui-ci est plus productif et plus précoce que la
variété appelée Maïs Quarantain. L'ensemencement du
Maïs, qui a lieu au mois de septembre ou d'octobre, se
fait au Brésil comme pour toutes les autres graines ; la
terre étant préalablement préparée, on fait des trous
peu profonds dans lesquels on met quelques grains de
Maïs. On nettoie le sol une, deux ou trois fois pendant
le temps qu'emploie la plante pour arriver à son entier
développement : du nombre des nettoyages et des soins

---

[1] Cochinchine. — [2] Zea Maïs. — [3] Zea Maïs communis. — [4] Zea Maïs
subprœcox.

donnés au sol dépendent beaucoup la qualité et le rendement. Le Maïs se plante souvent entre les tiges du Manioc encore jeune, et peut se développer en entier, avant que celui-ci le soit assez pour que le voisinage d'une autre plante lui devienne nuisible. Si le Maïs est planté seul, il faut environ trente à cinquante litres de semences par hectare, suivant la variété qu'on sème et l'espacement qu'on ménage entre chaque plant. Cet espace n'est pas le même dans tous les terrains et varie aussi suivant les cultures plus hâtives, qu'on désire adjoindre au Maïs. Dans les lieux découverts, il est nécessaire de rapprocher les pieds, afin de leur donner plus de résistance contre les vents qui, parfois, sont très-violents.

Le Maïs croît dans les terrains de toute nature; les sols sablonneux, les argiles, les sols pierreux ou calcaires, le voient prospérer également bien. Toutefois, les terres de consistance moyenne lui conviennent préférablement. Lorsqu'un mois après la plantation, au moment du premier sarclage, on s'aperçoit que quelques grains n'ont pas levé ou ont été dévorés par les fourmis, on opère alors un nouveau semis dans les endroits vides, en choisissant pour cela une variété plus hâtive que celle qui est déjà plantée. On associe très-fréquemment au Maïs, même lorsque lui-même se trouve déjà placé parmi d'autres plantes, des haricots noirs et nains, appelés *feijões pretos*, ou d'autres végétaux dont le peu de développement et la maturité précoce ne peuvent gêner en rien la croissance du Maïs et les soins à lui donner.

Dans certaines provinces du Brésil, la farine de Maïs,

préférée à celle du Manioc, est employée aux mêmes
usages et de la même façon que celle-ci. Ses graines
sont très-usitées pour la nourriture de la volaille.

La maturité du Maïs est achevée lorsque les spathes,
qui entourent l'épi, sont desséchées et souvent entr'ouvertes, et que le grain a pris une couleur franche et
offre une cassure cornée. Si le temps est humide, la
récolte doit être faite rapidement, afin de prévenir la
germination ou la moisissure; mais si le temps est sec,
on peut sans inconvénient attendre quelques jours de
plus.

La récolte s'opère en détachant les épis et en abandonnant la tige sur pied. Sept ou huit personnes,
femmes ou enfants, suffisent à la récolte d'un demi-
hectare par jour. Les spathes de l'épi sont enlevées ou
retournées aussitôt après la récolte; celles qu'on laisse
à la base de l'épi servent à le suspendre pour laisser
sécher le Maïs qui contient encore, après la récolte,
une eau de végétation, dont il se dépouille par l'évapo-
ration. Ce n'est qu'après cette espèce de seconde maturation que le Maïs peut être égréné.

CACAOYER. — Les Cacaoyers [1] forment le genre le
plus important de la famille des Byttnériacées ou Butt-
nériées. Ce sont des arbres ou des arbrisseaux dont
l'aspect rappelle le Cerisier. Les feuilles du Cacaoyer
sont grandes, entières ou dentées, munies de stipules
caduques très-petites; ses fleurs, d'une nuance jaunâtre ou rouge, sont tantôt fasciculées et tantôt solitaires; elles naissent soit sur le tronc ou les grosses

[1] Theobroma.

branches, soit à l'aisselle des feuilles; son fruit, de forme ovoïde, est long de douze à vingt centimètres, jaune ou rouge, suivant l'espèce; ce fruit a un péricarpe ligneux offrant des côtes rugueuses séparées par des sillons; les graines, en forme d'amandes oblongues, sont nichées dans une pulpe aigrelette; elles ont la grosseur d'une petite fève; ce sont ces graines qui portent le nom de Cacao. Les indigènes leur donnent celui de *Cacahoaquatl*; le breuvage qu'ils en préparent s'appelle, dans leur langue, *Chocolatl*. En toute saison les Cacaoyers sont chargés de fleurs et de fruits à divers degrés de maturité.

Les principales variétés cultivées au Brésil sont les suivantes :

Le Cacaoyer commun [1], arbre de dix à douze mètres de hauteur, dont le fruit, glabre, lisse et à dix pans, offre à peu près la forme d'un petit concombre.

Le Cacaoyer bicolore [2], haut de trois à quatre mètres, qui fournit un fruit long de seize centimètres, ovoïde, globuleux, soyeux et rugueux. On trouve au Brésil des forêts entières de cette sorte de Cacaoyer.

Le Cacaoyer à feuilles ovales [3], qui produit un cacao très-estimé, connu sous le nom de Soconuzco.

Le Cacaoyer Guyanais [4], arbrisseau qui s'élève à cinq mètres de hauteur, produit un fruit ovoïde, à cinq angles, couvert d'un duvet roux.

Pour établir une cacaoyère, on choisit, autant que possible, un terrain vierge; les terres les plus propres à la culture du cacaoyer sont celles qui contiennent une

---

[1] Theobroma Cacao. — [2] Theobroma bicolor. — [3] Theobroma ovalifolia. — [4] Theobroma Guianensis.

certaine humidité et qui sont très-riches en humus.
L'humidité, l'ombre et la chaleur sont indispensables
au bon succès de cette culture. Le Cacaoyer prospère
dans tous les endroits où la température moyenne est
de 24° à 28° centigrades. Il se multiplie de semis, et ce
n'est qu'à trois ans que les jeunes plantes commencent
à fleurir ; à cinq ans, elles sont en bon rapport jusqu'à
vingt-cinq ou trente ans. Il est nécessaire que les
jeunes Cacaoyers soient abrités contre les ardeurs du
soleil et contre les grands vents ; pour arriver à ce
résultat, on plante d'ordinaire des Bananiers dans les
intervalles. Des rigoles, qui permettent à l'eau un
écoulement facile, doivent être établies et entretenues
avec soin, car rien ne nuit plus aux Cacaoyers que les
eaux stagnantes ; le séjour de l'eau pendant une courte
durée suffit pour détruire tous les plants dont le pied a
été trop longtemps mouillé. On fait, en général, deux
récoltes dans une année, la première en juin et la
seconde en décembre. On cueille alors tout ce qui est
mûr ou à peu près mûr, on fait fermenter les graines
pour leur donner une qualité supérieure, puis on les
expose au soleil, pour les sécher. Mais ces diverses
opérations sont faites avec une négligence, qui altère
le produit plutôt que d'en améliorer la qualité. La
majeure partie des négociants brésiliens achètent au
poids le Cacao que leur apportent les sauvages, qui ont
soin, presque toujours, d'humecter le Cacao, afin d'en
accroître la pesanteur. Cette coutume fâcheuse donne
au Cacao un goût de moisissure que rien, par la suite,
ne peut lui enlever, quelles que soient les diverses
préparations qu'on lui fasse subir.

Ceux qui cultivent le Cacaoyer, au Brésil, choisissent un terrain sur le bord d'un cours d'eau, défrichent et brûlent les bois, puis, dans de petits trous, placent les grains de Cacao. Si la cacaoyère n'est pas suffisamment abritée du soleil et du vent, on plante des Bananiers entre les semences des Cacaoyers. Quand vient le temps de la cueillette, le planteur réunit sa famille, convie ses voisins, on s'embarque dans des pirogues[1] et on se rend à la cacaoyère, muni de longues perches, ayant une petite fourche à la pointe. Ces perches servent à saisir le fruit par le pédoncule et à l'arracher pour le faire tomber. Il n'est pas rare que les branches soient cassées et abîmées par ce procédé, dont le résultat est de nuire aux fruits non encore mûrs. Outre cet inconvénient, les fruits en tombant se meurtrissent, ce qui devient pour eux un germe de détérioration. La cueillette se continue ainsi pendant plusieurs jours et les fruits récoltés restent pendant ce temps entassés sans soin. Ce n'est qu'après les avoir transportés à l'habitation, qu'on les ouvre pour en retirer les graines, et les exposer au soleil pour les faire sécher.

Cette manière de procéder offre divers inconvénients. Les cacaoyères placées sur le bord des rivières sont sujettes aux inondations, ce qui les altère beaucoup et peut faire périr un grand nombre de Cacaoyers. Elles devraient donc être établies à une certaine distance des cours d'eau. Pour la cueillette, il serait préférable d'adapter au bout des perches, au lieu de la

---

[1] Pirogue se dit en portugais *Canôa*. Ces embarcations sont généralement d'une seule pièce et creusées dans un tronc d'arbre; il en est de très-grandes pouvant contenir cinquante personnes.

fourche qui s'y trouve, un petit instrument tranchant qui couperait le pédoncule du fruit, et un panier dans lequel ce fruit tomberait. On éviterait ainsi de casser les branches et de meurtrir les fruits. Enfin, il serait bon d'extraire les grains de Cacao au fur et à mesure de la cueillette, au lieu de les laisser fermenter dans la pulpe.

Nous conseillons vivement aux planteurs du Brésil d'adopter la méthode usitée dans la république de Venezuela, où l'on produit le Cacao appelé Caraque. Les fruits y sont récoltés toute l'année au fur et à mesure de leur entière maturité. On sépare les graines, on les entasse pour les faire fermenter pendant trois ou quatre jours, et on les fait rapidement sécher au soleil. La fermentation qu'on fait subir aux graines leur donne le plus haut degré de finesse qu'elles puissent acquérir. Les soins apportés dans la récolte, dans l'égrenage, la fermentation et la dessiccation, sont minutieux et attentifs; la récompense de la peine prise est dans la qualité supérieure du produit obtenu et dans son prix plus élevé.

Un hectare planté en Cacaoyers produit annuellement cent trente kilogrammes de Cacao, en moyenne.

De la pulpe, qui contient les graines, on peut retirer, par distillation, une liqueur spiritueuse.

Le Cacao figure au huitième rang parmi les produits d'exportation du Brésil. Les provinces qui en fournissent le plus sont celles de Pará, do Amazonas et de Bahia. Le Cacaoyer est cultivé dans quelques autres provinces, mais sur une très-petite échelle.

La culture du Cacaoyer est plus avantageuse que celle

de la Canne à sucre, non qu'elle soit plus productive, mais parce qu'elle est moins dispendieuse. Les dépenses de la culture de la Canne à sucre sont aux dépenses de la culture du Cacaoyer, comme 20 est à 1.

Dans les provinces de Pará et do Amazonas, les Cacaoyers sont généralement sauvages; ils abondent sur les bords des immenses cours d'eau, qui sillonnent ces provinces, et principalement aux environs de Borba, sur la rive droite du Rio das Amazonas, vers le confluent du Rio Madeira.

La production du Cacao est en décroissance continuelle depuis un siècle environ. Autrefois les Jésuites, missionnaires des bords de l'Amazone, avaient réuni et civilisé un assez grand nombre de sauvages, qu'ils employaient à la culture et à la récolte des produits agricoles et naturels du pays. Mais l'abolition de leur ordre, en 1773, détruisit toutes leurs missions; les villes et les villages fondés par eux furent abandonnés, les sauvages retournèrent peu à peu à la vie errante, et leur fusion avec les vieilles races, fusion que les Jésuites auraient, avec le temps, rendue facile, devint à jamais impossible. Aujourd'hui il ne reste plus à ces malheureuses populations qu'à fuir devant les Européens, jusqu'à ce que leur race disparaisse entièrement du sol où elles dominèrent pendant tant de siècles [1].

[1] L'abolition de l'ordre des Jésuites fut non-seulement préjudiciable à la civilisation des sauvages de l'Amérique, où déjà florissaient de nombreux et magnifiques établissements, mais aussi à l'avancement, au progrès tant moral que matériel de tous les peuples chez lesquels les Jésuites étaient établis. Il fallut toute la pression qu'exercèrent alors sur le pape les souverains de l'Europe occidentale, où dominait l'esprit philosophique, pour forcer le Saint-Père à la destruction de la plus brillante et de la plus sa-

Outre cette cause de diminution du Cacao, il faut tenir compte de la destruction des forêts, destruction faite sans choix et sans méthode, et dans laquelle une innombrable quantité de végétaux utiles périssent journellement.

Le Cacao du Brésil, bien préparé, ne serait point inférieur à celui de Cuba, du Mexique, de Haïti et même de Caracas.

ANANAS. — Le fruit si connu sous le nom d'Ananas est originaire du Nouveau-Monde. L'Ananas est le fruit du Bromelia Ananas, plante de la famille des Broméliacées. Il est dépourvu de tige, ses feuilles sont rigides et épineuses sur les bords et à l'extrémité, ses fleurs sont de couleur vive; les étamines, au nombre de six, sont insérées dans le tube du calice et de la corolle; ses graines sont nombreuses et à tégument coriace.

L'Ananas végète partout, jusque sur des rochers qui semblent dépourvus de toute terre susceptible de nourrir cette plante. La chaleur et l'humidité suffisent à son développement. On le reproduit des boutures qui se forment à l'extrémité du fruit et par des œilletons qui naissent entre les feuilles.

L'Ananas, sans rival pour son goût et son arome exquis, lorsqu'il est cultivé, possède, à l'état sauvage,

vante association qui fut jamais, et qui était l'un des plus solides appuis de l'Église. La révolution, qui dure encore, ne naquit que pendant l'interrègne de cet ordre fameux. La réponse du général de l'ordre, le P. Ricci, aux propositions qui lui étaient faites de modifier les statuts, pour éviter l'abolition de l'ordre, montre bien où était la force de cette association des plus vives et des plus pures lumières d'alors : « Qu'ils soient tels qu'ils sont, ou qu'ils ne soient pas, » répondit-il. *Sint ut sunt, aut non sint.*

et lorsqu'il n'est pas entièrement mûr, une saveur âcre et corrosive qui brûle les gencives.

La feuille de l'Ananas est composée d'une grande quantité de fibres qui la parcourent d'un bout à l'autre, enveloppées d'une pulpe glutineuse. De ces fibres, on fait des toiles très-fines et très-durables. Pour les extraire de la feuille, on la place sous une machine dont l'action rapide écrase la pulpe et découvre les filaments sans y faire aucune lésion. Ces fils lavés doivent être mis à l'ombre pour sécher.

Indigotier [1]. — Cette plante appartient à la famille des Légumineuses ; on la cultive pour extraire de son feuillage le bleu indigo employé dans les arts et dans l'industrie.

L'indigotier est vivace et peut produire pendant plusieurs années. Quelques planteurs sont dans l'usage de le semer tous les ans ; mais lorsqu'on le conserve au delà de ce temps, il résiste mieux aux vents et à l'humidité.

La culture de l'Indigotier est très-facile et se pratique, au Brésil, comme celle de la plupart des plantes semées. Après le défrichement et le nettoyage de la terre, on fait des trous dans lesquels on place dix à douze graines. On sarcle de temps en temps pendant la croissance. Le moment de couper les feuilles est indiqué par l'apparition de la fleur.

Aussitôt que les feuilles sont récoltées on les hache, on verse dessus de l'eau chaude et on remue le mélange avec des bâtons pendant quelques heures. On

[1] Indigofera anil.

égoutte ensuite et on laisse déposer la fécule colorée
dégagée par la macération. On décante la liqueur, et
lorsque l'indigo a pris la consistance d'une pâte, on le
coule dans des moules.

BANANIER [1]. — Les Bananiers sont d'immenses herbes
de la famille des Musacées; leur port est fort élégant et
tout particulier à ce genre de plantes. Leur racine est
formée par un grand nombre de fibres allongées, cylin-
driques et simples; la tige dont elle est surmontée a
une forme tout à fait semblable à celle des bulbes des
Liliacées. Cette espèce de tige est une réunion de gaînes
foliacées, bien emboîtées et très-serrées les unes dans
les autres. Du milieu des feuilles naît une trompe
recourbée, pendante et occupant tout l'axe du Bananier
depuis la base jusqu'à son sommet. Les fleurs sont
grandes et disposées, à la partie supérieure de la
trompe, en une série de demi-anneaux; chacun de ces
demi-anneaux est composé de dix à douze fleurs sessiles
et accompagné à sa base d'une grande bractée colorée.
Le périanthe se compose de deux folioles nuancées formant une sorte de corolle à deux lèvres; la lèvre supérieure, plus longue que la lèvre inférieure, l'embrasse
entièrement par sa base et se divise à son sommet en
deux bandes étroites; la lèvre inférieure, plus courte,
a la forme d'un cœur et est concave; les étamines sont
insérées sur le sommet de l'ovaire : il y en a ordinairement six; l'ovaire adhère au périanthe, il est très-
grand, presque triangulaire, et, si on le coupe en
travers, on y voit trois loges contenant chacune un

Musa.

15

grand nombre d'ovules; un style, dont le bord présente six dents, et qui est terminé par un stigmate concave, le surmonte. Le fruit est une baie longue, de forme presque triangulaire; il contient beaucoup de graines. Les fleurs, qui occupent la partie inférieure du régime [1], produisent seules des fruits; leur ovaire est gros et allongé, tandis que les étamines, de moitié plus courtes que la lèvre supérieure du périanthe, sont stériles. Les fleurs du sommet ne donnent pas de fruit; leur ovaire, beaucoup plus petit, est stérile et comme avorté; leurs étamines, qui dépassent le périanthe, servent à féconder les fleurs inférieures.

On cultive au Brésil différentes variétés de Bananiers, qui, toutes, se rapportent aux deux suivantes:

1° Le Bananier de Paradis [2], auquel se rapportent le Bananier dit da Terra, le Bananier de Maranhão et le Farta Velhaco;

2° Le Bananier des Sages [3], dont une espèce porte le nom de Bananier de São-Thomé.

Le Bananier de Paradis aime les lieux bas et humides; il s'y développe avec vigueur, et sa tige acquiert jusqu'à quatre mètres d'élévation, sur un diamètre de seize à vingt-deux centimètres. Ses feuilles sont longues de un mètre vingt-cinq à un mètre soixante-dix centimètres, redressées, elliptiques, très-entières, obtuses au sommet, et d'un vert clair et agréable. Ses fleurs sont jaunâtres, portées sur la partie supérieure de la trompe, qui dépasse le sommet de la tige de un mètre

---

[1] Le mot Régime s'applique aux grappes de fleurs et de fruits du Palmier, du Bananier et de quelques autres plantes. — [2] Musa paradisiaca. — [3] Musa sapientium.

à un mètre trente centimètres ; chaque régime de fleurs est enveloppé d'une grande bractée colorée en rouge, qui tombe après la floraison. La trompe ou hampe se termine à son sommet par un gros bouton rougeâtre composé d'écailles colorées très-serrées les unes contre les autres. Les fruits sont jaunes, longs de seize à vingt-deux centimètres, et terminés en pointe à leur sommet. Certaines variétés donnent des fruits d'une couleur rougeâtre et très-gros.

Le Bananier des Sages ressemble au précédent par sa taille et son aspect. Ses feuilles sont plus aiguës, et ses fruits, plus fondants, sont plus courts. La variété, dite de São-Thomé, donne des bananes d'un goût très-agréable.

La Banane verte n'a qu'une chair blanche et insipide. Cuite sous la cendre, jusqu'à ce qu'elle ait pris une couleur dorée, elle est assez bonne à manger. Dans un état de maturité plus avancé, elle a un goût comparable à celui de la châtaigne, quand on la fait cuire à l'eau. Tout à fait mûre, elle est très-bonne crue et même cuite au gras.

La Banane parvenue à maturité se détache aisément de son enveloppe. Elle offre la consistance d'une poire mûre ; sa saveur est légèrement acide et sucrée. Le sucre, la gomme, les acides malique et gallique dominent dans la composition de ce fruit. La séve du Bananier est limpide et incolore, et cependant elle tache fortement le linge. Les taches produites sont de couleur gris fauve. Si on recueille cette séve, on voit au bout de peu de temps se déposer des flocons d'un rose sale ; le liquide incolore qui surnage ce dépôt ne possède aucune propriété colorante. La séve du bananier contient beaucoup de tannin, d'acide gallique et d'acide acétique.

Un terrain humide, sans être marécageux, abondant en humus ou bien fumé, est nécessaire à la prospérité du Bananier. Une chaleur constante lui est aussi indispensable. Le Bananier se plante par boutures. Autant que possible, on doit veiller à ce que les drageons soient espacés de manière à ce que quatre forment les quatre coins d'un carré de trois mètres de côté. Sept, huit, dix ou onze mois s'écoulent depuis la plantation jusqu'à l'apparition du régime. Deux mois environ sont nécessaires au développement et à la maturation de cette grappe, de façon que la première récolte se fait neuf, dix, douze ou treize mois après qu'on a mis les boutures en terre. Lorsqu'une tige a fourni ses fruits, on doit l'abattre pour donner de l'air et de l'espace aux autres tiges de la même touffe. Une touffe peut parfois donner deux ou trois régimes dans une année.

La quantité de fruits récoltée, comparée au terrain qu'occupent les Bananiers, semble hors de toute proportion avec tout ce que la culture offre de plus exagéré en ce genre. Cent mètres carrés cultivés en Bananiers produisent deux mille kilogrammes d'une matière alimentaire bien plus substantielle que celle de la pomme de terre.

Les Bananiers présentent un phénomène particulier, que tous ceux qui ont habité les pays chauds ont été à même d'observer. Lorsque pendant plusieurs semaines il ne tombe pas une goutte de pluie et que la limpidité du ciel n'est altérée par aucun brouillard, le sol qui entoure les Bananiers est, malgré cela, toujours humide. Cela tient à ce que les feuilles du Bananier se refroidissent pendant les nuits étoilées; leur étendue en surface étant considérable, elles condensent une partie de la vapeur d'eau que contient l'atmosphère et versent l'eau au pied de la plante.

OIGNONS. — Les Oignons forment, en certains lieux, un commerce assez productif. On les plante par cayeux pendant la nouvelle lune de mars ou d'avril; en juin ou en juillet, on arrache ces plants, on en sépare les cayeux qu'ils ont déjà formés et on les replante. Au mois de décembre suivant a lieu la récolte définitive. On attache les Oignons en longues bottes, qu'il est facile de séparer en plusieurs parties sans les délier, et on les expédie, par des pirogues, sur les marchés où ils trouvent un écoulement assuré.

CHOUX. — Les Choux ne se cultivent point comme en Europe. Au Brésil, on les multiplie de boutures. Quand on a coupé un Chou et que sa tige demeure en terre, il naît, tout le long de cette tige, une assez grande quantité de petits bourgeons. On arrache alors la tige, on la sépare en morceaux, en ayant soin de laisser un bourgeon à chaque partie; on replante ces divers morceaux, et bientôt, de chacun des bourgeons, naît un nouveau Chou.

TUBERCULES. — Les Pommes de terre sont peu cultivées au Brésil; on en importe beaucoup d'Europe et des États-Unis pour la consommation des grandes villes.

On y cultive une nombreuse variété d'autres plantes

tuberculeuses, dont les principales appartiennent à la famille des Aroïdées et à celle des Dioscorées.

L'Aroïde, appelée Mangareto branco, croît en petites touffes ; ses feuilles, d'un vert agréable, sont hastées. Le tubercule principal est de la grosseur d'une pomme ; il est entouré de plusieurs autres petits tubercules gros comme des noix et souvent moins : ce sont ces petits qui sont comestibles. Le goût en est assez agréable et ils sont farineux, moins pourtant que la pomme de terre. Il y en a une espèce violette, qu'on nomme Mangareto roxo. Les feuilles de cette variété sont réniformes, allongées, fort obtuses, très-glauques en dessous et portées par un pétiole rougeâtre.

Les Patates [1], les Dioscorées, appelées Caras et Caracatingas, les Inhames [2], sont également cultivées avec succès.

ARBRES FRUITIERS. — Les Orangers, les Pêchers, les Figuiers, quelques Pommiers et Cognassiers, se rencontrent assez fréquemment dans les jardins brésiliens. Les Orangers surtout sont très-abondants ; on ne leur donne, en général, aucun soin. Il en existe plusieurs espèces qui portent les noms de Selectas, Embigudas, Tangerinas pequenas et grandes, Laranjas da China, etc. Les Citronniers donnent abondamment des fruits, dont un grand nombre sont perdus, sans qu'on cherche à en faire aucun usage. Les Pêchers sont très-répandus et croissent facilement. Ils perdent leurs feuilles au mois de septembre et fleurissent immédiatement après. On fait des enclos avec les pêchers dans

---

[1] Convolvulus batatas. — [2] Aruni esculentum.

diverses localités de la province de Paraná ; les bestiaux aiment à se frotter contre la tige de ces arbres, ce qui ne nuit en rien à leur rapide et vigoureuse végétation. Les Pommiers ne perdent jamais entièrement leurs feuilles.

PLANTES D'AGRÉMENT. — Les plantes cultivées pour leurs fleurs sont en grand nombre au Brésil. Celles qui font l'ornement de nos jardins d'Europe y ont été introduites avec succès ; on remarque principalement les Rosiers, les Œillets, les Boutons-d'or, les Scabieuses, les Pensées et une multitude d'autres, dont la floraison a lieu surtout pendant les mois d'octobre et de novembre.

FROMENT. — Les essais tentés pour l'acclimatation du froment au Brésil ont eu pour résultat de montrer que cette culture ne peut être introduite dans toutes les localités indifféremment. Le Froment ne réussit pas dans les terrains découverts ou secs. De bonnes terres, abritées par des forêts épaisses, qui y entretiennent la fraîcheur, sont les plus favorables à cette plante. Le Froment doit être semé au mois d'avril ; de ce moment jusqu'à la récolte, qui a lieu en septembre ou octobre, on nettoie deux fois la terre. Pour l'ensemencement on fait dans le terrain, préalablement préparé, de petits trous dans lesquels on laisse tomber quatre ou cinq grains de blé. Pour la récolte, on prend de la main gauche une poignée d'épis et on coupe la paille au-dessous avec un long couteau, qu'on tient de la main droite. La paille qui reste sur pied est brûlée plus tard, lorsqu'elle est sèche. Le Froment rend, au Brésil, de seize à vingt pour un. C'est surtout dans la province de

São-Pedro-do-Rio-Grande-do-Sul que la culture du blé commence à prendre de l'extension. Malheureusement la *rouille*, si redoutée en Europe, fait, dans les champs de Froment du Brésil, de terribles ravages. Cette fâcheuse altération du blé en a fait abandonner la culture sur plusieurs points, et notamment dans la province de Santa-Catharina, d'où, après avoir été brillante et productive, elle est presque entièrement disparue.

AGRICULTURE

DÉFRICHEMENT. — Le système de défrichement généralement usité au Brésil est très-défectueux; on l'opère sans précautions et d'après une méthode empruntée aux sauvages indigènes.

On coupe, puis on brûle les plantes, dont la terre est couverte; par cette incinération on calcine le sol, et, par quelques récoltes qui absorbent tous les sucs nutritifs, on ôte à la terre toutes ses forces végétatrices, sans rien faire pour les renouveler. On dit alors que la terre est fatiguée, et on cherche d'autres bois à défricher pour recommencer d'après la même méthode.

Si la terre se fatiguait, il y a longtemps que l'Asie et l'Europe ne produiraient plus, tandis que le contraire a lieu. Les terres d'Europe et d'Asie produisent plus aujourd'hui qu'il y a quelques siècles, et, grâce à la culture perfectionnée, fournissent à la subsistance d'une immense population.

Au Brésil, un terrain défriché présente un aspect

triste et désolé ; çà et là sont encore debout des troncs noircis, carbonisés ; pêle-mêle sur la terre gisent des arbres calcinés, des cendres blanchâtres ; en un mot, un champ nouvellement défriché offre un vrai tableau de désolation.

Quand la terre est considérée comme ne pouvant plus produire, et qu'on l'abandonne à elle-même, elle ne tarde pas à se couvrir de fougères, de quelques maigres bouquets d'arbustes et surtout d'une graminée appelée *Capim gordura*[1]. Au bout de quelques années, cette végétation nouvelle a atteint assez de développement pour former un bois nouveau, auquel on donne le nom de Capoeira. Les arbres de cette végétation sont beaucoup plus petits que les anciens et d'espèces tout à fait différentes.

Quand, au lieu de délaisser entièrement le terrain, on y place des bestiaux, ils broutent les tiges des jeunes arbrisseaux et le Capim gordura demeure maître du sol. Mais à la longue, cette graminée se détruit elle-même : les tiges anciennes finissent par produire une couche épaisse et sèche, qui ne permet plus aux semences de lever.

Pour défricher un bois vierge, on coupe les arbres à hauteur d'appui, on donne aux branchages le temps de sécher et on y met le feu. Les troncs pourrissent à la longue et deviennent, avant leur destruction complète, le refuge d'une multitude de fourmis et d'autres insectes.

La destruction des forêts, telle qu'elle est pratiquée,

[1] Tristegis glutinosa ou Melinis minutiflora.

est un véritable escompte de l'avenir au profit du présent : les descendants des Brésiliens actuels sentiront
cruellement la privation des immenses ressources qu'offrent tant de végétaux, journellement détruits sans aucun avantage.

Un inconvénient non moins grave qui résulte de
cette funeste manière d'exploiter les richesses naturelles des forêts vierges, est celui de la rareté des bois
recherchés et utiles. Le premier résultat de cette diminution des bois précieux est le haut prix dont il faut
les payer aujourd'hui, prix qui tend toujours à s'élever,
par suite de l'exploitation inintelligente qu'on fait de
ces arbres. De toutes parts, des bois de rose, de palissandre, de cèdre, des bois sans pareils pour l'ébénisterie, pour les constructions, sont brûlés comme les
plus communs et les moins utiles, afin de faire place à
la culture ; en même temps, d'un autre côté, on abandonne les terrains déjà défrichés.

C'est surtout le défaut des moyens de transport, qui
rend sans valeur des bois que le commerce européen
recherche avidement.

Dans les localités où ces bois sont l'objet d'un commerce, on cherche dans les forêts les plus beaux, puis
les moindres et enfin les petits ; il arrive nécessairement un moment où, n'en trouvant plus, on va plus
loin recommencer de la même manière et détruire
ainsi successivement tous les arbres, qui sont assez voisins des voies de communication, comme les grands
fleuves ou la mer, pour que les frais de transport ne
couvrent pas le prix auquel on peut les vendre.

Outre les inconvénients déjà signalés de ce mode de

défrichement ou d'exploitation, il en est encore un
que le déboisement amène fatalement ; nous voulons
parler de la rareté des pluies, de la diminution du fond
des cours d'eau, de l'obstruction de leurs embouchures et de la disparition ou de l'amoindrissement des
sources.

A Rio-de-Janeiro, la diminution des pluies est bien
constatée ; depuis vingt-cinq ans, elles sont devenues
plus rares à toute époque de l'année. Les sources qui,
dans cette ville, alimentent les fontaines publiques,
sont moins abondantes qu'autrefois, et la chaleur
tend à s'élever à mesure que la quantité de pluie décroît.

Diverses sources d'Ilha-Grande, qui fournissaient
une eau abondante, il y a quelques années, sont, depuis les grands défrichements opérés dans cette île,
desséchées ou alimentées seulement par un mince filet
d'eau.

A l'embouchure du Rio Parahyba-do-Sul, il s'est
formé des îles qui n'étaient, il y a vingt ans, que de
simples bancs de sable agglomérés par les courants.
Quelques-unes de ces îles ont pris une importance assez
grande, pour que les propriétaires riverains aient demandé à les affermer.

Il y a tout lieu de croire que les défrichements faisant disparaître les végétaux qui retenaient les terres,
celles-ci sont plus facilement entraînées par les pluies
et charriées par les cours d'eau, qu'elles tendent de
plus en plus à obstruer. D'un côté le courant du fleuve,
de l'autre le reflux de l'Océan, concourent à faire déposer les sables et les terres à l'embouchure du cours

d'eau, et à le rendre peu à peu impraticable à la navigation.

A la suite de défrichements opérés sans méthode ou plutôt sans réflexion, nous avons vu, pendant de grandes pluies, la terre argileuse d'une colline défrichée s'écrouler tout entière dans la vallée et laisser le roc à nu.

A toutes ces considérations nous en ajouterons une dernière, c'est que, dans un pays si riche en mines de fer et d'autres métaux, le manque de bois peut, dans l'avenir, se faire sentir d'une manière pénible et retarder l'exploitation d'incalculables richesses.

Culture. — La Culture brésilienne est des plus simples. Presque toujours, lorsque le sol est défriché, on fait dans la terre de petits trous, on y introduit soit les graines, soit les boutures des plantes qu'on veut obtenir, et la plantation ou l'ensemencement se trouve terminé. Pendant la végétation, on nettoie la terre deux ou trois fois, plus ou moins, suivant l'activité ou la paresse du cultivateur, et aussi suivant ce qu'exige la nature de la plante ; puis, quand vient la récolte, on l'opère avec aussi peu de soin qu'on en a mis pour la culture. Telle est, pour les petites exploitations, la méthode la plus généralement suivie.

De nombreux efforts ont été tentés pour modifier un système aussi vicieux, des propriétaires intelligents ont déjà appelé à leur aide le secours des machines agricoles, et les bons résultats qu'ils obtiennent donnent lieu d'espérer que la culture brésilienne est sur la voie d'une modification notable et d'une amélioration bien désirable.

Des hommes éclairés s'élèvent aussi, avec raison, et

avec toute l'autorité que leur donne le talent, contre
la fâcheuse habitude du défrichement par le feu et la
destruction imprévoyante des plantes les plus utiles.
Espérons que leur voix sera entendue, et que le Brésil
entrera résolûment dans une voie de progrès agricole,
comme il est déjà dans celle du progrès moral, depuis
son indépendance.

Pour les cultures spéciales nous renvoyons le lecteur
aux articles consacrés plus haut aux plantes cultivées
et dans lesquels la culture de chaque plante est expo-
sée, depuis la plantation ou l'ensemencement jusqu'à
la récolte.

BESTIAUX

Les provinces de São-Pedro-do-Rio-Grande-do-Sul, de
Paraná et de Santa-Catharina sont celles où l'élève des
bestiaux est le plus répandue. La première de ces provinces surtout exporte, dans les autres provinces de
l'empire et dans les républiques de l'Amérique du
Sud, de grandes quantités de viande sèche, de suif,
de cuir, etc.

L'exportation des divers produits animaux est plus
considérable au Sud du Brésil que dans le reste de ce
pays. Les cultures tropicales réussissent moins bien
dans les contrées où l'élève des bestiaux est le plus
facile.

Dans tout le Brésil il n'y a que très-peu d'étables, et
les bestiaux errent nuit et jour sans gardien. En certains lieux, on les attire de temps en temps au moyen

d'une ration de sel, à laquelle ils s'habituent tellement qu'ils ne manquent pas de venir aux époques accoutumées de cette distribution.

Les vaches n'ont de lait que pendant le temps qu'elles allaitent leurs petits, et presque toujours, pour les traire, on est obligé de garder le veau près de sa mère. Les mamelles de la vache se tarissent lorsque le veau lui est retiré ou qu'il vient à mourir.

Les porcs forment aussi, dans plusieurs provinces, une branche de commerce très-productive. Les cochons du Brésil sont généralement noirs, leurs jambes sont longues, et leurs oreilles, redressées tant qu'ils sont jeunes, deviennent pendantes quand ils arrivent à l'âge adulte.

SÉRICICULTURE

Une industrie d'un grand avenir au Brésil, et qui possède déjà un important établissement dans la province de Rio-de-Janeiro, c'est la Sériciculture.

Les résultats de l'introduction de la Sériciculture au Brésil sont incalculables. Tout semble devoir concourir à aider au développement de cette nouvelle branche de produit et lui assurer la plus grande prospérité.

Le mûrier croît admirablement bien dans tous les terrains, même dans ceux que les cultivateurs délaissent comme fatigués et épuisés. Le ver à soie, de la variété *bombyx-mori*, qui en France, en Europe, ne donne qu'un cocon par an, en fournit au Brésil six et même sept.

L'insecte vit mieux, avec moins de soins, au Brésil qu'en Europe; un printemps éternel lui offre constamment en grande abondance les feuilles nécessaires à sa nourriture, et la température facilite sa multiplication et ses métamorphoses. Le Brésil réunit toutes les conditions les plus favorables pour produire la soie en grande quantité, et à bas prix.

La race chinoise de ver à soie, appelée par les Italiens *Trivoltini*, est celle qui convient le mieux au climat brésilien. Ce ver à soie parcourt toutes les phases de ses métamorphoses en quarante-cinq à quarante-six jours, savoir : de la naissance jusqu'à l'achèvement du cocon, vingt-deux jours ; de l'achèvement du cocon à la naissance du papillon, treize jours ; la ponte des œufs a lieu le même jour et, dix jours après, ces œufs donnent naissance à de nouveaux vers à soie.

Comme en Europe, trente grammes d'œufs produisent de trente à cinquante kilogrammes de cocons bruts, mais ce produit peut, au Brésil, se répéter six ou sept fois par année, au lieu d'une seule fois qu'on l'obtient en Europe [1].

La chaleur du Brésil offre au développement et au

---

[1] Le ver à soie fut d'abord connu et utilisé à Serica, province de Sérès (Serinda), aujourd'hui Thibet. En Chine, 1270 ans avant J.-C., la culture du mûrier et l'éducation du ver à soie formaient une industrie portée, dès ces temps reculés, à un haut degré de splendeur. Les Chinois donnent au mûrier les noms de *arbre d'or*, *arbre doué des bénédictions de Dieu*. De la Chine le ver à soie fut introduit dans l'Inde, où la production de la soie fit de rapides progrès; puis en Perse, en Phénicie, et, enfin, en Europe. Sous le règne de Justinien, deux moines grecs apportèrent à Constantinople les premiers vers à soie, et, en peu de temps, l'empire byzantin le disputa à la Perse pour la fabrication des tissus de soie. Pendant le moyen âge, cette industrie ne fit que de faibles progrès; elle s'établit cependant à Chypre,

bon état de l'insecte des conditions infiniment préférables à celles de la température artificielle au moyen
de laquelle il vit en Europe ; la qualité de la soie obte-
nue ne tardera pas à être des meilleures, quand l'expérience des producteurs sera venue ajouter à tous les
avantages naturels que l'industrie séricicole peut trouver au Brésil.

Non-seulement la Sériciculture peut accroître, sans
beaucoup de travail, la fortune de ceux qui s'y livreront, mais encore l'État y trouvera rapidement une
source considérable de revenu.

Si, pour aider au développement de cette industrie
naissante, le gouvernement brésilien offre aux producteurs de la soie des encouragements pécuniaires, il re-
couvrera rapidement ces sortes d'avances, par l'augmentation que la Sériciculture apportera, en peu de
temps, à la fortune publique, en fournissant à l'exportation un objet nouveau et considérable.

Sur un terrain de cent mètres carrés, on peut facilement cultiver cent pieds de mûrier nain, dont la hauteur n'atteint pas plus de quatre-vingts centimètres à
un mètre. Chaque pied de mûrier fournit en moyenne
quatre kilogrammes de feuilles. Au Brésil, ces feuilles,
se renouvelant sans cesse, donneront aisément quatre
récoltes par an, soit quinze ou seize kilogrammes de
feuilles par pied. Les cent pieds fourniraient donc une

---

dans les Cyclades, à Athènes, à Corinthe, en Morée, en Sicile. Puis le nord
de l'Italie l'emprunta à la Grèce, et les Arabes l'importèrent en Espagne.
En France, Charles VIII, Louis XI, Henri IV et surtout Louis XIV, encou-
ragèrent la production de la soie, et, en 1857, on comptait dans ce pays
trois cent mille personnes vivant des bénéfices de cette industrie.

nourriture largement suffisante pour cent grammes de semence de ver à soie, dont on obtiendrait cent à cent cinquante kilogrammes de cocons bruts. Ce poids, lorsque les cocons sont secs, se réduit à moitié environ.

Pour laisser aux cultures et aux autres travaux le temps qu'ils réclament de la part des petits propriétaires, admettons qu'on ne fasse par année que quatre productions de vers à soie, on arrivera néanmoins à un résultat considérable, par rapport au travail et aux soins employés. Cette industrie peut s'établir facilement chez les cultivateurs les plus pauvres, car il suffit du travail de trois personnes pour la plantation, l'entretien de vingt-cinq pieds de mûrier nain et l'éducation des vers à soie, que ces mûriers peuvent nourrir. Le produit d'une petite culture de ce genre peut atteindre à deux mille francs par an.

Les soins constants et délicats dont le ver à soie a besoin d'être entouré créeront aux femmes une occupation lucrative, et dont, mieux que les hommes, elles sauront s'acquitter[1].

Les colons européens se livreront de préférence à cette industrie nouvelle, qui leur demandera moins de fatigues que la culture de la Canne à sucre, leur procurera des bénéfices plus importants et sera moins contraire aux habitudes de leur climat natal.

Si jusqu'à présent l'établissement séricicole d'Itaguahy n'a pas donné proportionnellement d'aussi beaux

---

[1] La soie est un produit liquide au moment où l'insecte la forme; ce produit est transparent, visqueux, filant, et possède éminemment la propriété de se coaguler à l'air et de constituer des fils dont le ver compose son cocon.

résultats que ce que nous calculons ici, cela tient aux expériences que cet établissement a été obligé de tenter pour rechercher les espèces de ver à soie les plus convenables au climat brésilien, pour étudier les soins et les conditions nécessaires à l'éducation de ces précieux insectes, enfin, qu'il a été soumis à tous les tâtonnements qu'une industrie nouvelle exige, lorsqu'on veut l'établir sur une grande échelle.

Nous ne doutons pas de l'avenir de la sériciculture au Brésil, et nous y voyons une source de richesse et de bien-être de plus pour ce bel empire.

XIII

**EXPORTATION ET IMPORTATION. BANQUES.
NÉGOCIANTS ET DÉTAILLANTS. MARCHANDISES.
TRIBUNAUX DE COMMERCE.
COMMISSION DE LA BOURSE. COURTIERS.
AGENTS DE VENTES PUBLIQUES.
DOUANES. MESURES, POIDS ET MONNAIES.**

EXPORTATION ET IMPORTATION. — Dans les chiffres qui suivent et qui présentent la moyenne de l'exportation des principaux produits de la culture brésilienne, nous faisons entrer le Mate ou Congonha dont il a été question dans le chapitre XI. Ce produit, bien que n'exigeant aucune ou presque aucune culture, entre pour une assez large part dans le commerce du Brésil pour qu'il en soit fait mention. D'un jour à l'autre, le Mate peut acquérir une importance assez grande pour devenir l'objet d'une culture régulière.

Les chiffres moyens sont calculés sur l'exportation effectuée pendant les six années comprises entre 1852 et 1858.

Nous les faisons suivre d'un tableau des prix moyens des divers produits brésiliens, et d'un autre contenant la valeur des marchandises d'importation qui sont cotées sur les marchés du Brésil. Ce dernier tableau ne comprend pas les marchandises telles que modes, étoffes, chapellerie, bijoux, etc., dont les prix sont trop variables et trop multiples pour qu'on puisse en établir une moyenne utile.

OBJETS D'EXPORTATION.	QUANTITÉS		VALEURS	
	EN MESURES OU POIDS BRÉSILIENS	EN MESURES OU POIDS FRANÇAIS.	EN REIS [1]	EN FRANCS.
Café..........	7,303,820 [2]	107,261,415 kil.	31,946,821,200	83,061,735
Sucre........	4,595,500 [2]	67,488,154 —	19,236,760,000	50,015,585
Eau-de-vie de Canne.	2,709,501 [3]	7,656,340 lit.	1,006,260,000	2,616,276
Coton..........	981,477 [2]	14,415,677 kil.	5,656,000,000	14,705,600
Tabac.........	525,858 [2]	7,722,593 —	2,197,000,000	5,712,200
Caoutchouc.....	138,042 [2]	2,027,243 —	2,154,530,000	5,601,778
Maté........	451,561 [2]	6,337,775 —	1,458,780,000	3,792,828
Cacao........	224,213 [2]	3,290,724 —	908,000,000	2,360,800
Riz........	225,000 [4]	3,105,000 lit.	460,125,000	1,196,525
Farine de manioc..	89,671 [4]	1,237,459 —	155,557,410	309,197
Haricots noirs...	9,010 [4]	124,338 —	38,067,250	98,975
Tapioca......	21,707 [4]	299,557 —	60,633,100	157,646
Maïs........	19,271 [4]	265,940 —	67,448,500	175,366
Lard.......	5,902 [2]	86,675 kil.	47,216,000	122,762
Viande sèche....	1,415,499 [2]	20,787,584 —	7,077,495,000	18,401,487

[1] 1,000 reis sont comptés pour 2 fr. 60 c., valeur à la Monnaie de Paris. — [2] *Arrobas.* L'Arroba vaut 14 kilogr. 685 gr. 7 c. — [3] *Medidas.* La Medida vaut 2 litres 825 mill. — [4] *Alqueires.* L'Alqueire vaut 13 litres 80 centilitres.

Le riz, la farine de manioc, les haricots, le tapioca, le maïs, le lard et la viande sèche ne sont qu'exceptionnellement des objets d'exportation pour l'Europe; la plus grande partie s'envoie dans les républiques de l'Amérique du Sud, ou s'exporte de province à province et ne forme plus, dans ce dernier cas, qu'une branche du commerce intérieur. Les chiffres des marchandises que nous venons d'énumérer comprennent toutes les quantités exportées des divers ports du Brésil, soit pour

des provinces du même empire, soit pour des pays
étrangers.

Tableau du prix des divers produits brésiliens.

DÉSIGNATION	MESURES DE VENTE		COURS EN REIS			COURS MOYEN EN FRANCS.
	BRÉSILIENNES.	FRANÇAISES.	PLUS HAUT.	PLUS BAS.	MOYEN.	
Cacao.	l'arroba.	14ᵏ.686	5,000	4,000	4,050	10.53
Café 1ᵉʳ bon.	—	—	6,650	5,400	6,254	16.20
Id. 2ᵉ bon.	—	—	6,200	4,000	5,450	14.17
Id. choisi dit Javé. . .	—	—	7,800	6,500	7,318	19.03
Id. 1ᵉʳ ordinaire . . .	—	—	6,400	5,100	5,912	15.37
Id. 2ᵉ ordinaire. . . .	—	—	6,200	4,000	5,468	14.22
Id. supérieur.	—	—	6,900	5,800	6,503	16.91
Id. trié.	—	—	4,800	4,000	4,400	11.44
Caoutchouc.	—	—	16,000	15,000	15,600	40 56
Châtaignes.	l'alqueire	13ˡ.80	4,203	2,231	3,217	8.36
Cigares.	le cent.		1,612	1,067	1,359	3.48
Colle de poisson. . . .	l'arroba.	14ᵏ.686	25,710	22,051	24,980	64.95
Cornes de Rio - Grande (grandes). . . .	le cent.		18,000	14,000	16,666	43.33
Id. (petites).	—		8,000	4,000	6,600	17.16
Coton.	l'arroba	14ᵏ.686	6,000	4,000	5,660	14.71
Crin.	—		10,668	9,400	10,000	26. »
Cuirs de Rio - Grande (grands).	la livre.	0ᵏ.459	440	360	390	1.01
Id. (petits).	—		390	340	379	».99
Diamants bruts.	l'oitava.	3ᵉʳ.58538	300,000	300,000	300,000	780. »
Eau-de-vie de canne. .	la pipe.	423ˡ.75	120,000	80,000	100,000	260. »
Id. caxaça.	—		120,000	70,000	94,090	244.65
Farine de manioc fine	le sac.		15,000	10,000	12,875	33.47
Id. Id. grosse.	—		8,000	5,500	6,333	16.47
Id. Id. en général.	l'alqueire	13ˡ.80	2,700	970	2,500	6.50
Graisse de Rio-Grande.	l'arroba.	14ᵏ.686	9,000	6,000	7,112	18.49
Haricots noirs	le sac.		13,000	9,000	10,625	27.62
Id.	l'alqueire	13ˡ.80	5,500	2,300	4,980	12.95
Ipecacuanha.	la livre.	0ᵏ.459	1,400	1,400	1,400	3.64
Maïs.	le sac.		8,000	4,500	5,675	14.75
Id.	l'alqueire	13ˡ.80	3,750	1,150	2,000	5.20
Mate.	l'arroba.	14ᵏ.686	4,900	2.200	3,380	8.79
Or en poudre.	l'oitava.	3ᵉʳ.58538	5,600	3,600	5,600	9.36
Planches de Jacarandá ou bois de rose 1ʳᵉ qualité.	la douz.		600,000	400,000	525,000	1365. »
Planches de jacarandá ou bois de rose 2ᵉ qualité.	—		400,000	300,000	362,500	942.50
Riz de Santos.	le sac.		18,000	13,000	15,312	39.81
Riz d'Iguape.	—		16,000	10,000	13,875	36.07

DÉSIGNATION	MESURES DE VENTE		COURS EN REIS			COURS MOYEN EN FRANCS.
	BRÉSILIENNES.	FRANÇAISES.	PLUS HAUT.	PLUS BAS.	MOYEN.	
Riz.	l'arroba.	14ᵏ.686	3,500	1,520	2,070	5.58
Rocou ou Roucou. . .	—	—	5,650	4,080	5,200	13.52
Salspareille.	—	—	20,000	14,315	15,560	40.46
Sucre battu de Campos.	—	—	3,800	3,800	3,800	9.88
Sucre blanc de Bahia. .	—	—	5,000	3,400	4,166	10.85
Id. Id. de Campos. . .	—	—	6,600	3,800	5,171	13.44
Id. Id. de Pernambuco.	—	—	6,400	4,000	5,587	14.55
Id. brut de Bahia. . .	—	—	3,800	2,500	3,087	8.03
Id. Id. de Campos. .	—	—	4,700	2,500	3,837	9.98
Id. Id. de Pernambuco.	—	—	4,500	2,500	3,656	9.51
Suif en barils.	—	—	8,200	6,800	7,412	19.27
Id. fondu.	—	—	11,000	7,600	9,500	24.18
Tabac Baependy	—	—	10,000	10,000	10,000	26. »
Tapioca.	le sac.		15,000	12,000	13,562	35.25
Id.	l'alqueire	15ˡ.80	3,800	3,000	3,300	8.58
Viande sèche de Rio-Grande.	l'arroba.	14ᵏ.686	5,000	2,400	3,664	9.55
Id. fraîche de bœuf. . .	la livre.	0ᵏ.459	280	120	180	».47
Id. Id. de porc. . .	—	—	400	160	320	».85

Tableau du prix des marchandises d'importation cotées sur les marchés du Brésil.

DÉSIGNATION	MESURES DE VENTE		COURS EN REIS			COURS MOYEN EN FRANCS.
	BRÉSILIENNES.	FRANÇAISES.	PLUS HAUT.	PLUS BAS.	MOYEN.	
Acier de Milan	le quintal	58ᵏ.743	23,000	18,000	20,384	53. »
Beurre anglais. . . .	la livre.	0ᵏ.470	900	500	697	1.81
Id. français.	—		820	400	581	1.51
Bière d'Allemagne. . .	12 bout.		4,700	4,000	4,600	11.96
Id. d'Écosse.	—		4,500	3,600	4,900	12.74
Id. de Londres.	—		5,700	4,800	5,356	13.87
Bougies de composition.	la livre.	0ᵏ.459	660	600	635	1.64
Id. de spermaceti. . .	—		1,000	800	911	2.36
Bouteilles.	le cent.		13,000	9,000	12,000	31.20
Brai.	la barriq.		6,500	4,200	5,541	14.41
Câbles de lin.	le quintal	58ᵏ 743	30,000	20,000	23,875	62.07
Id. du Caire.	—	—	22,000	20,000	21,000	54.60
Id. de Manille.	—	—	30,000	26,000	27,875	72.47
Id. de Russie.	—	—	38,000	26,000	30,750	79.95
Céruse.	—	—	26,000	26,000	26,000	67.60

DÉSIGNATION	MESURES DE VENTE		COURS EN REIS			COURS MOYEN EN FRANCS.
	BRÉSILIENNES.	FRANÇAISES.	PLUS HAUT.	PLUS BAS.	MOYEN.	
Cire blanche	la Livre.	0k.459	1,200	1,000	1,101	2.86
Id. jaune.	—	—	1,000	940	970	2.52
Cuirs secs de la Plata. .	—	—	400	360	386	1 »
Cuivre de chaudière. .	—	—	750	710	727	1 89
Id. pour doublage . .	—	—	730	670	696	1.80
Dames-jeannes grandes.	l'une.		960	960	960	2.50
Id. petites.	—		500	480	497	1.29
Eau-de-vie de France. .	la caisse.		10,000	7,500	8,815	22.92
Esprit.	le canada	1l.412	5,100	5,000	5,037	13.10
Farine de blé Baltimore.	la barriq.		21,500	14,000	16,050	41.79
Id. Gallego..	—		23,000	17,000	19,157	49.81
Id. Haxall..	—		23,000	17,000	18,865	49.04
Id. Nouvelle-Orléans. .	—		20,000	16,000	17,142	44.57
Id. Philadelphie. . . .	—		17,000	15,000	16,200	42.12
Id. Trieste.	—		23,000	18,500	19,136	49.75
Fer anglais.	le quintal	58k.743	9,000	5,600	7,491	19.48
Fer-blanc Charcoal. . .	la caisse.		24,000	22,000	22,666	58.93
Id. Coke.	—		22,000	20,000	20,533	53.59
Fer rond.	le quintal	58k.743	10,000	8,500	8,750	22.65
Fer suédois en barre. .	—	—	9,000	7,500	8,181	21.57
Fil de voile.	la livre.	0k.459	660	640	650	1 69
Fromages flamands ou hollandais.	—	—	2,400	2,000	2,244	5.85
Genièvre de Hambourg en cruches de 12 bouteilles.	l'une.		5,000	4,000	4,641	12.07
Genièvre de Hambourg en cruchons. . .	la douz.		3,500	3,000	3,066	7.97
Genièvre de Hambourg en dames-jeannes. .	l'une.		4,100	3,400	3,807	9 90
Genièvre de Hambourg en pièce.	le gallon.	4l.543	1,100	1,000	1,012	2.69
Id. de Hollande en cruches de 12 bouteilles.	l'une.		5,800	5,100	5,207	14.12
Goudron de Suède. . .	la barriq.		18,000	12,000	15,250	39.60
Haricots blancs. . . .	le sac.		16,000	8,500	11,312	29.41
Houille de Cardiff. . .	la tonne.	795.029	25,000	20,000	21,550	56.05
Id. de New-Castle. .	—	—	24,000	20,000	21,350	55 51
Id. pour forge. . . .	—	—	24,000	19,000	20,545	53.42
Huile de graine de lin en bouteilles. . . .	la livre.	0k.459	240	180	204	».53
Id. Id. en fûts. . .	—	—	240	180	201	».52
Id. douce de France. .	la caisse de 6 bout.		3,500	2,200	2,869	7.56
Id. Id. de Portugal..	la pipe.	425l.75	450,000	290,000	366,785	953.64
Jambons anglais. . . .	la livre.	0k.459	400	300	355	».92
Id. d'Amérique. . . .	—	—	460	240	382	».99
Id. de Westphalie. . .	—	—	690	560	614	1.60
Lard.	—	—	620	400	492	1.28
Maïs.	le sac.		7,000	4,000	5,584	13.52
Morue.	le quintal	58k.743	18,000	10,000	15,818	35.96
Papier d'envelop. grand.	la rame.		1,600	1,600	1,600	4.16

DÉSIGNATION	MESURES DE VENTE.		COURS EN REIS			COURS MOYEN EN FRANCS.
	BRÉSILIENNES.	FRANÇAISES.	PLUS HAUT.	PLUS BAS.	MOYEN.	
Papier d'envelop. petit..	la rame.		1,100	8(0	963	2.50
Pin américain.	le pied.	0ᵐ.53	80	55	71	».18
Id. de résine.	la douz.		36,000	26,000	28,000	72.80
Planches de la Baltique.			32,000	26,000	28,300	73.58
Plomb de chasse. . . .	le quintal	58ᵏ.743	23,500	21,500	22,900	59.54
Id. en barres.	—	—	18,000	15,500	16,708	43.44
Id. en feuilles.	—	—	21,000	18,000	20,333	52 87
Poivre d'Inde.	la livre.	0ᵏ.459	5('0	200	268	».70
Poix d'Amérique. . . .	la barriq.		7,000	7,000	7,000	18.20
Id. de Suède.	—		15,000	15,000	15,000	39. »
Raisins secs.	en caisse.		9,500	5,000	6,192	16.10
Riz Caroline.	155 livres	61ᵏ.965	17,000	13,000	14,781	58.43
Id. d'autres provenances.	—	—	14,000	8,000	11,200	29.12
Id. d'Inde.	—	—	11,000	10,200	10,540	27.40
Salpêtre raffiné. . . .	la barriq.	—	10,000	7,500	9,430	24.52
Savon américain. . . .	la livre.	0ᵏ.459	400	400	400	1.04
Id. de la Méditerranée.	—	—	240	220	250	».60
Sel.	l'alqueire	13ˡ.80	1,000	600	795	2.07
Son.	le sac.		5,000	3,000	4,065	10.56
Suif.	l'arroba.	14ᵏ.686	17,200	7,000	9,662	25 12
Id. fondu.	—		9,500	7,400	8,540	22.20
Tabac à mâcher. . . .	la caisse.		18,000	16 000	17,000	44.20
Id. en feuilles.	—		18,000	17,000	17,500	45 50
Térébenthine.	la livre.	0ᵏ.459	220	190	206	».54
Thé Hysson fin.	—	—	1,600	1,300	1,422	3 70
Id. Id. supérieur..	—	—	2,000	1,500	1,626	4.23
Id. noir.	—	—	1,800	1,400	1,662	4.32
Toile à voile allemande.	la pièce.		24,000	20,000	22,437	58.34
Id. Id. anglaise étroite.	—		25,000	18,000	21,625	58.02
Id. Id. Id. large .	—		32,000	28,000	29,750	77.55
Id. Id. de Russie. . .	—		44,000	32,000	35,555	92.44
Id. de brin allemande..	—		20,000	19,000	19,500	50.70
Id. Id. anglaise. .	—		20,000	19,000	19,500	50.70
Id. Id. renforcée..	—		22,000	17,000	18,812	47.91
Id. Id. de Russie..	—		16,000	14,000	14,940	38.84
Vermicelles et pâtes assorties.	la caisse.		7,500	6,000	7,678	19.96
Verres à vitres fins. . .	—		10,000	10,000	10,000	26. »
Id. Id. ordinaires.	—		9,000	9,000	9,000	23.40
Viande de bœuf salée. .	le baril.		30,000	30,000	30,000	81.90
Id. sèche de la Plata. .	l'arroba.	14ᵏ.686	5,000	2,000	3,637	9.46
Id. de porc salée. . .	le baril.		40,000	30,000	32,555	84.64
Vinaigre de Portugal. .	la pipe.	423ˡ.75	180,000	80,000	140,000	564. »
Id. de France.	—		120,000	120,000	120,000	312. »
Vin de Bordeaux fin. .	la caisse.		8 000	6,000	7,000	18.20
Id. Id. ordinaire.	—		5,200	4,000	4,866	12.65
Id. Catalogne.	la pipe.	423ˡ.78	300,000	175,000	252,666	656.95
Id. Cette.	—		280,000	170,000	237,187	616.69
Id. Champagne.. . . .	la caisse.		21,000	17,000	19,055	49.49
Id. Lisbonne bon . . .	la pipe.	423ˡ.75	310,000	200,000	274,375	603.62
Id. Id. ordinaire.			300,000	180,000	248,125	645.12

DÉSIGNATION	MESURES DE VENTE		COURS EN REIS			COURS MOYEN EN FRANCS.
	BRÉSILIENNES.	FRANÇAISES.	PLUS HAUT.	PLUS BAS.	MOYEN.	
Vin de Lisbonne supér.	la pipe.	425'.75	315,000	240,000	285,937	743.44
Id. Malaga.	—	—	250,000	190,000	224,055	582 54
Id. Marseille.	—	—	285,000	160,000	236,000	613.60
Id. Muscatel.	la caisse.	—	5,500	5,000	5,162	13.42
Id. Porto bon.	la pipe.	425'.75	440,000	270,000	365,625	950.62
Id. Id. ordinaire., .	—	—	300,000	180,000	252,500	535.50
Id. Id. supérieur. .	—	—	550,000	280,000	399,375	1038.37
Id. Port-Vendres. . . .	—	—	285,000	175,000	240,000	624. »

Les diverses moyennes de ces tableaux sont calculées sur les cours d'une année entière, du 1er septembre 1859 au 31 août 1860. Nous nous sommes servi pour les établir des renseignements publiés par le *Jornal do Commercio* et le *Jornal da Bahia*.

Nos renseignements, trop incomplets pour donner les chiffres totaux de l'exportation et de l'importation pendant les années les plus récentes, nous obligent à nous borner à présenter ceux de 1857, qui du reste, présentent une moyenne qui s'est maintenue à peu près la même jusqu'à 1860.

Le total de l'importation, tel qu'il résulte des documents officiels, s'élève, pour 1857, à la somme de 125,855,959,000 reis, soit 322,025,495 francs 40 centimes.

La valeur des marchandises d'exportation atteint, pour la même année, le chiffre de 114,505,411,000 reis, ou 297,708,868 francs 60 centimes.

Les divers pays qui expédient leurs produits au Brésil sont les suivants :

	REIS.	FRANCS
Autriche.	481,045,000	1,250,711 80
Belgique.	2,073,649,000	5,391,487 40
Chili.	922,326,000	2,398,047 60
Espagne et ses possessions.	1,415,599,000	3,680,037 40
États-Unis.	7,777,400,000	20,221,240 »
France et ses possessions.	16,476,064,000	42,837,766 40
Grande-Bretagne et ses possessions.	73,711,048,000	191,648,724 80
La Plata.	4,050,647,000	10,479,682 20
Ports de l'empire.	755,868,000	1,960,056 80
Portugal et ses possessions. . . .	6,640,118,000	17,264,506 80
Sardaigne.	998,682,000	2,596,575 20
Suède et Norvége.	459,869,000	1,155,659 40
Villes hanséatiques.	7,498,457,000	19,495,988 20
Divers autres pays.	637,589,000	1,657,211 40

Ces sommes se répartissent entre les ports suivants :

	REIS.	FRANCS.
Alagôas.	98,562,000	256,261 20
Bahia.	20,926,371,000	54,408,564 60
Ceará.	916,494,000	2,582,884 40
Maranhão.	2,988,557,000	7,770,248 20
Pará.	3,616,720,000	9,403,472 »
Parahyba.	129,905,000	317,755 »
Paranaguá.	256,347,000	666,502 20
Paranahyba.	136,569,000	355,079 40
Pernambuco.	20,299,418,000	52,778,486 80
Porto-Alegre.	418,350,000	1,087,710 »
Rio-de-Janeiro.	67,922,825,000	176,599,345 »
Rio-Grande-do-Norte.	189,377,000	492,380 20
Rio-Grande-do-Sul.	2,587,026,000	6,726,267 60
Santa-Catharina.	25,864,000	67,246 40
Santos.	518,955,000	1,349,283 »
São-José-do-Norte.	2,342,258,000	6,089,818 80
Sergipe.	17,333,000	45,065 80
Uruguayana.	465,046,000	1,209,119 60

Les marchandises exportées dont nous avons donné plus haut la valeur totale ont eu pour destination les pays qui suivent :

	REIS.	FRANCS.
Autriche.	1,611,455,000	4,189,783 »
Belgique.	1,830,604,000	4,759,570 40
Chili.	1,366,563,000	3,553,063 80
Côtes d'Afrique.	715,197,000	1,859,512 20
Danemark.	1,031,397,000	2,681,532 20
Espagne et ses possessions. . . .	875,003,000	2,275,007 80
Etats-Unis.	31,644,717,000	82,276,264 20
France et ses possessions. . . .	9,527,499,000	24,871,497 40
Grande-Bretagne et ses possessions .	35,587,150,000	92,526,590 »
Hollande.	493,499,000	1,283,097 40
La Plata.	6,195,149,000	16,107,387 40
Portugal et ses possessions. . . .	7,443,140,000	19,352,164 »
Sardaigne.	914,002,000	2,376,405 20
Suède et Norvége.	2,751,017,000	7,152,644 20
Turquie.	681,980,000	1,773,148 »
Villes hanséatiques.	7,148,385,000	18,585,801 »
Divers autres pays.	4,686,666,000	12,185,331 60

Ces sommes se répartissent à la sortie entre les ports ci-après :

	REIS.	FRANCS.
Alagôas.	1,924,756,000	5,004,365 60
Bahia.	17,863,374,000	46,444,772 40
Ceará.	726,860,000	1,889,856 »
Maranhão.	2,234,185,000	5,808,875 80
Pará.	4,056,558,000	10,546,998 80
Parahyba.	3,621,495,000	9,415,884 »
Paranaguá.	2,213,518,000	5,755,146 80
Pernambuco.	15,263,866,000	39,670,051 60
Piauhy.	84,627,000	220,050 20
Porto-Alegre.	29,172,000	75,847 20
Rio-de-Janeiro.	55,121,675,000	143,316,355 »
Rio-Grande-do-Norte.	469,243,000	1,220,031 80
Rio-Grande-do-Sul.	5,251,504,000	13,653,590 40
Santa-Catha ina.	99,675,000	259,149 80
Santos.	3,152,612,000	8,196,791 20
São-José-do-Norte.	1,194,735,000	3,106,311 »
Sergipe.	800,967,000	2,082,514 20
Uruguayana.	594,813,000	1,026,513 80

Il ressort des tableaux précédents que l'importation dépasse l'exportation de 9,552,548,000 reis ou

24,316,624 francs 80 centimes. Cette différence qui continue et semble devoir s'accroître est généralement attribuée au manque de bras résultant de l'abolition de la traite des noirs. Le total de l'importation pour 1858 s'est élevé à 130,207,607,000 reis, soit 338,539,778 francs 20 centimes, et le chiffre de l'exportation n'est que de 96,199,725,000 reis ou 250,119,185 francs [1]. Quelques voix éloquentes mais isolées se sont élevées contre la réalité de la cause à laquelle cet écart est attribué, sans réussir à changer l'opinion publique à ce sujet. Parmi les écrivains qui ont travaillé à démontrer que l'abolition de la traite des noirs n'influe point sur les résultats de la production du Brésil, nous citerons M. S. F. Soares, dont le but, malgré les chiffres officiellement publiés, a été de démontrer que la production agricole est en augmentation depuis la suppression de la traite. Les louables efforts de cet écrivain de talent n'empêchent point que la production, bien qu'ayant subi un léger accroissement, n'est plus en rapport avec la population qui s'augmente, avec les besoins de bien-être que l'instruction fait naître, et par suite, avec l'importation des marchandises étrangères [2].

Le gouvernement brésilien, préoccupé à juste titre

---

[1] Si un pareil état de choses se continuait, le Brésil se verrait exposé au sort du Portugal, qui reçoit la loi des banques de l'Angleterre, et dont les revenus et le sol sont hypothéqués au profit de l'Angleterre. Une semblable situation détruirait toute l'indépendance politique et commerciale du Brésil.

[2] La France en 1786, la Russie en 1820, et l'Amérique du Nord après l'Acte de compromis, ont éprouvé ce qu'il en coûte d'acheter plus qu'on ne vend, et quels effets désastreux exerce sur la prospérité générale la disproportion continue entre les importations et les exportations. (Andral.)

des conséquences que cet état de choses peut amener, a tenté depuis longtemps de remplacer par des bras européens les bras esclaves qui menacent de faire défaut.

La colonisation fera l'objet du chapitre suivant.

Nous voulons, avant de clore celui-ci, parler des divers cours monétaires, des valeurs, des titres de crédit publics ou privés, et du système métrique et des poids et mesures du Brésil, et donner aussi quelques notions sur les habitudes commerciales dans ce pays. Ces questions se rattachent par trop de liens à celles du commerce, pour qu'il soit possible de les en séparer.

BANQUES. — Les établissements de crédit sont nombreux au Brésil et ont presque tous la faculté d'émettre des billets au porteur. Lors de leur création, le gouvernement leur imposa l'obligation de conserver en dépôt une somme proportionnelle à celle des billets émis. Mais la rareté des métaux précieux et la tolérance du gouvernement firent que cette sage disposition ne fut pas observée. Les actionnaires des banques, au lieu de verser le montant de leurs souscriptions en numéraire, les remplirent par des obligations à longue échéance et portant intérêt. Les banques trouvaient à ce système un avantage double, celui d'avoir un encaisse portant intérêt et d'effectuer leurs opérations au moyen de leurs propres billets. Outre cela, les banques créèrent un nombre de billets supérieur à celui qu'elles étaient autorisées à émettre et firent, de plus, des crédits considérables.

Quand, par suite de la diminution des bras esclaves, la production et l'exportation diminuèrent — l'importation tendant toujours à augmenter — les banques voulurent exiger de leurs actionnaires les versements qui jusqu'alors n'avaient été opérés que d'une manière fictive, et elles s'aperçurent que presque tous étaient hors d'état de satisfaire aux engagements, que de trop grandes facilités de crédit leur avaient fait contracter.

Pour remédier à cet état de choses, le gouvernement proposa diverses mesures que le parlement n'accepta pas; trop d'intérêts se trouvaient engagés dans la question et les mesures proposées auraient infailliblement fait disparaître plusieurs établissements de crédit, on fut donc obligé d'attendre.

Tout ce que le gouvernement peut faire dans l'étendue de ses pouvoirs constitutionnels, pour amener à bien la crise résultant de cet état de choses, il le tente chaque jour, et déjà les bons effets de ces mesures ont été ressentis et tendent à consolider le crédit un peu ébranlé du commerce brésilien.

La première banque du Brésil dont la liquidation eut lieu en 1829, laissa à la charge du Trésor public une dette de 18,501,097,000 reis, résultat non-seulement des mauvaises opérations de la banque, mais aussi des emprunts forcés exigés par le gouvernement[1].

Après la chute de cette institution de crédit, une panique générale s'empara de tous les esprits, et on ne put trouver nulle part les éléments nécessaires pour fonder une banque nouvelle, sur des bases solides et bien conçues. Les capitalistes et les commerçants, surtout ceux de Rio-de-Janeiro, ne voulaient plus entendre

---

[1] *Os bancos do Brasil,* par M. Souza—Franco. Rio-de-Janeiro, 1848.

parler d'aucune association de banque. Ce ne fut qu'en 1838 que quelques capitalistes en fondèrent une nouvelle sous le titre de Banco Commercial do Rio-de-Janeiro. Douze ans plus tard, en 1850, un autre établissement de banque fut créé avec le titre de Banco do Brasil. En 1853, une loi intervint pour régulariser l'action de ces deux banques et en former un établissement unique, qui fonctionna bientôt sous le nom de Banco do Brasil. Sans méconnaître les immenses services que cette fusion a rendus au commerce et à la prospérité générale, nous dirons quelques mots de deux des articles de la loi du 5 juillet 1853, qui a réuni les deux banques de Rio-de-Janeiro.

Par un de ces articles, la Banque du Brésil doit régulariser et uniformiser la circulation et les affaires de tout l'empire. Dans l'état actuel du Brésil, cette obligation ne peut pas être accomplie. Les succursales de la Banque du Brésil communiquent trop difficilement avec la banque principale, pour que des ordres ayant pour but de restreindre ou d'étendre les transactions, de donner à toutes les opérations une marche uniforme, puissent être exécutés en temps utile. Certaines provinces centrales ne peuvent pas communiquer en moins de trois mois avec la capitale, et se trouvent, par suite de cet éloignement, dans l'impossibilité de marcher d'accord entre elles et avec la Banque de Rio-de-Janeiro.

Un autre article de la loi organique permet que les billets de la Banque soient payés en monnaie légale, métal ou papier. Les billets de la Banque étant reçus dans les caisses publiques, il s'ensuit qu'ils sont consi-

dérés comme monnaie légale, et que par suite la Banque
est autorisée à payer le montant de ses billets par d'autres billets plus petits. Il en existe des coupures de
1,000 reis ou 2 fr. 60 c. Forte de cet appui de la loi, la
Banque du Brésil a plus d'une fois refusé de donner de
la monnaie d'or ou d'argent contre ses billets. Cet état
de choses, qui eut sa raison d'être au moment de la
confection de la loi, n'est plus aujourd'hui qu'un embarras pour le commerce et porte à la Banque même un
préjudice important.

Au moment de l'établissement de la Banque du
Brésil, il existait en circulation une somme de
46,684,000,000 reis de papier-monnaie qu'il s'agissait
de ne pas déprécier, et auquel il fallait nécessairement
conserver son caractère de monnaie légale. Mais en re-
tirant peu à peu de la circulation cet ancien papier-
monnaie, on pouvait arriver à mettre la Banque du
Brésil dans la position de toutes les banques, c'est-à-
dire d'échanger ses billets contre de la monnaie métallique. L'inconvénient de cet article se fait sentir,
non-seulement à l'égard de la Banque du Brésil, mais
encore vis-à-vis de toutes celles qui émettent des billets
au porteur. Ces dernières donnent, pour le montant de
leurs billets, des billets de la Banque du Brésil, billets
reçus dans les caisses publiques, mais qui ne peuvent
être échangés contre des espèces métalliques.

L'or et l'argent acquièrent relativement au papier un
prix très-élevé, qui s'accroît ou diminue suivant la rareté ou l'abondance du numéraire. Les monnaies métalliques du Brésil sont payées au delà de leur valeur
réelle, et il n'est pas rare de voir des pièces de

20,000 reis être vendues 21,000, 22,000 et même
22,500 reis.

. Les chiffres suivants présentent les cours des principales monnaies métalliques, acceptées dans le commerce brésilien.

MONNAIES.	COURS EN REIS			COURS MOYEN EN FRANCS.	VALEUR RÉELLE EN FRANCS.
	PLUS HAUT.	PLUS BAS.	MOYEN.		
Pièces de 20 francs.	9.000	7,500	8,000	20.80	20. »
Souverains de 20 shillings. . .	10.500	9,800	10,025	26.07	25.21
Onces espagnoles ou quadru-					
ples de quatre pistoles. . .	55.000	52.500	52.575	84.69	84.51
Onces portugaises.	55.500	52.000	52.681	84.97	84. »
Pièces de 4,000 reis vieilles. .	9.500	9,000	9,520	24.23	24. »
— 6,400 id. id. . .	17.500	16.500	17.000	44.20	44. »
Ducats de Hambourg.	5.000	4,500	4,600	11.96	11.76
Pièces de 5 roubles.	9.000	7,500	8,000	20.80	20.66
Pièces de 20 dollars.	40.500	39.800	40.000	104. »	105.64
— de 5 francs argent. . .	2.000	1,900	1,950	5.07	5. »
Patacões.	2.200	2,100	2,157	5.61	5.25
Piastres espagnoles..	2.300	2,100	2,200	5.72	5.30

Les titres cotés sur les diverses places brésiliennes et
notamment à Rio de Janeiro, bien que peu connus sur
les marchés d'Europe, n'en ont pas moins pour le Brésil
et pour ses relations avec les autres pays une importance considérable, tant par l'utilité des entreprises
qui les ont émis, que par l'étendue des intérêts qui y
sont engagés.

TABLEAU DES PRINCIPALES VALEURS COTÉES

NOMS DES COMPAGNIES	FONDS NOMINAL EN MILREIS	CAPITAL RÉALISÉ EN MILREIS	NOMBRE D'ACTIONS	NOMBRE D'ACTIONS ÉMISES	VALEUR NOMINALE EN MILREIS	VALEUR EN FRANCS	VERSEMENT PAR ACTION EN MILREIS	FONDS DE RÉSERVE EN REIS AU 1er AVRIL 1860	VALEUR COTÉE DES ACTIONS EN MILREIS
BANQUES									
Du Brésil	30,000,000	22,560,000	150,000	141,000	200	520.»	160	824,920,843	282
Commerciale et Agricole	20,000,000	7,237,000	100,000	72,370	200	520.»	100	70,144,880	200
Rurale et Hypothécaire	8,000,000	en entier.	40,000	toutes.	200	520.»	200	1,000,000	245
Mauá	6,000,000	en entier.	6,000	toutes.	1,000	2600.»	1,000	621,559,937	1,000
CHEMINS DE FER									
Dom Pedro II	38,000,000	20,466,666	190,000	60,000	200	520.»	130	39,713,183	200
Petropolis	5,000,000	2,000,000	10,000	toutes.	500	1300.»	200	»	500
Cantagallo	2,000,000	en entier.	10,000	toutes.	200	520.»	200	»	200
Tijuca	1,500,000	568,000	7,500	6,500	200	520.»	40	»	200
ROUTES									
Union et industrie	5,000,000	1,800,000	10,000	6,000	500	1300.»	350	1,042,490	500
Mangaratiba	2,500,000	1,250,000	12,000	toutes.	200	520.»	100	871,309	200
Magé et Sapucaia	180,000	en entier.	1,800	toutes.	100	200.»	100	»	100
NAVIGATION									
Bateaux à vapeur	2,500,000	en entier.	25,000	toutes.	200	520.»	200		200
Amazonas	1,320,000	en entier.	5,500	toutes.	400	1040.»	400	102,827,884	400
Mucury	1,200,000	en entier.	4,000	toutes.	300	780.»	300		300
Niheroby et Inhomerim	400,000	en entier.	1,600	toutes.	250	650.»	250	23,745,040	250
Santista	500,000	en entier.	1,200	toutes.	250	650.»	250		250
Piracicaba et Campos	200,000	en entier.	800	toutes.	1,000	2600.»			250
ASSURANCES									
Maritimes et terrestres	10,000,000	1,000,000	32,000	25,000	500	1300.»	125	10,000,000	500
Fidélité	16,000,000	800,000	80,000	40,000	200	520.»	20	100,000,000	200
Argos Fluminense	2,000,000	200,000	5,000	toutes.	1,000	2600.»	100		1,000
Prévoyance	2,000,000	200,000	2,000	toutes.	1,000	2600.»	100	58,000,024	1,000
Nouvelle permanente	2,000,000	200,000	500	toutes.	1,000	2600.»	400	28,000,000	1,000
Sécurité	1,000,000	100,000	1,000	toutes.	1,000	2600.»	100	60,000,000	1,000
Régénération	300,000	30,000	300	toutes.	1,000	2600.»	100	10,134,873	1,000
Heureux souvenir	500,000	100,000	10,000	toutes.	500	1300.»	10		500
MINES									
Maranhense	1,000,000	250,000	5,000	toutes.	200	520.»	50	»	200
De Goyaz	1,000,000	64,000	1,000	500	1,000	2600.»	100	»	1,000
De Matto-Grosso	100,000	en entier.	200	toutes.	500	1300.»	500	»	500
VOITURES									
Gondoles	100,000	en entier.	400	toutes.	250	650.»	250	»	250
Omnibus	»	72,000	en entier.	720	toutes.	100	200.»	100	»	100
PLACES ET RUES									
Do Cano	10,000,000	250,000	50,000	25,000	200	520.»	10	»	200
Da Gloria	500,000	en entier.	2,500	toutes.	200	520.»	200	»	200
Da Harmonia	200,000	en entier.	1,000	toutes.	200	520.»	200	6,587,090	200
DIVERSES									
Éclairage au gaz	2,400,000	en entier.	8,000	toutes.	500	780.»	500	80,000,000	300
Pointe d'Aréa	1,250,000	en entier.	5,000	toutes.	250	650.»	250	»	250
Lumière stéarique	500,000	en entier.	1,000	toutes.	500	1300.»	500	»	500
Association coloniale de Rio-Novo	500,000	250,000	2,500	toutes.	200	520.»	100	»	200
Chimique	500,000	125,000	2,500	toutes.	200	520.»	50	»	200
Séricicole	300,000	50,000	5,000	1,868	100	260.»	50	»	100
Raffination et distillation	240,000	100,000	2,400	2,000	100	260.»	100	»	100
Mont-de-Piété	400,000	en entier.	4,000	toutes.	100	260.»	100	»	100

L'escompte est, dans les banques, de 9 pour 100 en général, exceptionnellement il s'est élevé à 12 pour 100. Sur la place de Rio de Janeiro, il varie de 9 1/2 à 10 pour 100.

L'usance est généralement à quatre-vingt-dix jours pour l'Europe; quelques affaires se font à trente jours, avec le Portugal; un petit nombre d'autres se traitent à vue.

Le change sur Londres à quatre-vingt-dix jours varie de 24 deniers 3/4 à 27 3/4 pour 1000 reis; il est en moyenne de 25 1/2 ou 2 fr. 55 c.

Le change sur Paris à quatre-vingt-dix jours se maintient entre 370 et 388 reis pour 1 fr.; il est en moyenne de 377 reis ou 98 centimes.

Le change sur Hambourg à quatre-vingt-dix jours varie de 705 à 755 reis par marc de banque; il est en moyenne de 725 reis, soit 1 fr. 88 c.

NÉGOCIANTS ET DÉTAILLANTS. — MARCHANDISES. — Les maisons de commerce du Brésil se divisent en Maisons d'Importation, Maisons d'Exportation et Maisons de Banque.

Le commerce d'importation est, par la nature même des marchandises, subdivisé en plusieurs parties distinctes, tranchées.

Les Brésiliens, les Portugais, les Belges, les Allemands, les Anglais et les Américains font le commerce d'importation des vins, des farines, du bois de sapin, du sel, du charbon, de la glace, des clous, des verres à vitres, du genièvre, de la morue, du fer, de la porcelaine, des cristaux, etc.

Les tissus de coton des fabriques anglaises, qui ne

sont pas articles de nouveauté, sont vendus spécialement par des maisons anglaises ou américaines.

Les tissus, les étoffes de luxe et de nouveauté, les articles de modes, sont la spécialité des négociants français, allemands, belges et suisses.

La quincaillerie et les métaux ouvrés sont vendus par quelques négociants allemands et anglais. Les détaillants sont Français, Portugais ou Brésiliens; il s'en trouve peu appartenant à d'autres nations.

Le commerce d'exportation se fait par l'entremise des consignataires, à qui les planteurs envoient leurs produits. Ces consignataires, qui sont presque tous Portugais ou Brésiliens, vendent aux négociants exportateurs.

Ces derniers sont presque tous étrangers : le plus grand nombre appartient à l'Amérique du Nord, puis viennent les Allemands, les Anglais, les Grecs et les Français.

Les affaires de banque sont traitées par la Banque du Brésil, la Banque commerciale et agricole, la Banque rurale et hypothécaire, la Banque Mauá et quelques autres moins importantes.

Les habitudes du commerce brésilien diffèrent trop de celles du commerce en Europe pour qu'on puisse établir quelques comparaisons à ce sujet.

Les achats ont généralement lieu pendant la première quinzaine du mois et les factures ne prennent date qu'à partir du dernier jour du même mois. Si les achats sont faits vers la fin du mois, ils ne sont souvent facturés que du dernier jour du mois suivant. L'échéance des factures est à douze mois et l'intérêt pen-

dant ce temps de 8 et 9 pour 100. En remettant la facture à un acheteur, le négociant lui fait signer un
compte mentionnant en bloc la somme totale des achats
plus l'intérêt. Ce compte, bien qu'il ne soit pas négo-
ciable, constitue un titre sur lequel les banques font
des avances des deux tiers ou des trois quarts.

Outre le délai d'un an, après la date de la facture,
accordé pour le payement, il est d'usage de donner un
plus long délai sans protêt à l'échéance, mais en ajoutant l'intérêt du jour du retard au jour du payement.
Le crédit se prolonge ainsi pendant deux ans et quelquefois plus.

Les détaillants qui profitent de ces longs crédits en
font profiter à leur tour les consommateurs, en sorte
que le commerce brésilien repose entièrement sur un
vaste crédit réciproque[1].

TRIBUNAUX DE COMMERCE. — Il existe au Brésil
quatre tribunaux de commerce, savoir : Rio de Janeiro,
Bahia, Pernambuco et Maranhão.

COMMISSION DE LA BOURSE. — Entre le tribunal
de commerce et les commerçants se place la commission de la Bourse, composée d'un nombre variable de
membres, qui choisissent entre eux un président, un
secrétaire et un trésorier. Cette commission représente
le commerce dans sa plus haute acception et en est l'interprète naturel près des autorités. La commission de
la Bourse a quelque analogie avec nos chambres de
commerce.

---

[1] Par une convention en date du 20 juillet 1858, les négociants de fer
en gros, de quincaillerie et autres articles de fer ont réduit à six mois la
durée du crédit qu'ils accordent à leurs acheteurs.

COURTIERS. — Les courtiers sont au Brésil les analogues des agents de change français, avec les attributions des courtiers de commerce. Il sont soumis à des certificats d'aptitude et à un cautionnement; ils doivent être Brésiliens ou naturalisés. Leur nombre est actuellement de trente-huit :

Six courtiers en navires;

Onze courtiers en marchandises;

Dix-sept courtiers en fonds;

Trois courtiers en fonds et marchandises;

Et un courtier en fonds, marchandises et navires.

Les courtiers nomment tous les ans cinq membres qui forment une commission nommée Junta dos Corretores. Les cinq membres de la Junte choisissent entre eux un président, un secrétaire et un trésorier.

La Junte forme, pour tous les courtiers, un tribunal de première instance, dont l'appel est au tribunal de commerce. Elle établit et fait observer le règlement intérieur des courtiers. Elle établit les cours du change de l'escompte, des métaux précieux, des frets et de quelques marchandises principales. Ces cours sont publiés le lendemain dans le *Jornal do commercio*.

AGENTS DE VENTES PUBLIQUES. — Il existe au Brésil certaines charges presque semblables à celles des commissaires-priseurs; ce sont celles des Agentes de Leilões, c'est-à-dire agents de ventes publiques. Ils sont soumis au cautionnement et aux mêmes formalités que les courtiers. Leur nombre est indéterminé.

Les agents de ventes publiques peuvent vendre, soit chez eux, soit hors de leur domicile, tous les objets de commerce, objets mobiliers, propriétés immobilières,

esclaves, navires, marchandises avariées ou en bon
état.

DOUANES. — Au Brésil, l'administration, chargée de
percevoir les droits à l'entrée des marchandises étrangères, porte le nom d'Alfandega, douane. Celle qui per-
çoit les droits de sortie sur les marchandises nationales
se nomme Consulado.

A la tête de la douane se trouve un Inspecteur qui
est placé à Rio dans la dépendance du tribunal du
Trésor national, et dans les provinces sous l'autorité du
Président. L'inspecteur nomme librement tout le personnel subalterne placé sous ses ordres.

La douane brésilienne est établie tout entière sur les
côtes; les frontières de terre sont trop peu connues et
trop désertes pour qu'elle puisse y être installée.

A l'arrivée d'un navire, un agent appelé Guarda-môr
se rend à bord et indique au capitaine les formalités
qu'il doit observer. Le navire est ensuite déchargé soit
à la douane, soit par les alléges. Dans ce dernier cas,
un employé de la douane prend note des colis déchar-
gés, de leurs marques et numéros ; il accompagne l'al-
lége jusqu'à la douane et les marchandises sont dépo-
sées dans les entrepôts publics ou particuliers. Pour
les faire sortir de ces entrepôts, il faut acquitter les
droits de douane et obtenir une *dépéché* qui en autorise
la sortie.

Les formalités généralement longues et minutieuses
sont encore accrues par l'insouciance des employés de
la douane, et le peu de bonne grâce qu'ils mettent à
remplir leurs propres fonctions. La vénalité de tous les
agents de la douane est telle qu'il faut que le commerce

les remunère, s'il veut voir s'accomplir sans entraves les formalités multiples de la douane. Il est vrai que les appointements alloués par l'administration sont de moitié ou des trois quarts trop faibles, pour qu'un employé puisse subsister, même de la manière la plus modeste.

Le paiement des droits de douane peut, pour moitié de son importance, être effectué à quatre mois, au moyen d'un billet souscrit par le négociant et payable au porteur. La forme de ce billet, qui doit être sur papier timbré, a été déterminée par un décret du 24 septembre 1859. Ces billets ne peuvent pas être inférieurs à un conto de reis[1], et les fractions doivent, autant que possible, être évitées. Au montant du billet s'ajoute une prime fixée d'après le taux des escomptes de la Banque du Brésil et de ses succursales. Faute de payement à l'échéance, la prime s'accroît en raison double pour tout le temps du retard, sans préjudice des poursuites contre le souscripteur du billet. Les termes de ce billet, fixés par le décret précité, sont les suivants :

.... *Localité*.. *date*..... *Reis*.....

Au porteur de ce billet, je payerai le...... 18.. la somme de..... reis, importance de la moitié des droits de consommation sur des marchandises dépêchées à la douane de cette ville et de la prime correspondante de.... pour 100, demeurant sujet à défaut de payement au double de la prime, ainsi que cela est déterminé par décret n° 2475 du 24 septembre 1859. Signature.

L'administration appelée Consulado, chargée de percevoir les droits d'exportation sur les marchandises ou

---

[1] Le mot *conto*, appliqué aux reis, signifie un million. Pour toute autre quantité on emploie le mot *milhão*.

les produits brésiliens, opère cette perception d'après le tarif suivant :

Diamants bruts. . . . . 1/2 p. 0/0.

Or en barre poinçonné par l'hôtel des Monnaies. . . . . 1 p. 0/0.

Poudre à feu, argent brut ou manufacturé, bijoux, pierres précieuses (excepté les diamants bruts), or en poudre, or en barre non poinçonné. . . . . 2 p. 0/0.

Eau-de-vie de canne à sucre, cachaça, coton en rame, coton tissu blanc, coutil de coton, amendoin pour huile, indigo, arrow-root, riz, sucre blanc, sucre brut, sucre raffiné, cuirs tannés, huile de poisson, colle de poisson, pommes de terre, biscuit de mer, cables de cuir, café en grain, café moulu, caisses pour cire ou confitures, chaux de coquillages, viande sèche, cornes, cigares et cigarettes, chapeaux de poil, chapeaux de paille, chocolat, cristal, crin, cuir de cheval, cuir de bœuf, cuirs salés, colle, confitures de toute qualité, nattes, étoupe, farine de manioc, farine de maïs, haricots, fil de coton, tabac en rôles et en feuilles, fusées, gomme, ipécacuanha, laine, bois à brûler, liqueurs, mamon en grains, mate, couvertures de coton, mélasse, maïs, huile de ricin ou de mamon, poils de chèvre et autres, fromages, quinquina, sirops, savon, sel, suif, sacs de cuir, salsepareille, tabac en poudre, tabac à fumer, tamarins, tamancos (sorte de chaussure), tapioca, tortues, tuiles, briques, graisse et lard, sabots de bœuf, bois de toutes qualités. . . . . 7 p. 0/0.

Les marchandises provenant du municipio de Rio-de-Janeiro et destinées à être portées en pays étranger payent, en sus des droits précités. . . . . 5 p. 0/0.

de dîme, à l'exception du café, qui ne paye que. . . . . . 4 p. 0/0.

Lorsque l'exportation a lieu pour les autres provinces de l'empire, cette dîme est élevée à. . . . . 10 p. 0/0.

Les embarcations étrangères achetées par des nationaux payent lors même qu'elles seraient destinées à être déchirées. 15 p. 0/0.

La vente des embarcations nationales et des embarcations étrangères, même quand elles deviennent la propriété d'un étranger, est passible d'un droit de. . . . . 5 p. 0/0.

Les embarcations au long cours, nationales ou étrangères, payent 300 reis par tonneau, lorsqu'elles entrent et sortent chargées; si elles entrent avec charge et sortent sur leur lest et *vice versa*, elles payent seulement 150 reis par tonneau.

Les embarcations, qui font seulement escale sans rien charger ni décharger, payent 30 reis d'ancrage par tonne et par jour. Celles qui entrent par cas de force majeure sont exemptes de droits. Sont aussi exemptes de droits d'ancrage les embarcations au long cours, qui dans le courant d'une année font plus de deux voyages; l'exemption est accordée à tous les voyages au-dessus du nombre deux.

MESURES, POIDS ET MONNAIES. — Les mesures, poids et monnaies du Brésil sont indiqués dans les tableaux suivants avec leur valeur en mesures, monnaies ou poids français. Ces renseignements, puisés sur les lieux et présentant par suite une certaine exactitude, nous ont paru utiles dans cet ouvrage essentiellement destiné à faire connaître le Brésil tel qu'il est. Les différentes évaluations d'une même mesure dépendent souvent des objets auxquels cette mesure est affectée et parfois aussi des provinces dans lesquelles elle est employée.

Mesures de longueur.

	MÈTRES.
Braça, 10 palmos.	2 20
Passo geometrico.	1 65
Passo ordinario.	» 825
Vara, 5 palmos.	1 10
Covado.	» 680,625
Suivant d'autres [1]	» 678,975
Palmo legal ou de carveira.	» 22
Palmo da junta do commercio.	» 200,2
Pé, 12 pollegados.	» 55
Pollegado, 12 linhas.	» 027,5
Linha, 12 pontas.	» 002,291

Jornal do Commercio du 5 décembre 1858.

Mesures itinéraires.

	MÈTRES.
Legua.	6,172 839,5
Suivant d'autres [1]	5,555 55
Milha geographica.	1,851 851,8

Mesures agraires.

	ARE.
Braça quadrada, 4 varas quadradas	» 048,4
Vara quadrada, 25 palmos quadrados.	» 012,1
Pé quadrado	» 001,089
Palmo quadrado, 64 pollegados quadrados. . . .	» 000,484
	DÉCIM. CAR.
Pollegado quadrado.	» 075,6

Mesures de capacité pour les liquides.

	MÈTRE CUBE.
Tonneau de jauge	» 793,276
Palme cube.	» 010,048

	LITRES.
Tonel, 2 pipas.	847 50
Pipa, 25 almudes, ...	425 75
Suivant d'autres [1]	479 160
Almude, 2 potes.	16 95
Pote, 6 canadas.	8 475
Medida, 2 canadas.	2 825
Canada, 4 quartilhos.	1 412,5
Canada velha	6 890
Canada (*suivant d'autres*) [1]	2 662

Mesures de capacité pour les grains.

	LITRES.
Moio, 15 fangas.	828 »
Fanga, 4 alqueires.	55 20
Alqueire, 4 quartas.	13 80
Quarta, 2 oitavas.	3 45
Oitava, 2 maquias.	1 725
Maquia, 2 selamim.	» 862,5
Alqueire de Lisboa [1]	55 105
Alqueire de 1960 pouces cubes [1]	40 762
Alqueire de 1918 pouces cubes [1]	39 888
Alqueire du pays [1]	36 269
Sac (riz, tapioca, etc)	72 538

[1] *Jornal do Commercio* du 3 décembre 1838.

Poids du commerce.

	KILOGRAMMES.
Tonellada.	795 028,966,4
Barrique [1]	88 08
Baril [1]	29 560
Ancoreta (petit baril) [1]	14 685
Paroleira (petite cruche) [1]	4 »
Quintal, 4 arrobas	58 742,886,4
Arroba, 32 libras.	14 685,721,6
Libra, 2 marcos.	» 458,928,8
Suivant d'autres [1]	» 458,750
Marco, 8 onças.	» 229,464,4
Onça, 8 oitavas.	» 028,683,05
Oitava, 5 escrupulos.	» 003,585,38
Escrupulo, 24 grãos.	» 001,195,127

Poids pour les pharmaciens.

Libra, 12 onças.	» 344,196,6
Onça, 8 drachmas.	» 028,683,05
Drachma, 3 escrupulos.	» 003,585,38
Escrupulo, 24 grãos.	» 001,195,127

Poids pour l'argent.

Marco, 12 dinheiros.	» 229,464,4
Dinheiro, 24 grãos.	» 019,122,05
Grão, 4 oitavas.	» 000,796,52

Poids pour l'or.

Marco, 24 quilates.	» 229,464,4
Quilate, 4 grãos.	» 009,561,016
Grão, 8 oitavas.	» 002,390,254

Poids pour les diamants.

Onça, 8 oitavas.	» 028,683,05
Oitava, 5 escrupulos.	» 003,585,38
Escrupulo, 6 quilates.	» 001,195,12
Quilate, 4 grãos.	» 000,199,186

Le poids des diamants est presque toujours indiqué en quilates.

[1] *Jornal do Commercio* du 5 décembre 1858.

Monnaies.

MÉTAUX.	TITRE	TOLÉRANCE DANS LE TITRE	POIDS DES MONNAIES		TOLÉRANCE DANS LE POIDS	POIDS FRANÇAIS.		VALEUR EN REIS	VALEUR EN FRANCS
			OITAVAS	GRÃOS		GRAM.	MILLIGR.		
Or. . . .	0.917	0.002	5	»	1	17	926	20,000	56.60
			2	36	1/2	8	963	10,000	28.30
			1	18	1/4	4	481	5,000	14.15
Argent. .	0.917	0.002	7	8	2	25	495	2,000	5.19
			5	40	1	12	747	1,000	2.60
			1	56	1/2	6	375	500	1.30
			»	51 1/5	20 grãos par libra	2	549	200	».52
Cuivre. .	Monnaies de dimensions et de poids irréguliers [1]. . .							40	».104
								20	».052
								10	».026

[1] En principe, les monnaies de cuivre doivent être régulières en poids et en dimension, mais, en fait, elles ne le sont pas. Pour de grandes quantités, qu'il serait trop long de compter, on peut cependant les évaluer approximativement en les pesant.

La forme, les dimensions, le poids et le type des monnaies d'or et d'argent ont été réglés par un décret du 2 mars 1860. Les monnaies d'or portent d'un côté l'effigie du souverain entourée d'une inscription qui mentionne son nom et son titre en langue latine : *Petrus II, Dei Gratia Constitutionalis Imperator et Perpetuus Brasilia Defensor*. De l'autre côté sont les armes impériales surmontées de l'inscription : *In hoc signo vinces*. Autour des monnaies d'or et en relief est écrit : *Imperio do Brasil*. Les monnaies d'argent portent au lieu de l'effigie de l'empereur une couronne de tulipes entourant le chiffre indicatif de la valeur de la monnaie. Au revers elles sont semblables aux monnaies d'or. La tranche en est cannelée.

Le type des monnaies de cuivre est analogue à celui des monnaies d'argent.

Le gouvernement exploite lui-même son hôtel des monnaies, qui est placé sous la direction du ministre des finances.

Outre les monnaies que nous venons d'indiquer, et qui tendent à remplacer successivement toutes les autres, il en existe d'anciennes dont la circulation est légale et qui sont reçues dans les caisses publiques. Ce sont, pour la plupart, des piastres espagnoles refrappées aux armes du Portugal et du Brésil réunies, ou aux armes du Brésil seules. D'autres sont des monnaies portugaises ou des monnaies brésiliennes frappées sous l'empereur Dom Pedro Ier. Les principales de ces monnaies sont : la pièce de 2 patacas, argent, marquée 320 et ayant cours pour 640 reis ou 1 franc 66 centimes ; la pièce de 4 patacas, marquée 640 reis et valant 1,280 reis ou 5 francs 33 centimes ; la pièce de 6 patacas, marquée 960 et reçue pour 1,920 reis ou 4 francs 99 centimes.

La circulation du papier-monnaie au Brésil est considérable ; les monnaies d'or et d'argent sont relativement en petite quantité, et sur certains points le défaut s'en fait vivement sentir. En droit, le gouvernement seul a le droit d'émettre ou d'autoriser l'émission des billets à vue et au porteur ; mais, en fait, plusieurs maisons de commerce ou de banque, des entreprises particulières ou même de simples négociants émettent des bons au porteur, pour des sommes très-minimes.

A Rio-de-Janeiro, les banquiers font circuler des billets au porteur et à vue de toutes valeurs. Les maisons qui prêtent sur gage, les compagnies d'omnibus, de bateaux à vapeur, etc., mettent aussi en circulation des billets pour de très-petites sommes.

A Campo-Alegre, certains fazendeiros avaient émis des billets de cinq cents à dix mille reis, pour le payement des services des esclaves ou l'achat des vivres nécessaires au personnel de leur exploitation. Le même fait s'est produit à Diamantina et à Bragança.

A Bemposta, il s'était formé une compagnie composée de trente associés, pour l'émission du papier-monnaie. Le tribunal de commerce n'a pas enregistré les statuts de cette société.

Dans les provinces de Maranhão, de Ceará, de Santa-Catharina, et sous prétexte que la petite monnaie faisait défaut, divers négociants et des particuliers fabriquèrent des billets au porteur de cent soixante, deux cents, cinq cents reis, etc.

Tous les ministres, qui ont dirigé l'administration des finances, ont blâmé cette manière illégale de procéder, et pris des mesures pour l'interdire ; mais l'habitude, plus forte que la loi, continue à être suivie, au moins pour les valeurs minimes.

CONDITION DES NAVIRES BRÉSILIENS DANS LES PORTS DE FRANCE ET DES NAVIRES FRANÇAIS DANS LES PORTS DU BRÉSIL. DROITS DE DOUANE EN FRANCE SUR LES MARCHANDISES BRÉSILIENNES. — En France, depuis le 20 mai 1840, les bâtiments marchands brésiliens sont traités comme les bâtiments nationaux, et les bâtiments marchands français entrent dans les ports du Brésil, depuis la même époque, aux mêmes conditions que les embarcations brésiliennes.

Les navires brésiliens dans les ports français sont exempts de droits de tonnage et sont, pour les droits d'expédition, d'acquit, de permis et de certificat, assimilés aux navires français.

Les marchandises originaires et importées directement du Brésil sous pavillon brésilien sont assimilées pour la perception des droits aux mêmes conditions que les marchandises de même nature importées par navires français.

Nos lecteurs trouveront ici avec intérêt, nous l'espérons, le tarif actuel (mai 1861) des droits de douane dont sont passibles les marchandises introduites en France dans les conditions que nous venons d'énoncer. Plusieurs des produits que nous mentionnons ne trouvent pas encore en France un marché suivi; mais, mieux connus et mieux appréciés, l'importation de ces produits ne peut que s'accroître et ouvrir des débouchés nouveaux aux richesses brésiliennes.

Droits d'entrée en France.

Baume de Copahu (100 kilogr.)	15 francs.
Bois d'ébénisterie de toute sorte, en billes et bûches ou scié à plus de deux décimètres d'épaisseur.	Exempt.
Bois d'ébénisterie de toute sorte, scié à deux décimètres d'épaisseur ou moins (100 kilogr.).	1 franc.
Bois de teinture[1] en bûches	Exempt.
— moulu (100 kilogr.)	20 francs.

[1] Au Brésil, les bois de teinture ne sont soumis à aucun droit d'exportation. L'exploitation des bois dits bois de ou du Brésil est réservée au gouvernement. Ils sont considérés comme propriété nationale. Les coupes ne peuvent avoir lieu sans autorisation ; elles sont faites uniquement par

Bois odorants (sassafras et autres). . . . . Exempts.
Cacao (fèves et pellicules) [1] (100 kilogr.) . . . . 25 francs.
Café [2] (100 kilogr.). . . . . 42 francs·
Caoutchouc brut [3] . . . . Exempt.
Coton [4] en laine . . . . Exempt.
— non égrené (100 kilogr.) . . . . . . : . . . . . . 0 fr. 07 c.
Cristal de roche brut [5] (100 kilogr.) . . . . 62 francs.
Diamants bruts [5] (1 hectogr.). . . . . 0 fr. 50 c·
— taillés (1 hectogr.) . . . . : . . . . 1 franc.
Écaille de tortues [6] . . . . Exempte.
Gommes [7] (100 kilogr.) . . . . 20 francs.
Ipecacuanha [7] (1 kilogr.). . . . . ? . . . . 1 franc.
Minerai de fer [8] . . . . : . . . . Exempt.
— d'or [9] . . . . Exempt.
Noix de coco [10]. Exemptes.
Or brut [11] (1 hectogr.). . . . . 0 fr. 25 c.
Peaux sèches ou fraîches (grandes) (100 kilogr.) . . . . . . 2 fr. 50 c.

les propriétaires des terrains qui produisent ces bois. Sur les terrains du gouvernement, la coupe peut être faite par toute personne autorisée à cet effet par l'autorité compétente. Au gouvernement seul appartient la vente et l'exportation de ce produit.

Lorsqu'un propriétaire, sur le terrain duquel se trouvent des *bois du Brésil*, est invité par la Trésorerie à faire opérer une coupe, et qu'il s'y refuse, la Trésorerie peut, à l'expiration d'un délai raisonnable, faire opérer la coupe par le soumissionnaire qui offre de la faire le plus avantageusement pour le Trésor national.

Les soumissionnaires d'une coupe déposent une déclaration écrite énonçant :

Le prix pour chaque quintal (58 kilogr. 742,886,4);

La quantité qu'ils s'engagent à couper ;

Et de plus l'obligation qu'ils prennent de ne couper et de ne présenter à l'entrepôt que des bois de qualité supérieure.

Les visiteurs doivent rejeter et faire brûler tout le bois qui n'est pas reconnu de première qualité.

Des amendes élevées sont infligées aux navires qui exportent en contrebande du *bois du Brésil*, ainsi qu'à tous ceux qui se sont rendus complices de la contrebande à quelque titre que ce soit. Les navires qui réussiraient à exporter clandestinement du *bois de Brésil* sont passibles de la saisie et de toutes les poursuites de droit, lorsqu'ils se représentent dans l'un des ports de l'empire. (Règlements du 11 janvier 1842 et du 15 mars 1845, loi du 21 octobre 1843, décret du 20 juin 1844)

[1] Voir page 217. — [2] Voir page 185. — [3] Voir page 208 — [4] Voir page 193. — [5] Voir page 114. — [6] Voir page 128. — [7] Voir chapitre XI. — [8] Voir pages 112, 114. — [9] Voir page 114. — [10] Voir chap. XI. — [11] Voir page 114.

Pierres gemmes autres que le diamant [1], brutes (1 hectogr.). 0 fr. 25 c.

— — taillées (1 hectogr.). 0 fr. 50 c.

Plumes de parure [2]. Exemptes.

Quinquina [3]. . . . . Exempt.

Résines [3] (100 kilogr.). . . . . 8 francs.

Riz en grains [4] (100 kilogr.) . . . . 2 francs.

Rocou en grains ou préparé [5]. . . . . Exempt.

Salsepareille [6] . . . . Exempte.

Sucre non raffiné [7] (100 kilogr.) . . . . 25 francs.

Tabac en feuilles ou en côtes [8] (pour la Régie). . . . . . . Exempt.

Vanille [9] (1 kilogr.). . . . . 5 francs.

Végétaux filamenteux bruts [3]. . . . . Exempts.

— — peignés (100 kilogr.). . . . . 15 francs.

Viande sèche ou salée [10] (100 kilogr.). . . . . 50 francs.

Outre les produits que nous venons de nommer, la France peut trouver au Brésil et utiliser avec avantage les suivants :

Arachides en gousses ou pistaches de terre [11].

Araruta ou Arow-root.

Bois de Tatajiba (teinture) [12].

Eau-de-vie de canne à sucre ou rhum [13].

Crin.

Fanons de baleine.

Fromages de Minas.

Gommes et résines diverses.

Graines d'alpiste [14].

Fécules de manioc (tapioca, etc) [15].

Huile de poisson.

Mate [16].

Salpêtre de Minas.

Filasse de palmiers [17].

Huile de ricin (palma-christi).

Graines de pichurim [18].

Écorce de sassafras.

Filaments de tillandsia usneoides.

Écorce tinctoriale du paraguatan [19].

Rubis [20].

Saphirs.

Émeraudes.

Hyacinthes.

Topazes.

Aventurines.

Spaths.

---

[1] Voir pages 112, 114, 116. — [2] Voir page 128. — [3] Voir chapitre XI. — [4] Voir page 212. — [5] Voir page 179. — [6] Voir page 178. — [7] Voir page 190. — [8] Voir page 201. — [9] Voir page 184. — [10] Voir page 121. — [11] Fruit oléagineux, rouge-vineux à l'extérieur, renfermé dans une gousse blanchâtre. — [12] Voir page 163 — [13] Voir page 192. — [14] Graines de couleur paille, luisantes, allongées, pointues aux deux extrémités. — [15] Voir page 209. — [16] Voir page 170. — [17] Bactris maraja, Bactris setosa, Astrocaryum vulgare, etc., chapitre XI. — [18] Voir page 175. — [19] Rubiacée. Macronemum tinctorium. Croît dans la province do Amazonas. — [20] Voir chapitre IX.

Corindons.

Zircons.

Tourmalines.

Grenats.

Chrysolithes ou Cymophanes.

Obsidiennes.

Calcédoines.

Cornalines.

Sardonyx.

Onyx.

Quartz-résinites.

Opales.

Jaspes fleuris.

Améthystes ou quartz hyalin violet.

Agates diverses.

Kaolin ou Derle.

Etc., etc.

Le territoire le plus riche en diamants est, au Brésil, celui qui s'étend de l'aldéa d'Itambé, dans la province de Minas-Geraes, jusqu'à Sincora, sur la rive du Paraguassú, province de Bahia, entre 20°, 19° et 15° de latitude sud. Ces précieux gemmes se trouvent surtout vers les embouchures du Rio Doce, du Rio Arassuhy, du Rio Jiquitinhonha, etc. Les gros diamants sont extrêmement rares; sur cent mille diamants, il est rare qu'il s'en trouve plus d'un dont le poids atteigne 4 grammes 240 milligrammes. Le plus gros diamant fourni par le Brésil est celui qui a figuré à l'exposition universelle de 1855, sous le nom de *Estrella do Sul* (Étoile du Sud). L'exploitation des diamants fait négliger celle des autres pierres précieuses, qui fourniraient, sans contredit, un important revenu au gouvernement, et deviendraient une branche lucrative du commerce d'exportation.

IMPORTATIONS DU BRÉSIL EN FRANCE. — Les importations du Brésil en France pendant l'année 1858, la seule pour laquelle nous ayons des données exactes, se sont élevées à une *valeur officielle*[1] de 21,255,401 fr.,

---

[1] On appelle *valeur officielle* la valeur calculée d'après une base fixe et invariable, qui a pour but de ramener toutes les marchandises à une unité commune, afin de totaliser et de comparer sur cette base les résultats d'époques diverses. En France, cette base a été déterminée par une ordonnance du 27 mars 1827.

soit en *valeur actuelle* ou *réelle*[1] à 51,694,226 fr. C'est sur ce dernier chiffre que nous baserons les détails et les observations qui vont suivre.

La somme de 51,694,226 fr. représente la valeur totale des marchandises brésiliennes arrivées en 1858 dans les ports français, mais sur cette quantité une partie seulement est restée en France pour la consommation intérieure, le reste a été réexporté pour les autres pays. La valeur totale conservée en France est de 18,152,677 fr. On verra plus loin que ce chiffre est de beaucoup inférieur à celui de la valeur des marchandises exportées de France pour le Brésil.

Les produits introduits en France pour la consommation française se classent, comme il suit, d'après leur importance commerciale :

	KILOGRAMMES.	FRA CS.
Café	4,264,088	5,543,514
Sucre brut	5,789,103	4,283,942
Peaux brutes . . . . '. . . .	1,610,129	2,620,819
Cacao	1,736,651	2,604,977
Bois d'ébénisterie	2,551,061	1,016,816
Coton en laine.	225,408	446,816
Crins bruts	118,970	553,116
Cendres et regrets d'orfèvre	8,254	247,620
Caoutchouc et gutta-percha	60,049	150,125
Cornes de bétail brutes	227,255	195,167
Fécules.	568,810	405,691
Oreillons	19,658	5,898
Vanille.	97	15,520
Cuivre pur de première fusion	20,274	57,781
Laines en masse.	10,550	18,764
Coques de Coco	254,160	55,124
Tabac	492	411
Baume de Copahu	6,999	58,794
Autres articles.		130,284

[1] La *valeur actuelle* ou *réelle* est essentiellement variable, elle suit toutes les fluctuations du commerce. Les Chambres de commerce sont particulièrement chargées de la fixation de cette valeur.

Les produits qui n'ont fait que transiter en France ou y ont été entreposés pour la consommation ultérieure ou pour la réexportation, sont les suivants (Diverses industries et notamment celle des transports bénéficiant sur ces marchandises, il est juste d'en tenir compte pour le mouvement du commerce entre le Brésil et la France) :

	KILOGRAMMES.	FRANCS.
Café	7,525,748	9,780,875
Sucre brut	917,625	679,044
Peaux brutes	522,520	427,440
Cacao	865,545	1,295,517
Bois d'ébénisterie	704,160	285,149
Coton en laine	128,194	526,708
Crins bruts	146,545	410,520
Caoutchouc et gutta-percha bruts	2,025	5,057
Fécules exotiques	9,055	9,956
Guano	1,075,000	576,250
Oreillons	58,867	11,660
Vanille	8	1,280
Laines en masse	955	5,765
Coques de coco	9	1
Tabac	4,500	42,572
Autres articles		45,291

EXPORTATIONS DE FRANCE AU BRÉSIL. — Les marchandises exportées de France au Brésil en 1858, représentent une *valeur officielle* de 67,747,989 fr. et une *valeur réelle* de 69,186,052 fr. Sur cette dernière somme 50,918,505 fr. représentent la valeur des marchandises d'origine française, le surplus est afférent aux marchandises étrangères en transit pour le Brésil. Mais, en général, le commerce français profitant à certains égards du transit des produits étrangers, nous les comprendrons dans le détail qui suit.

Les produits français exportés pour le Brésil sont multiples, et leur nomenclature entière dépasserait les bornes que nous nous sommes assignées, aussi les résumerons-nous sous certaines dénominations génériques qui, d'ailleurs, satisferont comme éléments de comparaison pour le commerce des deux pays :

	UNITÉS.	QUANTITÉS.	FRANCS.
Tissus, passementerie et rubans de coton	le kilogr.	652,852	6,810,584
Tissus, passementerie et rubans de soie	»	110,680	13,800,376
Tissus, passementerie et rubans de laine.	»	268,525	6,912,986
Peaux préparées et ouvrages en peau et en cuir	»	506,515	5,174,844
Vêtements et pièces de lingerie. .	»	174,815	4,912,207
Papier, carton, livres, gravures. .	»	957,525	1,996,571
Vins.	le litre	8,158,851	7,966,556
Mercerie et boutons.	le kilogr.	227,433	2,728,235
Poterie, verres et cristaux. . . .	»	1,261,982	1,514,889
Poils de lapin, de lièvre, de blaireau	»	41,410	455,510
Beurre salé	»	1,090,271	2,507,623
Armes	»	92,265	1,807,480
Parfumerie	»	181,725	908,615
Outils et ouvrages en métaux. . .	»	656,922	1,557,671
Chapeaux de feutre.	en francs	. . . . . .	871,034
Orfèvrerie et bijouterie	le gramme	414,120	1,155,691
Médicaments composés	le kilogr.	79,697	749,968
Meubles	en francs.	. . . . .	708,639
Tissus, passementerie et rubans de lin ou de chanvre	le kilogr.	55,220	415,186
Modes et fleurs artificielles. . . .	en francs	. . . . .	616,045
Poissons marinés ou à l'huile. . .	le kilogr.	150,642	241,027
Tabletterie et bimbeloterie. . . .	»	28,585	561,955
Parapluies et parasols.	en francs	. . . . .	520,474
Horlogerie.	»	. . . . .	281,460
Instruments de musique	»	. . . . .	510,959
Acide stéarique ouvré.	le kilogr.	49,769	154,376
Machines et mécaniques.	»	216,953	208,507
Or battu en feuilles laminé et filé .	le gramme	61,420	161,760
Eau-de-vie, esprits et liqueurs (Alcool pur).	le litre	109,560	198,757
Huile d'olives et graines grasses. .	le kilogr.	105,292	168,191

Encre liquide à écrire ou à imprimer.	le kilogr.	23,442	95,768
Ouvrages en caoutchouc.	»	11,323	112,060
Articles de l'industrie parisienne .	»	11,058	103,203
Autres articles.		. . . .	2,923,247

Des chiffres qui précèdent, il ressort que le Brésil reçoit en marchandises de la France une valeur plus que double de celle qu'il y fournit, si on tient compte des marchandises en entrepôt ou en transit, et une valeur à peu près quadruple, si l'on ne considère que les marchandises mises en consommation en France. Ces faits qui ne concernent que le seul commerce franco-brésilien, confirment ce que nous avons dit dans les premières pages de ce chapitre au sujet de l'excédant de marchandises importées au Brésil, sur ce que sa production lui permet d'exporter.

Le danger de cet état de choses est bien évident, et le Brésil ne saurait trop se hâter d'y mettre un terme par des mesures énergiques prises, non pas dans le but de restreindre sa consommation intérieure, mais dans celui d'accroître sa production.

La colonisation est le principal de ces moyens; nous présentons cette question dans le chapitre suivant.

XIV

COLONISATION

La colonisation est, au Brésil, le moyen unique de peupler un sol riche, fécond, et de mettre la production en harmonie avec les besoins. Dans un écrit publié à Rio-de-Janeiro, nous avons exposé l'inconvénient qui résulte de la culture exclusive des produits destinés à l'exportation. La cherté des subsistances, qui pèse si cruellement sur le Brésil, a pour cause principale l'absence des cultures d'objets d'alimentation.

La culture des céréales, celle des plantes textiles, des tubercules alimentaires, l'élève des bestiaux et la création des prairies, ne tarderaient pas à augmenter le bien-être, la richesse réelle et foncière du pays, tout en mettant les subsistances à bas prix.

L'abolition de la traite a porté un coup funeste aux planteurs brésiliens. Le choléra a décimé un nombre considérable d'esclaves et la culture souffre aujourd'hui du manque de bras.

Les efforts du gouvernement brésilien pour attirer à lui l'émigration européenne sont nombreux. Tous n'ont pas eu un égal succès, et le nombre d'étrangers établis au Brésil, dans le but de cultiver le sol, est encore bien petit.

Le climat du Brésil méridional seul convient au travailleur européen. Il est vrai que partout l'Européen s'acclimate, mais il ne s'acclimate sous la zone torride qu'à la condition de ne pas employer ses forces comme il l'eût pu faire dans son pays.

Les provinces de São-Paulo, de Santa-Catharina, de Paraná, de São-Pedro-do-Rio-Grande-do-Sul, partie de celles de Goyáz, de Minas-Geraes et de Matto-Grosso sont les plus favorables à la santé des Européens.

Les émigrants pour le Brésil appartenant en majeure partie à l'Allemagne, à la Belgique, à la Suisse, le climat des provinces du Sud doit naturellement leur mieux convenir. Les Portugais, qui émigrent aussi en grand nombre pour ce pays, se destinent, en général, au service des maisons de commerce et aux divers métiers des villes ; c'est le plus petit nombre d'entre eux qui se voue à la culture, et souvent ils ne le font que pour se créer des ressources, qui sans cela leur feraient totalement défaut.

La colonisation des provinces plus chaudes, de celles qui sont au Nord du 20e parallèle, doit donc, autant que possible, être tentée avec des hommes de contrées plus chaudes que celles de l'Europe moyenne.

Le Brésil a déjà introduit sur son territoire un certain nombre de Chinois, mais cet essai est resté infructueux. En parlant des Chinois, nous reprenons, nous le savons, une question bien débattue et qui, aujourd'hui, semble abandonnée au Brésil. Les adversaires du travail des coolies paraissent avoir triomphé, mais ils n'ont rien offert pour remplacer les moyens de travail qu'ils interdisent et combattent. La nécessité de la production, nécessité suprême pour le Brésil, parlant plus haut que les théories, il est urgent de recourir aux moyens pratiques de l'exécution du travail, laissant au temps l'œuvre de fusion des races qui, en peuplant le Brésil, auront contribué à sa prospérité, à son développement et à la mise en valeur des richesses de son territoire.

Bien des personnes se sont élevées contre l'introduction des travailleurs chinois : des hommes d'État ont déclaré impossible l'implantation de ces peuples au Brésil, faisant remarquer, — avec raison, il est vrai, — que le Chinois hors de son pays n'y conserve plus de relations et ne peut, par suite, attirer un courant d'émigration de ses nationaux, en leur faisant connaître les avantages que le Brésil peut leur offrir. Un écrivain de talent a nié aux Chinois leur qualité d'hommes, il a dit d'eux : « le Chinois n'est pas un homme ; c'est une espèce de monstre, soit de corps, soit d'esprit, c'est de la boue, c'est de la poussière, ce n'est rien [1]. »

On a peine à comprendre qu'un écrivain de mérite se laisse aller à de pareilles injures, à l'égard d'autres hommes qui ont le tort d'avoir une civilisation différente de la sienne et qui ne connaîtront pas son livre pour se défendre. En vérité, les Chinois auraient bien raison de nous traiter de barbares s'ils lisaient de pa-

---

[1] O China não é homem, é uma especie de monstro, quer no corpo, quer no espirito, é..... lama, é pó, é nada. (Idéas sobre Colonisação, por M. L. P. de Lacerda Werneck; Rio-de-Janeiro, 1855.)

reilles appréciations sorties de la plume d'un auteur civilisé.

L'exubérance de la population à la Chine et dans l'Inde[1] permet toujours un recrutement facile et assuré de travailleurs de ces deux pays. Il importe peu, par suite, qu'ils conservent ou non des relations avec la mère-patrie, relations que le temps amènerait certainement si les Chinois étaient nombreux quelque part. En effet, parmi eux ou parmi leurs descendants, il peut s'en trouver qui embrassent la profession maritime, il peut se former des négociants et par eux, mieux que par la guerre, les ports de l'Inde et de la Chine s'ouvriront au commerce de toutes les nations. Au Brésil

---

[1] Pour donner une idée de l'immense quantité de travailleurs que la Chine peut fournir, nous transcrivons ici le tableau du recensement opéré en 1852 par les ordres de l'empereur Hien-Foung. Ce document a été traduit et publié récemment par le célèbre orientaliste M. G. Pauthier.

PROVINCES.	CAPITALES.	POPULATION.
Tchi-li ou Pé-tchi-li. . .	Pé-king.	46,513,560
Chan-toung	Tsi-nan-fou	41,700,621
Chan-si	Taï-youen-fou . . .	20,166,072
Ho-nan	Kaï-foung-fou . . .	53,173,526
Kiang-sou.	Nan-king	54,494,644
Ngan-hoeï.	Ngan-king-fou . . .	49,201,992
Kiang-si	Nan-tchan-fou . . .	43,814,866
Fo-kien.	Fou-tcheou-fou. . .	22,699,460
Tché-kiang	Hang-tcheou-fou . .	37,809,765
Hou-pé.	Wou-tchang-fou . .	59,412,940
Hou nan	Tchang-cha-fou. . .	26,859,608
Chen-si.	Si-ngan-fou	14,698,499
Han-sou	Lan-tcheou-fou. . .	21,878,190
Sse-tchouan.	Tching-tou-fou. . .	30,867,875
Kouang-toung	Canton	27,610,128
Kouang-si.	Koueï-lin-fou. . . .	10,584,429
Yun-nan	Yun-nan-fou. . . .	8,008,300
Koueï-tcheou	Koueï-yang-fou. . .	7,615,025
	TOTAL . . .	536,909,300

est peut-être réservé l'honneur, la gloire de cette
conquête pacifique, conquête plus durable que celle
qu'obtient la supériorité des armes sur un peuple
essentiellement agriculteur et industriel.

Les Chinois et les Indous sont de bons cultivateurs.
Ceux-ci ne sont pas, en général, aussi forts que les
Chinois; ils sont plus sobres; leur nourriture ne se
compose que de poisson sec ou salé. de riz et de diverses
épices. Les Chinois mangent à peu près de tout; ils
sont très-friands de viande de porc. Aux uns et aux
autres l'usage du vin est étranger; un petit verre d'eau-
de-vie leur plaît de temps en temps, et ils ne sont pas
difficiles sur la qualité de cette liqueur.

Le Chinois est plus résolu, plus énergique que l'Indou, il résiste mieux aux intempéries, travaille avec
plus de courage, mais supporte moins facilement les
mauvais traitements et les injures. Les Anglais, qui en
engagent un grand nombre pour leurs colonies, mettent le bon travailleur chinois fort au-dessus du bon
travailleur indou.

Ceux que le gouvernement français engage pour l'île
Bourbon ou la Martinique reçoivent quinze à vingt
francs par mois. Les Indous gagnent rarement plus de
quinze francs.

Quant à présent, les femmes chinoises n'émigrent
point, mais il n'en est pas de même des femmes indoues. Il serait donc possible de recruter des hommes
en Chine et des femmes dans l'Inde[1]. Les uns et les
autres suivent, en général, la religion bouddhique; on

[1] Les évaluations les plus modérées portent à 200 millions d'âmes la
population actuelle de l'Inde.

en trouve, en petit nombre, qui sont chrétiens, ce sont ceux qui s'engagent le plus facilement. Sur mille travailleurs engagés, il faudrait sept ou huit cents Chinois et deux ou trois cents femmes indoues.

Le riz, qui forme la base de la nourriture des Asiatiques, vient très-bien au Brésil ; le poisson y est en grande quantité, la subsistance des coolies est donc facile à produire, plus facile que celle de l'Européen. Leur boisson principale est du thé, dont la culture compte déjà de fructueux essais au Brésil. Ils couchent sur une natte et se font un oreiller de ce qui se trouve sous leur main. Tous ou presque tous les Indous et les Chinois savent lire, écrire et parfaitement compter.

La colonisation par les Européens est plus difficile ; peut-être sera-t-elle plus profitable sous le rapport des lumières et de l'analogie de la civilisation, mais elle fournira moins de bras au Brésil.

Les systèmes de colonies sont divers et presque sans aucun lien entre eux. Parmi tous ceux qui ont été tentés, on en distingue surtout deux. Le premier, celui qui fait du colon un ouvrier salarié ou à qui, pour salaire, on abandonne une partie de la récolte, partie qu'il est presque toujours obligé de vendre au propriétaire et au prix fixé par celui-ci. Ce système se nomme *parçaria*.

Lorsqu'un navire chargé de colons arrive, on fait annoncer que ceux qui désirent en engager comme travailleurs aient à se présenter pour choisir et traiter. Les grands propriétaires engagent les arrivants, remboursent le prix du passage de ces colons s'il est dû au gouvernement ou au capitaine, et se font ensuite rembourser eux-mêmes sur le travail et les produits. Ils as-

signent à chaque travailleur une étendue à cultiver ou
un certain nombre de caféiers à entretenir et partagent
avec lui la récolte, d'après les conventions stipulées lors
de l'engagement. Mais on comprend que le colon privé
de tout moyen de transport, ignorant les usages commerciaux, est obligé de vendre, au prix qu'on lui offre,
sa part de récolte, et qu'en définitive le bénéfice est
tout entier pour le propriétaire. Tant que le travailleur
doit quelque chose de son passage ou des fournitures
qui lui ont été faites depuis son arrivée, il est en quelque sorte l'esclave du propriétaire et ne peut recouvrer
sa liberté que lorsque tout ce qu'il devait est soldé.

Le second système est celui de la colonisation libre,
basée sur la propriété du sol. C'est celui qui offre le
plus de chances de succès et au sujet duquel nous ne
pouvons que répéter ce que nous avons publié ailleurs
à ce sujet.

Le colon propriétaire s'attache de plus en plus à son
terrain, s'y forme des habitudes, ses enfants y grandis-
sent, il voit le résultat de ses travaux, il en jouit à son
aise, sans entraves et entièrement comme il lui plaît.
Cet attachement au sol lui fait bientôt chérir la nouvelle patrie, qui l'a ainsi élevé en comblant le but légi-
time de tous ses désirs : la possession d'un abri à lui et
un champ dont il est le maître, qu'il arrose de ses
sueurs sans crainte comme sans regrets et dont il tire
sa subsistance et son indépendance.

Tout le monde sent au Brésil la nécessité, l'urgence
d'introduire dans le pays une population agricole et
industrielle, et d'employer dans ce but toutes les forces
de la nation. Ce n'est que par l'agriculture que ce pays

conservera le rang qu'il occupe parmi les nations et qu'il y prendra une place de plus en plus élevée. L'agriculture amènera l'industrie et le commerce, et le Brésil deviendra pour l'Amérique du Sud ce que les États-Unis sont pour l'Amérique du Nord ; avec cet avantage que le Brésil possède un gouvernement plus sage et plus régulier et des institutions plus en harmonie avec les vrais besoins de l'homme.

Les sacrifices que le Brésil doit s'imposer pour atteindre ce but sont considérables, mais ils ne sont en réalité qu'une avance faite par le présent à l'avenir, un ensemencement dans un terrain infailliblement fertile et dont le produit centuplera la mise.

Des bras, des capitaux, des entrepreneurs intelligents, un travail constant, une large et sincère publicité, une noble libéralité de la part du gouvernement, voilà les puissants leviers indispensables pour porter le Brésil à un point si élevé qu'il devienne une vaste source, un immense entrepôt de denrées pour l'Europe et l'Amérique du Nord.

Pour attacher les étrangers à la terre brésilienne, pour changer les forêts et les déserts en campagnes fertiles, semées de villages, se reliant à des villes centres d'industrie, de commerce et de lumières, il faut éteindre chez les colons tout esprit de retour, il faut les faire maîtres du sol, les encourager dans les essais d'une culture encore rudimentaire, leur rendre faciles les premiers temps de leur séjour. Le lien de l'homme à la terre est tout puissant.

Les colons portugais arrivent presque tous au Brésil dans l'intention de s'y fixer, de s'y créer une patrie nouvelle. Les autres peuples n'y viennent qu'avec le désir de retourner dans leur pays natal, après avoir amassé quelque fortune qui leur permette d'y vivre sans travailler. De là toute sorte d'entreprises plus ou moins hasardeuses, plus ou moins morales, dans lesquelles les meilleurs sentiments succombent par amour du lucre et désir du retour. Quand on est au Brésil, la patrie européenne semble si loin, les relations sont si lentes, on connaît si bien l'insouciance des Européens pour le Brésil, qu'on n'en craint pas les investigations au sujet d'une fortune bien ou mal acquise, et qu'on sait qu'au retour il suffira du succès pour prendre place dans une société qui ne s'inquiète que de l'*avoir* et point de l'*honorabilité*.

L'accroissement des communications sera donc un bien moral général, tout en étant une source immense de profits matériels. Plus le Brésil sera peuplé, plus il offrira d'intérêt et plus, par suite, il se fondra avec l'Europe, pour les institutions, les idées, les aspirations, en un mot, pour tout ce qui fait la communauté des peuples, et surtout des peuples d'origine latine, bien mieux que des peuples slaves, germaniques ou saxons, chez lesquels règne un esprit d'égoïsme individuel et d'égoïsme national qui retarde leur fusion et leur donne une morgue, une hauteur qui les aveugle et ne leur laisse rien apercevoir au delà de la sphère de leur orgueil ou plutôt de leur amour-propre national ou individuel.

Il est également urgent de réglementer les colons, de déterminer les conditions de leur établissement, de les obliger, par des engagements, à se livrer au défrichement et à la culture de leur terrain, et de ne pas leur laisser quitter les centres coloniaux sans des motifs bien fondés et surtout sans qu'ils aient acquitté toutes leurs dettes. Des règlements sages, impartiaux, éloignant toute idée d'assujettissement et d'entraves inutiles, faisant naître au contraire l'idée de l'ordre et le respect du droit, sont les meilleures bases d'une colonie.

En général, les Européens sont habitués dans leurs pays respectifs à une série de lois, de règlements qui prévoient tout, et c'est l'absence d'organisation, et surtout la trop grande liberté qu'ils trouvent au Brésil, qui en portent plusieurs à manquer à leurs engagements et à chercher ailleurs que dans la culture le gain qu'ils seraient assurés d'y trouver avec de la persévérance. Les règles auxquelles les Asiatiques sont soumis dans leur pays sont plus minutieuses encore et surtout plus sévères que celles qui régissent les Européens. Les uns et les autres se plieraient donc facilement à des règlements conçus pour la plus grande prospérité et le plus grand développement du bien-être général.

Le désir des Brésiliens est de fonder un empire de race latine; aussi les colons portugais, espagnols, italiens, français, sont-ils les bien venus, sont-ils recherchés. Non-seulement la communauté d'origine, mais aussi la communauté de religion, militent en faveur de cette préférence. Les Allemands sont beaucoup moins sympathiques; on les trouve trop attachés à leurs usages, à leur langue, qui diffèrent si profondément de la langue et des mœurs portugaises et brésiliennes. Ils semblent vouloir former un État dans l'État, et la différence de religion contribue beaucoup à

maintenir l'éloignement des Brésiliens pour eux. Les
hommes les plus tolérants en matière de foi, ceux qui
appuient le plus vivement la liberté des cultes, ne
peuvent s'empêcher de prévoir que l'introduction
d'une croyance dissidente au milieu d'une population
— surtout dans les classes inférieures — catholique
jusqu'à la superstition, peut devenir le germe de dis-
sensions profondes pour l'avenir, spécialement chez un
peuple neuf qui a besoin d'être homogène pour être
fort.

Dans notre écrit sur les principes pour la fondation
de colonies au Brésil, nous avons exposé un système de
colonie et un règlement tels que nous les concevons nécessaires pour arriver à un bon résultat.

En parlant des diverses provinces du Brésil, nous
parlerons des colonies qui y sont fondées ; nous en
relaterons les succès accomplis et les développements
probables.

La création des routes, l'établissement de canaux et
de chemins de fer, concourront rapidement à l'accroissement de la richesse nationale et à la prospérité
de l'agriculture.

Aucun pays ne possède autant de fleuves et de
rivières navigables que le Brésil. Tous ces cours d'eau
deviendront les artères de la vie et du mouvement de
ce vaste pays, et attireront dans son sein une multitude
de bras surabondants de l'ancien monde.

La province de São-Pedro fut la première dans
laquelle s'établit la navigation à vapeur. En 1834, le
premier navire de ce genre prit la mer à São-Gonçalo.
En 1855, les premières barques à vapeur entre Rio-de-

Janeiro et Nitherohy commencèrent leur service. Les provinces de Bahia, de Pernambuco et de Maranhão suivirent bientôt cet exemple. Enfin, en 1855, les provinces do Amazonas et de Pará eurent aussi leurs bateaux à vapeur sur le magnifique fleuve des Amazones.

Les provinces de São-Pedro et de Santa-Catharina sont celles dans lesquelles les communications par terre peuvent être le plus facilement établies, leur sol étant moins accidenté que celui des autres provinces.

Les chemins de fer de D. Pedro II, de Joazeiro, du Val de São-Francisco, du Val da Una, de Bahia, d'Agua-Preta et de São-Paulo, viendront bientôt donner aux produits brésiliens un transport rapide et à bon marché, et accroîtront ainsi la richesse des contrées qu'ils sont destinés à parcourir.

On se fait généralement en Europe, en France surtout, une fausse idée du Brésil; pour les uns c'est un pays où les diamants et les métaux précieux se rencontrent à chaque pas; pour d'autres c'est un pays habité par des noirs ou des mulâtres et sur lequel on a très-peu de données. Il y a peu de mois un navire de guerre brésilien étant à Cherbourg, plusieurs visiteurs s'étonnèrent, soit par le portrait placé dans le navire, soit en interrogeant les officiers, d'apprendre que l'empereur du Brésil est blanc [1]. Jusqu'alors ils l'avaient presque confondu avec Soulouque.

En présence de cette ignorance, il serait utile que le

[1] La même observation a été faite à Paris, à l'auteur même, par un marchand d'estampes que son commerce semblait devoir mettre, plus que tout autre, à l'abri d'une pareille confusion.

gouvernement brésilien eut des organes dans la presse française, et que tous les documents relatifs à la colonisation, à l'amélioration des colonies déjà fondées y soient publiés. Les journaux les plus répandus, ceux qui pénètrent le mieux dans les campagnes, doivent être choisis de préférence pour cette diffusion d'éclaircissements de connaissances réelles sur le vaste et riche empire brésilien.

Quand le Brésil sera connu en Europe comme le sont les États-Unis, un courant d'émigration naturel se formera, et, comme pour les États-Unis, ne fera que s'accroître chaque année, en accroissant à la fois le commerce, la richesse et la force de l'empire. Pour les États de l'Union américaine, l'émigration est toute spontanée; pour le Brésil, au contraire, ce n'est qu'avec des promesses fallacieuses, des mensonges avérés qu'on est parvenu à enrôler quelques milliers d'émigrants.

Qu'en est-il résulté? Ces colons qui voyaient le Brésil à travers un mirage magique, n'ayant plus trouvé en arrivant que la réalité, c'est-à-dire un sol riche, mais qui demande à être cultivé, une végétation luxuriante, mais qu'il faut plutôt combattre et retenir que lui aider, un système de culture différent, un climat contre l'influence duquel il faut lutter. Toutes ces déceptions ne se seraient pas produites si les colons étaient venus au Brésil de leur propre mouvement, s'ils ne s'étaient décidés à s'y fixer que sur la foi de renseignements vrais, des offres réelles et des avantages certains que le gouvernement fait ou peut faire pour attirer à lui les travailleurs.

Le règlement édicté le 1er mai 1858, par l'honorable marquis d'Olinda, sur le transport des émigrants, est conçu dans un esprit de justice et de protection qu'on ne saurait trop louer. Ce règlement a été publié en français par M. Charles Reybaud[1].

Le gouvernement vend à tous ceux qui le désirent des lots de terre au prix d'un demi real à deux reis la brasse carrée. Ce prix, qui n'est destiné qu'à couvrir les frais du cadastre, est tellement minime que le plus petit capital suffit pour qu'un colon puisse devenir propriétaire d'une vaste étendue de terres excellentes.

Le nombre des émigrants pour le Brésil a été, en 1858, de près de dix-neuf mille, tandis qu'il a été de plus de cent mille pour les États-Unis. Sur les dix-neuf mille émigrants pour le Brésil, neuf mille trois cent vingt-sept, c'est-à-dire près de la moitié, sont Portugais, deux mille trois cents sont Allemands, le reste appartient à diverses nationalités. Le nombre des cultivateurs était le plus petit : quatre mille cinq cent cinquante-cinq ; celui des autres professions s'est élevé à plus de quatorze mille. Les colons cultivateurs sont donc dans la proportion de vingt-cinq pour cent, environ, sur la totalité des émigrants, tandis qu'il faudrait pour l'utilité réelle du Brésil que cette proportion fût renversée, c'est-à-dire élevée à soixante-quinze pour cent au moins.

Tant de bras étrangers à la culture sont plus souvent un embarras qu'un profit, car bien peu de ces colons ouvriers possèdent un capital suffisant pour exercer

---

[1] La colonisation du Brésil. Paris 1858, 1 vol. in-8°.

leur profession et encore moins pour diriger une exploitation rurale. Ils accroissent la consommation,
déjà trop grande en raison des produits, et contribuent
à maintenir le haut prix des subsistances, que, dans la
pensée du gouvernement, ils venaient contribuer à
faire baisser en augmentant la production agricole.

Nous avons l'espoir que ces réflexions seront enten-
dues et appréciées, et que le gouvernement brésilien
fera tout pour se donner de préférence des colons
agriculteurs, pour répandre dans les campagnes d'Europe, et surtout de France, la connaissance de son
pays et le désir d'y profiter des avantages qui s'y
rencontrent.

Les cultivateurs en France, surtout les petits propriétaires qui cultivent eux-mêmes un champ insuffisant à leur subsistance, sont dans une position telle
que le désir d'être mieux est pour eux une pensée de
tous les instants. Le morcellement infini des terres par
les partages successifs réduit à la pauvreté une multitude d'habitants des campagnes. Il n'est pas rare d'en
trouver de complétement indigents, qui sont propriétaires d'une parcelle de terrain. L'espoir de posséder
un terrain capable et au delà de les faire vivre, en
entraînerait un grand nombre vers les régions fertiles
du Brésil.

Le caractère français sympathise bien avec le caractère brésilien, et dans les provinces du Sud l'acclimatation est facile.

Le gouvernement français, par de sages règlements,
a tout prévu, tout organisé pour le bien-être et la sécurité des émigrants, et n'apporte d'entraves qu'à ce qui

peut les tromper sur les avantages et les inconvénients des pays où ils désirent se rendre [1].

Nous reproduisons ici, pour les faire connaître et apprécier, les instructions données par le marquis d'Olinda, le 18 novembre 1858, pour l'introduction, la distribution et l'établissement des colons. Ce document est le meilleur garant des intentions et des désirs du gouvernement brésilien, en même temps qu'il fait connaître les avantages offerts aux colons.

Article premier. — Les colons qui arrivent dans les ports de l'empire, et qui, ne devant rien sur le prix de leur passage, désirent s'établir dans les colonies fondées par le gouvernement, peuvent y acheter des terres aux conditions suivantes :

1° Si la vente a lieu au comptant, le prix sera de un réal la brasse carrée [2] pour les terres de la meilleure qualité, et de un demi-réal pour celles de qualité inférieure.

2° Si la vente est faite à terme, le prix sera de un réal et demi pour les terres de la meilleure qualité, et de un réal pour celles de qualité inférieure.

3° Dans le cas du paragraphe précédent, le colon qui avancera l'époque de ses versements aura droit à une réduction de 6 pour 100 pour le temps restant à courir jusqu'à l'époque préalablement fixée pour le payement.

4° Si le colon achète à terme, il ne peut aliéner ni engager les terres achetées, ni même les constructions et améliorations faites sur ces terres; le tout demeurant hypothéqué pour le payement et jusqu'à ce qu'il soit entièrement effectué. Il est entendu que cette disposition ne comprend pas le cas d'héritage, de legs ou de donation, auxquels cas la propriété passera aux héritiers, légataires ou donataires avec les charges dont elle sera grevée.

5° Les titres de vente seront établis dans la capitale, par le directeur général des terres publiques, et dans les provinces par ses délégués, sous réserve du visa du président de chaque province respective. Ces titres seront délivrés gratuitement.

6° Si la famille des colons, qui veulent fonder un établissement, se com-

---

[1] Rapport à Son Excellence le ministre de l'Agriculture, du Commerce et des Travaux publics, fait au nom de la commission chargée d'étudier les différentes questions qui se rattachent à l'émigration européenne, par Heurtier, conseiller d'État. Paris, imprimerie impériale, 1854, 1 vol. in-8°.

[2] La brasse carrée équivaut en arc à 0,048.

pose de cinq à six personnes, et que le terrain qu'ils achètent soit payé comptant, le gouvernement remboursera ou tiendra compte du montant du passage d'une personne d'Europe au Brésil ; si le nombre des membres de la famille est de plus de six, le remboursement équivaudra à deux passages. Les personnes de plus de cinquante ans ou de moins de douze ans ne sont pas comptées dans le nombre des membres de la famille.

7° On entend par famille le père, la mère, les enfants, les frères, les sœurs, les tuteurs et les pupilles.

8° Outre les passages accordés gratuitement dans les conditions du paragraphe 6° précédent, le gouvernement payera ceux des enfants de moins de douze ans.

9° Si les colons arrivant dans un port du Brésil ont besoin d'aller dans un autre port pour se rendre au lieu de leur établissement, les dépenses de voyage pour ce second port seront à la charge du gouvernement.

10° Sur les lots de terre qui seront vendus, le gouvernement fera édifier une maison qui servira provisoirement et fera défricher un espace de terrain équivalent à un carré de cent brasses de côté ; il fournira la première année à chaque famille ou colon établi sur cette terre une quantité de semences en rapport avec l'étendue défrichée, et de plus un cheval ou un mulet, un bœuf ou une vache, un coq et deux poules et un cochon de lait. Passé la première année le colon n'aura plus droit à ces avantages.

11° Les concessions exprimées dans le paragraphe précédent ne seront accordées qu'aux cent cinquante premières familles qui commenceront à peupler une colonie fondée par le gouvernement. Pour être compris dans le nombre des cent cinquante premières familles, il n'est pas nécessaire d'être marié, il suffit d'acheter des terres et d'y fonder un établissement agricole.

12° Pour avoir droit à ces concessions, il suffit de produire un certificat établi ou certifié par un consul brésilien constatant que l'on est de bonnes mœurs, qu'on a l'habitude des travaux agricoles et relatant les degrés de parenté des membres de la famille.

ART. 2. — Pendant trois ans, à partir de la date des présentes instructions et jusqu'à concurrence d'une somme annuelle de trois cents contos de reis, le gouvernement donnera gratuitement passage aux colons que les fazendeiros voudront occuper dans leurs propriétés ; cette gratuité sera accordée aux conditions suivantes :

1° Ceux qui voudront employer des colons devront déclarer à la direction de l'Association centrale de colonisation le nombre de personnes ou de familles qu'ils désirent, et désigner de quelle nation ces colons doivent être.

2° Ils devront déclarer la nature des travaux auxquels ils destinent les colons, les professions que ceux-ci doivent avoir et faire connaître le lieu dans lequel se trouve l'établissement où les colons doivent être employés.

3° Chaque fazendeiro ou cultivateur n'aura pas la faculté d'engager plus de quatre-vingts colons de tout âge, dont les passages auront été payés par le gouvernement. Ce nombre pourra être porté à cent, si dans le délai d'une année du jour de l'engagement, il ne se présente pas d'autre fazendeiro pour engager les colons disponibles.

4° Pour une seule et même propriété, le nombre des colons engagés ne peut être supérieur à ce qui est déterminé par le paragraphe précédent, quelle que soit d'ailleurs la manière dont la propriété est administrée ou cultivée.

5° Le fazendeiro est obligé d'admettre une famille par chaque six colons qu'il engage. La composition de la famille est réglée par les termes de l'article 1er, paragraphe 7°.

6° Les concessions formulées par cet article 2° ne sont point applicables aux compagnies, aux entrepreneurs de colonies ou aux particuliers qui auront formé ou formeront des établissements coloniaux avec primes, prêts ou aides pécuniaires du gouvernement.

7° Les colons demeurent entièrement libres de discuter et d'arrêter eux-mêmes, avec celui qui les engage, les conditions de leur contrat. Néanmoins les contrats pour location de services ne peuvent être faits pour plus de deux ans, et ceux qui auront un autre objet, ne peuvent l'être que pour cinq ans au plus.

8° A l'expiration de leur contrat les colons sont libres de disposer d'eux-mêmes comme il leur plaira, sans que les dettes contractées envers le fazendeiro qui les a employés, puissent être invoquées pour les retenir. Les dettes provenant de fournitures de vêtements et de nourriture sont exceptées de cette règle, dans le cas où le fazendeiro ne se serait pas obligé à vêtir et à nourrir les colons. Dans ce dernier cas, un arrangement spécial sera conclu sous réserve de l'approbation de l'autorité établie pour la protection des colons.

9° Si le contrat est passé pour location de services, le fazendeiro sera obligé, outre les conditions du paragraphe 15° qui suit, de payer au colon un salaire mensuel d'au moins huit mille reis et de douze mille reis au plus, excepté : 1° Si le colon est ouvrier d'un métier, auquel cas le salaire pourra être plus élevé, selon la nature de la profession. 2° Si le colon a plus de dix ans et moins de seize, le salaire dans ce cas devant être débattu et réglé avec le père ou le tuteur, et à leur défaut avec un tuteur nommé par le président de l'Association centrale de colonisation, qui règleront aussi quelle somme le mineur devra toucher mensuellement et la manière dont l'excédant sera placé pour former un capital au mineur lorsqu'il s'établira lui-même.

10° Le fazendeiro ne peut point transférer à un autre les droits de son contrat, sans l'assentiment exprès du colon et l'approbation du président de l'Association centrale de colonisation, ou de ses commissaires dans les provinces, qui s'assurent des garanties offertes à l'exécution de ce contrat.

11° Si le colon consent au transport des droits que son contrat donne au fazendeiro, et que celui qui est disposé à les recevoir ne veuille pas accepter toutes les obligations de l'engagement ou qu'il ne présente pas de garanties suffisantes, le transport peut néanmoins être autorisé, condition que le premier contractant demeurera responsable de l'exécution du contrat, comme si le colon était resté à son service.

12° Le fazendeiro est obligé de faire les dépenses d'hôtellerie des colons dans les ports de débarquement, et de les faire conduire à ses frais sur le lieu où ils doivent être occupés sans exiger du colon le remboursement de cette nature de dépenses.

13° Si le fazendeiro n'a pas pris les mesures nécessaires pour la réception dans le ou les ports de débarquement, des colons engagés par lui, les frais seront faits par l'Association centrale de colonisation qui en demandera le remboursement au fazendeiro avec un intérêt de 6 pour 100 par an.

14° Le fazendeiro ne pourra se refuser au remboursement qui lui sera demandé en vertu du paragraphe précédent, et ses réclamations, à ce sujet, ne seront admises en justice qu'autant qu'il aura déposé par avance la somme réclamée.

15° Le fazendeiro devra, quelle que soit la forme du contrat, donner gratuitement aux colons, l'habitation pour eux et leurs familles, la nourriture et les soins dans les maladies. Les instruments de travail leur seront fournis, et, si l'étendue de la propriété le permet, on mettra à leur disposition une étendue de terrain pour les plantations particulières dont ils voudront s'occuper à leurs heures de loisir. Cette concession ne donnera aux colons aucun droit au terrain ainsi cultivé par eux, ni aucune indemnité pour les améliorations qu'ils y apporteraient pendant la durée de leur contrat.

16° En compensation des dépenses auxquelles le fazendeiro est obligé à l'égard des colons, il aura droit à leurs travaux pendant le temps déterminé par le paragraphe 7° de cet article, moyennant salaire, et conformément aux conditions du paragraphe 9° de ce même article.

17° Les fazendeiros donneront des garanties suffisantes pour la sécurité de l'exécution des contrats, s'obligeant à recevoir les colons demandés par eux ou par leur ordre; sauf le cas où les colons seraient atteints de maladies contagieuses ou ne rempliraient pas les conditions exprimées par la demande.

18° Hors ces cas, si les fazendeiros se refusent à la réception des colons, ils seront responsables des dépenses de passage, de nourriture ou autres occasionnées par ce refus.

19° Si un colon est malade plus de quinze jours de suite, il sera obligé de servir un temps égal en sus du terme de son contrat. Si dans le cours d'une année le total des jours de cessation de travail s'élève à plus de vingt, bien qu'il n'ait pas été de plus de quinze chaque fois, le colon sera aussi obligé de tenir compte de ce temps. La cessation volontaire de travail emporte l'obligation de remplacer le temps perdu, soit par un plus long service, soit de tout autre manière convenue.

20° Le colon qui aura rempli ses engagements et donné des preuves de bonne conduite pourra acheter, dans les colonies du gouvernement, les terres qui lui conviendront, aux conditions des quatre premiers paragraphes de l'article premier des présentes instructions.

21° Nul ne sera tenu de travailler les dimanches et les jours de fête, excepté pendant le moment de la récolte. La journée de travail ne sera pas de plus de douze heures, en comprenant dans ce temps les heures de repas et de repos. En dehors des heures de travail, le colon est libre de disposer de son temps comme il lui plaît.

Art. 3. Les colons dont l'article 2 fait mention seront engagés et transportés par l'intermédiaire de l'Association centrale de colonisation jusqu'au port de Rio-de-Janeiro ou tout autre port de l'empire plus convenable pour l'établissement et la distribution des colons.

Nous voulons, en terminant ce chapitre, exposer les moyens les plus convenables pour se procurer des travailleurs chinois ou indous dans les meilleures conditions possibles, afin de former, surtout dans les parties nord du Brésil, une population uniquement agricole. Jusqu'à ce jour, la France et l'Angleterre n'ont qu'à se louer d'avoir eu recours au travail des coolies, et l'immigration de ces peuples donnera aux pays de la zone torride un développement en rapport avec la fertilité naturelle de ces riches contrées.

Les dispositions du navire et l'embarquement des coolies durent environ un mois.

On doit avoir soin de visiter minutieusement les engagés, afin de ne point embarquer d'individus atteints de maladies de poitrine ou de maladies contagieuses. On doit aussi les faire vacciner lorsqu'ils ne l'ont pas encore été.

Les Indous émigrent volontiers par familles entières, ce qui est un gage de leur désir de se fixer sans retour dans le pays où ils se rendent. Dans ce cas, il est juste de ne point exiger rigoureusement l'exécution des instructions relatives à la limite d'âge, surtout lorsque les parents sont accompagnés d'enfants déjà grands et forts.

Après la visite des coolies sous le rapport sanitaire, on doit les faire passer devant une commission qui les interroge sur la liberté de leur engagement, et, s'il est nécessaire, leur donne de nouvelles explications.

Sur cinq cents engagés, il y a ordinairement un peu plus de trois cents hommes et environ cent cinquante femmes ; les enfants ont généralement moins de dix ans. La moitié des émigrants sont des jeunes gens de dix-huit à vingt-cinq ans, puis viennent les hommes mariés et les pères de famille, avec leur famille entière.

Comme nous l'avons dit, la base de l'alimentation des Asiatiques est le riz ; on embarque aussi du poisson sec, qui sert à préparer le mets nommé *carri* ou *kari*, des légumes, des dattes, des pommes de terre, du beurre, du piment, de la coriandre, du safran. Les Chinois mangent de tout, mais les Indous ne mangent pas de bœuf. En général, on embarque des moutons, mais le manque d'espace oblige presque toujours à les consommer dès les premiers jours de la traversée. Le riz doit toujours être parfaitement cuit ; sans cette précaution, il occasionne des dyssenteries. La quantité maxima allouée par chaque individu adulte est d'un kilogramme.

Les jours où l'état de la mer ne permet pas de faire la cuisine, on distribue du riz cuit et desséché, humecté et mêlé à une petite quantité de sucre. Le dimanche on ajoute aux rations des pistaches et un petit verre d'eau-de-vie. Les repas sont au nombre de deux par jour : l'un à dix heures du matin, l'autre à quatre heures du soir.

Un des soins les plus importants et sur lequel l'attention des capitaines doit se porter principalement, c'est la propreté. Un système actif de surveillance doit être établi dans ce but. Une fréquente aération, l'usage du chlorure de chaux, les balayages fréquents, sont des moyens hygiéniques qu'il ne faut négliger en aucun cas.

Avant l'embarquement, les coolies reçoivent une chemise et un pantalon de coton pour les hommes, un pagne pour les femmes et les filles ; pour les jeunes garçons, une chemise au moins. Pour les jours froids du cap de Bonne-Espérance, on distribue des chemises et des couvertures de laine.

Pour la police des émigrants, on crée des mestrys, pris parmi eux. Chaque mestry est chargé de la surveillance d'un compartiment, toujours le même, et rend compte tous les jours des résultats de sa surveillance et des plaintes des émigrants. Quelques gratifications, faites de temps en temps aux mestrys, entretiennent leur émulation et leur zèle.

Il est toujours utile d'avoir à bord un interprète de la nation des émigrants et ayant quelques connaissances médicales. On lui accorde généralement un rang presque égal à celui des officiers, ce qui lui donne sur ses compatriotes une grande autorité et contribue très-puissamment au maintien de l'ordre et à l'obéissance disciplinaire nécessaire dans ces grandes réunions d'hommes.

Tous les jours, quand la mer le permet, on laisse les coolies se livrer à la danse ou à d'autres divertissements au son du tam-tam et des cymbales ; ce moyen est efficace pour faire trouver moins long le temps de la traversée et entretenir la gaieté.

Pendant les relâches, on distribue de la viande fraîche, autant toutefois que cela est possible.

Les maladies gastriques sont les plus nombreuses à bord des navires d'émigrants. Le passage du cap de Bonne-Espérance, quand il a lieu dans les mauvais mois, c'est-à-dire en juin, juillet et août, est aussi une cause de maladies, par suite de l'abaissement de la température, auquel les coolies sont très-sensibles. Le froid leur enlève toute énergie, et on est obligé de les laisser se renfermer dans l'entrepont. Si le séjour au Cap se prolongeait, il pourrait donner lieu à des pertes considérables parmi les émigrants.

Ce qui vient d'être exposé suffira, nous l'espérons, pour donner une idée des précautions spéciales à prendre pour l'immigration des Asiatiques.

Nous ajouterons seulement que tous les aménagements intérieurs des navires destinés au transport des émigrants doivent être faits avant le départ du Brésil, parce qu'ils seront mieux faits et à moins de frais que dans l'Inde ou en Chine. Ces aménagements peuvent être emportés, démontés et installés seulement avant l'embarquement. Pour les cloisons, on doit préférer le fer, et les treillages en fil de fer aux panneaux de bois plein. La ventilation est plus facile et les dangers d'incendie plus rares. S'il y a à bord une machine distillatoire, l'eau qu'elle produit ne doit être employée que pour les usages culinaires et le lavage.

Lorsqu'il y a des malades, on doit séparer le compartiment dans lequel on les place des compartiments adjacents, par une forte cloison en planches, ou mieux par une cloison double entre les planches de laquelle l'air puisse circuler.

Règlement pour la fondation, l'organisation et l'administration d'une colonie.

Ce projet de règlement, que nous avons publié dans un autre écrit, nous a paru utile à reproduire ici, afin de montrer dans quel sens nous entendons l'établissement des centres coloniaux au Brésil.

I. ÉTABLISSEMENTS PRÉLIMINAIRES. — ARTICLE PREMIER. Sur le territoire désigné pour fonder une colonie on édifiera des bâtiments destinés :

1° A loger les colons en attendant qu'ils aient construit leur maison ;

2° A servir d'habitation au directeur avec sa famille, et à contenir les bureaux ;

3° A servir de magasin pour les vivres et les provisions destinés aux colons.

ART. 2. Il sera ouvert le nombre de routes ou chemins strictement nécessaires pour les communications avec le ou les centres de population les plus voisins.

ART. 3. Aussitôt leur arrivée, les colons seront installés dans les maisons provisoires dont il est parlé article 1er. En aucun cas ils ne pourront y habiter plus de deux mois.

ART. 4. Les colons seront invités à choisir dans le délai de huit jours, à compter de celui de leur arrivée, la portion de terrain dont ils veulent se rendre acquéreurs.

ART. 5. Le prix du terrain sera toujours fixé par le directeur, sur les bases déterminées par le gouvernement, et devra être payé soit comptant, soit au plus dans un délai de cinq années.

ART. 6. Dans le cas d'achat à crédit, il sera ajouté au prix du terrain une surtaxe unique de 10 pour 100, afin de couvrir les intérêts de cette somme pendant la durée du crédit et les frais d'écritures y relatifs.

ART. 7. Le défrichement entier du terrain acquis par le colon devra être fait en cinq années. En cas d'inexécution de cette clause, le défrichement sera opéré aux frais du colon, si mieux il n'aime faire abandon à la colonie de la partie non défrichée, lors même qu'il en aurait payé le prix, et sans pouvoir en demander le remboursement. Le recouvrement du travail de défrichement fait pour le compte du colon, s'opérera de la même manière que celui des taxes, et en cas de non-payement il sera hypothéqué sur la propriété.

Les titres de propriété ne seront délivrés qu'après l'entier payement et l'entier défrichement du terrain. Il sera délivré en attendant, un titre provisoire sur lequel le colon pourra toujours revendre son terrain, avec toutes les charges dont il sera grevé. Lorsque le payement sera effectué et le défrichement opéré, le titre provisoire sera échangé contre le titre définitif.

Malgré ce qui précède, le colon devra conserver en forêt une étendue équivalente au vingtième de sa propriété au minimum, et pourra en conserver le dixième au maximum.

Art. 8. Les terrains marécageux, les parties arides ou celles qui ne présentent que des surfaces de roc nu resteront la propriété communale de la colonie. Il sera entrepris ultérieurement, sur ces terrains, des travaux qui en permettront l'exploitation ou la vente.

Art. 9. Lorsqu'un colon aura choisi un emplacement, il ne pourra arguer de la mauvaise qualité du terrain, ni pour obtenir une diminution de prix, ni pour demander un échange contre d'autres parties plus fertiles.

Cependant, si, dans le délai de six mois, il est reconnu que le terrain est absolument impropre à la culture, le colon sera libre d'en choisir un autre de même étendue dans la colonie, sans avoir droit à aucune indemnité pour le travail qu'il pourrait avoir accompli sur sa première acquisition. Seulement le délai de cinq ans fixé pour le défrichement et le payement ne commencera à courir que du jour de l'échange.

Art. 10. La culture devra être dirigée de manière à donner des produits le plus promptement possible. Les premières semences seront fournies gratuitement aux colons par la direction.

Art. 11. Dans le délai d'un mois au plus à partir de son arrivée dans la colonie, le colon sera appelé à reconnaître et à accepter le chiffre de sa dette envers le gouvernement et envers la colonie, savoir :

Envers le gouvernement, s'il doit tout ou partie du prix de son passage, des frais de transport sur le sol brésilien, etc., etc. ;

Envers la direction, le prix de son terrain et les premiers instruments qui lui seront nécessaires.

Le tout sans préjudice des avances qui pourraient lui être faites dans les conditions des articles 12 à 21 du présent règlement.

II. Magasin de la colonie. — Art. 12. Il sera établi un magasin destiné à fournir aux colons, au meilleur marché possible, les denrées, substances alimentaires, outils, instruments, étoffes, etc., dont ils peuvent avoir besoin.

Art. 13. En attendant la première récolte, les colons recevront chaque semaine, au magasin des vivres, la quantité de nourriture qui leur sera nécessaire pour eux et leur famille, ainsi que les vêtements, outils, instruments qui seront indispensables, le tout à titre d'avance et selon les bases ci-après fixées articles 14 et suivants.

Art. 14. La revente, par les colons, des fournitures qu'ils reçoivent du magasin, est absolument interdite, sous peine, dès la première infraction, d'en être privés pour toujours.

Art. 15. Sous aucun prétexte, il ne sera fait d'avance en argent à aucun des colons, et les avances en nature cesseront d'être faites aux colons dont le travail ou la moralité n'offrirait pas de garanties suffisantes.

Art. 16. Dix-huit mois après leur arrivée dans la colonie, les colons cesseront de recevoir gratuitement les semences nécessaires à leur culture et de pouvoir prendre à crédit les fournitures du magasin de la colonie.

Art. 17. Toutefois le directeur pourra faire sous ce dernier rapport quelques exceptions en considération de la moralité et des charges de famille du colon. Les colons seront toujours libres d'acheter au comptant au magasin.

Art. 18. Les colons recevront à titre gratuit, pendant le délai de six mois à partir de leur arrivée, les médicaments qui leur seront nécessaires. A partir de l'expiration de ces six mois, ils pourront acheter les médicaments aux mêmes conditions que les fournitures.

Art. 19. Chaque colon prenant à crédit recevra un livret sur lequel seront inscrits, au fur et à mesure des livraisons, les objets fournis avec le prix. Le montant de ces fournitures ne devra pas dépasser trente mille reis par mois pour chaque personne seule, et vingt mille reis par mois pour chaque personne d'une même famille. Deux enfants de moins de sept ans seront comptés pour une personne.

Art. 20. Le prix des divers objets fournis sera calculé de manière à produire en moyenne 15 pour 100 en sus du prix d'achat, pour tenir compte des déchets, du salaire des agents chargés de la distribution et de l'usure du matériel.

Art. 21. Le remboursement des sommes dues au magasin devra être fait par les colons dans un délai de cinq années. Le montant en sera dans tous les cas hypothéqué sur leur propriété.

III. De la direction et du conseil de la colonie. — Art. 22. La colonie sera administrée par un directeur.

Art. 23. Le gouvernement déterminera le traitement et les avantages attribués au directeur, ainsi que les appointements des employés.

Art. 24. Le directeur est chargé de vendre les terrains, d'opérer les recettes et d'en donner quittance, de surveiller les écritures et de choisir les employés qui en doivent être chargés.

Il conduit tous les travaux de routes, canaux, ponts, édifices publics, etc., exécutés sur le territoire de la colonie. A ce sujet, il passe les marchés, transactions, ou fait les adjudications. Il autorise toute inscription ou mainlevée d'hypothèques en ce qui a rapport aux colons dont la direction est créancière. Il fait observer les engagements des colons, surveille les défrichements et la culture, réglemente la construction des habitations sous le point de vue de l'hygiène et de la santé publiques. Enfin il dirige les travaux du Conseil de la colonie.

Art. 25. Le Conseil de la colonie a pour mission de veiller à toutes les affaires de la colonie, de proposer au gouvernement les travaux reconnus utiles, ou à la direction ceux qui sont du ressort direct de la colonie; de faire des rapports statistiques ou des propositions sur tous les objets relatifs à la colonie.

Art. 26. Le Conseil de la colonie sera composé du directeur, du prêtre catholique, de l'instituteur et des membres élus par les colons à raison de un pour cinq cents habitants.

Art. 27. Le Conseil de la colonie s'assemblera une fois tous les quinze jours, les rapports des divers membres y seront présentés, et un procès-verbal sera dressé pour constater les progrès de la colonie, ses besoins, l'état sanitaire, les naissances, les mariages, les décès, etc., les plaintes ou réclamations des colons.

Art. 28. Le Conseil de la colonie fixera les redevances de chaque colon pour l'entretien des routes, chemins, édifices. Ces taxes seront obligatoires pour les colons. Cependant les colons seront toujours libres de faire eux-mêmes les travaux qui feront l'objet de la contribution, suivant un tarif de compensation arrêté par le Conseil.

Art. 29. Le résumé des séances du Conseil sera adressé tous les trois mois au Ministre ou au Président de la province.

Art. 30. Les membres du Conseil de la colonie, choisis par les colons, seront élus pour un an. Ils pourront être réélus.

Art. 31. Les fonctions des membres du Conseil seront entièrement gratuites.

IV. Justification des dépenses et des recettes. — Art. 32. Le directeur sera toujours tenu de communiquer aux agents désignés par le gouvernement les livres de dépenses et de recettes, les comptes courants et tous les autres documents qu'ils jugeront nécessaire de demander.

Art. 33. Les agents désignés par le gouvernement auront également le droit de visiter le magasin d'approvisionnement et de vérifier les deniers en caisse.

Art. 34. La comptabilité des dépenses sera divisée en deux parties : frais de premier établissement et frais d'entretien. La comptabilité du magasin d'approvisionnement sera tenue séparément; les résultats en seront néanmoins consignés dans le grand livre.

Chaque année, il sera dressé un résumé général des dépenses et des recettes de la colonie; ce travail comprendra l'estimation des matières d'approvisionnement existant en magasin. Il y sera joint un rapport d'ensemble sur la situation de la colonie. Le tout sera adressé au Président de la province ou au Ministre.

V. Dispositions générales. — Art. 35. Aucun colon ne pourra quitter la colonie sans être entièrement libéré envers la direction.

Art. 36. Tous les règlements faits par le Directeur et approuvés par le

Conseil de la colonie seront obligatoires pour tous les colons ; spécialement
en ce qui concerne la viabilité des routes ou chemins, l'hygiène et la santé
publiques, la construction des habitations, etc.

Art. 37. Dans le cas où l'expérience ferait reconnaître la convenance ou
l'utilité d'apporter quelque modification au présent règlement, le Conseil
de la Colonie en fera la proposition au Président de la province ou au Ministre, qui statuera.

XV

GOUVERNEMENT — QUESTION DES SUBSISTANCES QUESTION DE LA HOUILLE

GOUVERNEMENT. — A la tête du gouvernement brésilien est l'EMPEREUR. Il est qualifié de Majesté Impériale. Ses titres sont : Empereur Constitutionnel et Défenseur Perpétuel du Brésil. Les décrets impériaux portent en tête la formule suivante : Dom Pedro II, *par la Grâce de Dieu et l'unanime acclamation des Peuples, Empereur Constitutionnel et Défenseur Perpétuel du Brésil.*

L'Empereur réunit dans sa personne le pouvoir exécutif et le pouvoir modérateur. Il est assisté de six ministres responsables et d'un parlement chargé de l'élaboration des lois. Le parlement est composé de Sénateurs et de Députés. Les Sénateurs sont nommés à vie sur une liste de candidats élus présentée à l'Empereur. Le mandat des Députés est temporaire.

Il existe aussi un Conseil d'État dont les membres, nommés par l'Empereur, peuvent être choisis parmi les Sénateurs ou les autres fonctionnaires.

Les Ministères sont ceux de l'Empire, de la Justice, des Finances, de la Marine, des Affaires Étrangères et de la Guerre.

EMPIRE. — Du Ministre de l'Empire relèvent toutes les Affaires intérieures, les Travaux Publics, l'Administration générale des Terres publiques, le Cadastre, les Facultés de droit et de médecine, l'Académie Impériale de Médecine, l'Académie Impériale des Beaux-Arts, la Société Auxiliatrice de l'Industrie nationale, le Musée national, l'Hygiène publique, l'Administration des Postes, les Présidents des provinces, la Navigation à vapeur, les Archives publiques de l'Empire [1], l'Instruction publique, divers hôpitaux, l'inspection générale

---

[1] Les Archives publiques de l'empire brésilien forment un riche dépôt de documents authentiques sur cet État. On y trouve tout ce qui est relatif au droit public, à la législation, à l'administration, à l'histoire et à la géographie du Brésil.

Les documents les plus remarquables que renferme cet établissement sont :

L'original de la Constitution de l'empire ;

L'original de l'Acte additionnel du 12 août 1834 ;

Les originaux de tous les actes de l'Assemblée générale constituante et de l'Assemblée législative ;

Les copies authentiques des actes législatifs des Assemblées provinciales ;

Les règlements et autres actes du pouvoir exécutif ;

Les règlements ou autres actes des présidents des provinces ;

Les originaux des actes du pouvoir modérateur ;

Les originaux des décrets des conciles, lettres apostoliques, constitutions ecclésiastiques, qui contiennent des dispositions générales et ont ou n'ont pas obtenu l'assentiment du souverain ;

Les originaux des bulles, brefs et rescrits apostoliques, expédiés par le Saint-Siége, lors même qu'ils contiennent des grâces ou des dispositions spéciales (des copies authentiques sont délivrées aux intéressés) ;

Les originaux des proclamations et manifestes du gouvernement impérial ;

Les copies authentiques des actes de déclaration de guerre ou de blocus faits par le gouvernement, et les originaux des actes semblables des nations étrangères en relation avec l'empire ;

des théâtres, les Ordres de chevalerie, les titres et les distinctions honorifiques.

JUSTICE. — Le Ministre de la Justice a dans ses attri-

Les originaux des traités et conventions internationales et autres documents relatifs à des négociations ;

Les originaux des contrats d'emprunts effectués à l'intérieur ou à l'étranger, après leur inscription sur le grand-livre de la dette publique ;

Les originaux des lettres de créance, instructions et pleins pouvoirs présentés par les ambassadeurs, agents diplomatiques et consulaires des nations étrangères ;

Les copies des actes de même nature délivrés par le gouvernement à ses agents ;

Les originaux et copies de la correspondance échangée entre le gouvernement du Brésil et les gouvernements des autres nations ;

Les originaux des avis du conseil d'État ou des sections de ce conseil ;

Les originaux des propositions et des messages du gouvernement à l'Assemblée législative et des exposés des motifs ;

Les originaux des discours d'ouverture et de clôture de l'Assemblée générale législative ;

Les originaux des actes d'élection des députés et des sénateurs ;

Les copies des décrets et des lettres de nomination des ministres et secrétaires d'État, conseillers d'État, archevêques, évêques, sénateurs, présidents de province, généraux en chef, ambassadeurs et autres agents diplomatiques et consulaires ;

Les originaux des décrets de promotion dans l'armée ou dans la marine ;

Les originaux des décrets de concessions de titres, décorations, honneurs, prérogatives, privilèges ;

Les originaux des documents et actes qui établissent la propriété des biens nationaux ;

Les originaux des actes de démarcation et de mesure des terres libres de l'empire faits par l'administration des terres publiques ;

Les originaux des procès entre autorités administratives ou judiciaires pour conflits de juridiction ou prétentions de prérogatives et prééminences ;

Les rapports des ministres présentés à l'Assemblée législative et ceux des présidents des provinces, à l'occasion de l'ouverture des assemblées provinciales ou de la transmission de leur administration ;

Les originaux des actes et contrats de mariage des souverains et de tous les membres de la famille impériale ;

Les originaux des actes de naissance et de décès des souverains, des princes et des princesses et autres membres de la famille impériale ;

Les originaux des actes de reconnaissance des enfants naturels du souverain et des princes impériaux ;

butions tous les Tribunaux civils, criminels ou de commerce, la Police, les Notaires, les Hypothèques, le corps des Pompiers, les maisons de détention, la Garde nationale, les Affaires ecclésiastiques et l'Administration des Télégraphes.

· Sous le rapport Judiciaire on trouve au Brésil :

. Un suprême tribunal de Justice, siégeant à Rio-de-Janeiro, et composé de dix-sept membres choisis parmi les plus anciens Desembargadores [1] de l'Empire ; ils ont

Les testaments des souverains, des princes et princesses de la famille impériale ;

Des originaux et des copies authentiques de tous les documents relatifs à l'indépendance de l'empire ;

Des livres de serments prêtés à la constitution par les citoyens brésiliens dans l'ancien sénat de la chambre et les municipalités de l'empire ;

Les documents concernant la fondation de villes, la création d'évêchés et prélatures, la division territoriale ecclésiastique, administrative et politique ;

Les actes originaux ou les copies authentiques de tous les procès en matière politique ;

Les originaux des rapports ou des mémoires présentés par les commissions nommées par le gouvernement pour les explorations, examens ou investigations de toute nature ;

Les originaux des documents relatifs à la statistique de l'Empire ;

Les cartes géographiques de l'Empire et des provinces, qui sont faites par ordre du gouvernement central ou des gouvernements provinciaux, ou par des particuliers, ainsi que tous les documents, mémoires, rapports, notices, concernant la géographie du Brésil ;

Les originaux des documents relatifs aux découvertes de richesses naturelles, au développement des sciences, des lettres, des arts et de l'agriculture, du commerce, de l'industrie et de la navigation ;

Tous les documents relatifs à l'exploration et à la navigation des cours d'eau de l'Empire ;

Tous les documents, plans, dessins, modèles servant de base à la concession de privilèges ou de primes en matières industrielles ;

En général, tous les documents historiques de toute nature, tous ceux qui sont relatifs à des administrations ou à des tribunaux supprimés, et tous ceux qui ont un intérêt général.

[1] Conseillers des Cours suprêmes ou Cours d'appel.

le titre d'Excellence ; leur Président est choisi par l'Empereur pour trois ans.

Quatre tribunaux de Relação ou Cour d'Appel :

Relação de Rio-de-Janeiro,
Relação de Bahia,
Relação de Maranhão,
Relação de Pernambuco.

Les Conseillers (Desembargadores) de ces tribunaux ont le titre de Seigneurie (Senhoria).

Dans chaque province il y a un chef de police de qui relèvent les délégués et subdélégués de police. Les chefs de police ont le titre de Seigneurie.

L'Empire du Brésil comprend un archevêché et onze évêchés.

L'Archevêque métropolitain est primat du Brésil. il siége à Bahia.

Les évêchés sont :

Matto-Grosso ou évêché de Cuyabá, São-Paulo;
Diamantina, Goyaz;
Maranhão, Ceará;
Minas-Geraes ou évêché de Marianna, Pará;
Pernambuco, São-Pedro-do-Rio-Grande-do-Sul.
Rio-de-Janeiro.

L'Archevêque prend rang avec les Marquis, les Amiraux et les Maréchaux. Il a le titre d'Excellence.

L'Évêque avec les Comtes, les Lieutenants généraux, les Vice-Amiraux et les Ministres. Il a le titre d'Excellence.

Les Archevêques et les Évêques sont Grands de l'Empire, lors même qu'ils ne sont que titulaires *in partibus*.

Dans leurs diocèses respectifs, ils ont droit aux mêmes
honneurs militaires que le Souverain. Ils ne sont justi-
ciables que du suprême Tribunal de Justice.

Les chapelains de la Chapelle impériale ont les titres
de Monseigneur et d'Illustrissime. Ils prennent rang
avec les Barons, les Brigadiers et les Chefs de Division.

Les Curés des églises métropolitaines ont le titre de
Seigneurie.

FINANCES. — Le Ministre des Finances, chef supérieur de l'Administration des finances de tout l'Empire,
est à la tête du Tribunal du Trésor national (sorte de
Cour des Comptes [1]), du Trésor national, de la Direction

---

[1] Le Tribunal du Trésor national est à la fois Tribunal administratif et
Corps consultatif. Comme Tribunal administratif, il a droit de délibération
dans les cas suivants :

1° Quand les appels interjetés des décisions des administrations fiscales
sont relatifs à la publication, à l'application, à l'exemption, au recouvrement et à la restitution des impôts et autres revenus publics ou à toute
autre question entre l'administration et les contribuables au sujet des im-
positions ;

2° Quand les appels interjetés des décisions des mêmes administrations
ou des autorités administratives ont rapport à des saisies, amendes ou
peines corporelles dans les cas de fraude ou de contrebande, ou pour infraction à des lois et règlements fiscaux.

Le même Tribunal est compétent :

1° Pour juger et apurer les comptes qui lui sont extraordinairement
soumis à cet effet ;

2° Pour juger et fixer, même à défaut des agents responsables, le débit
de ceux qui négligeraient de présenter les comptes, livres ou autres documents de leur gestion ;

3° Pour imposer des amendes aux agents responsables qui ne présentent
pas, dans les délais prescrits, les comptes et documents relatifs à leur
gestion.

Comme Corps consultatif, le Tribunal du Trésor national est nécessairement consulté et donne son avis :

1° Sur les questions de compétence et les conflits de juridiction qui
peuvent s'élever entre les employés de l'administration des finances ;

2° Sur la liquidation et la prescription des dettes passives de l'État et

générale de prise de comptes, de la Direction générale
de comptabilité, de la Direction générale des revenus
publics, de la Douane et du Consulado [1], du Timbre [2],
des Recebedorias [3], de l'Hôtel des Monnaies [4], de la
Caisse des serviteurs de l'État, des Loteries, de l'Imprimerie nationale [5].

Il connaît soit en première instance, soit en appel,
des réclamations relatives au contentieux administratif
des revenus publics, sauf dans les cas où le Tribunal du

sur celles qui doivent être inscrites au grand livre de la dette publique ;

3° Sur l'application des amendes ou des peines corporelles dans le cas
où les lois confèrent cette attribution au ministre des finances ;

4° Sur les réclamations adressées au ministre des finances, en matières
contentieuses, et dont la délibération n'appartient pas au Tribunal du
Trésor ;

5° Sur les recours formés contre les décisions des autorités administratives et les chefs des administrations fiscales qui ne sont pas de la compétence dudit Tribunal ;

6° Sur l'établissement des règles pour la fixation des cautionnements ;

7° Sur tous les faits ou cas, non prévus dans les paragraphes précédents,
pour lesquels le ministre demanderait l'avis du Tribunal comme Corps
consultatif.

[1] Dans le chapitre XIII nous avons parlé sommairement de cette administration et de ses rapports avec le commerce.

[2] L'Administration du Timbre porte le titre de : *Administração da Offi-
cina de estamparia e impressão do Thesouro nacional.* Elle est placée
sous l'inspection de la Direction générale des revenus publics, et dirigée
par un Administrateur. (Décret du 25 février 1860.)

[3] Les principales Recebedorias ou Recettes générales sont celles de Rio-
de-Janeiro, de Bahia et de Pernambuco. Elles sont dirigées par un Administrateur. (Décret du 17 mars 1860.)

[4] La direction supérieure de l'Hôtel des Monnaies appartient exclusivement au Ministre des finances. Sous les ordres du Ministre, un agent supérieur, ayant le titre de Provedor, est chargé de la direction scientifique,
de l'administration, du régime, de l'économie et de la police intérieure de
l'Hôtel. (Décret du 2 mars 1860.)

[5] L'Imprimerie nationale est dirigée par un Administrateur. Les travaux
dont elle est chargée concernent surtout les publications officielles. Les
particuliers peuvent y faire imprimer, en se conformant aux dispositions
du décret du 30 septembre 1859.

Trésor national a droit de vote délibératif. Il connaît aussi des questions qui ont rapport à l'étendue, l'interprétation, la validité, la résiliation, en un mot, à tous les effets des contrats passés avec l'Administration des finances, et qui ont pour objet des revenus, travaux ou services publics à la charge de cette Administration[1].

MARINE. — Le Ministre de la Marine est chargé de toute la Marine de guerre, de l'Armée navale, de l'École de Marine et des Phares.

La Marine brésilienne compte un Amiral honoraire, deux Amiraux, deux Vice-Amiraux, sept Chefs d'escadre, quinze Chefs de division, vingt et un Capitaines de Mer et de Guerre, trente-sept capitaines de Frégate et un nombre indéterminé de Capitaines-Lieutenants, Lieutenants, Enseignes, etc. Elle est composée de soixante navires, dont trente et un à voiles et vingt-neuf à vapeur. Ce sont :

A VOILES		
CORVETTES	BROCKS	AUTRES NAVIRES
Bahiana.	Itamaracá.	Theresa.
Dois de Julho.	Mercedes.	Ipiranga.
Euterpe.	Itapoan.	Bojurú.
Imperial Marinheiro.	Calliope.	Tubarão.
Berenice.	Filhos do.	Parahyba.
União.	Xingú.	Active.
Constituição.	Toucellenc.	Cigatheville.
Principe Imperial.	Eolo.	Fortuna.
D. Januaria.		Laureau.
D. Francisca.		Tapajoz.
Fortuna.		Orientes.
		Taguarige.

A VAPEUR		
CORVETTES	CANONNIÈRES	DIVERS
Amazonas.	Tieté.	Ipiranga.
Paraense.	Ibycuhy.	Amelia.
Recife.	Itajahy.	Dom Pedro.
Jiquitinhonha.	Iguatemy.	Maracanãa.
Viamão.	Ivahy.	Japorá.
Beberibe.	Araguary.	Paraguassú.
Majé.	Araguahy.	Thetis.
Pedro II.	Mearim.	Camacuãa.
Belmonte.		Anhambahy.
Paranahyba.		Apa.
		Fluminense.

Par un décret du 5 mars 1860, une école de mécaniciens pour la marine a été établie à l'Arsenal de Marine de Rio-de-Janeiro. Cette école est destinée à former des mécaniciens nationaux, et peut produire dans un temps prochain des résultats très-avantageux pour le développement de la marine à vapeur du Brésil.

Les mécaniciens nationaux des bateaux à vapeur marchands sont soumis à des examens dont le but est de reconnaitre leur capacité et leur habileté dans la conduite des machines. Les mécaniciens étrangers sont admis sans examen, sous la seule condition de produire un certificat constatant leur aptitude et délivré soit par le directeur de quelque établissement connu de fabrication de machines à vapeur pour la marine, soit par toute autre personne inspirant une égale confiance. Ce certificat doit être visé par un agent consulaire bré-

suivantes : Langue nationale, arithmétique, calculs commerciaux, algèbre jusqu'aux équations du second degré, géographie, histoire, traduction correcte de la langue française, et connaissance de la pratique du service auquel on se destine. (Décret du 14 mars 1860.)

silien dans le pays où il a été délivré. (Décret du 2 juin 1860.)

AFFAIRES ÉTRANGÈRES. — Le Ministre des Affaires étrangères, outre les affaires qui incombent naturellement à son ministère, dirige les travaux des commissions mixtes Brésilienne-Portugaise et Brésilienne-Anglaise [1].

GUERRE. — Du Ministre de la Guerre relèvent tous les corps d'armée, les Écoles militaires et d'application, les Arsenaux, les Forteresses, le Corps des Ingénieurs, la Fabrique de poudre et l'Observatoire astronomique. L'administration de ce ministère a été réorganisée par un décret du 27 octobre 1860. La fabrique de poudre est placée sous les ordres d'un Directeur ; l'administration de cet établissement a été réglementée par un décret du 17 mars 1860.

L'Armée brésilienne compte environ 23,000 hommes, qui se classent de la manière suivante :

Maréchal de l'Armée.		1
Lieutenants généraux.		4
Maréchaux de Camp.		8
Brigadiers.		16
Colonels.	du Corps des Ingénieurs.	8
	d'État-Major de 1re classe	6
	— de 2e classe.	12
	de Cavalerie.	5
	d'Artillerie.	1

---

[1] Les résultats des travaux de cette dernière Commission n'ont pas toujours été satisfaisants pour les Brésiliens. De nombreuses plaintes se sont élevées contre la partialité des Anglais, qui abusent, dans bien des cas, de leur position de puissance maritime pour commettre impunément des actes tyranniques contre les sujets brésiliens, et qui, au sein de la commission mixte, refusent de reconnaître leurs torts ou d'en donner satisfaction.

Lieutenants-Colonels	du Corps des Ingénieurs	14
	d'État-Major de 1re classe	8
	— de 2e classe	18
	d'Infanterie	21
	de Cavalerie	6
	d'Artillerie à pied	5
	— à cheval	1
Majors	du Corps des Ingénieurs	20
	d'État-Major de 1re classe	12
	— de 2e classe	24
	d'Infanterie	21
	de Cavalerie	9
	d'Artillerie à pied	5
	— à cheval	1
	d'Artifices	1
Capitaines	du Corps des Ingénieurs	30
	d'État-Major de 1re classe	24
	— de 2e classe	24
	d'Infanterie	156
	de Cavalerie	50
	d'Artillerie à pied	36
	— à cheval	6
	d'Artifices	4
	de Pédestres	11
Premiers Lieutenants	du Corps des Ingénieurs	34
	d'Artillerie à pied	36
	— à cheval	6
	d'Artifices	4
Lieutenants	d'État-Major de 1re classe	24
	— de 2e classe	24
	d'Infanterie	136
	de Cavalerie	50
Seconds Lieutenants	du Corps des Ingénieurs	68
	d'Artillerie à pied	71
	— à cheval	12
	d'Artifices	4
Sous-Lieutenants	d'État-Major de 1re classe	24
	— de 2e classe	24
	d'Infanterie	272
	de Cavalerie	100
	de Pédestres	11

Adjudants.	d'État–Major général.	1
	d'Infanterie.	21
	de Cavalerie.	6
	d'Artillerie à pied.	5
	— à cheval.	1
	d'Artifices.	1

Secrétaires.	d'État–Major général.	1
	d'Infanterie.	21
	de Cavalerie.	6
	d'Artillerie à pied.	5
	— à cheval.	1
	d'Artifices.	1

Quartiers–Maîtres.	d'État–Major général.	1
	d'Infanterie.	21
	de Cavalerie.	6
	d'Artillerie à pied.	5
	— à cheval.	1
	d'Artifices.	1

| Vétérinaires. | de Cavalerie. | 5 |
| | d'Artillerie. | 1 |

Piqueurs de Cavalerie.	5
Chirurgien-Major de l'Armée.	1
Chirurgiens-Majors de Division.	2
Chirurgiens-Majors de Brigade.	6
Premiers Chirurgiens.	52
Seconds Chirurgiens.	64
Chapelains.	40

Soldats.	d'Infanterie.	12,715
	de Cavalerie.	3,482
	d'Artillerie à pied.	2,597
	— à cheval.	786

| Artifices (ouvriers). | 420 |
| Pédestres. | 880 |

Cette armée est répartie dans toutes les provinces de l'Empire, principalement dans les villes du littoral et dans quelques forts des frontières de terre.

CONSEIL D'ÉTAT. — Le Conseil d'État est composé de sept membres ordinaires et de sept membres extraordinaires. Il se divise en sections, suivant les matières qui sont soumises à ses délibérations ou sur lesquelles il est appelé à donner son avis. Les Conseillers d'État ont le titre d'*Excellence*.

SÉNATEURS ET DÉPUTÉS. — Le Sénat compte cinquante-huit membres, et la Chambre des Députés cent dix-huit, savoir :

PROVINCES.	SÉNATEURS.	DÉPUTÉS.
Alogôas.	2	5
Amazonas.	1	1
Bahia.	7	14
Ceará.	4	8
Espirito-Santo.	1	1
Goyáz.	1	2
Maranhão.	3	6
Matto-Grosso.	1	2
Minas-Geraes.	10	20
Pará.	1	3
Parahyba-do-Norte.	2	5
Paraná.	1	1
Pernambuco.	6	13
Piauhy.	1	5
Rio-Grande-do-Norte.	1	2
Rio-de-Janeiro.	6	12
Santa-Catharina.	1	1
São-Paulo.	4	9
São-Pedro-do-Rio-Grande-do-Sul.	5	6
Sergipe.	2	4

Les Sénateurs ont le titre d'*Excellence*, les Députés celui de *Seigneurie*. Les premiers ont, en outre, la qualification d'*Augustes et Excellentissimes*, et les seconds celle d'*Augustes et Dignissimes*.

ORDRES, INSIGNES, MÉDAILLES. — Les Ordres honorifiques sont, au Brésil, au nombre de six :

1° L'Ordre Impérial de la Croix, fondé par l'Empereur Dom Pedro Ier, le 1er décembre 1822. Il comprend des Grands-Croix, des Dignitaires, des Officiers et des Chevaliers;

2° L'Ordre de Pedro Ier, institué par l'Empereur de ce nom, le 16 avril 1826. Il comprend des Grands-Croix, des Commandeurs et des Chevaliers;

3° L'Ordre Impérial de la Rose, créé par l'Empereur Dom Pedro Ier, le 17 octobre 1829. Cet ordre a des Grands-Croix, des Grands Dignitaires, des Dignitaires, des Commandeurs, des Officiers et des Chevaliers;

4° L'Ordre de Notre-Seigneur Jésus-Christ, institué par le Roi Dom Denis, le 14 août 1318;

5° L'Ordre de Saint-Benoît-d'Aviz, fondé par le Roi Dom Alphonse Ier, le 13 août 1162;

6° L'Ordre de Saint-Jacques-de-l'Épée, institué par le Roi Dom Alphonse Ier, en 1177.

Ces trois derniers ordres comprennent des Grands-Croix, des Commandeurs et des Chevaliers.

Outre ces décorations, il existe plusieurs médailles instituées à l'occasion de différentes guerres et destinées à rappeler les victoires de l'armée et de la flotte.

Les principales sont celles de :

La campagne Cisplatine à Montevidéo, de 1811-1812-1815-1820, ruban jaune ;

La campagne de 1811-1812, ruban jaune ;

La campagne Cisplatine de 1817-1822, ruban vert bordé de jaune ;

La guerre de l'Indépendance, à Bahia, ruban vert et jaune ;

L'armée coopératrice du Bon-Ordre, à Pernambuco, ruban jaune bordé de vert;

Médaille d'or de distinction qui se porte à droite, suspendue par un ruban mi-parti jaune et vert ;

La campagne dans la république de l'Uruguay, ruban vert ;

La bataille de Monte-Caseros, ruban bleu ;

La campagne maritime du Rio de la Plata, ruban vert ;

La bataille navale du Tonelero, du ! 7 décembre 1851, ruban bleu ;

Enfin, d'autres médailles d'or et d'argent, avec rubans vert de mer, couleur de feu ou jaune, accordées pour des actes de distinction ou d'humanité.

TITRES. — L'Empereur accorde également, pour des actions d'éclat ou des services éminents, la noblesse viagère et des titres nobiliaires. Les titres concédés sont ceux de Marquis, de Comte, de Vicomte et de Baron. Les Marquis, les Comtes, presque tous les Vicomtes et une partie des Barons, sont Grands de l'Empire. Ces titres sont intransmissibles et s'éteignent avec les titulaires ; néanmoins leurs veuves les conservent pendant toute la vie.

BUDGET. — Les recettes et les dépenses publiques sont, comme dans tous les États constitutionnels, discutées et établies par les Chambres, sur la présentation du gouvernement, et sanctionnées par le Souverain. Les recettes sont évaluées en bloc, par chapitre. Le budget pour l'exercice 1861-1862 règle les dépenses à la somme de 52,842,981,087 reis, ou 156,899,065 francs 88 centimes, et évalue les recettes à celle de 46,659,651,000 reis, soit 115,515,092 francs 60 centimes.

Nous présentons ci-après les chiffres du budget, en exprimant en francs le montant de chaque nature de recette et de dépense.

SOURCES DES REVENUS PUBLICS.	REIS.	FRANCS.
Droits d'importation.	30,443,613,000	79,153,393 80
Droits de transbordement et de réexportation.	28,089,000	73,051 40
Droits de réexportation pour la côte d'Afrique.	1,408,000	3,660 80
Droits de circulation des marchandises étrangères ou nationales transportées par cabotage, libres des droits de consommation.	352,565.000	916,669 »
Droits de magasinage.	205,028,000	533,072 80
Primes des billets.	212,857,000	553,428 20
Droits d'ancrage.	182,905,000	475,553 »
Droits de 15 p. 0/0 sur les embarcations étrangères achetées par les nationaux.	30,752,000	79,955 20
Droits de 5 p. 0/0 sur l'achat et la vente des embarcations.	50,669,000	131,739 40
Droits de 15 p. 0/0 sur l'exportation du bois du Brésil.	50,000,000	130,000 »
Droits de 5 p. 0/0 et de 2 p. 0/0 à l'exportation.	5,134,308,000	13,349,200 80
Droits de 1 p. 0/0 sur l'exportation de l'or en barre.	348,000	904 80
Droits de 1/2 p. 0/0 sur les diamants. .	15,464,000	40,206 40
Droits sur les Corps de métiers. . . .	98,445,000	225,957 »
Produit des Postes.	285,489,000	742,271 40
Produit de l'Hôtel des monnaies. . .	41,701,000	108.422 60
Produit de la marque de l'argent. . .	52,194,000	135,704 40
Produit de l'imprimerie nationale. . .	110,762,000	287,981 20
Produit de la fabrique de poudre. . .	3,921,000	10,194 60
Produit de la fabrique de fer de Ypanema.	13,563,000	35,263 80
Produits des arsenaux.	14,449,000	37,567 40
Produit des biens nationaux.	63,170,000	164,242 »
Produit des terres diamantines. . . .	48,495,000	116,087 »
Droits et ventes des terres de la Marine.	16,785,000	43,641 »
Décime urbain.	9,439,000	24,541 40
Décime additionnel des corporations de mainmorte..	78,348,000	203,704 80
Droits de Chancellerie.	250,862,000	652,241 20
Droits de brevets des officiers de la garde nationale.	97,111,000	252,488 60
Dime de chancellerie.	55,095,000	143,247 »
Imposition sur les biens-fonds	2,145,799,000	5,579,077 40
Joyaux des Ordres honorifiques. . . .	6,363,000	16,545 80

SOURCES DES REVENUS PUBLICS.	RÉIS.	FRANCS.
Inscriptions des Facultés de droit et de médecine.	92,063,000	239,363 80
Amendes pour infractions aux réglements.	115,285,000	299,741 »
Timbre.	1,531,860,000	3,982,836 »
Primes sur les dépôts publics. . . .	10,192,000	26,499 20
Impôt sur les dépêchants, les courtiers et les agents de ventes publiques. .	32,766,000	85,191 60
Impôt sur les maisons d'escompte. . .	842,766,000	2,201,191 60
Impôt sur les magasins de meubles, vêtements, etc.	18,480,000	48,048 »
Impôt sur les embarcations à l'intérieur.	15,665,000	40,729 »
Impôt de 8 p. 0/0 sur les loteries. . .	586,080,000	1,523,808 »
Impôt de 8 p. 0/0 sur les numéros gagnants des loteries.	282,820,000	735,332 »
Impôt sur l'exploitation des mines. . .	24,896,000	64,729 60
Impôt sur les concessions de mines. .	94,000	244 40
Taxe sur les esclaves.	249,367,000	648,354 20
Vente des terres publiques.	5,337,000	13,876 20
Recette de la dette active.	198 648,000	516,484 80
Concessions d'eau.	24,831,000	64,650 60
Dîmes.	20,122,000	52,507 20
Impôt sur les magasins de modes. . .	15,587,000	40,526 20
Patentes sur la consommation de l'eau-de-vie.	230,805,000	600,087 80
Patentes sur la consommation du bétail.	135,447,000	352,162 20
Droits sur les héritages et les legs. . .	209,500,000	544,700 »
Contribution pour le Mont-de-Piété. . .	2,854,000	7,420 40
Intérêts des capitaux nationaux. . . .	223,826,000	581,947 60
Demi-taxe sur les esclaves.	130,473,000	339,229 80
Émoluments divers.	89,480,000	232,648 »
Émoluments à la police.	11,030,000	28,678 »
Décime urbain de la Capitale.	839,739,000	2,183,321 40
Magasinage de l'eau-de-vie.	18,207,000	47,338 20
Indemnités et produits des loteries. . .	206,009,000	535,623 40
Vente de marchandises nationales. . .	64,021,000	166,454 60
Recettes éventuelles.	231,406,000	401,655 60

Les dépenses pour 1861-1862 se décomposent de la manière suivante :

Ministère de l'Empire.

	RÉIS.	FRANCS.
Liste civile de S. M. l'Empereur. . . .	800,000,000	2,080,000 »
Dotation de S. M. l'Impératrice. . . .	96,000,00	249,600 »

	REIS.	FRANCS.	
Dotation de S. A. I. la princesse Dona Isabel.	12,000,000	31,200	»
— de S. A. I. la princesse Dona Leopoldina.	6,000,000	15,600	»
— de S. A. I. la princesse Dona Januaria, et location d'habitations.	102,000,000	265,200	»
— de S. M. l'Impératrice-veuve, duchesse de Bragança. . .	50,000,000	130,000	»
— du prince Dom Luiz.	6,000,000	15,600	»
— du prince Dom Felippe. . . .	6,000,000	15,600	»
Honoraires des professeurs de la famille impériale.	9,600,000	24,960	»
Secrétairerie d'État.	210,000,000	546,000	»
Cabinet impérial.	1,900,000	4,940	»
Conseil d'État.	48,000,000	124,800	»
Présidences des provinces.	231,280,000	601,328	»
Chambre des Sénateurs. . . . . . : .	266,390,000	692,614	»
— des Députés.	346,460,000	900,796	»
Indemnités de voyage aux Députés. . .	52,600,000	136,760	»
Facultés de droit.	163,246,000	424,439	»
— de médecine. . . . . . . :	229,350,000	596,310	»
Académie des Beaux-Arts.	39,604,000	102,970	»
Musée.	9,000,000	23,400	»
Hygiène publique.	18,000,000	46,800	»
Employés de santé dans les ports. . .	22,030,000	57,278	»
Lazarets.	120,000,000	312,000	»
Institut de vaccine.	14,780,000	32,428	»
Garantie d'intérêt aux chemins de fer.	634,318,194	1,648,227	30
Travaux publics généraux et subventions aux provinces.	605,681,806	1,574,772	70
Administration des postes.	600,000,000	1,560,000	»
Subventions aux compagnies de navigation à vapeur.	2,565,000,000	6,669,000	»
Administration générale des terres publiques, cadastre et colonisation. . .	914,240,000	2,377,024	»
Catéchisation et civilisation des sauvages.	80,000,000	208,000	»
Colonies militaires.	200,000,000	520,000	»
Pensionnat de jeunes filles sans parents dans la province de Pará.	2,000,000	5,200	»
Archives publiques de l'Empire. . . .	12,640,000	32,864	»
Subvention pour aider à la publication des œuvres du docteur Antonio Corrêa de Lacerda.	2,000,000	5,200	»

	RÉIS.	FRANCS.	
Subvention pour aider à la publication des œuvres du docteur Martins. . .	3,000,000	7,800	»
Commission scientifique pour explorer l'intérieur de quelques provinces de l'Empire.	130,000,000	338,000	»
Découverte et exploration de mines de houille. . . . . ;	8,000,000	20,800	»
Amélioration de la culture de la canne à sucre, du blé et des autres céréales.	20,000,000	52,000	»
Secours publics et amélioration de l'état sanitaire.	200,000,000	520,000	»
Commencement de l'édification d'un palais impérial.	150,000,000	390,000	»
Institut commercial.	12,160,000	51,616	»
— des jeunes aveugles.	33,884,000	88,098	40
— des sourds-muets.	16,000,000	41,600	»
Bibliothèque publique.	13,576,500	35,298	90
Institut historique et géographique. .	5,000,000	13,000	»
Académie impériale de médecine. . .	2,000,000	5,200	»
Société auxiliatrice de l'industrie nationale.	4,000,000	10,400	»
Éventualités.	30,000.000	78,000	»
Instruction primaire et secondaire de la Capitale.	275,301,500	715,783	38
Jardin botanique da Lagôa de Rodrigo de Freitas.	25,001,000	59,801	60
Jardin de la promenade publique. . .	9,717,000	25,164	20
Prestations à João Caetano dos Santos. .	41,000,000	106,600	»
Hopital dos Lazaros.	2,000,000	5,200	»
Nettoyage et irrigation de la capitale. .	205,200,000	533,520	»
Travaux publics.	1,336,128,000	3,474,052	80

Ministère de la Justice.

Secrétairerie d'État.	220,560,000	572,656	»
Tribunal suprême de Justice.	104,800,000	272,480	»
Cours d'appel (Relações).	289,893,554	753,722	67
Tribunaux de commerce.	40,400,000	105,040	»
Justice de première instance.	896,520,000	2,350,452	»
Indemnités et gratifications pour commissions extraordinaires.	50,000,000	130,000	»
Dépenses secrètes et répression du trafic des Africains.	174,000,000	452,400	»
Personnel et matériel de la police. . .	481,194,000	1,251,104	40
Garde nationale.	167,621,500	435,815	90
Télégraphes.	75,174,100	195,452	66

	RÉIS.	FRANCS.
Archevêque, évêques, clergé, tribunal ecclésiastique.	952,871,060	2,425,464 76
Séminaires.	171,600,000	446,160 »
Transport, nourriture et entretien des prisonniers.	140,000,000	364,000 »
Éventualités.	10,000,000	26,000 »
Corps de police de la Capitale.	561,733,500	1,460,507 10
Maison de correction et entretien de prisons.	120,000,000	312,000 »
Éclairage public.	550,000,000	1,430,000 »

Ministère des Affaires étrangères.

Secrétairerie d'État.	153,890,088	400,114 22
Légations et consulats.	533,750,554	1,387,699 44
Employés en disponibilité.	9,199,999	23,919 99
Commissions mixtes.	19,280,000	50,128 »
Commission exploratrice des terrains limitrophes de l'Empire et de la Guyane française.	16,800,000	43,680 »
Explorations et études géographiques sur les limites et la navigation fluviale.	18,800,000	48,880 »
Insignes des ordres nationaux.	5,000,000	13,000 »
Indemnités.	50,000,000	130,000 »
Dépenses imprévues.	50,000,000	130,000 »
Éventualités.	25,200,000	65,520 »
Différences de change et commissions.	80,000,000	208,000 »

Ministère de la Marine.

Secrétairerie d'État.	95,050,000	247,130 »
Conseil naval.	41,200,000	107,120 »
Quartier général de la marine.	14,871,998	44,667 19
Suprême conseil militaire.	12,684,000	32,978 40
Tribunal d'audition et d'exécution.	3,370,000	8,742 »
Comptabilité.	56,000,000	145,600 »
Corps de marine et annexes.	526,111,200	1,367,889 12
Bataillon naval.	25,309,500	65,804 70
Corps des marins impériaux.	128,015,000	332,839 »
Compagnie des invalides.	5,540,000	14,404 »
Intendances et accessoires	126,112,000	327,891 20
Arsenaux.	1,366,411,740	3,452,670 52
Capitaineries des ports.	141,675,581	368,351 51
Force navale et navires de transport.	1,067,481,416	2,786,651 68
Navires désarmés.	54,202,000	88,925 20

	RÉIS.	FRANCS.
Hôpitaux.	59,213,000	153,963 80
Phares.	26,375,400	68,576 04
École de marine.	76,250,076	208,250 20
Bibliothèque de marine.	1,272,413	3,298 27
Réformés.	65,371,140	134,596 50
Matériel.	2,299,089,600	5,977,632 96
Travaux.	686,704,900	1,785,431 74
Dépenses extraordinaires et éventuelles.	212,970,000	553,722 »

Ministère de la Guerre.

Secrétairerie d'État et administrations annexes.	225,576,000	586,497 60
Finances de la guerre.	51,180,000	152,968 »
Arsenaux de guerre, magasins d'articles de guerre, conseils administratifs.	2,030,950,800	5,280,470 »
Conseil suprême de justice militaire. .	42,314,000	110,016 40
Instruction militaire.	302,787,700	787,248 02
Corps de santé et hôpitaux.	599,288,000	1,598,148 80
Armée.	7,027,405,558	18,271,254 40
Commissions militaires.	112,039,000	291,301 40
Classes inactives.	570,719,962	1,483,871 90
Gratifications diverses, indemnités et recrutement.	450,600,000	1,171,560 »
Fabriques.	185,760,300	482,976 78
Préside de Fernando de Neronha. . .	87,065,000	226,369 »
Travaux militaires.	541,835,948	1,508,769 28
Diverses dépenses et éventualités. . .	601,408,000	1,563,660 80

Ministère des Finances.

Intérêts, amortissement et autres dépenses de la dette extérieure consolidée.	3,648,711,111	9,486,648 88
Intérêts, amortissement et autres dépenses de la dette intérieure consolidée.	3,460,156,000	8,996,305 60
Intérêts de la dette inscrite avant l'émission des titres.	12,000,000	31,200 »
Rachat du papier-monnaie retiré par la Banque du Brésil.	2,000,000,000	5,600,000 »
Caisse d'amortissement.	40,680,000	105,768 »
Pensions et retraites.	1,066,055,000	2,771,685 80
Employés des administrations supprimées.	26,352,000	68,515 20

	REIS.	FRANCS.
Trésor national et trésoreries des finances.	1,223,174,000	3,180,252 40
Juge des faits des finances.	72,713,000	189,053 80
Dépenses de perception.	2,744,015,000	7,134,459 »
Hôtel des monnaies.	162,700,000	423,020 »
Administration de l'estampage et de l'impression du trésor national. . .	49,228,000	127,992 80
Imprimerie nationale.	150,000,000	390,000 »
Administration des biens nationaux et des terres diamantines.	47,470,000	123,422 »
Indemnités et gratifications pour services temporaires et extraordinaires.	90,000,000	234,000 »
Tutelle des Africains libres.	1,900,000	4,940 »
Cadastre des terres de la marine. . .	3,000,000	7,800 »
Primes, escomptes des billets de la douane, commissions, courtages, assurances, intérêts réciproques, agio sur les monnaies et les métaux précieux.	100,000,000	260,000 »
Intérêts de l'emprunt de la Caisse des orphelins.	200,000,000	520,000 »
Travaux.	1,200,000,000	3,120,000 »
Éventualités.	20,000,000	52,000 »

DETTE. — La dette du Brésil, tant externe qu'interne, résulte d'emprunts et d'émissions de titres de rentes.

Elle se décompose de la manière suivante :

Dette intérieure consolidée au 1er janvier 1858.

TAUX DES RENTES	CAPITAL ÉMIS	AMORTISSEMENT	CAPITAL EN CIRCULATION
Rentes 6 p. 0/0.	154,615,760 »	9,547,200 »	145,068,560 »
— 5 p. 0/0.	5,182,320 »	419,120 »	4,763,200 »
— 4 p. 0/0	310,960 »	» »	310,960 »
	160,109,040 »	9,966,320 »	150,142,720 »

Dette extérieure consolidée au 1" janvier 1858.

ÉPOQUE		CAPITAL DE L'EMPRUNT		AMORTISSEMENT		CAPITAL
DE L'EMPRUNT	A LAQUELLE L'EMPRUNT DOIT ÊTRE REMBOURSÉ	RÉEL	NOMINAL	RÉEL	NOMINAL	EN CIRCULATION
1824	1864	75,028,487 40	92 020,102 »	17,598,416 59	20,261,277 »	72,807,825 »
1829	1859	10,085,596 64	10,391,552 »	4,821,575 21	6,095,257 »	13,298,275 »
1839	1869	7,878,427 52	10,506,552 »	1,074,506 92	1,054,114 »	9,272,258 »
1843	1862	15,698,317 42	18,468,846 »	5,782,105 04	5,800,710 »	14,662,136 »
1852	1882	24,056,042 50	26,233,526 »	1,501,459 04	1,575,945 »	24,850,581 »
		135,345,471 48	167,580,358 »	28,577,840 70	32,620,303 »	134,760,055 »

GOUVERNEMENT PROVINCIAL. — Outre le Président nommé par le pouvoir central, il existe, pour le gouvernement de chaque province, une Assemblée provinciale, composée de membres élus, appelés députés. Cette assemblée possède, dans l'étendue de la province, le pouvoir législatif. Elle détermine les divisions intérieures, sous le rapport administratif, judiciaire ou ecclésiastique. Elle crée de nouveaux Municipios, de nouvelles Comarcas ou des Freguezias. Elle crée et fait percevoir des taxes provinciales sur divers objets de consommation ou sur les propriétés mobilières ou immobilières. Elle peut, au compte du trésor provincial, établir des colonies et subventionner celles qui existent. Elle fait les lois relatives à l'amélioration de la culture, au développement du commerce ou de l'industrie et à l'extension de la navigation. La construction et l'entretien des mouvements ou établissements d'utilité publique sont décrétés par elle. Dans le cas où un établissement, un monument entrepris par les provinces, sont considérés comme ayant une utilité générale, le gouvernement central peut y aider au moyen de subventions. L'instruction publique et l'établissement des écoles sont aussi du ressort de l'Assemblée provinciale. Elle détermine la construction et le tracé des routes, canaux, ponts, etc. L'Assemblée provinciale se réunit tous les ans, et au moment de l'ouverture de la session elle entend un rapport du Président de la province sur toutes les matières qui sont de sa compétence.

QUESTION DES SUBSISTANCES. — S'il importe à une nation de parer à toutes les éventualités et de ne pas se trouver à la merci de ses ennemis en temps de

guerre, c'est surtout en vue de l'alimentation. Malheureusement le Brésil paye à l'étranger un énorme tribut
de marchandises alimentaires. Il couvre, il est vrai,
cette dépense par la production du café et du sucre,
mais en temps de guerre les pays acheteurs de ces denrées peuvent à la rigueur se passer de sucre et de café,
tandis que le Brésil ne saurait remplacer par ses propres produits la farine, la viande et les autres substances alimentaires que les pays étrangers lui fournissent. C'est là un danger sérieux, danger dont les
effets peuvent ne jamais se réaliser, mais qu'il est du
devoir du gouvernement de conjurer comme une éven-
tualité, en assurant la vie en tout temps, même avant
de chercher la vie à bon marché.

Le Brésil reçoit annuellement en moyenne des autres
pays :

Beurre.	3,900,000 fr.
Charbon de terre.	3,500,000
Farine de blé.	13,000,000
Fer brut et en œuvre.	15,600,000
Huiles.	1,800,000
Morue et autres poissons salés.	6,760,000
Sel.	1,560,000
Tissus de coton, de laine, de lin, de soie, etc.	104,000,000
Viande.	4,160,000
Vins.	9,000,000

La prospérité d'un pays est intimement liée à la prospérité de son agriculture. Plus que tout autre État, le
Brésil doit développer ses ressources agricoles; il doit,
comme nous le disions dans un chapitre précédent,
s'attacher surtout à la production des substances alimentaires, production dont le premier résultat sera de

faire baisser le prix de la vie et d'assurer la subsistance des bras nouveaux que le Brésil est obligé d'appeler sur son sol.

Pour arriver à ce but, il faut développer les voies de communication, créer des écoles ou mieux des colonies modèles, favoriser l'établissement des banques agricoles et faire comprendre aux cultivateurs que leur intérêt bien entendu et l'intérêt national exigent que la consommation publique soit assurée sans le concours de l'étranger.

Dans toutes les productions matérielles, l'homme n'a qu'un mobile, l'intérêt. Il recherche surtout les voies qui mènent à la fortune, sans s'inquiéter de la prospérité publique. Quand, par suite de la difficulté des communications, le cultivateur ne trouve pas, pour les produits alimentaires, un écoulement assuré et que la culture de ces produits ne récompense pas ses efforts, il recherche la culture des plantes dont les produits se vendent à l'étranger; il se place près des cours d'eau, expédie ses récoltes dans les ports, et l'écoulement facile qu'il trouve l'encourage dans la voie de cette nouvelle culture. Les voies de communication conduisant aux lieux de consommation du pays même tendent rapidement à changer cet état de choses; la culture des plantes d'alimentation devient la plus productive et la plus facile, les engrais s'obtiennent plus aisément et la subsistance nationale se trouve peu à peu assurée par l'intérêt même des producteurs.

Les encouragements offerts à la culture auront pour but d'y retenir les bras qui s'en éloignent, et d'en attirer de nouveaux par la sécurité qu'offre cette nature de travail. On peut voir des fabriques cesser tout à coup leurs travaux et jeter sur le pavé un grand nombre d'ouvriers, mais on ne voit jamais, même pendant les crises commerciales les plus pénibles, les exploitations rurales cesser d'employer les bras nécessaires à la production de l'alimentation. Outre cet avantage, les entreprises agricoles ne craignent rien de la concurrence extérieure, tandis que les manufactures sont souvent victimes de cette concurrence, surtout dans un pays neuf, au sein duquel l'industrie ne s'improvise pas et ne se développe pas sans secousses et sans intermittences.

La cherté des subsistances, au Brésil, provient uniquement du défaut de production, et le défaut de production, du manque de voies de communication et, par suite, de marchés d'écoulement. Le gouvernement a essayé diverses mesures économiques pour remédier à la cherté. En 1858, il décréta la réduction des droits d'importation sur divers objets de consommation alimentaire. Les taxes sur la farine de blé furent réduites de 30 pour 100 à 5 pour 100; malgré cela le prix de la farine ne baissa point et le pain continua à augmenter. La viande sèche, la morue et divers autres produits furent dans le même cas. La réduction des droits ne profita qu'aux producteurs ou plutôt aux importateurs.

Ce fait prouve évidemment que la production nationale peut seule remédier à la cherté dont souffre le Brésil en ce moment, et que nulle mesure, ayant pour but de faciliter les importations des substances alimentaires, n'équivaudra à celles qui seront prises pour aider au développement de l'agriculture en vue de cette production.

Comme complément de ces mesures, il faudrait établir et publier une statistique semestrielle ou annuelle, aussi exacte que possible, afin de faire connaître le rendement de chaque récolte et de rassurer ainsi les esprits en donnant au commerce le temps de combler le déficit, en cas d'insuffisance de la récolte. Cette statistique ferait connaître l'importance du reste en magasin de la récolte précédente, le chiffre des têtes d'animaux destinés à l'alimentation, les résultats de la dernière récolte et le rendement des produits. Aux époques des plantations, on évaluerait les étendues ensemencées ou plantées, afin d'apprécier le rendement moyen par unité d'étendue, par nature de produit et suivant la qualité des terres.

La création de comités permanents de statistique agricole, dont les membres seraient choisis parmi les cultivateurs les plus influents, sous la direction d'un agent de l'État, serait indispensable pour obtenir des données à peu près exactes. On arriverait, en peu d'années, à des informations aussi précises que possible, car une précision mathématique sera toujours impossible et ne présenterait d'ailleurs aucune utilité pratique réelle.

Nous livrons les réflexions qui précèdent à l'appréciation de tous les hommes éclairés du Brésil, bien assuré d'avance qu'ils y verront surtout notre désir d'être utile à leur patrie en apportant notre grain de sable à l'édifice de sa prospérité.

QUESTION DE LA HOUILLE. — En citant plus haut la somme que paye le Brésil pour se procurer de la houille, nous avons été frappé d'une pensée que nous voulons exposer avant de clore ce chapitre. Cette idée n'a rien de neuf, elle a dû venir à l'esprit de tous les Brésiliens, mais elle n'en est pas moins aussi grave que saisissante de vérité.

Le sol brésilien contient de nombreuses mines de charbon de terre, et pourtant c'est l'Angleterre qui fournit au Brésil tout ou à peu près tout ce qui s'y consomme de ce combustible.

De nos jours, la houille est devenue le pain quotidien de l'industrie. Son emploi ne prive aucune branche de travail au profit d'une autre, comme pourrait le faire l'emploi du bois au préjudice des travaux de construction. Elle est devenue nécessaire à la vie des peuples civilisés presqu'au même degré que les produits alimentaires.

Cette contribution que le Brésil paye à l'Angleterre le met dans la dépendance du commerce anglais, et présente un genre de danger très-appréciable dans le cas où les deux États deviendraient ennemis.

Un ministre anglais a dit à la tribune : « Toute na- « tion qui, pour travailler, aura besoin de la houille « anglaise, sera vassale de l'Angleterre. [1] »

Comme pour les subsistances, le défaut de voies de communication est le seul obstacle à l'exploitation des gîtes carbonifères du Brésil. Si le Brésil était pourvu de moyens de transports comme certains pays d'Europe, même des moins favorisés à cet égard, les entreprises d'exploitation se formeraient rapidement et trouveraient des capitaux qui ne tarderaient pas à devenir

[1] Rapport de M. Lasnyer à la Chambre des Députés en 1847.

productifs, tout en affranchissant l'empire du *vasselage* relatif dans lequel l'Angleterre le tient par ses charbons. Les chemins de fer et surtout les cours d'eau naturels ou artificiels sont les meilleurs moyens de transport de la houille. Les cours d'eau existent, il n'y a donc qu'à les améliorer, à les rendre navigables sur les points où ils ne le sont pas et à les relier aux houillères par des routes ou de petites voies ferrées.

Là ne s'arrêtera pas l'essor que l'exploitation de la houille donnera au progrès brésilien : des fabriques naîtront, les matières premières sont sous leur main; des hauts-fourneaux s'établiront, le minerai de fer est d'une abondance inépuisable et ne demande presque pas de travaux d'extraction; enfin, par les *voies de communication*, la *culture des substances alimentaires* et l'*exploitation de la houille*, le Brésil prendra véritablement rang parmi les grandes puissances.

XVI

OBSERVATION PRÉLIMINAIRE. — Au Brésil, les centres de population suivent la progression suivante : à leur origine, ils sont *aldéas*, c'est-à-dire villages ; puis quand leur importance est suffisamment accrue, ils reçoivent le titre de *villas*, qui correspond en français à bourg ou à petite ville ; plus tard, on accorde à quelques villas devenues considérables la qualification de *cidades* ; les cidades sont les véritables villes. Toutefois nous avons donné dans cet ouvrage, aux villas et aux cidades, la même appellation : villes. L'importance de certaines villas égale ou dépasse parfois celle de certaines cidades ; ces deux dénominations sont données en raison des autorités qui résident dans une localité et y ont le siége de leurs attributions, aussi bien que par motif d'importance soit de la population, soit du commerce de la localité, et quelquefois encore pour récompenser la population d'une action d'éclat, de dévouement, de fidélité ou de patriotisme.

PROVINCE DAS ALAGOAS. — La province das Alagôas, située entre l'Océan et les provinces de Pernambuco et de Sergipe, doit son nom à divers lacs qu'elle renferme. Son territoire est généralement sain, l'air y est pur, excepté aux environs de la cascade de Paulo-Affonso, cascade principale du Rio de São-Francisco, où les habitants sont sujets à des fièvres intermittentes.

Les arbres croissent avec rapidité dans presque toute la province, qui fournit du baume de copahu, du benjoin, de la résine copal et d'autres substances recherchées.

Les pierres calcaires et granitiques et les pierres à filtrer sont abondantes dans cette province.

Montagnes. — Les chaînes de montagnes les plus remarquables qui s'y trouvent sont : la Serra Araripe, la Serra Barriga, la Serra Comunati, la Serra Marambaia, la Serra Negra et la Serra Olho-d'Agua.

Serra Araripe. — Les montagnes de la Serra Araripe sont très-élevées et situées à plus de trois cents kilomètres de la mer. Elles limitent au Nord la province de Pernambuco, au Sud celle de Sergipe, et à l'Ouest celle de Parahyba-do-Norte. Cette chaîne fait partie de la cordillière Hibiappaba. Elle donne naissance au Rio Salgado et au Rio Piranha, vers le Nord, au Rio Moxotó et au Rio Pajehù, au Sud.

Serra Barriga. — Les montagnes de cette chaîne sont les plus élevées de la province. Leur groupe principal est situé à cent vingt kilomètres de la mer et à vingt-cinq kilomètres environ de la ville d'Anadia. C'est à l'est de la Serra Barriga que subsista pendant près de soixante-dix ans le fameux *quilombo* dos Palmares, sorte de village considérable et fortifié, fondé par un

grand nombre d'esclaves échappés lors des guerres des
Brésiliens avec les Hollandais. Le nombre de ces fugitifs
s'accrut successivement de tous les esclaves qui parve-
naient à s'enfuir, et le quilombo devint bientôt un
centre redoutable et redouté, qui fut souvent un fléau
pour les habitations et les plantations circonvoisines.
Cette population s'était rangée sous une sorte de gouvernement qui dura jusqu'à l'administration du marquis de Pombal. Ce ministre envoya contre le quilombo
une armée de huit mille hommes, qui détruisit ou dis-
persa tous les habitants, dont le nombre ne s'élevait
pas à moins de vingt mille au moment de la destruction
du quilombo.

Serra Comunati. — La Serra Comunati ou Communati
est située dans l'intérieur de la province das Alagôas.
Elle fait partie du territoire de la freguezia de Porto-
das-Pedras ou Aguas-Bellas. Les montagnes qui la composent sont en grande partie couvertes de forêts. Dans
les parties défrichées croissent le coton, le manioc, le
maïs et d'autres produits. La population de ces montagnes se compose surtout d'indigènes; on y trouve
aussi quelques agriculteurs blancs et des éleveurs de
bestiaux.

Serra Marambaia. — Cette chaîne est remarquable par
le mont de Santo-Antonio, dont le sommet gît par
9° 22′ 17″ de latitude Sud, et 37° 55′ 20″ de longitude
Ouest.

Serra Negra. — Cette serra est située à quatre-vingt-
dix kilomètres au Nord-Nord-Est du Rio de São-Francisco-do-Norte, aux environs du Rio Pajehù. Les montagnes en sont élevées, couvertes d'arbres et habitées

par des indigènes en partie civilisés, appartenant à la
nation Chacriabas.

SERRA OLHO-D'AGUA. — Les montagnes de cette chaîne
commencent à trente-six kilomètres au Nord de la cascade de Paulo-Affonso. Des premiers sommets on voit
les tourbillons de poussière d'eau que la cascade produit. On trouve dans cette serra de nombreuses et profondes cavernes autrefois peuplées de jaguars, d'on-
ces, de serpents, et aujourd'hui remplies d'énormes
chauves-souris vampires, qui sont, pour le bétail qu'on
élève dans les vallées fertiles des environs, un redoutable et cruel fléau.

Cours d'eau. — Outre le Rio de São-Francisco-do-
Norte, qui baigne la province au Sud, on trouve encore
le Rio das Alagôas, le Rio Camaragibe, le Rio Cururipe,
le Rio Una, le Rio Moxotó et le Rio Pajehú.

Les lacs principaux sont : le lac Jequibá ou Jiquibá,
au Nord du Rio Cururipe, qui a trente kilomètres de
long sur six kilomètres de large; les lacs Mandaú ou
Mandahú et Manguába, qui, en se communiquant,
forment le Rio das Alagôas.

Villes. — Les principales villes de la province sont :
Maceió, *capitale*, Alagôas, Anadia, Atalaya, Barra-de-
São-Miguel, Jaraguá, Mata-Grande, Palmeira-dos-Indios,
Penedo, Porto-Calvo, Porto-das-Pedras, Porto-Francez,
Poxim, Santa-Luzia, Santo-Antonio-Mirim, São-Miguel,
Villanova-da-Assembléa et Villa-Nova-da-Imperatriz.

MACEIÓ. — Depuis le 9 décembre 1839, la ville de
Maceió, Maçaió, Maceyó ou Maçayó, est capitale de la
province. Cette ville, bâtie près de l'Océan, sur une
éminence de la Ponta-Verde, gît par 9° 39′ de latitude

Sud et 38°4' de longitude Ouest. Son commerce consiste en coton et en sucre. Maceió reçut, en 1815, le titre de *villa*, et, en 1839, celui de *cidade*. Les églises les plus remarquables de cette ville sont : Nossa-Senhora-dos-Prazeres, Nossa-Senhora-do-Rosario et Nossa-Senhora-do-Livramento.

ALAGÔAS. — La ville d'Alagôas ou Magdalena compte près de quinze mille habitants ; elle jouit d'un petit port sur l'Océan Atlantique, au fond du lac Manguába. Elle est située par 9° 45' de latitude méridionale, et 38° 18' de longitude occidentale. Le sucre, du tabac très-estimé et les bois de construction forment les principaux objets du commerce de cette ville. Ses églises sont : Nossa-Senhora-da-Conceição, Nossa-Senhora-do-Patrocinio, Nossa-Senhora-do-Rosario et Nossa-Senhora-do-Bomfim.

ANADIA. — La ville d'Anadia est à quatre-vingts kilomètres à l'Ouest d'Alagôas. Elle fut élevée au rang de *villa* en 1765. Le coton forme la branche principale de son commerce. On remarque dans cette ville l'église de Nossa-Senhora-da-Piedade.

ATALAYA. — La ville d'Atalaya ou Atalaia est située à trente-six kilomètres à l'Ouest d'Alagôas. Son église est sous l'invocation de Nossa-Senhora-das-Brotas.

BARRA-DE-SÃO-MIGUEL. — La ville de Barra-de-São-Miguel est bâtie à l'embouchure du Rio de São-Miguel, à quatre-vingt-dix kilomètres au Nord de l'embouchure du Rio de São-Francisco-do-Norte.

JARAGUÁ. — La ville de Jaraguá possède un petit port sur l'Océan, du côté Sud du promontoire appelé Ponta-Verde, à trois kilomètres de Maceió.

Mata-Grande. — La ville de Mata-Grande ou Matta-Grande est à quatre cent cinquante kilomètres à l'Ouest de Maceió.

Palmeira-dos-Indios. — La ville de Palmeira-dos-Indios est située dans la Serra Barriga. Ses églises principales sont : Nossa-Senhora-do-Amparo et Nossa-Senhora-do-Rosario.

Penedo. — La ville de Penedo a le titre de cidade; elle s'élève sur la rive gauche du Rio de São-Francisco, à quarante-huit kilomètres au-dessus de l'embouchure de ce fleuve. Le commerce de cette ville consiste en coton, riz, maïs, haricots, manioc, etc. Sa population est d'environ quinze mille habitants. Les églises les plus remarquables sont : Nossa-Senhora-do-Rosario, Nossa-Senhora-de-Corrente, São-Gonçalo-d'Amarante et São-Gonçalo-Garcia.

Porto-Calvo. — La ville de Porto-Calvo ou Bom-Successo est à trente-six kilomètres de la mer, sur le Rio Manguape; les principaux articles de son commerce sont le coton et le sucre. L'église est dédiée à Nossa-Senhora-d'Apresentação.

Porto-das-Pedras. — La ville de Porto-das-Pedras est bâtie sur la rive gauche et près de l'embouchure du Rio Manguape, à distance égale de la ville d'Alagôas et du cap Sant'Agostinho, par 9° 13′ de latitude Sud. Elle fait un assez grand commerce de sucre et de coton. Son église principale est sous l'invocation de Nossa-Senhora-da-Conceição. Cette ville a porté les noms de Aguas-Bellas et de Porto-Real.

Porto-Francez. — La ville de Porto-Francez possède un bon port sur l'Océan, par 9° 39′ 45″ de latitude Sud et 58° 1′ 54″ de longitude Ouest. L'église porte le nom de Nossa-Senhora-dos-Remedios.

Poxim. — La ville de Poxim est sur la rive droite du fleuve du même nom, à six kilomètres de la mer. On exporte de cette ville une grande quantité d'huile de Mamona (Palma-christi ou Ricin). L'église Nossa-Senhora-Mãi-de-Deos est la plus remarquable de la ville.

Santa-Luzia. — La ville de Santa-Luzia ou Alagôa-do-Norte, bâtie à dix-huit kilomètres au Nord-Ouest de Maceió, fait un commerce important de tabac et de sucre. Sa principale église est Santa-Luzia.

Santo-Antonio-Mirim. — La ville de Santo-Antonio-Mirim ou Trahipú fait surtout commerce de coton. Son église est Nossa-Senhora-do-O′.

São-Miguel. — La ville de São-Miguel est sur la rive du fleuve du même nom, à quarante-deux kilomètres de son embouchure et à trente kilomètres d'Alagôas. Le tabac et le coton sont les deux principaux éléments du commerce de cette ville.

Villanova-da-Assembléa. — La ville da Assembléa ou Villanova-da-Assembléa est peu importante; elle fait commerce de maïs et de manioc. Cette ville portait autrefois le nom de Riacho-do-Meio.

Villa-Nova-da-Imperatriz. — La ville nommée aujourd'hui Villa-Nova-da-Imperatriz porta successivement les noms de Macacos et de Camaratuba; elle exporte du coton et du tabac.

Armée. — Un colonel d'état-major, assistant de l'adjudant général de l'armée, et un major du corps des Ingénieurs, résident dans la province.

PROVINCE DO AMAZONAS. — La province do Amazo-

nas, récemment formée d'une partie détachée de celle
de Pará, est limitée par la Colombie, le Pérou, les provinces de Matto-Grosso et de Pará. Elle est située entre
4° de latitude Nord et 9° 50′ de latitude Sud, 57° et 74°
de longitude Ouest.

Les jours sont, en toutes les saisons, égaux aux nuits
ou à peu près. Le climat est chaud, mais tempéré par
les vents qui passent sur les montagnes et sur les
forêts. Les habitants sont, en majeure partie, des indigènes de diverses nations, dont nous avons donné les
noms (page 50). La végétation est magnifique, les
arbres deviennent énormes, surtout dans le voisinage
des cours d'eau. Les productions naturelles sont innombrables : girofle, cacao, baumes de toutes sortes, fruits
savoureux, bois recherchés, pierres et métaux précieux, etc., etc. Les plantes cultivées donnent des produits importants; la canne à sucre et le tabac viennent
bien dans les terres basses, le coton et le café prospèrent sur les terrains élevés.

Instruction publique. — Il existe dans cette province
vingt écoles primaires, dont quinze pour les garçons et
cinq pour les filles, et une école secondaire qui compte
déjà un certain nombre d'élèves. Dans cette dernière
école, l'enseignement comprend, outre la langue nationale, le français, le latin, la géographie, l'histoire, la
philosophie, les mathématiques et la rhétorique.

Établissements publics. — Une maison pour les enfants mâles abandonnés existe depuis quelques années
et est aujourd'hui dans une position prospère; une
autre, pour les filles, a été établie il y a peu de temps.

Colonisation. — La colonisation n'a pas encore été

tentée dans cette province. L'assemblée provinciale a voté une somme de trois mille contos de reis pour que des essais coloniaux soient tentés sur les rives du Rio Madeira.

Les efforts faits pour la civilisation des indigènes et leur instruction religieuse demeurent à peu près infructueux, par suite du défaut de missionnaires pour cette œuvre chrétienne et civilisatrice, et aussi par le manque de fonds nécessaires à cette entreprise.

Agriculture. — L'agriculture de cette riche province est tout à fait dans l'enfance ; un seul établissement agricole mérite d'être mentionné, c'est celui d'un Anglais nommé Robert Cullock. Cette propriété, sise à Paraná-Miri-da-Eva, produit annuellement quarante pipes environ d'eau-de-vie de canne à sucre.

Industrie. — Près de la ville de Serpa, on trouve une fabrique de poteries et de briques. Cet établissement, fondé par une compagnie, est en décadence par suite des frais énormes qu'il doit supporter et de la difficulté d'écoulement de ses produits.

Commerce. — Le commerce de la province do Amazonas est peu étendu et consiste surtout en cacao et en caoutchouc. Les bateaux à vapeur, qui maintenant font le service de l'Amazone, donneront, — tout porte à l'espérer, — une impulsion bien nécessaire au développement commercial, industriel et agricole de la province. Il y a un départ mensuel de Belém, capitale de la province de Pará, pour Manáos, capitale de celle do Amazonas, avec escales à Breves, Gurupá, Prainha, Santarêm, Obidos, Villa-Bella et Serpa. Une autre ligne, qui fait six voyages par an, remonte l'Amazone depuis

Manáos jusqu'à Tabatinga, avec escales à Coary, Teffé, Fonte-Boa, Tonantins et São-Paulo. Cette ligne doit être prolongée jusqu'à Nauta, dans la république du Pérou.

villes. — Les villes les plus remarquables de cette province sont : Manáos, *capitale*, Avellos, Barcellos, Borba, Crato, Ega, Lamalonga, Luzéa, Mabbá, Marippi, Moreira, Moura, Nogueira, São-José, Serpa, Silves, Thomar, Villa-Nova-da-Rainha et Villa-Nova-da-Madre-de-Deos.

Manáos. — La ville de Manáos ou Barra-do-Rio-Negro est située par 3° 9′ de latitude Sud et 62° 32′ de longitude Ouest, sur une éminence de la rive gauche du Rio-Negro. Elle fait un commerce important en cacao, girofle, coton et salsepareille. La principale église porte le nom de Nossa-Senhora-da-Conceição.

Avellos. — La ville d'Avellos ou Coary ou Cuari, fondée à la fin du seizième siècle par le P. Samuel Fritz, est sur la rive droite de l'Amazone à vingt-cinq kilomètres au-dessus de l'embouchure du Rio Coary. Le commerce de cette ville consiste en cacao, baumes, girofle et salsepareille. Son église est sous l'invocation de Santa-Anna.

Barcellos. — La ville de Barcellos se trouve sur la rive droite du Rio Negro, à cinquante kilomètres de Poyares. Sa fondation remonte à 1758. Son église est dédiée à Nossa-Senhora-da-Conceição.

Borba. — La ville de Borba est avantageusement située sur une colline de la rive droite du Rio Madeira, à cent cinquante kilomètres de son embouchure dans l'Amazone, par 4° 23′ de latitude Sud, vis-à-vis l'île das

Onças. Le tabac et le cacao sont l'objet d'un commerce étendu pour cette ville, aux environs de laquelle on trouve beaucoup de tortues. L'église principale porte le nom de Santo-Antonio.

CRATO. — La ville de Crato, bâtie à trois cent trente kilomètres au-dessus de Borba, sur le Rio Madeira, exporte de grandes quantités de cacao, de girofle et de salsepareille. Son église est sous l'invocation de São-João-Baptista.

EGA. — La ville d'Ega ou Teffé est à douze kilomètres du Rio das Amazonas, sur la rive droite du Rio Teffé, à près de deux mille kilomètres de Belém. Depuis 1759, Ega possède le titre de *villa*. On y trouve du miel, du cacao et de la salsepareille. Son église principale est Santa-Theresa.

LAMALONGA. — La ville de Lamalonga est située sur la rive droite du Rio Negro, à vingt kilomètres au-dessus de Thomar. Elle exporte surtout du cacao. Son église est São-José.

LUZÉA. — La ville de Luzéa est sur la rive droite du Rio Madeira, au-dessus de Borba.

MABBÁ. — La ville de Mabbá se trouve à cent quatre-vingts kilomètres au-dessus du fort São-Gabriel, sur la rive gauche du Rio Negro ; elle est peuplée de naturels civilisés appartenant à la nation Baniba. La principale église porte le nom de São-João-Baptista.

MARIPPI. — La ville de Marippi ou Santo-Antonio-de-Maripi ou Sant'-Antonio-de-Marapi est à soixante kilomètres de l'Amazone, sur la rive droite du Rio Yapura. Son église est sous l'invocation de Santo-Antonio.

MOREIRA. — La ville de Moreira, située près du Rio

Negro, fait commerce de cacao et de salsepareille. On y remarque l'église Nossa-Senhora-do-Carmo.

Moura. — La ville de Moura ou Moira est sur la rive droite du Rio Negro, à trois cents kilomètres de son embouchure dans l'Amazone. Son église est dédiée à Santa-Rita.

Nogueira. — La ville de Nogueira ou Traquatuhá, située presque en face la ville d'Ega, sur la rive gauche du Rio Teffé, exporte du cacao et de la salsepareille. Sa principale église porte le nom de Nossa-Senhora-do-Rosario.

São-José. — La ville de São-José, sise à vingt kilomètres du fort de Tabatinga, est sur la rive droite du Rio das Amazonas, à dix-huit kilomètres au-dessous du confluent du Rio Javari.

Serpa. — La ville de Serpa possède depuis 1759 le titre de *villa;* elle est bâtie dans une île de la rive gauche du Rio das Amazonas, entre les confluents du Rio Urubú et du Rio Aniba. Cette ville a un commerce étendu, qui consiste principalement en cacao, salsepareille, girofle, coton, café et tabac. L'église principale est sous l'invocation de Nossa-Senhora-do-Rosario.

Silves. — La ville de Silves se trouve à environ quarante kilomètres de l'Amazone, sur la rive gauche et sur les bords du lac Saracá, à cent vingt kilomètres à l'Ouest de Faro. Le coton, le tabac, le cacao, la salsepareille et le girofle sont les éléments principaux de son commerce. Son église porte le nom de Santa-Anna.

Thomar. — La ville de Thomar est à cent kilomètres environ au-dessus de Moreira, à dix-huit kilomètres au-dessous de Lamalonga, sur la rive droite du Rio Negro.

Elle possède le titre de *villa* depuis 1758. On y fabrique des tuiles, des briques et de la poterie de terre. L'église est dédiée à Nossa-Senhora-do-Rosario.

VILLA-NOVA-DA-RAINHA. — La ville, appelée Villa-Nova-da-Rainha, s'élève au confluent du Rio Mauhé ou Canomá avec la rive droite de l'Amazone. On y récolte beaucoup de cacao et de girofle.

VILLA-NOVA-DA-MADRE-DE-DEOS. — La ville qui porte le nom de Villa-Nova, ou Villa-Vistosa-da-Madre-de-Deos, est construite sur la rive gauche du Rio Anarapucú, à quarante-deux kilomètres de son embouchure dans l'Amazone. On exporte de cette ville des bois de construction, du riz, de la salsepareille et du cacao. L'église Madre-de-Deos est la plus remarquable de la ville.

Lacs. — Les principaux lacs de la province sont : le lac Annamanhá, dans les environs de Borba : ses eaux se rendent dans le Rio Madeira par un canal naturel ; le lac Atinineni, situé entre le Rio Negro et le Rio Yapura ; le lac Canumá, dont les eaux se versent dans le Rio Urubú ou Barururú.

Armée. — Un colonel d'état-major remplit les fonctions de commandant des armes dans la province. La garnison fixe ne compte guère plus de soixante hommes.

La garde nationale, établie par décret du 22 mai 1858 et encore mal organisée, fait le service public dans les localités où cela est indispensable.

PROVINCE DE BAHIA. — La province de Bahia, qui reçoit son nom de la baie de Todos-os-Santos, est située entre 10° et 15° 30' de latitude Sud, 39° 55' et 46° 10' de longitude Ouest. Elle est limitée au Nord par la province de Sergipe ; à l'Ouest, par celle de Pernambuco ;

au Sud, par celle de Minas-Geraes, et à l'Est, par l'Océan. Elle a sept cent soixante-dix kilomètres de longueur sur quatre cents de largeur.

Le climat de cette province, généralement très-chaud, est rafraîchi par les brises de la mer. Le sol y est excellent pour la culture de la canne à sucre et du coton.

Montagnes. — Les chaînes de montagnes les plus remarquables de la province de Bahia sont : la Serra das Almas, la Serra Catuléz, la Serra Cincurá, la Serra Itaracá, la Serra Mangabeira, la Serra Montes-Altos et la Serra Tromba, dans lesquelles on remarque les monts Chapéo et Pascoal.

Serra das Almas. — Les montagnes de cette chaîne sont sur la limite de la province de Bahia et de celle de Minas-Geraes; elles s'étendent sur un espace de quatre-vingt-dix kilomètres du Nord au Sud et donnent naissance au Rio Patipe.

Serra Catuléz. — Cette chaîne a environ quatre-vingt-quatre kilomètres d'étendue; elle commence au Nord de Pinga, se dirige au Nord-Ouest et se termine à quarante-huit kilomètres d'Urubú.

Serra Cincurá. — Cette serra est traversée par le Rio Paraguassú, qui y forme une cascade, appelée Cachoeira Cincurá, de plus de quinze mètres de hauteur.

Serra Itaracá. — Les montagnes de cette chaîne sont des groupes de rochers, qui s'étendent sur le littoral de la province de Bahia, depuis soixante kilomètres au Nord de Belmonte jusqu'à soixante kilomètres au Sud de São-Jorge-dos-Ilhéos; elles se terminent à l'Est au mont Commandatúba.

SERRA MANGABEIRA. — Cette chaîne est située dans la comarca de Jacobina.

SERRA MONTES-ALTOS. — Ces montagnes s'étendent près du Rio de São-Francisco-do-Norte, sur un espace de soixante-douze kilomètres. On y trouve des mines de salpêtre : les eaux du Rio Verde en sont saturées.

SERRA TROMBA. — Cette serra est à cinquante kilomètres au Nord-Ouest de la ville de Rio-de-Contas ; elle donne naissance au Rio Jussiáppe ou de Contas.

MONT CHAPÉO. — Cette montagne, située dans la comarca de Jacobina, tire son nom de sa forme qui rappelle un peu celle du chapeau.

MONT PASCOAL. — C'est une des plus hautes montagnes de la province de Bahia ; elle est de forme conique et s'élève au-dessus d'une suite de collines se terminant au Sud par un morne de forme carrée. C'est devant le mont Pascoal que Pedro Alvares Cabral arriva en 1500, aux approches de la fête de Pâques, quand il faisait route pour l'Inde et qu'il découvrit le Brésil. Le mont Pascoal gît par 16°56'8″ de latitude Sud et 41°45'40″ de longitude Ouest.

Cours d'eau. — Les cours d'eau les plus importants de la province sont : le Rio de Contas, le Rio Itapicurú-do-Sul, le Rio Jiquitinhonha, le Rio Patipe, le Rio Paraguassú et le Rio Zimbo.

RIO DE CONTAS. — Le Rio de Contas ou Jussiápe naît dans la Serra Tromba, à cinquante kilomètres au Nord-Ouest de la ville de Rio-de-Contas ; il reçoit par la rive droite le Rio Brumado ou Rio de Contas-Pequeno ; moins de deux kilomètres plus loin il forme une jolie cascade, reçoit ensuite le Rio Gavião, le Rio Cincurá, le Rio

Preto, le Rio das Pedras, le Rio Managerú, le Rio Aréa, le Rio Pires, le Rio Agua-Branca et le Rio Oricó-Guassú, puis entre dans l'Océan par 14°18′ de latitude Sud et 41°20′ de longitude Ouest.

Rio Itapicurú-do-Sul. — Ce fleuve naît dans la Serra Mangabeira, près de la source du Rio de São-Francisco-do-Norte, coule, en formant de nombreuses cascades, à travers les montagnes, entre le Rio Real et le Rio Tareiri et se jette dans l'Océan après un cours de huit cent quarante kilomètres environ.

Rio Jiquitinhonha. — (Voir page 103.)

Rio Patipe. — Ce fleuve, appelé Rio Pardo dans la province de Minas-Geraes, où il a sa source, a un cours rapide entrecoupé de chutes ; il se divise en deux branches aux approches de la Serra do Mar : l'une de ces branches se dirige au Nord, sous le nom de Rio Cachoeira, qui se rend dans la baie dos Ilhéos, et l'autre forme le véritable Rio Patipe, qui reçoit, par la rive gauche, deux bras détachés du Rio Jiquitinhonha, nommés Rio de Salsa et Rio Jundiahi, puis entre dans la mer à dix-huit kilomètres au Nord de l'embouchure du Rio Jiquitinhonha, par 15°42′ de latitude Sud.

Rio Paraguassú. — (Voir page 107.) Les rives de ce fleuve sont insalubres, et les habitants, qui y résident, sont sujets à des fièvres intermittentes.

Rio Zimbo. — Ce petit fleuve naît dans la Serra do Mar et se jette dans la baie de Caravellas.

Les lacs principaux sont : le lac Autumucui, situé à six kilomètres à l'Ouest du canal ou Rio de la Salsa, il reçoit les eaux du Rio Riacho ; le lac Capanêma, qui se déverse dans le Rio Guahi ; le lac Itahipe, long de douze kilomètres et large de six, avec une île au milieu : ce lac est profond et très-poissonneux.

Instruction publique. — La province de Bahia compte deux cent deux écoles primaires pour les garçons et quarante pour les filles, une école normale et un lycée.

Un petit et un grand séminaire sont établis sous l'autorité diocésaine.

Colonisation. — La colonisation est peu développée dans la province de Bahia. Les deux seules colonies qu'elle possède sont celles *do-Rio-de-Contas* et de *Leopoldina*. La première compte quarante et un colons; la seconde, établie sur la rive du Rio Peruhype, en possède moins encore. Quelques projets de nouvelles colonies sont à l'étude et donneront, sans doute, à cette province une impulsion dont elle a besoin pour conserver un rang d'importance dont la province de Pernambuco tend de plus en plus à s'emparer.

Agriculture. — Les principaux produits du sol de la province sont : le sucre, le coton, le café, le tabac, le cacao, les bois de construction et les diamants. L'élève des bestiaux est entreprise sur une grande échelle, par quelques propriétaires.

La production du sucre a considérablement décru dans ces derniers temps, et celle du tabac a un peu augmenté. Le coton et le café se maintiennent à une moyenne à peu près égale depuis quelques années.

Commerce. — Pour l'année 1858-1859 l'exportation s'est élevée à la somme de 15,465,597,444 reis, savoir :

Sucre. . . . . 8,785,634,359 reis.
Tabac. 2,420,917,218

Diamants.	1,536,600,000
Cuirs.	565,965,975
Eau-de-vie.	419,598,590
Bois.	247,104,180
Café.	153,269,621
Cacao.	127,517,277
Coton.	67,536,324

La province de Bahia possède, outre une succursale de la Banque du Brésil, d'autres établissements de crédit dont les plus importants sont :

1° La Banque de Bahia, autorisée par décret du 5 avril 1858. Son capital est de 4,000,000,000 de reis. Le montant de ses billets émis au 51 mars 1860 était de 2,956,940,000 reis ;

2° La Caisse commerciale, autorisée par décret du 26 avril 1856. Son fonds social est de 2,500,000,000 reis ; elle n'émet point de billets au porteur ;

5° La Caisse nommée *Reserva mercantil*, autorisée le 8 décembre 1859, dont le capital fixé à 8,000,000,000 reis, est réalisé à la somme de 4,065,741,781 reis ;

4° La Caisse économique, fondée le 17 mars 1860, au capital de 6,000,000,000 reis, sur lequel 3,867,156,584 reis sont réalisés ;

5° La Caisse d'économies, autorisée le 5 mars 1860, au capital de 5,000,000,000 reis, et dont le montant réalisé est de 1,713,533,593 reis ;

6° Enfin la Société *Commercio* et la Caisse *União commercial*, qui ne sont pas encore autorisées par le gouvernement. Le fonds social de la première est de 8,084,354,363 reis ; celui de la seconde de 1,172,271,848 reis.

Institut d'agriculture. — Le 1er novembre 1859, un

décret impérial a fondé, pour la province de Bahia, un Institut d'agriculture. Cette société distribue des récompenses et des primes aux producteurs qui se distinguent par la qualité de leurs produits, l'amélioration de la culture, l'introduction de nouvelles machines. Tout fait espérer que cette fondation donnera une vive impulsion aux améliorations agricoles, et il ne reste qu'à souhaiter d'en voir généraliser les principes.

Chemin de fer. — Le chemin de fer de Bahia à Joazeiro, qui a été récemment ouvert à la circulation (28 juin 1860), est le premier de la province. On y remarque deux tunnels et deux viaducs, dont l'un a près de cinq cent cinquante-cinq mètres de longueur.

Villes. — Les villes les plus remarquables sont : Bahia, *capitale*, Abbadia, Abrantes, Alagoinhas, Alcobaça, Assumpção, Barra-do-Rio-de-Contas, Barra-do-Rio-Grande, Belmonte, Boipéda-Velha, Cachoeira, Camamú, Campo-Largo, Cannavieiras, Caravellas, Carinhenha, Cayrú, Chique-Chique, Conde, Feira-de-Sant'-Anna, Geremóaba, Igrapiúna, Inhambupe-de-Cima, Itapicurú, Jacobina, Jaguaripe, Joazeiro, Macaúbas, Maragogype, Marahú, Monte-Alto, Monte-Santo, Nazareth, Nova-Boipéda, Olivença, Pambú, Pedra-Branca, Pilão-Arcado, Pombal, Porto-Alegre, Porto-Seguro, Prado, Purificação-dos-Campos, Rio-de-Contas, Rio-Preto, Santo-Amaro, São-Francisco, São-Jorge-dos-Ilhéos, Sento-Sé, Soure, Torre-d'Avila, Trancoso, Tucano, Urubú, Valença, Victoria, Villa-Nova-da-Rainha, Villa-Nova-do-Principe, Villa-Verde et Villa-Viçoza.

BAHIA. — La ville de Bahia ou São-Salvador-da-Bahia est située à treize cent cinquante kilomètres au Nord-

Est de Rio-de-Janeiro, à neuf cents kilomètres au Sud-Sud-Est de Pernambuco par 12°45′ de latitude Sud et 42°5′ de longitude Ouest.

Cette ville, fondée au seizième siècle, fut, jusqu'en 1763, capitale du Brésil. Elle est bâtie sur un terrain en amphithéâtre, entrecoupé de jardins, au bord de la baie de Todos-os-Santos et possède ainsi l'un des plus beaux ports du monde. (*Voir page* 48.) La baie, appelée Reconcavo, d'un diamètre moyen de quarante-huit kilomètres, a environ cent cinquante kilomètres de circonférence. Dans cette rade, qui pourrait contenir toutes les flottes du globe, les navires trouvent un bon ancrage et sont à l'abri de tous les vents. Du côté oriental de la baie, le sol sur lequel la ville est assise s'élève rapidement comme une sorte de haute falaise. Les maisons datent, en grande partie, du dix-septième et du dix-huitième siècle, et sont construites légèrement; on en remarque quelques-unes d'une certaine élégance. On trouve dans cette ville plusieurs beaux édifices, entre autres l'église des Jésuites, construite entièrement en marbre apporté d'Europe ; la balustrade qui entoure l'autel est en bronze, et le chœur est entouré de remarquables boiseries. On regrette la profusion des dorures et des ornements, presque toujours de mauvais goût, qui nuit à l'effet grandiose du monument. Les églises des Franciscains, des Carmélites, de la Conceição, de São-Pedro, de Santo-Antonio et de la Victoria, toutes dignes d'intérêt par leur élévation ou leur architecture, sont toutes à l'intérieur chargées d'images, de dorures, d'allégories fantastiques entassées sans méthode et sans discernement. Le nombre total des églises de cette ville est de cinquante-neuf. Bahia fut érigée en évêché en 1551 et en archevêché en 1676.

Le palais du président de la province, l'hôtel de ville, divers couvents, la Bourse, le palais archiépiscopal, sont des monuments qui méritent aussi d'être appréciés.

Une faculté de médecine, un lycée et une école normale, sont établis à Bahia. On y trouve encore un cabinet d'histoire naturelle, une bibliothèque publique contenant 16,654 volumes, une succursale de la Banque du Brésil, une chapelle anglicane et deux théâtres.

Il paraît dans cette ville deux journaux religieux et six journaux politiques, dont les principaux sont : *O Jornal de Bahia* et *O Diario de Bahia*.

La ville de Bahia est la première place forte de l'empire du Brésil, et la ville la plus importante après Rio-de-Janeiro. Elle possède près de deux cent mille habitants. Les rues de Bahia sont en général tellement rapides, que l'usage des voitures est impossible dans la plus grande partie de la ville ; aussi le nombre en est-il très-restreint. Pour le transport des personnes, on se sert de chaises à porteur, appelées *Cadeiras*, qui diffèrent des nôtres surtout en ce qu'elles sont portées sur les épaules des noirs et ouvertes de haut en bas. Cette ouverture est fermée par des rideaux de soie ou d'autre étoffe, qui sont de couleurs vives ou chargés de dorures.

Les bâtiments marchands entrant de jour dans le port doivent mouiller ou mettre en panne devant le fort dit *do Registo*, ou devant le navire de guerre qui le remplace et y subir la visite : 1° des préposés de la santé ; 2° des préposés du fort ou du navire. Le navire doit, pour se faire reconnaître, avoir pendant le jour un pavillon blanc avec une croix bleue, et, pendant la nuit, deux fanaux rouges placés verticalement au haut du grand mât.

Tout bâtiment ayant à bord de la poudre ou toute autre matière combustible pouvant s'enflammer facilement ne peut dépasser le mouillage *da Franquia*.

Le port de Bahia a trois mouillages, savoir : le mouillage da Franquia, le mouillage de déchargement et le mouillage de chargement. Le premier est dans la direction Sud-Ouest du fort do Mar, jusqu'au point d'intersection de la ligne Est-Ouest du fort da Gamboa. Le deuxième est l'espace compris entre les lignes Nord-Sud du fort do Mar et Est-Ouest de la place do Commercio et da Alfandega. Le troisième comprend toute l'étendue de la baie à la suite du mouillage de déchargement, toujours sur la ligne la plus abritée possible de terre, dans la direction Est-Ouest avec l'église do Pilar.

Les bâtiments qui passent la barre, pendant la nuit, doivent hisser un fanal à feu vif, à environ six mètres au-dessus du pont.

ABBADIA. — La ville d'Abbadia est située sur la rive du Rio Ariquitiba, à son confluent avec le Rio Real. Cette ville fut créée par Vasco Fernandes Cesar de Menezes, quatrième vice-roi du Brésil. Son port est accessible à de petits navires du cabotage et son commerce consiste en sucre, farine de manioc, tabac et coton.

ABRANTES. — La petite ville d'Abrantes est à cinquante kilomètres environ au Nord-Est de Bahia et à six kilomètres de la mer. Cette ville possède environ trois mille habitants et a une église nommée Espirito-Santo.

ALAGOINHAS. — La ville d'Alagoinhas possède une

école primaire; son église est dédiée à Santo-Antonio-de-Lisboa.

ALCOBAÇA. — La ville d'Alcobaça ou São-Bernardo-d'Alcobaça est bâtie près de l'embouchure et sur la rive gauche du Rio Itanhem par 17°31′ de latitude Sud et 41°53′ de longitude Ouest, en face de l'extrémité Nord du *pracel* des Abrolhos.

ASSUMPÇÃO. — La ville d'Assumpção, dont le commerce consiste en maïs et manioc, possède une église sous l'invocation de Nossa-Senhora-da-Assumpção.

BARRA-DO-RIO-DE-CONTAS. — La ville de Barra-do-Rio-de-Contas, située par 14°18′ de latitude Sud et 41°20′ de longitude Ouest, fait commerce de cacao et de manioc. Sa principale église a pour patron São-Miguel.

BARRA-DO-RIO-GRANDE. — La ville de Barra-do-Rio-Grande ou Barra-do-Rio-São-Francisco s'élève au confluent du Rio Grande et du Rio de São-Francisco-do-Norte. Le sel est le principal objet de son commerce. Son église est appelée Chagas-de-São-Francisco.

BELMONTE. — La ville de Belmonte est située sur la rive droite et à l'embouchure du Rio Jiquitinhonha, à soixante-douze kilomètres au Sud de Bahia par 15°51′4″ de latitude Sud et 41°14′28″ de longitude Ouest. L'église la plus remarquable se nomme Nossa-Senhora-do-Carmo.

BOIPÉDA-VELHA. — La ville de Boipéda-Velha fait un commerce étendu, consistant surtout en bois de construction, riz et écorces à tan.

CACHOEIRA. — La ville de Cachoeira ou Caxoeira contient environ quinze mille habitants. Elle est située sur le Rio Paraguassú, à cent dix kilomètres au Nord de

Bahia, près de la Serra Timbóra. On exporte de cette ville d'assez grandes quantités de coton, de tabac et de café. Les églises principales sont : Nossa-Senhora-do-Rosario, Nossa-Senhora-do-Conceição, São-Pedro, São-Felix et Menino-Deos. Il se publie un journal dans cette localité.

CAMAMÚ. — La ville de Camamú, située à cent soixante-dix kilomètres au Sud-Ouest de Bahia, est bâtie sur la rive gauche du Rio Aracahy, à quinze kilomètres de son embouchure. Elle fait un commerce actif, qui consiste en café, riz, manioc, eau-de-vie, bois de construction et cacao. Ses églises sont : Nossa-Senhora-d'Assumpção et Nossa-Senhora-do-Desterro.

CAMPO-LARGO. — La ville de Campo-Largo est sur la rive gauche du Rio Grande, cent quarante-cinq kilomètres au-dessus de son embouchure dans le Rio de São-Francisco. L'église principale de cette ville est dédiée à Santa-Anna.

CANNAVIEIRAS. — La ville de Cannavieiras, située dans la comarca de Porto-Seguro, possède une école primaire et une église dédiée à Nossa-Senhora.

CARAVELLAS. — La ville de Caravellas ou Santo-Antonio-de-Caravellas est située à quatre kilomètres de l'embouchure du fleuve et au Nord de la baie du même nom, à cent trente kilomètres au Sud de Porto-Seguro, par 17° 42′ de latitude Sud et 41° 42′ de longitude Ouest. Le commerce y est actif et consiste surtout en manioc, maïs, haricots et café. Un service de bateaux à vapeur, avec escale à Victoria, est établi entre Rio-de-Janeiro et Caravellas. L'église de cette ville porte le nom de Coqueiros-de-Santo-Antonio.

Carinhenha. — La ville de Carinhenha, bâtie sur la rive gauche du Rio de São-Francisco, est à cent quatre-vingts kilomètres au Nord de Salgado. Son église a pour patron São-José.

Cayrú. — La ville de Cayrú est située par 13° 27' de latitude Sud et 41° 17' de longitude Ouest sur une petite île du même nom, qui gît entre celles de Tinharé et de Tupiaçú. On en exporte beaucoup de bois de construction. Les principales églises sont : Nossa-Senhora-do-Rosario et Nossa-Senhora-da-Lapa.

Chique-Chique. — La ville de Chique-Chique ou Xiquexique s'élève sur la rive droite du Rio de São-Francisco, à cent dix kilomètres au-dessus du confluent du Rio Verde. On y remarque l'église Bom-Jesus.

Conde. — La ville de Conde ou Villa-do-Conde se trouve à l'embouchure du Rio Inhambupe. Elle fait commerce de tabac et de manioc. Sa principale église est Nossa-Senhora-do-Monte.

Feira-de-Sant'Anna. —La ville de Feira-de-Sant'Anna, jusqu'à présent peu importante, est destinée à devenir un point commercial très-considérable par l'ouverture des routes projetées et par l'extension du chemin de fer.

Geremóaba. —La ville de Geremóaba compte environ trois mille habitants ; son commerce est peu important. La principale église est São-João-Baptista.

Igrapiúna. — La ville d'Igrapiúna est sur un petit port, qui offre un bon abri aux petits navires. Son église est dédiée à Nossa-Senhora-das-Dores.

Inhambupe-de-Cima. — La ville d'Inhambupe-de-Cima est à soixante-quinze kilomètres de la mer, à cent quarante-cinq au Nord de Bahia et à peu de distance du

Rio Inhambupe. Son église se nomme Espirito-Santo.

ITAPICURÚ. — La ville d'Itapicurú ou Itapicurú de-Cima est à environ cent trente kilomètres de la mer sur la rive gauche du Rio Itapicurú. On élève beaucoup de bestiaux aux environs. L'église Nossa-Senhora-de-Naza-reth est la principale de la ville.

JACOBINA. — La ville de Jacobina est sise à trois cent quatre-vingts kilomètres à l'Ouest-Nord-Ouest de Bahia, sur la rive gauche du Rio Itapicurúmirim, par 11° 54' de latitude Sud. Elle fait un grand commerce de che-vaux, de bestiaux, de sucre, de coton et de fer. Ses églises portent les noms de : Santo-Antonio, Nossa-Se-nhora-do-Rosario et Bom-Jesus.

JAGUARIPE. — La ville de Jaguaripe, bâtie sur la rive droite du fleuve du même nom, à environ douze kilo-mètres au-dessus du confluent du Rio Barra-Falsa, fut fondée en 1694. On y fabrique des briques et des tuiles. L'église la plus remarquable est Nossa-Senhora-d'Ajuda.

JOAZEIRO. — La ville de Joazeiro ou Joaseiro est sur la rive droite du Rio de São-Francisco. Son commerce étendu consiste en coton, sucre et bestiaux. L'église porte le nom de Nossa-Senhora-da-Lapa.

MACAÚBAS. — La ville de Macaúbas se trouve à dix-huit kilomètres de la source du Rio de São-Francisco ; elle exporte beaucoup de maïs, de coton, de sucre, d'eau-de-vie et de bestiaux. Son église est Nossa-Senhora-da-Conceição.

MARAGOGYPE. — La ville de Maragogype ou Marago-gipe, fondée en 1724, est sise à quarante-cinq kilo-mètres au Nord-Ouest de Bahia, et à vingt-cinq kilo-mètres au Sud-Ouest de Cachoeira, sur la rive gauche du

Rio Guahy ou Guahi, près de sa jonction avec le Rio Paraguassú; elle a environ cinq mille habitants. Cette ville fait un commerce assez étendu de farine de manioc, de sucre et de tabac. On trouve aux environs de riches mines d'antimoine. Ses églises principales sont : São-Bartholomeu, Nossa-Senhora-de-Nazareth, Nossa-Senhora-da-Pedra-do-Monte, Nossa-Senhora-da-Pedra-de-Sabão et Nossa-Senhora-dos-Mares.

Marahú. — La ville de Marahú, bâtie sur les bords de la rivière du même nom, à quarante-cinq kilomètres au-dessus de son embouchure dans la baie de Camamú, fait commerce de bois de construction, de manioc et d'ananas. Son église a pour patron São-Sebastião.

Monte-Alto. — La ville de Monte-Alto exporte du maïs, du coton et des bestiaux. Elle a une église du nom de Nossa-Senhora-Mãi-dos-Homens.

Monte-Santo. — La ville de Monte-Santo est à trois cent quatre-vingt-dix kilomètres au Nord-Ouest de Bahia. De riches mines de fer existent dans le territoire adjacent à cette ville. Sa principale église est Nossa-Senhora-da-Conceição.

Nazareth. — La ville de Nazareth ou Nazareth-das-Farinhas s'élève sur la rive gauche du Rio Jaguaripe, à quarante kilomètres environ au-dessus de l'embouchure du Rio Barra-Falsa; elle fait commerce de maïs, de briques et de tuiles. Son église la plus remarquable est Nossa-Senhora-de-Nazareth. Il se publie dans cette ville un journal politique.

Nova-Boipéda. — La ville de Nova-Boipéda exporte du café et des bois de construction. Son église est Senhor-Bom-Jesus-do-Bom-Fim.

Olivença. — La ville de Olivença est sur une colline, près de la mer, entre deux petites rivières, par 14° 59' de latitude Sud et 41° 18' de longitude Ouest, à vingt kilomètres de São-Jorge-dos-Ilhéos. Son église porte le nom de Nossa-Senhora da-Escada.

Pambú. — La ville de Pambú ou Santo-Antonio-de-Pambú se trouve sur la rive gauche du Rio de São-Francisco, à cent trente kilomètres au-dessus de la cascade de Paulo-Affonso. Le commerce de cette ville consiste en coton et bestiaux. Ses environs contiennent des mines de cuivre et d'argent. Sa principale église est Santo-Antonio.

Pedra-Branca. — La ville de Pedra-Branca, fondée en 1740, est à trente kilomètres de l'Ouest-Sud-Ouest de Genipapo. Les terres des environs, dans lesquelles on cultive surtout des arbres fruitiers, sont infestées de fourmis. Elle possède une église du nom de Nossa-Senhora-de-Nazareth.

Pilão-Arcado. — La ville de Pilão-Arcado, bâtie sur la rive gauche du Rio de São-Francisco, est à cent quatre-vingts kilomètres au-dessus du confluent du Rio Grande, par 14° 15' de latitude Sud. On en exporte du manioc, du maïs, des haricots et du sel. Son église a pour patron Santo-Antonio.

Pombal. — La ville de Pombal, qui fait commerce de coton, est à trente kilomètres du Rio Itapicurú. Son église est dédiée à Santa-Theresa.

Porto-Alegre. — La ville de Porto-Alegre ou São-José-de-Porto-Alegre est sise à l'embouchure du Rio Mucuri, à deux cent trente kilomètres au Sud-Sud-Ouest de Porto-Seguro et à sept cent soixante-dix kilomètres de Bahia. Son commerce, assez développé, consiste en maïs, manioc, riz et bois de construction. Sa principale église est São-José.

PORTO-SEGURO. — La ville de Porto-Seguro, située à trois cent soixante-quinze kilomètres au Sud de Bahia, a un port sur l'Atlantique et contient environ trois mille habitants. Le port est formé par une coupure du récif qui borde la côte : on y trouve six ou sept mètres à marée haute et quelquefois quatre seulement à marée basse. Son commerce consiste surtout en coton, café et sucre. Les églises de cette ville sont : Nossa-Senhora-da-Penha, Nossa-Senhora-do-Rosario et São-Sebastião.

PRADO. — La ville de Prado a un port sur l'Océan, par 17° 28' de latitude Sud et 41° 33' de longitude Ouest, à l'embouchure du Rio Jucurucú. L'entrée du port est défendue par un fort. La farine de manioc est le principal objet d'exportation de cette ville. Sa principale église est dédiée à Nossa-Senhora-da-Purificação.

PURIFICACÃO-DOS-CAMPOS. — La ville de Purificação-dos-Campos est à cent vingt kilomètres à l'Ouest de Bahia. L'église de cette ville est sous l'invocation de Nossa-Senhora-da-Purificação.

RIO-DE-CONTAS. — La ville de Rio-de-Contas ou Minas-do-Rio-de-Contas est bâtie sur le Rio Brumado ou de Contas-Pequeno, affluent du Rio Jussiàppe ou de Contas. Cette ville, dont la fondation remonte à 1715, a pour église Nossa-Senhora-do-Livramento. Elle est située sur la route de Goyáz à Bahia, à trois cents kilomètres de Jacobina. Elle fait un grand commerce de manioc, tabac, riz, sucre, maïs, haricots et coton.

RIO-PRETO. — La ville de Rio-Preto ou Santa-Rita-do-

Rio-Preto est sise sur le bord du Rio-Preto, à peu de distance de son embouchure dans le Rio Grande, affluent du Rio São-Francisco-do-Norte. On y trouve l'église Santa-Rita.

Santo-Amaro. — La ville de Santo-Amaro ou Santo-Amaro-das-Farinhas a le titre de *cidade*. Elle est à soixante-douze kilomètres au Nord-Ouest de Bahia, près du Rio Serigi. Cette ville, fondée en 1726, contient plusieurs églises dont les principales sont : Nossa-Senhora-da-Purificação, Nossa-Senhora-do-Amparo, Nossa-Senhora-do-Rosario, Nossa-Senhora-da-Conceição, São-Braz, São-Gonçalo et Nossa-Senhora-dos-Humildes. Il se fait dans cette ville un commerce actif de sucre, manioc, tabac et coton.

São-Francisco. — La ville de São-Francisco ou Villa-de-São-Francisco est à cinquante-cinq kilomètres au Nord-Ouest de Bahia, sur la rive Ouest de la baie et du Rio Serigi. Son église a pour patron São-Gonçalo-d'Amarante. On exporte de cette ville beaucoup d'eau-de-vie et de sucre.

São-Jorge-dos-Ilhéos. — La ville de São-Jorge-dos-Ilhéos est sur la rive méridionale de la baie du même nom, près de la mer, par 14° 49′ de latitude Sud. Ses plus remarquables églises sont : São-Jorge ou Santa-Cruz, São-Sebastião et Nossa-Senhora-da-Victoria. Son commerce consiste en bois de construction, manioc, eau-de-vie et café.

Sento-Sé. — La ville de Sento-Sé ou Centocé a pour église São-João-Baptista. Elle est située sur la rive droite du Rio de São-Francisco, par 10° 30, de latitude Sud. Il y a des salines dans ses environs.

Soure. — La ville de Soure, Soire ou Natuba est à soixante kilomètres d'Itapicurú. On y trouve beaucoup de manioc, de maïs et de coton. Les bestiaux y sont assez nombreux. L'église est sous l'invocation de Nossa-Senhora-da-Conceição.

Torre-d'Avila. — La ville de Torre-d'Avila ou da Torre-de-Garcia-de-Avila est à soixante-douze kilomètres au Nord-Est de Bahia; par 12° 32′ 26″ de latitude méridionale et 40° 20′ 58″ de longitude occidentale. Elle n'est remarquable que par le petit fort dont elle prend le nom.

Trancoso. — La ville de Trancoso, sur la rive de la baie du même nom, par 16° 54′ de latitude Sud, est à vingt-cinq kilomètres au Sud de Porto-Seguro. Elle a le titre de *villa* depuis 1759. Elle fait commerce de coton et de poissons. Son église a pour patron São-João-Baptista.

Tucano. — La ville de Tucano exporte du manioc, du tabac et du coton. Elle est à douze kilomètres du Rio Itapicurú et a pour église principale Santa-Anna.

Urubú. — La ville d'Urubú ou Urubú-da-Cima s'élève sur la rive droite du Rio de São-Francisco, à cent cinquante kilomètres au Nord-Ouest du Rio de Contas. On en exporte du manioc et de la cachaça. Ses églises sont : Nossa-Senhora-do-Rosario et Santo-Antonio.

Valença. — La ville de Valença, bâtie sur la rive droite du Rio Una, fait un commerce assez actif de café et de bois de construction. L'église la plus remarquable de la ville est Santissimo-Coração-de-Jesus.

Victoria. — La ville de Victoria ou Imperial-Villa-da-Victoria exporte du coton et des bestiaux. On y remarque l'église Nossa-Senhora-da-Victoria.

Villa-Nova-da-Rainha. — La ville nommée Villa-Nova-da-Rainha ou Tapera est à six kilomètres du Rio Itapi-curúmirim, à cent vingt kilomètres au Nord-Est de Ja-cobina. On y trouve du sucre, de l'eau-de-vie, des ba-nanes, des ananas, du salpêtre et du cristal.

Villa-Nova-do-Principe. — La ville appelée Villa-Nova-do-Principe ou Caetité ou Caheteté, s'élève à près de cent kilomètres à l'Ouest-Sud-Ouest de Rio-de-Contas. Elle exporte du coton et des bestiaux. Sa principale église est sous l'invocation de Santa-Anna.

Villa-Verde. — La ville qui porte le nom de Villa-Verde ou Patatiba est à trente kilomètres au Sud-Ouest de Porto-Seguro, près d'un lac, sur les bords du Rio Buranhem. Elle fournit des bois de construction et du coton. Cette localité possède le titre de *villa* depuis 1762. On y remarque l'église d'Espirito-Santo.

Villa-Viçoza. — La ville de Villa-Viçoza ou Villa-Viçosa est bâtie sur la rive méridionale du Rio Peruhipe, à six kilomètres de son embouchure dans le canal dos Abro-lhos. Le maïs et le riz sont les principaux articles de son commerce. Son église est Nossa-Senhora-da-Conceição.

Armée. — On trouve dans la province de Bahia : un maréchal de camp, commandant des armes de la pro-vince; un brigadier, directeur des terres diamantines; un brigadier, président du conseil administratif de l'arsenal de guerre; un colonel d'état-major, directeur de l'arsenal de guerre; un major d'état-major, com-mandant les fortifications du Morro-de-São-Paulo; un colonel d'état-major, commandant la forteresse da Gambôa; un lieutenant-colonel du corps des ingénieurs; une compagnie d'ouvriers d'administration (artifices);

deux bataillons d'infanterie de ligne et un corps de garnison fixe, infanterie et cavalerie. Ces corps comprennent environ quinze cents soldats d'infanterie, cent cinquante de cavalerie, quatre-vingts artifices, soixante pédestres et cinquante invalides.

La garde nationale compte, en service actif, vingt-huit officiers supérieurs, dix-sept escadrons et six compagnies de cavalerie, un bataillon et une compagnie d'artillerie, cent quatre bataillons, trois sections de bataillons et onze compagnies d'infanterie; en service de réserve : onze bataillons, onze sections de bataillons, onze compagnies et quatre sections de compagnies d'infanterie.

PROVINCE DE CEARA. —La province de Ceará, dont le nom vient d'une espèce de perroquet, appelé Ciará par les indigènes, est située entre celles de Piauhy, de Rio-Grande-do-Norte, de Parahyba-do-Norte et de Pernambuco, par 50° et 44° de longitude Ouest, 2° et 7° de latitude Sud. L'étendue de ses côtes sur l'Océan est de six cent soixante kilomètres environ, depuis le Rio Appodi, à l'Est, jusqu'au Rio Iguarassú, à l'Ouest. Au Sud, par 7° de latitude Sud, cette province forme un angle obtus de cent quatre-vingts kilomètres de largeur; les montagnes et les forêts Appodi la séparent à l'Est des provinces de Rio-Grande-do-Norte et de Parahyba-do-Norte; les monts Borborêma et Ibiapába ou Hibiapába forment à l'Ouest la limite des provinces de Ceará et de Piauhy. La superficie de là province est d'environ onze cents myriamètres carrés. Le sol y est généralement sec et montagneux; l'intérieur contient de vastes forêts.

Des maladies épidémiques, des sécheresses, des familles et les discordes civiles ont plus d'une fois désolé cette province. Malgré cela son commerce est appelé à un grand avenir, par le développement de la navigation côtière.

Les terres, dans le voisinage de la mer, s'élèvent en amphithéâtre jusqu'aux montagnes de l'intérieur. Les terrains élevés sont fertiles, ceux des vallées sont sablonneux et stériles, et souvent arrosés par des eaux alumineuses ou salpêtrées. En 1859, on a commencé à introduire des chameaux qu'on espère acclimater dans les déserts de la province, où, dans ce cas, ils rendraient d'immenses services à la population de ces contrées. C'est par les soins de la Société d'acclimatation de Paris que cette introduction a été faite.

Le long de la mer croissent de nombreuses espèces de palmiers, au nombre desquels la plus utile est sans contredit la Carnaúba, dont le bois sert à construire les maisons, les feuilles à les couvrir, les fibres, à faire des cordes, et le cœur de l'arbre, réduit en farine, donne une nourriture dans les temps de disette.

Les saisons diffèrent essentiellement suivant les divers points de la province; toutefois le climat y est sain, bien que la chaleur soit parfois insupportable, surtout dans les vallées et les lieux incultes, appelés sertões; heureusement la brise de mer, pendant le jour, et celle de terre pendant la nuit, rafraîchissent l'air. Comme dans toutes les provinces du Nord du Brésil, le manque de pluies est un fléau qui affecte profondément la culture et en retarde les développements.

La province de Ceará produit en abondance et naturellement des plantes médicinales, des baumes, des gommes et des résines dont la plus grande quantité se perd dans l'intérieur des forêts. On y trouve des bois précieux et des bois de construction, des animaux de toutes sortes, des fruits variés, des mines d'or, d'argent, de fer, de cuivre, de plomb, de sel gemme, de salpêtre, d'alun, de cristal, etc., etc.

Montagnes. — Les montagnes principales de la province sont : la Serra Aracati, la Serra Boritima, la Serra Ceará et la Serra Ibiapába.

Serra Aracati. — Ces montagnes sont situées à peu de distance de la ville du même nom, dans la direction du Sud. Le sommet le plus élevé gît par 4° 42' 10" de latitude Sud et 40° 15' 5" de longitude Ouest.

Serra Boritima. — La Serra Boritima ou Boritimma offre des vallées fertiles très-favorables à la culture de la canne à sucre.

Serra Ceará. — Les montagnes de cette chaîne sont surmontées de quatre pics qui semblent former une couronne ; le plus élevé porte le nom de Massaranguape ; il est à trente-six kilomètres au Sud-Ouest de Fortaleza.

Serra Ibiapába. — Cette chaîne aussi appelée Hibiapàba et Hybiappába, s'étend de l'Est à l'Ouest de la province de Ceará ; on y trouve des mines de fer et de cuivre.

Mont Jericóa-Cóará. — Ce sommet sur lequel les navigateurs se guident fréquemment, est situé par 2° 47' 28" de latitude Sud et 42° 47' 40" de longitude Ouest.

Cours d'eau. — Les principaux fleuves de la province sont : le Rio Acaracú, le Rio Aracati, le Rio Camucin, le Rio Ceará et le Rio Iguaripe.

Rio Acaracú. — Ce fleuve naît sur les versants de la serra Tatajuba ; il reçoit à droite, le Rio Macacos, le Rio Jucurutú et le Rio Gurahira ; à gauche, le Rio Jabahira ; il a son embouchure à près de quarante kilomètres de Jericóa-Cóará.

Rio Acarati. — Ce fleuve qui entre dans l'Océan à quarante-cinq kilomètres à l'Est de l'embouchure du Rio Acaracú, forme en arrivant à la mer, une île assez vaste. Le bras le plus important, formé par cette division du fleuve, porte le nom de Rio Aracati-Assú, l'autre, celui de Rio Aracati-Mirim.

Rio Camucin. — Le Rio Camucin ou Rio Croahiú a sa source dans la Serra Ibiapába ; il arrose les environs de Granja et entre dans l'Océan à quarante-huit kilomètres de cette ville.

Rio Ceará. — Ce fleuve, qui se forme dans les montagnes situées au delà de Fortaleza, arrose Villa-Velha et débouche à l'Océan entre le promontoire Mocoripe et le banc de sable du même nom. (*Voir page* 106.)

Rio Iguaripe. — (*Voir page* 106).

Les lacs les plus remarquables de la province sont : le lac Acaracúzinho, le lac Aquirás, le lac Baturité ou Botarité, le lac Camorupim, situé au pied de la Serra Ibiapàba et dans lequel on pêche beaucoup de poisson, le lac Garoto, le lac Mosquitos, qui se trouve près de Macejana et du lac Baturité.

Agriculture. — Les principaux produits de l'agriculture dans cette province sont : le riz, le maïs, le coton, le caoutchouc, le tabac. On élève beaucoup de bestiaux dans d'immenses pâturages.

villes. — Les villes les plus importantes sont : Fortaleza, *capitale*, Aquirás, Aracati, Baturité, Bom-Jardim, Campo-Maior-de-Quixeramobim, Cascavel, Crato, Conceição-de-Meruóca, Granja, Icó, Montemór-o-Novo, Riacho-do-Sangue, São-Bernardo, São-João-do-Principe, São-Matheos, São-Vicente-das-Lavras, Sobral, Soure, Villa-da-Imperatriz, Villa-Nova-d'El-Rei et Villa-Viçosa.

FORTALEZA. — La ville de Fortaleza, Ceará, Forte-da-Assumpção , Fortaleza-da-Nova-Bragança , Nossa-Senhora-da-Assumpção ou simplement Assumpção, est une ville forte, située à deux mille kilomètres au Nord de Rio-de-Janeiro, à neuf cent soixante kilomètres à l'Est de São-Luiz-de-Maranhão, à six cent soixante kilomètres au Nord-Nord-Est d'Oeiras, à dix kilomètres de l'embouchure du Rio Ceará, par 3° 42′ 58″ de latitude Sud 40° 54′ 15″ de longitude Ouest. Cette ville a une population d'environ quinze mille habitants.

Elle possède un port qui offre un bon ancrage, mais laisse les navires exposés à tous les vents. Le commerce y consiste surtout en coton. On y remarque les églises São-José et São-Francisco-de-Paula.

AQUIRÁS. — La ville d'Aquirás ou Aquiráz, est située entre le lac Aquirás et l'Océan, sur les bords du Rio Pacóti. On y trouve du coton et de l'eau-de-vie de canne à sucre. Son église porte le nom de São-José-de-Riba-Mar.

ARACATI. — La ville d'Aracati ou Aracaty est sise à soixante-quinze kilomètres au Sud-Est de Fortaleza, à vingt kilomètres de l'embouchure et sur la rive droite

du Rio Jaguaribe ou Iguaripe, par 4° 32′ de latitude Sud
et 40° 15′ de longitude Ouest. Elle contient environ
neuf mille habitants et fait un commerce assez étendu
de coton, de bestiaux et de cuirs. Cette ville fut fondée
en 1723. Ses églises les plus remarquables sont : Nossa-
Senhora-do-Rosario, Bom-Jesus-do-Bomfim, Nossa-Senhora-do-Livramento, Bom-Jesus-dos-Navegantes et São-
Gonçalo.

BATURITÉ. — La ville de Baturité ou Montemór-Velho
fait commerce de bestiaux et de coton. On y remarque
l'église Nossa-Senhora-da-Conceição.

BOM-JARDIM. — La ville de Bom-Jardim ou Santo-
Antonio-do-Bom-Jardim, s'élève dans une fertile vallée
de la Serra dos Cairiris-Novos, à sept cent vingt kilomètres au Sud-Est de Fortazela et à environ cent kilomètres au Sud de Crato. Son église est appelée Bom-
Jesus. Le commerce de cette ville consiste en manioc
et en sucre.

CAMPO-MAIOR-DE-QUIXERAMOBIM. — La ville de Campo-
Maior-de-Quixeramobim, bâtie sur la rive droite du Rio
Quixeramobim, est à trois cent trente kilomètres au
Sud-Sud-Ouest de Fortaleza et à trois cent quinze kilomètres au Nord-Est de Crato, par 6° 18′ de latitude méridionale et 41° 46′ de longitude occidentale. Sa principale église a pour patron Santo-Antonio.

CASCAVEL. — La ville de Cascavel est située au pied
de la Serra Cascavel, à cinquante kilomètres au Sud-
Est d'Aquirás, sur les rives du Rio Choró. Aux environs
de cette ville, on élève beaucoup de bestiaux.

CRATO. — La ville de Crato ou Cratto se trouve à plus
de six cents kilomètres au Sud-Sud-Ouest de Fortaleza,

par 7° 20′ de latitude Sud et 42° 10′ de longitude Ouest. On exporte de cette localité du maïs, du manioc et du sucre. Son église porte le nom de Nossa-Senhora-da-Rocha.

CONCEIÇÃO-DE-MERUÓCA. — La petite ville de Conceição-de-Meruóca est dans la Serra Meruóca. Sa population n'est guère supérieure à mille habitants. Son église est dédiée à Nossa-Senhora-da-Conceição.

GRANJA. — La ville de Granja est sise par 3° 10′ de latitude méridionale et 43° 9′ de longitude occidentale, à trente kilomètres de la mer, à trois cent vingt-cinq kilomètres à l'Ouest-Nord-Ouest de Fortaleza et à soixante-quinze kilomètres de Villa-Viçosa, sur la rive gauche du Rio Camucin. Le coton et les cuirs sont les principaux objets de commerce de cette ville. Son église a pour patron São-José.

Icó. — La ville d'Icó ou Iccó est magnifiquement placée dans une vallée arrosée par le Rio Salgado, douze kilomètres environ avant son embouchure dans le Rio Iguaripe; elle est à quatre cent quatre-vingts kilomètres au Sud de Fortaleza et à cent soixante-dix kilomètres au Nord-Nord-Est de Crato. Ses églises les plus importantes sont : Nossa-Senhora-da-Expectação, Nossa-Senhora-do-Bom-Fim et Nossa-Senhora-do-Rosario. On trouve dans cette ville du manioc et du sucre.

MONTEMÓR-O-NOVO. — La ville de Montemór-o-Novo est située au pied des monts de la Serra Baturité ou Botarité, à cent quatre-vingts kilomètres au Sud de Fortaleza, à cent soixante d'Aracati et à la même distance au Nord de Campo-Maior-de-Quixeramobim. Le commerce y trouve de l'eau-de-vie et du coton. On remarque dans cette ville l'église Nossa-Senhora-da-Palma.

Riacho-do-Sangue. — La petite ville de Riacho-do-Sangue a peu d'importance. Son église est dédiée à Nossa-Senhora-da-Conceição.

São-Bernardo. — La ville de São-Bernardo, qui se trouve sur le Rio Russas, à trois kilomètres du Rio Iguaripe, est à soixante kilomètres au Sud d'Aracati et à deux cent dix kilomètres à l'Est-Sud-Est de Fortaleza. On exporte de cette ville du coton, du maïs et des haricots. Son église est Nossa-Senhora-do-Rosario.

São-João-do-Principe. — La ville de São-João-do-Principe s'élève sur les rives du Rio Iguaripe ou Jaguaribe, par 6° 5′ de latitude Sud et à cent quatre-vingts kilom. de Fortaleza. Son église est sous l'invocation de Apostolo-São-Matheos. Dans les environs de cette localité, on trouve du cuivre et du fer. Son commerce consiste en chevaux, bestiaux et maïs.

São-Matheos. — La ville de São-Matheos ou São-Matheus est bâtie sur la rive gauche du Rio Iguaripe, entre Icó et São-João-do-Principe. Son église a pour patron São-Matheos. Le commerce trouve dans cette ville des bestiaux et du coton.

São-Vicente-das-Lavras. — La ville de São-Vicente-das-Lavras est à soixante kilomètres au-dessus d'Icó, sur la rive droite du Rio Salgado. On y remarque l'église São-Vicente-Ferrer. Le coton est le principal objet d'exportation de cette localité.

Sobral. — La ville de Sobral ou Januaria a le titre de *cidade* et la qualification de *Fidelissima cidade de Januaria*. Elle est à cent vingt kilomètres de la mer et à deux cent trente kilomètres à l'Ouest-Sud-Ouest de Fortaleza. Ses principaux produits commerciaux sont le coton, les cuirs, le sucre et l'eau-de-vie. Ses églises les plus remarquables portent les noms de Nossa-Senhora-do-Rosario et Nossa-Senhora-da-Conceição. On trouve dans les environs de Sobral des mines d'or et d'améthystes.

Soure. — La ville de Soure ou Caúcaia s'élève sur la rive droite du Rio Ceará, à vingt-cinq kilomètres de la mer et à égale distance de Fortaleza. L'église de cette ville est Nossa-Senhora-dos-Prazeres.

Villa-da-Imperatriz. — La ville de Villa-da-Imperatriz ou São-José est sise dans la Serra Uruburetama, à cent soixante kilomètres environ de Fortaleza. L'église a pour patron São-José. Le coton et les bestiaux sont les principales marchandises de cette localité.

Villa-Nova-d'El-Rei. — La ville appelée Villa-Nova-d'El-Rei ou Campo-Grande, ou Enredos, se trouve près de la mer, à quatre cent vingt kilomètres au Sud-Ouest de Fortaleza. Le commerce y consiste en manioc et bestiaux. La principale église se nomme Nossa-Senhora-dos-Prazeres.

Villa-Viçosa. — La ville qui porte le nom de Villa-Viçosa est située au centre de terres excellentes pour toutes les productions tropicales, à soixante-quinze kilomètres au Sud-Ouest de Granja et à près de quatre cents kilomètres de Fortaleza. L'église la plus importante de la ville est placée sous l'invocation de Nossa-Senhora-da-Assumpção.

Armée. — On trouve dans la province de Ceará : un assistant de l'adjudant général de l'armée, un capitaine d'état-major, commandant le fort da Assumpção et un demi-bataillon de chasseurs.

PROVINCE DE ESPIRITO-SANTO. — La province de Espirito-Santo est limitée au Nord par la province de Bahia ; à l'Ouest, par celle de Minas-Geraes ; au Sud, par celle de Rio-de-Janeiro, et à l'Est, par l'Océan, qui y forme une baie du même nom que la province. Elle s'étend entre 18° 50' et 21° 20' de latitude Sud, 42° et 46° de longitude Ouest, sur une longueur de deux cent vingt kilomètres du Nord au Sud et sur cent dix de largeur de l'Est à l'Ouest ; elle a une superficie d'environ cent mille kilomètres carrés. Tous les cours d'eau de cette province sont très-poissonneux. Elle possède de très-beaux bois de charpente, qui forment une importante branche de commerce. On y rencontre encore quelques tribus sauvages, dont la principale est celle des Puris. (*Voir page 31.*)

Montagnes. —La Serra do Mar est la principale chaîne de montagnes de la province de Espirito-Santo. (*Voir page 110.*)

Cours d'eau. — Les fleuves les plus remarquables de la province sont : le Rio Benevente, le Rio Cabapuana, le Rio Carahipe, le Rio Doce, le Rio Guaraparim, le Rio Itapé-Mirim et le Rio Jecú.

Rio Benevente. — Ce fleuve, aussi appelé Rio Iriritiba ou Rio Reritigba, a sa source dans la Serra dos Aymorés au Nord du Rio Piúma ; il court en ligne droite, à l'Est, pendant soixante kilomètres, arrose les environs de Benevente et entre dans l'Océan, près de cette ville, par 20° 50' de latitude Sud.

Rio Cabapuana. — Ce fleuve auquel on donne aussi les noms de Rio Camapoan et de Rio Muribéca, naît dans le Nord de la Serra do Pico, à peu de distance de la source du Rio Muriaré, sur la limite des provinces de Rio-de-Janeiro et de Espirito-Santo. Il a son embouchure à trente kilomètres au Nord de celle du Rio Parahyba-do-Sul, par 21° 25′ de latitude Sud et 43° 18′ de longitude Ouest. Dans l'embouchure de ce fleuve est une île appelée Duarte-Lemos.

Rio Carahipe. — Le Rio Carahipe a sa source dans les montagnes de Minas-Geraes, passe au pied d'une chaîne dont le Mestre-Alvaro [1] fait partie et se jette dans la baie d'Espirito-Santo, à environ vingt kilomètres au Nord de la pointe do Tubarão. Ce fleuve n'est guère navigable que pendant la saison des pluies, lorsque le lac Jucunê sort de son lit.

Rio Doce. — (*Voir page* 105.)

Rio Guaraparim. — Ce fleuve, aussi nommé Rio Guarapari, prend sa source dans la Serra dos Aymorés, à trente kilomètres au Nord-Est de Benevente, et se jette dans l'Océan entre le mont Guaraparim et le mont Perro-do-Cão.

Rio Itapemirim. — Ce fleuve, dont on écrit aussi le nom Itapé-Mirim, naît dans la Serra do Pico, court de l'Ouest à l'Est, et fait des détours nombreux avant d'entrer dans la mer.

Rio Jecú. — Le Rio Jecú ou Jicú ou Jucú se forme dans la Serra dos Aymorés, reçoit le Rio Claro, le Rio Itacoari et le Rio Sant'Agostinho ; il forme plusieurs cascades, dont les plus remarquables sont : Cochoeira-do-Rio-Claro et Cachoeira-Ferrugem. Un canal, creusé

---

[1] La montagne appelée Mestre-Alvaro gît par 20° 8′ 54″ de latitude sud, et 42° 42′ 26″ de longitude ouest.

par les Jésuites et nommé Camboapina, unit ce fleuve à la baie de Espirito-Santo. Le Rio Jecú n'est navigable que pendant la saison des pluies.

Les lacs les plus remarquables de la province sont : le lac Japaraná, qui a vingt-cinq kilomètres de circonférence et est à trente kilomètres de la mer ; le lac Juparanan, situé au milieu d'une forêt, semé d'îlots et dont les eaux sont très-profondes ; il a trente kilomètres de circonférence et verse ses eaux dans le Rio Doce par la rive gauche ; le lac appelé Lagôa-do-Campo, qu'on trouve entre le Rio Cricaré ou São-Matheus et le Rio Doce ; il communique avec le lac Juparanan, rive occidentale, par un canal étroit.

Colonisation. — Les colonies fondées dans cette province sont au nombre de cinq :

Santa-Isabel. — Colonie établie en 1847, entre le Rio Braço-do-Sul et le Rio Jecú, à trente kilomètres de Victoria. Cet établissement compte près de quatre cents habitants ; le nombre des catholiques y est à peu près égal à celui des protestants. La presque totalité de cette population est allemande et suisse.

Santa-Leopoldina. — Colonie commencée en 1856, et qui a aujourd'hui près de cinq cents habitants. Comme dans la précédente, les Allemands et les Suisses sont presque les seuls colons de ce centre de population. Le nombre des catholiques y est à peine égal au tiers de celui des protestants. Cette colonie paraît destinée à un florissant avenir ; ses récoltes permettent déjà un commencement d'exportation. Les principales cultures sont celles du café, du sucre et du tabac.

Guandú. — Colonie qui commence à peine, mais pour

la prospérité de laquelle les plus efficaces mesures ont
été prises par le gouvernement.

Rio-Novo. — Colonie fondée en 1855. Cette colonie,
entreprise par une société, est dans un état assez prospère. Le nombre de ses habitants est de six cents environ. Les Portugais et les Allemands en forment la
majorité. Le nombre des catholiques est de près de
cinq cents, les autres sont protestants ou bouddhiques,
car il y a une soixantaine de Chinois. Si l'entreprise de
cette colonie ne donne pas à ses fondateurs tout le
bénéfice qu'ils pourraient en attendre, elle n'en res-
tera pas moins une œuvre utile et digne, à tous les
égards, de la protection du gouvernement.

Francilvania.—Colonie établie en 1858. Cette colonie
compte encore peu d'habitants et aurait besoin de
beaucoup d'aide pour prendre quelque développement.

Agriculture. — Les produits principaux de l'agriculture de cette province sont le café, le coton et le manioc.

Routes. — On construit à l'époque où nous écrivons
(juin 1861) une route de São-Matheus à Santa-Clara,
dans le Mucury, qui reliera la province de Espirito-
Santo avec celle de Bahia par le Mucury, et avec celle
de Minas-Geraes par Minas-Novas.

Villes. — Les villes les plus importantes de cette pro-
vince sont : Victoria, *capitale,* Aldêa-Velha, Almeida,
Barra-de-São-Matheus, Benevente, Conceição-da-Serra,
Espirito-Santo, Guaraparÿ, Itapemirim, Linhares, São-
Matheus, Vianna.

Victoria. — La ville de Victoria ou Nossa-Senhora-da-Victoria contient environ huit mille habitants. Cette ville est située par 10° 18′ latitude et 42° 21′ de longitude Ouest. Dans la baie devant Victoria, les navires trouvent de quatre à huit mètres de fond.

ALDÈA-VELHA. — La ville d'Aldêa Velha, fondée en 1556, est à douze kilomètres au Nord d'Almeida. On y fabrique des pirogues et de l'huile de Palma-Christi et on en exporte du coton.

ALMEIDA. — La ville d'Almeida ou Reis-Magos, fondée en 1580, déclarée *villa* en 1760, est bâtie sur une hauteur au bord de la mer, près de l'embouchure du Rio-dos-Reis-Magos. Elle possède une église appelée Santos-Reis-Magos. Le commerce de cette ville consiste principalement en bois de construction, coton, oranges et autres fruits.

BARRA-DE-SÃO-MATHEUS. — La ville de Barra-de-São-Matheus est assise sur la rive droite et à l'embouchure du Rio Cricaré ou de São-Matheus, à vingt kilomètres environ au Sud-Est de la ville de São-Matheus.

BENEVENTE. — La ville de Benevente porte depuis 1761 le titre de *villa*. Elle est à quatre-vingt-dix kilomètres au Sud de Victoria et à cent cinquante au Nord-Ouest de Campos. Son église porte le nom de Assumpção-de-Nossa-Senhora.

CONCEIÇÃO-DA-SERRA. — La ville de Conceição-da-Serra, bâtie sur le mont Mestre-Alvaro, est située à vingt-cinq kilomètres au Nord-quart-Ouest de Victoria. Ses églises sont : São-José et Nossa-Senhora-da-Conceição.

ESPIRITO-SANTO. — La ville d'Espirito-Santo qui tend à se réunir à celle de Victoria, dont elle n'est séparée que par la baie d'Espirito-Santo, a environ deux mille habitants. Ses églises portent les noms de Nossa-Senhora-do-Rosario et Nossa-Senhora-da-Rocha.

GUARAPARY. — La ville de Guarapary, Guarapari ou Guaraparim, est située par 20°45' de latitude méridionale et 42°52' de longitude occidentale. Elle exporte des bois de construction, des baumes et du coton. Sa principale église est Nossa-Senhora-da-Conceição.

ITAPEMIRIM. — La ville d'Itapemirim ou Itapé-Mirim est à plus de cent trente kilomètres au Sud-Ouest de Victoria. Elle a pour église Nossa-Senhora-do-Patrocinio.

LINHARES. — La ville de Linhares ou Contins s'élève entre le lac Juparanan et la rive gauche du Rio Doce à vingt-cinq kilomètres de la mer. Son église est appelée Santa-Cruz.

SÃO-MATHEUS. — La ville de São-Matheus ou São-Matheos est bâtie à vingt-cinq kilomètres de l'Océan et à cent soixante-dix kilomètres au Nord de l'embouchure du Rio Doce. Les principaux produits qu'elle exporte sont le manioc, le sucre, les haricots, le maïs, le café et le cacao. Il existe un service de bateaux à vapeur entre São-Matheus et Rio de Janeiro, avec escales à Itapemirim et Victoria.

VIANNA. — La ville de Vianna se trouve près de la Serra-do-Mar, à quatre-vingt-cinq kilomètres au Nord-Ouest de Victoria. Sa principale église est dédiée à Nossa-Senhora-dá-Conceição.

Armée. — L'armée compte dans la province de Espirito-Santo : un assistant de l'adjudant général de l'armée ; un sous-lieutenant d'état-major, commandant le fort São-Francisco-Xavier et une compagnie fixe de chasseurs.

25

PROVINCE DE GOYAZ. — La province de Goyáz,
située entre 5° et 22° de latitude Sud, 46° et 57° de longitude Ouest, a six cent cinquante kilomètres de large
sur mille huit cent cinquante de long. Elle est limitée,
au Nord, par les provinces de Piauhy, de Maranhão et
de Pará ; à l'Ouest, par celle de Matto-Grosso ; au Sud,
par celle de São-Paulo ; et à l'Est, par les provinces de
Minas-Geraes et de Pernambuco. Dans les immenses
forêts de cette province, on exploite des bois de teinture, des écorces et des plantes médicinales. Le gibier
et les animaux sauvages y abondent. L'or, le diamant,
le cristal, le sel gemme, le fer, se trouvent en beaucoup
d'endroits. Les sauvages, qui y existent en assez grand
nombre, appartiennent aux tribus Appinagés, Carajas,
Caraó, Chavante, Cherente, Guajajara et Gradahú.
Sous l'influence salutaire des missionnaires, ils se
groupent dans quelques villages dont les principaux
sont : São-Joaquim-do-Jamimbú, Pedro-Affonso, The-
reza, Christina. D'autres tribus conservent la vie errante et font encore d'assez fréquentes incursions dans
les établissements des Brésiliens et des indigènes civilisés.

Dans plusieurs localités, et surtout le long du Rio
Paranahyba, du Rio Tocantins, du Rio Araguay et de
leurs affluents, règnent des fièvres intermittentes. La
plupart des autres maladies ont pour cause le genre
d'alimentation, surtout dans la classe pauvre, parmi
laquelle les préceptes les plus élémentaires de l'hygiène sont inconnus.

Montagnes. — La principale chaîne de montagnes de
la province est la Serra dos Pyrenéos ; puis viennent la

Serra do Caiapo, la Serra das Farinhas, les monts Claros, la Serra da Natividade et la Serra do Paraná.

Serra dos Pyrenéos. — Cette chaîne de montagnes, aussi appelée Pirenéos, l'irennéos, l'erinéos ou Pyrennéos, se trouve à trente kilomètres à l'Est de Meiaponte, par 15° 48' de latitude Sud. Elle est considérée comme le point central de la grande chaîne du Sertão du Brésil. Elle donne naissance à divers cours d'eau qui se versent dans le Rio Tocantins et dans le Rio Paraná.

Cours d'eau. — Les cours d'eau les plus remarquables sont : le Rio Tocantins (*Voir page* 99) et le Rio Araguay (*Voir page* 100), qui sépare la province de Goyáz de celle de Matto-Grosso. On distingue ensuite le Rio Vermelho, le Rio das Almas (*Voir page* 99) et le Rio Parahyba-do-Sul (*Voir page* 103).

Les principaux lacs situés dans la province sont : le lac Cururuhi ; le lac Feia, situé près de Couros, duquel naît le Rio Preto : on y trouve beaucoup de caïmans et de serpents ; le lac Formosa, situé dans la Serra Itiquira ; ce lac a vingt-cinq kilomètres de longueur sur trois de largeur ; le lac Golfos, qu'on trouve au-dessous du Rio Paranatinga, et dans lequel il y a d'énormes serpents et des caïmans ; le lac Hortigas ou do Padre-Aranda, situé près du Rio Araguay, et aussi peuplé de crocodiles et de gros serpents ; le lac Pai-José, dans la Serra dos Pyrenéos ; le lac Pasmado, qui se trouve par 17° 20' de latitude Sud, et communique avec le lac Cururuhi ; le lac Poção, près de Macacos et de Boqueirão ; le lac Salinas, situé entre le Rio Claro et le Rio Araguay, et dans lequel on trouve des huîtres fluviales perlières.

Instruction publique. — On trouve dans la province de Goyáz quarante-trois écoles primaires pour les garçons, et vingt-deux pour les filles ; on y suit généralement la méthode individuelle, et la plupart de ceux qui les dirigent sont aussi peu que possible capables de le faire. Plusieurs de ces écoles sont (1859) dénuées des objets les plus indispensables.

Colonisation. — Il existe dans la province de Goyáz cinq présides ou colonies militaires. Ces établissements prospèrent pour la plupart, mais d'une prospérité lente et qui contribue peu au développement de l'agriculture si nécessaire à la richesse de ce pays. Ces présides sont: Santa-Barbara, Santo-Antonio, Santa-Cruz, Santa-Leopoldina et Mont'Alegre.

Agriculture. — Les produits principaux de l'agriculture dans la province sont : le sucre, le tabac, les ananas, le coton, le manioc, le café et le maïs. On élève aussi beaucoup de bestiaux.

Industrie. — Une fabrique de fer a été récemment établie près de Villa-Formosa-da-Imperatriz.

Routes. — Diverses routes parcourent la province ; elles sont en général dans un état d'entretien insuffisant. Les plus remarquables sont : la route do Norte, la route do Sul, la route pour le préside Santa-Leopoldina, et la route de Jaraguá. Il existe quelques ponts sur le Rio Capivary, le Rio Arêas, le Rio do Peixe, le Rio dos Bugres, le Rio de Turvo, le Rio Trahiras, le Rio Passa-Tres, le Rio do Ouro et le Rio Abreu.

Villes. — Les principales villes de cette province sont : Villa-Boa, *capitale*, Agua-Quente, Arraiás, Boa-Vista-de-Tocantins, Bomfim, Carolina, Carretão, Catalão,

Cavalcante, Conceição-do-Norte, Crixa, Flores, Jaraguá, Meiaponte, Natividade, Palma, Pilar, Porto-Imperial, Santa-Cruz, Santa-Luzia, São-Feliz, São João-das-Duas-Barras, São-José-de-Tocantins, São-Pedro-d'Alcantara, Tesouras et Trahiras.

Villa-Boa. — La ville de Villa-Boa ou Goyáz est bâtie dans une vallée humide, sur les bords du Rio Vermelho, et entourée de montagnes à l'Est, au Nord et à l'Ouest. Elle est à une distance de neuf cent soixante-seize kilomètres au Nord-Ouest de Rio-de-Janeiro, à deux mille deux cent cinquante kilomètres de Belém et à quatorze cent cinquante de l'Océan, par 16° 20' de latitude Sud et 51° 40' de longitude Ouest. Elle fut fondée en 1759 et possède aujourd'hui environ douze mille habitants. Ses églises sont : Santa-Anna, São-Francisco-de-Paula, Nossa-Senhora-da-Abbadia, Nossa-Senhora-das-Barrocas, Nossa-Senhora-da-Boa-Morte, Nossa-Senhora-do Carmo, Nossa-Senhora-do-Rosario et Nossa-Senhora-da-Lapa. La température y est généralement élevée. Il y existe un lycée qui compte de quatre-vingts à quatre-vingt-dix élèves. Une fontaine publique fournit l'eau à la ville.

Agua-Quente. — La petite ville d'Agua-Quente fut fondée en 1752, à deux cent quatre-vingts kilomètres Nord-Est de Goyáz, sur le Rio das Almas, auprès d'une mine d'or autrefois très-productive, et qui est aujourd'hui très-peu importante. Elle est située à trois cent quatre-vingts kilomètres de Goyáz et à environ quarante kilomètres Sud-Ouest de Trahiras. A deux kilomètres d'Agua-Quente, on trouve un lac d'eaux chaudes et sulfureuses.

Arraiás. — La ville d'Arraiás ou Arrayás s'élève sur

les rives du Rio Arrayás, affluent du Rio Palma, par 12° 42′ de latitude Sud, à six cent soixante kilomètres au Nord-Est de Cavalcante. L'église la plus remarquable est dédiée à Nossa-Senhora-do-Remedio. Le commerce de cette localité consiste principalement en bestiaux.

Boa-Vista-de-Tocantins. — La ville de Boa-Vista-de-Tocantins se trouve entre le Rio Sobradinho et le Rio Tocantins.

Bomfim. — La ville de Bomfim ou Bom-Fim ou Nosso-Senhor-de-Bomfim est à deux cent soixante-cinq kilomètres au Sud de Villa-Boa et à quatre-vingt-dix kilomètres au Nord de Santa-Cruz. Son église porte le nom de Bom-Fim.

Carolina. — La ville de Carolina est entre Porto-Imperial et São-João-da-Duas-Barras, à plus de mille huit cents kilomètres de Villa-Boa.

Carretão. — La ville de Carretão ou Pedro-Terceiro se trouve à cent trente kilomètres à l'Est-Nord-Est de Goyáz et à cent cinquante de Pilar. Cette ville fut fondée en 1784.

Catalão. — La ville de Catalão est de fondation récente; son église n'est édifiée que depuis 1840.

Cavalcante. — La ville de Cavalcante gît par 15° 50′ de latitude Sud, à cent quatre-vingts kilomètres au Sud-Ouest du Morro do Chapéo (voir page 355), à pareille distance à l'Est de São-Feliz et à environ six cents kilomètres au Nord-Nord-Est de Villa-Boa. On trouve des mines d'or dans les environs de cette ville. Ses églises sont : Nossa-Senhora-do-Rosario et Nossa-Senhora-da-Boa-Morte.

CONCEIÇÃO-DO-NORTE. — La ville de Conceição-do-Norte est située vers la source du Rio Palma, à sept cent vingt kilomètres au Nord-Nord-Est de Villa-Boa, et à quatre-vingt-dix au Sud-Est de Natividade. Son église est sous l'invocation de Nossa-Senhora-da-Conceição.

CRIXA. — La ville de Crixa est bâtie par 14° 52′ de latitude méridionale, à dix-huit kilomètres de la rive occidentale du Rio Crixa et à cent soixante-dix kilomètres de Villa-Boa. Ses églises les plus remarquables sont : Nossa-Senhora-da-Conceição, Nossa-Senhora-do-Rosario, Nossa-Senhora-da-Abbadia et Santa-Iphigenia.

FLORES. — La ville de Flores est sur la rive droite du Rio Paranan, par 14° 20′ de latitude Sud et 49° 0′ 50″ de longitude Ouest, à cent vingt kilomètres de Cavalcante. Son église est dédiée à Nossa-Senhora-da-Conceição.

JARAGUÁ. — La ville de Jaraguá ou Nossa-Senhora-da-Penha-de-Jaraguá se trouve par 15° 30′ de latitude Sud, à cent vingt kilomètres de Goyáz et à cinquante à l'Ouest de Meiaponte. Cette ville fait commerce de bestiaux. On y remarque l'église de Nossa-Senhora-da-Rocha.

MEIAPONTE. — La ville de Meiaponte ou Meia-Ponte a environ huit mille habitants; elle est située à cent quinze kilomètres à l'Est de Goyáz, par 15° 50′ de latitude Sud, sur les rives du Rio das Almas. On y fabrique de l'eau-de-vie et de l'huile ; on y élève des bestiaux, mais principalement des porcs, et on en exporte du sucre, du coton et du maïs. Les églises principales de cette ville sont : Nossa-Senhora-do-Rosario, Nossa-Senhora-da-Lapa et Bom-Jesus.

NATIVIDADE. — La ville de Natividade ou São-Luiz est à neuf cents kilomètres au Nord de Villa-Boa, par 11°

22' de latitude Sud. On exporte de cette ville du sucre, du tabac, du maïs et du coton. Ses églises sont : Nativi-dade-de-Nossa-Senhora et São-Benedicto.

PALMA. — La ville de Palma ou São-João-da-Palma est sise entre le Rio Palma et le Rio Paranan, dont la ré-union forme le Rio Paranatinga, à plus de sept cents kilomètres au Nord de Goyáz, par 12° 26' de latitude Sud. Son église est dédiée à Nossa-Senhora-da-Concei-ção. On élève beaucoup de bestiaux aux environs de cette ville, et on y trouve des sources d'eaux minérales.

PILAR. — La ville de Pilar ou Nossa-Senhora-do-Pilar-do-Ourofino, fondée en 1741, est à deux cent soixante-dix kilomètres de Villa-Boa, par 14° 15' de latitude Sud. Son commerce consiste en sucre et café. Ses églises les plus remarquables portent les noms de : Nossa-Senhora-do-Pilar, Nossa-Senhora-da-Boa-Morte, São-Gonçalo, Nossa-Senhora-do-Rosario et Nossa-Senhora-das-Mercès.

PORTO-IMPERIAL. — La ville de Porto-Imperial ou Porto-Real est à vingt kilomètres au Sud de Pontal et à neuf cents de Goyáz. Cette ville fut fondée en 1791.

SANTA-CRUZ. — La ville de Santa-Cruz est sur la route de Goyáz à São-Paulo, par 17° 54' de latitude Sud, sur la rive gauche du Rio Pari, à deux cents kilomètres au Sud-Sud-Est de Meiaponte, à cent quatre-vingts au Sud-Est de Villa-Boa. On y fait un assez grand commerce de bestiaux. Son église est sous l'invocation de Nossa-Senhora-da-Conceição.

SANTA-LUZIA. — La ville de Santa-Luzia est située à douze kilomètres de la route de Paracatú, à trois cents à l'Est-Sud-Est de Villa-Boa, et à cent quarante aussi à l'Est-Sud-Est de Meiaponte, entre le Rio Ponte-Alta et le

Rio São-Bartholomeo. On y fabrique des fromages et des confitûres, et on en exporte des bestiaux. Dans les environs, on trouve des eaux thermales sulfureuses. La principale église est Santa-Luzia.

São-Feliz. — La ville de São-Feliz, qui se trouve par 15° de latitude Sud, est à cinq cent-vingt kilomètres au Nord-Nord-Est de Villa-Boa. Les bestiaux constituent pour cette localité une branche importante de commerce. On trouve des eaux thermales dans les environs. Les églises les plus remarquables sont : São-Feliz, Nossa-Senhora-do-Rosario et Santa-Anna.

São-João-das-Duas-Barras. — La ville de São-João-das-Duas-Barras gît par 5° 21′ 3″ de latitude Sud et 51° 1′ 30″ de longitude Ouest, au confluent du Rio Araguay et du Rio Tocantins.

São-José-de-Tocantins. — La ville de São-José-de-Tocantins est sur la rive gauche du Rio do Bacalhão, à douze kilomètres au Nord-Est de Trahiras, à cinquante de la rive gauche du Rio Tocantins. On y remarque un pont sur le Rio do Bacalhão. Le commerce de cette ville consiste surtout en or et en bestiaux. Les églises sont : Nossa-Senhora-da-Boa-Morte, Nossa-Senhora-do-Rosario, Santa-Iphigenia et São-José.

São-Pedro-d'Alcantara. — La petite ville de São-Pedro-d'Alcantara est située sur la rive droite du Rio Tocantins, à dix-huit kilomètres au-dessous de l'embouchure du Rio Manoel-Alves.

Tesouras. — La ville de Tesouras, bâtie sur la rive droite du Rio Tesouras, est à soixante kilomètres de Santa-Rita et à cent soixante kilomètres de Villa-Boa, par 15° 16′ de latitude Sud. L'or et les bestiaux sont les principaux objets du commerce de cette localité. Sa principale église a pour patron São-Miguel.

Trahiras. — La ville de Trahiras se trouve à près de quarante kilomètres au-dessus de l'embouchure du Rio Trahiras dans le Rio Xingú, sur la route de São-João-das-Duas-Barras à Goyáz, par 15° 25′ de latitude Sud à plus de deux cents kilomètres au Nord de Villa-Boa. Cette ville fut fondée en 1735; elle a pour église principale Nossa-Senhora-da-Conceição. On exporte de cette localité des bestiaux et de l'or.

Armée. — Le nombre des hommes de troupe, tant d'infanterie que de cavalerie, qui occupent les diverses garnisons de la province, est d'environ cinq cents. La garde nationale présente un effectif de près de douze mille hommes. On trouve encore : un assistant de l'adjudant général de l'armée et un sous-lieutenant d'état-major, commandant le fort São-Joaquim-do-Janimbú.

PROVINCE DE MARANHAO. — La province de Maranhão est située entre 1° 16′ 29″ et 12° de latitude Sud, 43° et 51′ de longitude Ouest de Paris; elle a une longueur de mille kilomètres sur une largeur de sept cents.

Cette province est limitée, au Nord, par l'Océan Atlantique et la province de Pará; à l'Ouest, par la même province et celle de Goyáz, qui lui sert aussi de frontière au Sud; enfin, à l'Est, par la province de Piauhy. Le sol de la province de Maranhão, plat dans le Nord et montagneux au Sud, est généralement fertile. Parmi les productions naturelles, qui sont innombrables, on remarque le cajú, la carnaúba, le cacao, l'ipécacuanha, les mangles, les jaboticabas, la vanille, le gingembre, etc. On trouve dans cette province des mines d'argent, d'or

et de fer. Le climat est alternativement et souvent si-
multanément chaud et humide. Les vents d'Ouest, passant sur d'immenses forêts marécageuses, se chargent
de particules qui en quelques endroits rendent l'air
malsain ; mais cette cause d'insalubrité est naturellement combattue par la quantité d'aromates dont l'odeur
balsamique se répand souvent même au delà du rivage
et est parfois reconnue au large par les navires.

La maladie dominante de la province de Maranhão
est la grippe, qui règne, mais sans intensité, pendant
les six premiers mois de l'année. Les autres maladies
sont : les hydropisies abdominales, les fièvres intermittentes simples, les dyssenteries et les rhumatismes.

Les principales tribus sauvages qui habitent la province de Maranhão sont celles des Guajajáras, Tim-
biras, Matteiros, Caractegés, Gaviões, Manajos et Gamellas. L'administration provinciale les a divisées en
quinze directorias [1] pour l'instruction religieuse qui
leur est donnée et pour la civilisation vers laquelle on
travaille à les amener, par les habitudes sédentaires
que la vie agricole fait contracter.

Ces directorias sont les suivantes :

1re Barra-do-Codo ; 2e Rio-Mearim ; 5e Alpercatas ;
4e Tapera-de-Leopoldina ; 5e et 6e Rio-Guajahú ; 7e, 8e,
9e, 10e et 11e Rio-Pindaré ; 12e Chapada ; 15e et 14e Viana ;
15e São-Miguel.

Cours d'eau. — Les plus importants cours d'eau de
la province de Maranhão sont : le Rio Mearim (*Voir
page* 106), et le Rio Itapicurú-do-Norte (*Voir page* 106).

Instruction publique. — Il existe dans cette province

---

[1] Directions.

cinquante écoles primaires de garçons et vingt-deux de filles. Le règlement pour l'instruction primaire punit d'une amende de dix mille reis [1] les parents qui n'envoient pas leurs enfants à l'école. Mais cette pénalité rencontre de nombreuses difficultés d'application. Les écoles primaires manquent généralement des choses les plus nécessaires, telles que bancs, tables, livres, etc.; les enfants sont obligés de s'asseoir, soit sur des chaises ou des bancs fournis par le maître, souvent même par terre sur des nattes.

Dans la capitale de la province, il existe un lycée fréquenté par cent dix ou cent vingt élèves.

Outre ces établissements d'instruction publique, on trouve dans la province, établis et tenus par des particuliers, quatre collèges d'instruction primaire et secondaire pour les garçons et deux pour les filles.

Il existe également une bibliothèque publique qui possède près de deux mille volumes.

Établissements publics. — Un hôpital, qui reçoit les malades et recueille les enfants exposés, est établi à Maranhão, ainsi qu'un asile pour les orphelins et un hôpital militaire.

Colonisation. — L'établissement de colonies formées par des Européens ne date, dans la province de Maranhão, que de l'année 1853. Éduardo Olympio Machado, alors président, fit venir de Portugal les premiers colons étrangers, et en deux ans il parvint à en réunir huit cent quatre-vingt-sept de diverses nationalités, qu'il divisa en six centres de population, comme une sorte de noyau pour la fondation de six colonies.

[1] Vingt-six francs.

Ces établissements ne purent pas tous réussir, et, à l'heure qu'il est, deux seulement subsistent encore. Nous allons néanmoins exposer sommairement les phases d'existence de ces essais de colonisation.

ARAPAPAHY. — La colonie do Arapapahy fut établie dans le double but d'obtenir des ouvriers pour la construction du canal de Arapapahy, et de fonder près de là un centre de population européenne. Après avoir remboursé au gouvernement provincial, soit par leur travail, soit d'une autre manière, les avances qui leur avaient été faites pour leur passage d'Europe au Brésil, les colons furent libres de se retirer ou de rester dans la province. Les uns y demeurèrent, ou se dispersèrent dans diverses parties de l'empire, les autres, en petit nombre, retournèrent dans leur pays.

SANTA-THEREZA. — La colonie de Santa-Thereza fut fondée dans le municipio de Cururupú, par le système partiaire. Cent quarante Portugais des Açores y furent établis; les premiers temps ne furent pas sans embarras : les fièvres intermittentes et l'insubordination des colons mirent plus d'une fois l'entreprise aux abois. Enfin le départ de celui qui la dirigeait en hâta la ruine. Les colons se dispersèrent dans la comarca de Guimarães : les uns y sont employés comme journaliers pour la culture, et les autres ont embrassé diverses industries.

MARACASSUUMÉ. — La colonie Maracassuumé, établie pour le compte de la compagnie *Mineração-Maranhense*, pour le lavage des terrains aurifères, fut entreprise avec quarante Chinois. Ces travailleurs, ne répondant pas à l'attente des entrepreneurs, furent licenciés; les uns se rendirent à Rio-de-Janeiro, les autres s'établirent dans la province pour y exercer divers métiers

PIRACAÚA. — La colonie Piracaúa fut fondée par une Compagnie portugaise, la *Prosperidade*. Cent douze colons portugais y furent établis pour la culture, l'exploitation des bois et le lavage des terrains aurifères. Mais, après un essai de quelques mois, la Compagnie reconnut que cette entreprise était non-seulement improductive, mais coûteuse, et la colonie fut abandonnée. Les colons se sont dispersés dans les comarcas de Guimarães et de Tury-Assú.

PETROPOLIS. — La colonie Petropolis, située dans le municipio de Codó, a été établie par un Brésilien. Sur cent soixante-huit personnes qui y furent placées, il n'en reste qu'un petit nombre, ceux surtout qui, ayant de la famille, n'ont pu, faute de ressources, aller s'établir ailleurs. Ces quelques familles cultivent de petites portions de terrain et récoltent à peine de quoi subsister.

SANTA-ISABEL. — La colonie de Santa-Isabel, également fondée par un Brésilien, a reçu du gouvernement, à titre de prêt, une somme de trois contos cinq cent mille reis. Elle est établie sur la rive du Rio Urú, à dix-huit ou dix-neuf kilomètres de la ville de Guimarães, dans un lieu très-sain et sur des terres très-fertiles. La culture perfectionnée de la canne à sucre y a été introduite et fait espérer les meilleurs résultats, tant pour la prospérité de la colonie que pour son accroissement. Quelques colons ont déjà introduit l'usage de la charrue, et leur récolte s'en est considérablement accrue.

Outre les deux dernières colonies que nous venons de mentionner, la province de Maranhão en possède quatre autres. Trois sont formées d'indigènes civilisés et placées sous la direction des missionnaires. Ce sont les colonies de São-Pedro, Januaria et Leopoldina. La quatrième est la colonie militaire de Gurupy.

São-Pedro. — La colonie de São-Pedro, fondée sur la rive droite du Rio Pindaré, d'abord prospère au point de récolter plus qu'il n'était nécessaire pour la consommation des deux cents indigènes qui y étaient établis, est aujourd'hui tombée en telle décadence, qu'on n'y trouve plus que quatre-vingts personnes, et que la province est dans la nécessité de fournir une certaine quantité de farine de manioc pour aider à leur subsistance.

Januaria. — La colonie Januaria, établie sur la rive gauche du Rio Pindaré, au confluent du Rio Carú, est dans un état complet de décadence. Plusieurs missionnaires s'y sont succédé comme directeurs et n'ont pu réussir, non-seulement à la faire prospérer, mais même à en éloigner la misère.

Leopoldina. — La colonie Leopoldina, située sur la rive gauche du Rio Mearim, à Jussaral, fut d'abord établie avec quatre cent quatre-vingts indigènes. En 1856, une épidémie enleva la moitié de cette population et fit fuir le reste dans les forêts. Depuis cette époque, des efforts ont été faits pour ramener les colons, et la colonie recommence aujourd'hui à se former.

Gurupy. — La colonie militaire de Gurupy a peu d'importance et est située dans un lieu où elle ne sau-

rait prendre de grands développements. Il est question
de la transférer sur un autre point plus convenable et
offrant des terres plus fertiles.

Agriculture et Commerce. — Le coton forme la branche
la plus importante des produits agricoles de la province
de Maranhão. Depuis quarante ans la production en a
diminué considérablement; de 58,046 sacs, pesant
375,807 arrobas, qu'elle était en 1821, en moyenne,
elle n'est plus aujourd'hui que de 41,535 sacs du poids
total de 268,685 arrobas. On constate cependant, à
l'époque où nous écrivons, une certaine tendance vers
l'augmentation de ce produit.

La récolte du riz a diminué d'une manière encore
plus considérable que celle du coton; ce produit, qui,
en 1821, a donné 66,889 sacs du poids de 547,262 arrobas, est tombé, pendant les trois dernières années,
1857 à 1859, à une moyenne de 14,396 sacs pesant
93,772 arrobas. Les causes de cette diminution sont
diverses; l'indication qu'on en peut donner est en
même temps l'indication du remède à y apporter. Les
cultivateurs, autrefois placés près des rives du Rio Itapicurú, s'en sont éloignés pour chercher des terres
nouvelles; ce fait, qui tient au système général de
l'agriculture brésilienne, celui de n'exploiter que quelques années la même terre sans lui fournir d'engrais,
et de la considérer ensuite comme épuisée, en amenant
l'éloignement des cultivateurs des cours d'eau par lesquels ils faisaient aisément et à peu de frais transporter
leurs produits, a par la même raison augmenté les difficultés du transport, quand il ne l'a pas rendu totalement impossible.

Les facilités de transport n'existant plus, la vente ne pouvait s'opérer qu'avec désavantage et la production devenait inutile. En second lieu, le transport par eau, sur les points où il peut avoir lieu, est devenu impossible par suite de la diminution des bras esclaves, qui seuls effectuaient ce genre de transports.

Dans l'intérieur de la province, la consommation du riz n'a pas diminué, mais les causes que nous indiquons ont contribué à ralentir l'exportation de ce produit.

Les améliorations de la navigation fluviale et l'introduction de colons sont donc les seuls palliatifs de la diminution que les récoltes de cette province subissent depuis longtemps.

La production et l'exportation de la farine de manioc ont sensiblement augmenté. La moyenne exportée en 1821 était de 86,000 alqueires; elle est maintenant de 114,000. Il est vrai que la diminution des cultures et des exportations de riz a dû avoir pour résultat cette augmentation, facilitée par le peu de soin qu'exige la culture du manioc.

L'eau-de-vie de canne à sucre, appelée cachaça ou caxaça, s'est élevée à une moyenne de 1,500 pipas de 385, qu'elle atteignait en 1821.

La production du sucre s'est aussi considérablement augmentée et atteint aujourd'hui 81,854 arrobas, sans y comprendre la consommation du pays.

Le bétail et, par suite, la vente du cuir et du suif, ont subi également une notable augmentation, qui continue à se maintenir.

Aux environs de la capitale de la province de Mara-

nhão, on trouve cinq machines à décortiquer le riz.
Une de ces machines est mue par la vapeur, une par le
vent, une par l'eau et les deux autres au moyen d'un
manége.

La viande sèche et les cigares sont l'objet d'un commerce assez lucratif.

Ces produits et quelques autres de la province offrent
à l'exportation les moyennes suivantes :

Bœufs.	10,200	
Café.	780	arrobas.
Cuirs (grands).	51,270	
— (petits).	5,800	.
Graines de gergelim (sésame).	800	alqueires.
— de ricin.	820	—
Haricots.	5,550	—
Huile d'andiroba [1].	300	bouteilles.
— de copahu [2].	13,160	—
— de gergelim.	2,500	—
— de palma–christi [3].	2,100	barils.
Maïs.	20,780	alqueires.
Miel.	170	barils.
Planches et madriers.	2,800	douzaines.
Poissons secs.	10,800	arrobas.
Porcs.	1,500	
Savon d'andiroba.	6,600	arrobas.
Sel.	14,000	alqueires.
Suif.	2,800	arrobas.
Tabac.	2,500	—
Tapioca.	11,240	alqueires.
Viande sèche.	18,900	arrobas.

La navigation au long cours est peu importante.
Tous les navires destinés à ces voyages sont étrangers
au Brésil ou à la province, qui n'en compte que deux

[1] Xylocarpus carapa (voir pages 164 et 177). — [2] Voir page 176. — [3] Les
noms de palma-christi, ricin, carrapato, mamona, s'appliquent à la même
plante.

de cette nature. La navigation côtière ou fluviale emploie vingt et une barques et deux vapeurs, occupant environ deux cents personnes.

Industrie. — On trouve dans la province : une fonderie de fer, un atelier de construction de machines, deux fabriques de savon, des distilleries d'eau-de-vie, etc., etc.

Routes. — Les principales routes de la province sont les suivantes : route do Caminho-grande, route de Caxias à Theresina, route de Campo-do-Carmo au Campo-das-Pombinhas, route de Caxias à Barra-do-Corda, route de Gurupy à Redondo, route de Cantanhede à Anajatuba et route de Cantanhede à Pedreira.

Comme la plupart des routes du Brésil, celles de la province de Maranhão n'ont pas un entretien suffisant, et les pluies de ces climats les détériorent au point de les rendre parfois impraticables.

Villes. — Les principales villes de la province sont : São-Luiz-de-Maranhão, *capitale*, Paço-do-Lumiar, São-Joaquim-do-Bacanga et São-João-Baptista-de-Vinhaes, dans l'ile de Maranhão, Alcantara, Brejo, Buriti, Caxias, Chapada, Codó, Coróatá, Guimarães, Icatú, Itapicurú-Mirim, Manga, Mearim, Passagem-Franca, Pastos-Bons, Riachão, Rosario, Santa-Helena, São-Bento, Tury-Assú, Tutoya et Viana, sur le continent.

São-Luiz-de-Maranhão. — La ville de Maranhão ou São-Luiz-de-Maranhão[1] est bâtie dans l'ile du même nom, à l'Ouest. Elle est située par 2° 30′ 41″ latitude Sud et 46° 56′ 24″ longitude Ouest, à deux mille deux

---

Ce nom lui fut donné en l'honneur de Louis XIII, roi de France.

cents kilomètres au Nord de Rio de Janeiro, à cinq cent
cinquante-cinq à l'Est de Belém, à six cent vingt à
l'Ouest de Fortaleza. Elle fut fondée par les Français,
en 1612, au confluent du Rio Bacanga et du Rio do
Anil. Elle est, depuis 1676, le siége d'un évêché. Cette
ville est aujourd'hui défendue par trois forts qui
portent les noms de São-Marcos, Santo-Antonio-da-Barra
ou Ponta-d'Arêa et São-Luiz. Elle contient quinze
églises, dont la plus remarquable est la cathédrale,
bâtie par les Jésuites et dédiée à Nossa-Senhora-da-
Victoria ; l'élévation de cette église est considérable.
La population de São-Luiz est d'environ trente-cinq
mille âmes. On y remarque surtout un théâtre magnifique, qui est considéré comme le second du Brésil. Il
est situé dans la rue *do Sol* et porte le nom de *São-Luiz*
ou de *União*. Cet édifice a près de vingt-cinq mètres de
façade sur cinquante de profondeur. La salle, entourée
de larges corridors, peut contenir deux mille personnes.
On distingue encore dans la ville de São-Luiz le palais
épiscopal, la maison municipale, le palais de l'Assemblée provinciale, l'arsenal de marine, la douane, la
cour d'appel, les hôpitaux, le séminaire, le lycée, l'a-
battoir, les quais de la Sagração, le chantier de construction de la plage de Desterro, etc.

Il part de cette ville un service de bateaux à vapeur
desservant, au Nord, les villes de Guimarães, Tury-
Assú, Bragança et Vigia ; au Sud, celles de Acaraçú,
Granja et Parahyba.

Le port de São-Luiz est d'un accès facile pour les navires d'un faible tirant d'eau ; en tout temps on trouve
à la barre onze pieds d'eau à marée basse et vingt-sept

à marée haute. Il s'y fait un commerce étendu qui consiste surtout en riz, coton, eau-de-vie, plantes médicinales, huiles diverses, etc.

L'île de Maranhão a quarante kilomètres de long sur trente de large; elle jouit d'une température admirable; les saisons s'y confondent, ou, pour mieux dire, il n'existe qu'une saison, et, toute l'année, les jours y sont presque égaux aux nuits. Les habitants primitifs de l'île étaient les Tupinambas.

Le sol de l'île est plus élevé que celui du continent, avec lequel il paraît tout d'abord se confondre. On y trouve plusieurs cours d'eau, dont les principaux sont : le Rio de São-Francisco ou Rio do Anil, le Rio Angelim, le Rio Anodimba, le Rio Bacanga, qui se jette dans la baie au Sud de São-Luiz, le Rio Bataïa, le Rio Cumbico, le Rio Cutim, le Rio das Bicas, le Rio Guarápiranga, le Rio Itaphen, le Rio Jaquaremá, le Rio Maioba, le Rio São-João, le Rio Tapari-Açú et le Rio Vinhaes [1].

Des forêts vastes qui rafraîchissent la température par leur ombrage, des rosées abondantes et des nuits fraîches, contribuent à produire une sorte de printemps continuel. Les arbres sont toujours verts, les fleurs et les fruits se succèdent sans interruption. Les vents impétueux, les tempêtes, les brouillards, la sécheresse et le froid y sont inconnus, et la température est à peu près invariable : la saison des pluies seule marque l'hiver. Pendant cette saison, les orages sont fréquents,

---

[1] On trouve sur un grand nombre de cartes, d'ailleurs très-bonnes, et dans des ouvrages remarquables, l'indication d'un cours d'eau sous le nom de Rio Maranhão; il n'existe ni dans l'île de ce nom, ni sur le continent voisin, aucun cours d'eau du nom de Maranhão.

particulièrement pendant les mois de février, mars, avril, mai et quelquefois juin. Les éclairs sont presque continuels et la foudre gronde pour ainsi dire sans interruption; malgré leur violence, ces orages occasionnent très-peu d'accidents. Les plantes et les animaux de l'île de Maranhão sont les mêmes que ceux du continent. On y trouve du cristal, de l'ambre, de la chaux et de l'argile.

Cette île appartint successivement aux Français, aux Hollandais et aux Portugais.

Le golfe dans lequel l'île de Maranhão est située forme une échancrure d'environ cinquante kilomètres dans les terres. L'entrée Ouest est la plus fréquentée, quoiqu'elle offre peu de profondeur à mer basse; l'entrée orientale, appelée passe de São-João et formée par la petite île Santa-Anna ou Upaonmery, présente des dangers, que plusieurs navires ont néanmoins surmontés heureusement.

Le canal qui sépare l'île du continent est assez large mais rempli de récifs. Il porte le nom de Rio do Mosquito; il a quarante-trois kilomètres du Nord-Est au Sud-Ouest, et trente kilomètres dans sa plus grande largeur.

L'île de Maranhão, qui a environ quatre-vingts kilomètres de circuit, est la clef de toute la province de ce nom; du côté de l'Océan elle est inabordable, à cause des sables et des récifs dont elle est entourée. La côte du continent est également dangereuse et garnie de marécages où croissent seulement des mangliers et où le sol est si mouvant qu'on peut en beaucoup d'endroits se perdre dans une sorte de vase molle, qu'habitent seuls des ocypodes, des gearcins, d'autres espèces de crabes et des reptiles hideux ; sur d'autres points, où la profondeur du sol mou est moindre, la trace des pas s'efface aussitôt, comme dans une boue liquide ; ces obstacles rendent impossible toute tentative de débarquement et toute chance de pénétrer dans la province sans passer par l'île de Maranhão.

Paço-do-Lumiar. — La ville de Paço-do-Lumiar ou Passo-do-Lumiar est sise à vingt kilomètres de São-Luiz. Le Rio São-João arrose son territoire, qui produit abondamment du tabac, du riz et du manioc. L'église principale est dédiée à Nossa-Senhora-da-Luz.

São-Joaquim-do-Bacanga et São-João-Baptista-de-Vinhaes. — Les villes de São-Joaquim-do-Bacanga et de São-João-Baptista-de-Vinhaes sont peu importantes, bien que datant de 1757.

Alcantara. — La ville d'Alcantara, qui a le titre de *cidade*, est sise au sommet de la côte à l'Ouest de la baie de São-Marcos, par 2° 23′ 33″ de latitude Sud, et 46° 43′ 22″ de longitude Ouest, à vingt-cinq kilomètres Nord-Ouest de la ville de São-Luiz. Son commerce principal consiste en coton. Cette ville fut fondée en 1648, par les Jésuites, qui avaient aussi établi des salines à quelques kilomètres plus au Nord.

Brejo. — La ville de Brejo ou São-Bernardo-de-Brejo, où Nossa-Senhora-da-Conceição-de-Brejo, autrefois nommée Anapurú, est bâtie sur une éminence, à trois kilomètres de la rive gauche du fleuve et à trois cent trente kilomètres au Sud-Est de São-Luiz.

Buriti. — La ville de Buriti est à cinquante kilomètres de celle de Brejo et à la même distance de la rive gauche du Rio Paranahyba. Son église est dédiée à Santa-Anna.

CAXIAS. — La ville de Caxias, aussi appelée Aldeas-Altas et Caxias-das-Aldeas-Altas, s'élève sur la rive droite du Rio Itapicurú, à trois cent soixante-dix kilomètres au Sud-Sud-Est de l'île de Maranhão, et à trois cents kilomètres à l'Ouest-Nord-Ouest d'Oeiras. C'est la seconde ville de la province et le marché des localités environnantes. On y compte environ quinze mille habitants. Les églises principales sont : Nossa-Senhora-da-Conceição-de-Caxias et Nossa-Senhora-do-Rosario. L'agriculture des environs est assez développée, et l'élève des bestiaux y forme une industrie importante.

CHAPADA. — La ville de Chapada ou de Nossa-Senhora-do-Bom-Fim-da-Chapada est bâtie sur le bord du Rio Grajahú.

CODÓ. — La ville de Codó est située à quatre-vingts kilomètres environ au-dessous de celle de Caxias, sur la rive gauche du Rio Itapicurú.

CORÓATÁ. — La ville de Coróatá est sise entre le Rio Itapicurú et le Rio Mearim. Son église est dédiée à Nossa-Senhora-da-Piedade-de-Coróatá.

GUIMARÃES. — La ville de Guimarães ou Guimaraens, dont la fondation remonte à l'an 1758, est située à environ quatre-vingts kilomètres au Nord-Ouest de São-Luiz, sur la rive septentrionale de la baie de Cumá. Son église est sous l'invocation de São-José.

ICATÚ. — La ville d'Icatú ou d'Aguas-Boas a le titre de *cidade*; elle est à dix-huit kilomètres de la baie de São-José, sur la rive du Rio Mearim, et à soixante-quinze kilomètres de São-Luiz. A l'aide d'un pilote, son port est accessible aux navires. L'église principale porte le nom de Nossa-Senhora-da-Conceição. Le principal commerce de cette ville consiste en coton très-estimé. Au temps de la domination portugaise, la ville d'Icatú, qui est, sans excepter São-Luiz, la plus ancienne de la province, jouissait de certains priviléges qui lui ont valu la conservation de son titre de *cidade*, titre que la population de cette localité ne justifie pas.

ITAPICURÚ-MIRIM. — La ville d'Itapicurú-Mirim ou Itapecurú-Mirim, bâtie sur la rive droite du fleuve du même nom, est à cent trente kilomètres de la baie de São-José. Son église est sous l'invocation de Nossa-Senhora-das-Dores. Il y a près de cette ville un pont sur la route de la province de Maranhão à celle de Piauhy.

MEARIM. — La ville de Mearim, qui se trouve sur la rive gauche du Rio Mearim, est à cent vingt kilomètres au Sud de São-Luiz et à soixante kilomètres à l'Ouest d'Itapecurú-Mirim. L'église principale porte le nom de Nossa-Senhora-de-Nazareth. Les principaux articles du commerce de cette ville sont le coton, le sucre et les bestiaux.

MANGA. — La ville de Manga ou Manga-de-Iguara s'élève au confluent du Rio Iguara et du Rio Moni-Mirim; son église est Nossa-Senhora-das-Dores.

PASSAGEM-FRANCA. — La ville de Passagem-Franca ou de São-Sebastião-da-Passagem-Franca est située entre le Rio Paranahyba et le Rio Itapicurú-Mirim.

PASTOS-BONS. — La ville de Pastos-Bons est à plus de cinq cents kilomètres au Sud de São-Luiz et à deux cent quarante au Sud-Sud-Ouest de Caxias, entre le Rio Itapicurú-Mirim et le Rio Paranahyba. Son église est dédiée à São-Bento. Cette ville fait surtout le commerce du coton et des bestiaux.

Riachão. — La ville de Riachão, dont le commerce consiste principalement en sucre et en coton, est au Sud-Ouest de celle de Pastos-Bons.

Rosario. — La ville de Rosario ou Itapicurú-Grande s'élève sur la rive gauche du Rio Itapicurú, à cinquante kilomètres de son embouchure dans la baie de São-José. La principale église est sous l'invocation de Nossa-Senhora-do-Rosario. De cette ville, qui fait commerce de riz, de coton, d'eau-de-vie et de bestiaux, part une route pour Moçambira.

Santa-Helena. — La ville de Santa-Helena est à quatre-vingt-dix kilomètres à l'Ouest-Sud-Ouest de Guimarães, sur la rive droite du Rio Tury-Assú. Aux environs, on récolte surtout du riz, du manioc et du coton.

São-Bento. — La ville de São-Bento se trouve à soixante-quinze kilomètres au Sud-Ouest d'Alcantara. Son territoire produit du coton recherché. L'église de cette ville est sous l'invocation de São-Bento.

Tury-Assú. — La ville de Tury-Assú, ou Turi, ou Tury-Açú, gît par 1° 20′ latitude Sud, 47° 40′ longitude Ouest de Paris, sur la rive gauche du Rio Tury-Assú. Son église est sous l'invocation de São-Francisco-Xavier-do-Tury-Assú.

Tutoya. — La ville de Tutoya ou Tutoia est sur la rive gauche du Rio Tutoya, bras du Rio Paranahyba ; elle fut déclarée ville en 1758. L'église principale est dédiée à

Nossa-Senhora-da-Conceição-da-Tutoya. Le port de cette ville est assez commode et peut dans l'avenir lui offrir de grands avantages.

VIANA. — La ville de Viana ou Vianna, qui remonte à 1757, s'élève sur le Rio Maracú, affluent du Rio Pindaré, à cent quatre-vingts kilomètres au Sud-Sud-Ouest de São-Luiz. Son église porte le nom de Nossa-Senhora-da-Conceição. Cette ville fait un commerce assez important de cacao, de bois de construction et de bestiaux. Les campagnes avoisinantes sont d'une beauté et d'une fertilité admirables, et très-propres à l'élève des bestiaux, qui forment un fonds de richesse considérable pour les habitants de cette contrée.

Armée. — La province de Maranhão est la résidence d'un Lieutenant-Colonel du corps des Ingénieurs.

La garde nationale compte trente-huit bataillons, dix compagnies détachées et cinq sections de compagnies de réserve.

Un bataillon de troupe de ligne, une batterie d'artillerie à pied et quatre compagnies de pédestres forment un effectif d'environ mille hommes de troupes régulières, en garnison dans la province.

PROVINCE DE MATTO-GROSSO. — La province de Matto-Grosso ou Mato-Grosso est située entre 7° et 24° 50' de latitude méridionale, et mesure près de 15° de longitude. Elle a mille sept cent cinquante kilomètres de l'Est à l'Ouest, et plus de mille six cents du Nord au Sud. Son étendue est supérieure à celle de l'Allemagne entière. Elle est limitée par le Pérou, la Bolivie, le Paraguay et les provinces do Amazonas, de Pará, de Goyáz et de São-Paulo.

Le premier explorateur européen de cette contrée fut
Aleixo-Garcia.

Les immenses forêts dont cette province est couverte
sont habitées par des tribus sauvages, dont les principales sont celles des Bórórós, des Coroados, des Guaycurús et des Payaguas (voir pages 31 et 32).

La température des différentes régions de cette immense province est très-variée, en raison de la latitude
et des montagnes ou des plaines. Les animaux de tout
genre y sont nombreux, surtout les mammifères, et
leur nombre est d'autant plus considérable qu'on descend davantage dans les vallées. Les singes y sont
innombrables et fournissent aux sauvages habitants
une chair délicate et abondante : on distingue surtout
le Mycetes seniculus et le Mycetes caraya. Les cerfs
grands et petits[1], les tapirs[2], les pécaris, les hayupás[3],
les paresseux[4] et les fourmiliers[5] sont aussi l'objet de
chasses très-productives. Les oiseaux offrent une variété
d'espèces et une diversité de plumage qu'il serait impossible de rencontrer ailleurs sur le globe : les oiseaux-
mouches, les cotingas, les tangaras, les araras ou aras,
les cephaloptères[6], les coqs de roche[7], les curúcús[8],
les pavas-do-monte, les manacaracos[9], les gallinhetas-
do-monte, etc., etc., sont nombreux partout et embel-
lissent, par leur plumage ou leur voix, les solitudes des
vastes forêts. Les tortues donnent tous les ans d'immenses quantités d'œufs, et les cours d'eau sont tous

---

[1] Cervus paludosus, Cervus campestris, Cervus rufus, etc. (voir page 120).
— [2] Tapirus Americanus (voir page 118). — [3] Cœlogenus fulvus. — [4] Bradypus didactylus et Bradypus tridactylus. — [5] Myrmecophaga jubata (voir
page 120). — [6] Cephalopterus-ornatus. — [7] Rupicola Peruviana. — [8] Genre
Trogon. — [9] Genre Tinamus.

très-poissonneux : les mucies, les bagres, les veladores, les sèches, les pimelodos, sont abondants; on pêche presque tous ces poissons à coups de flèche ou en jetant dans l'eau le suc d'une plante non encore étudiée et appelée *manuno;* ce suc endort ou fait mourir le poisson sans le rendre malsain.

Quand la province de Matto-Grosso sera parcourue, étudiée, connue, et que des routes en relieront les principaux points au reste de l'Empire et aux contrées voisines, on y découvrira des richesses incalculables, on exploitera les bois précieux qui se perdent aujourd'hui sans utilité et dont toutes les forêts fourmillent, les baumes, les résines, le caoutchouc, le quinquina, deviendront des produits communs et seront pour le pays la source d'un développement dont les bornes ne peuvent être assignées.

L'un des premiers établissements des Portugais dans cette contrée, dont ils apprécièrent toute l'importance, fut le fort do Principe-de-Beira. Dans l'origine, on y déporta les malfaiteurs, mais aujourd'hui ce lieu est habité par une petite population laborieuse, et le fort n'a plus qu'une faible garnison. En 1750, l'Espagne et le Portugal déterminèrent, par un traité célèbre, des limites de leurs possessions respectives dans l'Amérique méridionale. A cette occasion on plaça, en 1754, par 16° 24' de latitude Sud, au confluent du Rio Jaurú et du Rio Paraguay, une pierre de marbre, taillée à Lisbonne et portant les armes du Portugal et celles d'Espagne, et les inscriptions suivantes :

Sur le côté Est :

Sub Joanne quinto Lusitanorum rege fidelissimo.

Sur le côté Sud :

Sub Ferdinando sexto Hispaniarum rege catholico.

Sur le côté Nord :

Ex partis Frisium regendorum conventis Madriti. Idib. januarii MDCCL.

Sur le côté Ouest :

Justitia et pax osculatæ sunt.

On trouve dans la province de riches mines d'or et de nombreux gisements de pierres précieuses. Il y existe aussi du fer, du plomb, du salpêtre, de la pierre à chaux et du sel gemme. Le granit, le quartz, le feldspath, le mica, y sont abondants; on remarque également quelques formations volcaniques. En 1746, la province de Matto-Grosso ressentit quelques secousses du tremblement de terre qui désola le Chili.

Montagnes. — Le sol de la province de Matto-Grosso est très-montagneux. Les chaînes les plus remarquables sont : la Serra de Albuquerque, la Serra Dourados, la Serra Insua, la Serra Mangabeira, la Serra Parexis et la Serra Pedras-d'Amolar.

Serra de Albuquerque. — Cette chaîne de montagnes est à proprement parler une vaste agglomération de hauts rochers formant, par leur disposition générale, un immense carré dont le Rio Paraguay côtoie un des côtés.

Serra Dourados. — Les montagnes de cette chaîne sont situées au Sud de la Serra das Pedras-d'Amolar, sur les rives du Rio Paraguay. Au delà de cette Serra, on trouve les lacs Oberava, Gahiba et Mandioré.

SERRA INSUA. — Cette Serra se trouve par 17° 45′ de latitude Sud; elle s'étend de l'Est à l'Ouest sur une longueur d'environ soixante kilomètres, et, du Nord au Sud, sur vingt kilomètres.

SERRA MANGABEIRA. — Ces montagnes sont à l'Est de Diamantina, à soixante kilomètres du Rio Paraguay et dans une direction à peu près parallèle à ce cours d'eau.

SERRA PAREXIS. — La Serra Parexis ou Parecis est une des plus considérables de la province; elle est comprise entre 15° et 19° de latitude Sud. De nombreux cours d'eau y prennent naissance, et les montagnes qui la composent recèlent d'immenses richesses minérales.

SERRA DAS PEDRAS-D'AMOLAR. — Cette chaîne, aussi appelée Gahiba, est sur la rive droite du Rio Paraguay, entre 15° et 18° de latitude Sud.

On distingue encore parmi les montagnes : la Serra Agua-Branca, que traverse la vieille route de Cuyabá à Goyáz et à São-Paulo; la Serra Aguapehy, rameau de la Serra Parexis; la Serra Chainez, située près du Rio Paraguay, par 19° 18′ de latitude Sud; la Serra Escalvada, sur les rives du même cours d'eau, à six cents kilomètres au Nord de la Serra Fecho-dos-Morros; la Serra Fecho-dos-Morros, qui s'élève sur les rives du bas Paraguay, par 21° 20′ de latitude Sud; la Serra Guimarens; la Serra Itiqueira, dans le Sud de la province, sur la rive droite du Rio Paraná; la Serra Jaurú, dans laquelle on trouve des lacs d'eau salée; la Serra Maracajú, qui produit beaucoup de Mate ou Congonha; la

Serra Melgueira, située par 15° de latitude, qui renferme les sources du Rio Paraguay, appelées Sete-Lagos et composées de sept petits lacs ; le mont Miguel-José, remarquable par son élévation et qui gît par 21° 22′ de latitude Sud ; la Serra Ponta-dos-Limites ; la Serra Tapirapoan et la Serra Taquaral ou Tocoaral, à l'Ouest du Rio Araguay.

Dans la montagne sur laquelle est bâti le fort de Nova-Coïmbra, sur la rive droite du Rio Paraguay, on trouve diverses cavernes renfermant des stalactites fort curieuses ; on les nomme Grutas-do-Inferno.

Cours d'eau. — Les cours d'eau les plus importants de la province sont : le Rio Guaporé, le Rio Paraguay, le Rio Jaurú, le Rio Araguay, le Rio Topayos, le Rio Arinos, le Rio Coxim, le Rio Cuyabá, le Rio Juruêna, le Rio Porrudos, le Rio Madeira, le Rio Taquary, etc.

Rio Guaporé. — Ce cours d'eau naît dans la Serra dos Vertentes ou Aguapehy, entre les sources du Rio Juruêma et du Rio Jaurú, par 14° 42′ de latitude méridionale : il passe à Matto-Grosso, puis au fort do Principe-de-Beira. Outre les affluents principaux déjà mentionnés (pages 92 et suivantes), cette rivière reçoit : 1° le Rio Alegre, qui naît dans la Serra Aguapehy, par 15° 20′ de latitude, traverse les Campos Parexis et reçoit le Rio dos Barbados [1] ; 2° le Rio Barreiro ; 3° le Rio Bauré ou Baurús, dont la source est dans la province de Chiquitos (Pérou) par 17° de latitude environ ; 4° le Rio

---

[1] Le Rio dos Barbados naît des lacs Cervo et Rabeca ; il forme une cascade dans la Serra Jaurú, à vingt-cinq kilomètres au Nord du Rio Aguapehy, et entre dans le Rio Alegre, vingt kilomètres avant son embouchure dans le Rio Guaporé.

Cabixi, qui se forme dans la Serra Parexis et a son embouchure à douze kilomètres au-dessous du mont das Torres ; 5° le Rio Capivari, dont l'embouchure est à trente kilomètres au-dessus de Villa-Bella, par 15° 14' de latitude Sud ; 6° le Rio Itunáma ou Tunáma, qui reçoit le Rio Machupó et se verse dans le Rio Guaporé par 12° 20' ; 7° le Rio Paragáu, dont l'embouchure est par 15° 59' de latitude Sud, à trois cents kilomètres au-dessous de Villa-Bella ; 8° le Rio Pindahiba ; 9° le Rio São-Martinho ; 10° le Rio Saréré ou Sararé, qui naît dans les Campos Parexis et débouche dans le Rio Guaporé par 14° 51' de latitude ; 11° le Rio Soterio, dont l'embouchure se trouve par 12° 57' de latitude Sud ; 12° le Rio Ubahy, aussi appelé Rio Chiquitos ou Xiquitos, ou de Santa-Magdalena, qui se verse par 12° de latitude, à environ quatre cent cinquante kilomètres au Nord de Matto-Grosso.

Rio Paraguay. — (Voir page 105.)

Rio Jauru. — Cette rivière naît dans la Serra du même nom, à cinquante kilomètres à l'Est de la source du Rio Guaporé ; elle est affluente du Rio Paraguay et reçoit elle-même : 1° le Rio Aguapehy, qui se forme dans les montagnes de son nom, près de la naissance du Rio Alegre ; 2° le Rio Bahia, qui se forme dans le lac Bahia-Negra.

Rio Araguay. — (Voir page 100.)

Rio Topayos. — (Voir page 98.)

Rio Arinos. — Le Rio Arinos naît sur le versant Nord de la Serra dos Vertentes, vers les sources du Rio Paraguay, par 15° 50' de latitude. Outre les affluents déjà cités (page 98), il reçoit : le Rio do Chacuruhé, le Rio

27

Preto, le Rio Carujurá, le Rio Mambarçara, le Rio Apiacás, le Rio do Ouro et le Rio Azevedo. Ce dernier, dont le cours est à peu près inconnu, doit son nom à son premier explorateur, João da Cunha Azevedo. Le Rio Arinos est abondant en or; il se réunit au Rio Juruêna par 9° 30′ de latitude Sud.

Rio Coxim. — Cet affluent du Rio Taquary se forme près de la source du Rio Sanguexuga; il reçoit : 1° le Rio Camapuan, qui naît dans la Serra do Sacco et se grossit du Rio Camapuan-Mirim; 2° le Rio Barreiro, dont l'embouchure est à cinquante kilomètres de celle du Rio Camapuan; 3° le Rio Inferno; 4° le Rio Sellado; 5° le Rio Jaurú, sur les rives duquel il y a des mines d'or; 6° le Rio Paredão, dans lequel on trouve beaucoup d'or; 7° le Rio Furado; 8° le Rio Orelha-d'Anta; 9° le Rio Bicudo; 10° le Rio Taquari-Mirim. Le Rio Coxim, dont l'embouchure est par 18° 24′ de latitude Sud, fait un grand nombre de cascades dont les plus remarquables portent les noms suivants : Mangabal, Pedra-Branca, Pera-Alta, Varé, Culapáda, Tres-Pedras, Quebra-Proa, Furnas, Tres-Irmãos, Alvaro, Rebolo, Anhumas, Bicudo, Vamicanga, Pedra-Redonda, Andre-Alves, Jaurú, Anhavandava-Assú, Anhavandava-Mirim, Chorodeira, Jiquitaia et Ilha.

Rio Cuyabá. — Cette rivière naît dans les environs de Diamantina, à l'Est et par la même latitude que le Rio Paraguay; elle a pour affluents : 1° le Rio Cuyaba-Mirim; 2° le Rio Casca, dont la source est dans la Serra Parexis; 3° le Rio Tutèz; 4° le Rio Cuxipó, qui naît dans la Serra Chapada; 5° le Rio Guaxú; 6° le Rio Caranda; 7° le Rio Pari, à douze kilomètres de la ville de Cuyabá.

Le Rio Cuyabá se jette dans le Rio Porrudos ou de São-Lourenço.

Rio Juruêna. — Outre les affluents nommés page 98, ce cours d'eau reçoit : le Rio Juina, dont la source est dans les Campos Parexis, à douze kilomètres de celle du Rio Galera ; le Rio Sucuriú et le Rio Taburuhina.

Rio Porrudos. — Le Rio Porrudos ou de São-Lourenço a sa source dans la Serra Chapada, par 15° de latitude, et se réunit par 17° 20′ de latitude au Rio Paraguay. Il reçoit : le Rio Claro, le Rio Cuyabá, le Rio Hypiaughuhy, le Rio Jatubá, le Rio Paranahyba, qui a pour affluent le Rio Sucuri et dont la source est inconnue, et le Rio Peixe-do-Couro.

Rio Madeira. — (Voir pages 91 et suivantes.)

Rio Taquary. — Cette rivière, aussi nommée Tacoari et Tacuary, naît dans la Cayaponia et se verse dans le Rio Paraguay. Ses affluents les plus importants sont : le Rio Coxim et le Rio Jaury-Guassú.

On distingue encore : le Rio Miamaia ou Amambahi, dont le cours est presque inconnu et qui se verse dans le Rio Paraná ; le Rio Anhanduhi-Assú, qui naît vers les sources du Rio Mondego, traverse des forêts vierges pendant plus de trois cents kilomètres et s'unit au Rio Pardo par la rive droite ; le Rio Bento-Gomez, qui arrose les environs de Paconé et s'écoule dans un lac dont les eaux se versent dans le Rio Paraguay ; le Rio Bois, affluent du Rio Xingú, dont la source est inconnue et qui a ses rives peuplées d'indigènes encore sauvages ; le Rio Cabaçal, le long duquel sont les sauvages Bórórós, et qui verse ses ondes aurifères dans le Rio Paraguay ; le Rio Cambanapu, célèbre par la production du maté et qui s'unit au Rio Paraguay par 25° 36′ de latitude Sud, sur la rive gauche; le Rio Anhanduhi-Mirim, affluent du Rio Pardo, à quatre-vingt-dix kilomètres au-dessous de l'embouchure du Rio Sucuriú; le Rio Apá, qui grossit le Rio Paraguay au-dessous du confluent du Rio Correntes; le Rio Barbados, qui naît dans la Serra Tapirapuan et entre aussi dans le Rio Paraguay entre le Rio Negro et le Rio Sipotúba; le Rio Correntes, qui limite la province de Matto-Grosso et la République du Paraguay et s'unit au Rio Paraguay à quatre-vingt-cinq kilomètres au dessous de la Serra-Fecho-dos-Morros; le Rio Diamantino, dans lequel on trouve de l'or et des diamants, qui reçoit le Rio Vermelho et le Rio Ouro et verse aussi ses eaux dans le Rio Paraguay; le Rio Embotetihú ou Mondego ou Araniani, qui reçoit le Rio Verde et le Rio Zezere et entre dans le Rio Paraguay; le Rio Igatimi, qui vient des monts Amambuhy et Maracajú, a pour affluents le Rio Bogas et le Rio Escopil et se verse dans le Rio Paraná; le Rio Vermelho, qui s'unit au Rio Sanguexuga, pour former le Rio Pardo; le Rio Paraguay-Mirim, affluent du Rio Paraguay, au Sud du fort Nova-Coïmbra et de la Serra Rabicho; le Rio Jurubaúba et le Rio Juva, tous les deux aurifères et affluents du Rio Sipotúba; le Rio Piquiri ou Pequiri, dont la source est dans la Serra Itiqueira, qui reçoit le Rio Piaughuhy et le Rio Itiqueira et se verse dans le Rio Paraná; le Rio Preto, formé par le Rio Santa-Anna et le Rio São-Francisco, et dont l'embouchure dans le Rio Paraguay est par 13° 25′ de latitude Sud; le Rio Raizama, qui se joint au Rio Taquaral ou Tocoaral et forme le Rio do Peixe, cours d'eau très-poissonneux; enfin, le

Rio Sipotúba ou Sepetiva, sur les rives duquel on trouve
de l'or et dont la source est dans les campos Parexis et
l'embouchure dans le Rio Paraguay, par 15° 50′ de latitude Sud.

Les lacs principaux de la province de Matto-Grosso,
sont : 1° le lac Bahia-Negra sur la rive droite du Rio
Paraguay, qui limite la province de Matto-Grosso et le
Pérou, et tire son nom de la couleur obscure de ses
eaux ; 2° le lac Cerro ; 3° le lac Guahiba ou Gahiba, situé entre le lac Oberava au Nord et le lac Mandioré au
Sud ; 4° le lac Grande, qu'on trouve près de Matto-
Grosso et dont les eaux se versent par deux branches
dans le Rio das Mortes ; 5° le lac Oberava où Uberava,
qui gît près de la Serra Insua, a vingt kilomètres environ de circonférence et divise ses eaux entre le Rio
Paraguay et le lac Gahiba ; 6° le lac Xarayes, qui
n'existe en réalité que pendant trois mois de l'année et
occupe alors une superficie de quatre cents kilomètres
carrés (Voir page 105, à la note) ; 7° le lac Mandioré,
sur la rive droite du Rio Paraguay, dans lequel il se
verse presque en face de l'embouchure du Rio Porrudos ; ce lac a environ trente kilomètres de longueur et
se trouve au Sud des lacs de Guahiba et Oberava ; 8° les
Sete-Lagos dans la Serra Melgueira par 15° de latitude ;
9° le lac Tucunaré près du Rio Madeira ; 10° le lac
Punca, affluent du même Rio Madeira, par 7° 54′ de latitude Sud ; 11° le lac São-Simão, sur la rive gauche du
Rio Guaporé ; enfin, le lac Xacuruina, dont les eaux
sont salées.

On trouve encore dans la province un grand nombre
de salines naturelles dont les principales sont : Salinas,

près de Casal-Vasco, par 15° de latitude : elles s'étendent sur une longueur de près de quarante kilomètres; Salinas d'Almeida, à quarante kilomètres au Sud-Ouest du Rio Jaurú, par 16° 20′ de latitude méridionale.

Agriculture. — Les principaux produits agricoles de la province sont : le café, le sucre, le coton, le riz, le tabac, le manioc, les haricots, les bananes, les oranges, les ananas, etc. Les produits naturels sont : le quinquina, la vanille, la salsepareille, le cacao, l'indigo, etc.

Villes. — Les villes les plus remarquables de la province de Matto-Grosso sont : Cuyabá, *capitale*, Diamantina, Paconé, Villa-Bella et Villa-Maria.

Cuyaba. — La ville de Cuyabá ou Villa-Real-do-Senhor-Bom-Jesus-de-Cuyabá, située à six cents kilomètres environ à l'Est-Sud-Est de Villa-Bella et à deux cent quarante au Sud-Sud-Est de Diamantina, par 15° 36′ 5″ de latitude Sud et 58° 22′ de longitude Ouest, est le siége d'un évêché et possède environ dix mille habitants. Cette ville, fondée en 1726, a le titre de *cidade ;* elle possède plusieurs hôpitaux et des églises dont les principales sont : Bom-Jesus, Senhor-dos-Passos et Nossa-Senhora-do-Rosario.

Diamantina. — La ville de Diamantina, ou Nossa-Senhora-da Conçeicão-do-Alto-Paraguay-Diamantino s'élève au confluent du Rio do Ouro et du Rio Diamantino par 13° 25′ de latitude Sud et 59° 28′ de longitude Ouest, à deux cent quarante kilomètres au Nord-Nord-Ouest, à Cuyabá. Les diamants et l'or sont les objets principaux du commerce de Diamantina. Ses églises remarquables sont : Nossa-Senhora-do-Carmo ou da-Conceição et Nossa-Senhora-do-Rosario.

Paconé. — La ville de Paconé ou Poconé ou Ipoconé, bâtie par 16° 16' de latitude méridionale et 59° 28' de longitude occidentale, fut fondée en 1780. On en exporte des bestiaux et de l'eau-de-vie. Elle a une église nommée São-Pedro ou Nossa-Senhora-do-Rosario.

Villa-Bella. — La ville de Villa-Bella ou Matto-Grosso, autrefois Pouzo-Alegre, fut fondée en 1752, sur une éminence de la rive droite du Rio Guaporé, au dessous du confluent du Rio Alegre, par 15° 0' 22" de latitude Sud et 62° 22' 45" de longitude Ouest, à six cents kilomètres à l'Ouest-Nord-Ouest de Cuyabá; elle a le titre de *cidade*. La population de cette ville est d'environ dix mille habitants. Son commerce consiste principalement en bestiaux et chevaux. On y remarque les églises Santissima-Trindade, Santo-Antonio et Nossa-Senhora-do-Carmo.

Villa-Maria. — La ville appelée Villa-Maria fut fondée en 1778, près du morne das Pitas et du Rio Paraguay, sur la rive gauche, entre Cuyabá et Villa-Bella, à cinquante kilomètres au-dessus du confluent du Rio Jaurú dans le Rio Paraguay et à cent quatre-vingt-dix kilomètres au Nord-Ouest de Cuyabá. On y trouve du maïs, du riz, des haricots, du manioc, du sucre et des bestiaux. La principale église de cette ville a pour patron São-Luiz.

Armée. — L'armée brésilienne est représentée dans la province de Matto-Grosso par : un commandant des armes de la province; un lieutenant-colonel d'état-major, chef de la commission des ingénieurs; un capitaine d'état-major, directeur de l'arsenal de guerre; un ba taillon d'artillerie à pied, un corps de cavalerie et un bataillon de chasseurs.

Le fort do Principe-de-Beira est sur la rive droite du Rio Guaporé, à six kilomètres au-dessous du confluent du Rio Itunáma.

PROVINCE DE MINAS-GERAES. — La province de Minas-Geraes tire son nom de la quantité de mines qu'elle contient. C'est dans cette province que se trouve le célèbre district diamantin.

Elle est située entre 15° et 25°27' de latitude Sud. Elle a mille kilomètres environ du Nord au Sud et sept cents de l'Est à l'Ouest. Sa superficie, — six cent cinquante-cinq mille kilomètres carrés, — est supérieure à celle de la France et presque égale à celle de l'Autriche. Ses limites sont : au Nord, les provinces de Bahia et de Pernambuco ; à l'Ouest, celles de Goyár et de São-Paulo ; au Sud, celle de Rio-de-Janeiro, et à l'Est, celles d'Espirito-Santo et de Bahia.

Le sol de la province est très-boisé et montagneux. On y trouve de nombreuses mines d'or, d'argent, de cuivre, d'étain, de plomb, de mercure, de diamants, de fer, de platine, de bismuth, d'antimoine, de soufre, de houille, etc. Les pierres calcaires, le granit, le jaspe y sont communs.

Les productions naturelles les plus importantes sont : l'ipécacuanha, la vanille, le jalap, l'indigo, le copahu, la résine copal, le benjoin, les bois de construction et d'ébénisterie.

Depuis le 18 août 1860, cette province comprend sept districts électoraux qui sont : Ouro-Preto, Sabará, Barbacena, São-João-d'El-Rei, Campanha, Serro et Montes-Claros.

Montagnes. — Les chaînes de montagnes les plus importantes de la province portent les noms de : Serra Ajuruóca, Serra das Almas, Serra Ararás, Serra da Assumpção, Serra de Canastra, Serra Caraça, Serra Gurutuba, Serra da Mantiqueira, Serra da Marcella et Serra Negra.

SERRA AJURUÓCA. — Cette chaîne, sorte de rameau de la Serra da Mantiqueira, est remarquable par la majestueuse cascade appelée Cachoeira-dos-Banhos, et par le nombre infini de perroquets dont elle est peuplée.

SERRA - DAS - ALMAS. — (Voir province de Bahia, page 352.)

SERRA ARARÁS. — Ces montagnes occupent une vaste étendue ; elles donnent naissance à une multitude de rivières dont la plupart se versent dans le Rio de São-Francisco.

SERRA DA ASSUMPÇÃO. — Les montagnes de cette chaîne se trouvent près de Jacuhy ; elles sont riches en or et on y élève beaucoup de bestiaux.

SERRA DE CANASTRA. — Cette chaîne est fort étendue. Le Rio de São-Francisco y prend se source. (Voir page 111.)

SERRA CARAÇA. — La Serra Caraça est au Nord de Marianna; elle renferme des sources d'eaux ferrugineuses.

SERRA GURUTUBA. — Les montagnes de cette Serra occupent une longueur de plus de deux cents kilomètres du Sud au Nord, depuis le Rio de São Francisco et la Serra do Grão-Magór, jusqu'au confluent du Rio Verde avec le Rio Gurutuba.

SERRA DA MANTIQUEIRA. — Cette chaîne de montagnes offre les pics les plus élevés de la province; elle se développe de l'Est au Sud-Ouest et donne naissance à une infinité de rivières. (Voir page 110.)

SERRA DA MARCELLA. — Cette Serra est sise entre la Serra da Parida au Sud-Sud-Ouest et la Serra da l'indahiba au Nord.

SERRA NEGRA. — La Serra Negra, aussi appelée das Esmeraldas, se trouve entre les sources du Rio Araçuahi et la rive droite du Rio Jiquitinhonha. Elle récèle des mines de fer et de cristal. En 1674 et en 1676, Fernando Dias Paes y trouva des émeraudes.

On peut citer encore parmi les montagnes de la province de Minas-Geraes, celles dont les noms suivent : 1° Serra Bracarena ; 2° Serra Branca, qui va du Sud au Nord et dans laquelle on trouve des diamants ; 5° Serra Cachambú, sur la-rive droite du Rio-Grande, près du Rio Jacaré ; 4° Serra Candonga ; 5° Serra Capanêma ; 6° Serra Cristaes, près de la province de Goyáz ; 7° Serra Curmatahi ; 8° Serra Deos-te-Livre, située entre Ouro-Preto et Queluz ; 9° Serra-do-Espirito-Santo ; 10° Serra Frio ; 11° Serra Ibituruna, à l'Ouest de São-João-d'El-Rei ; 12° Serra Itaberava ; 15° mont Itabira (voir page 110) ; 14° mont Itabirassú, dont la forme est pyramidale ; 15° Serra de Itambé (voir page 110) ; 16° Serra Lenheiro, près de São-João-d'El-Rei ; 17° Serro Lopo ; 18° Serra Mata-da-Corda, qui contient des mines d'étain et d'argent ; 19° Serra Mandanha, sise dans le district diamantin ; 20° Serra-Miguel-Dias, près de Barbacena ; 21° Serra Mogi ou Mugi entre le Rio Pardo, affluent du Rio Grande et le Rio Mogi-Guassú ; 22° Morne d'Andaia, près de Serro ; 25° Morne Pelado, entre les sources du Rio Guanhães et du Rio Sassuhi-Grande ; 24° Serra do

Ouro-Branco, dans laquelle on trouve du platine;
25° Serra do Ouro-Preto, près de la ville du même nom;
26° Serra Parida ; 27° Serra da Piedade (voir page110);
28° Serra Ponta-do-Morro, montagnes très-riches en or;
29° Serra Quatis; 30° Serra Quatro-Oitavas, qui recèle
des mines d'or; 31° Serra das Saphiras, entre la Serra
das Esmeraldas et le Rio Doce; 32° Serra Santo-Antonio,
célèbre par ses diamants; 33° Serra São-Bruno;
34° Serra São-Simão.

Cours d'eau. — Les plus importants cours d'eau dont
la province de Minas Geraes est arrosée sont : le Rio-São-
Francisco, le Rio Paraná, le Rio Jiquitinhonha, le Rio
Doce et le Rio Grande.

Rio São-Francisco-do-Norte. — (Voir page 102.)

Rio Parana. — (Voir page 104.)

Rio Jiquitinhonha. — (Voir page 105.)

Rio Doce. — (Voir page 105.)

Rio Grande. — Le Rio Grande naît dans la Serra da
Mantiqueira, près de Picão, entre les sources du Rio
Preto et du Rio Verde, se dirige au Nord pendant plus
de deux cents kilomètres, reçoit le Rio das Mortes, le
Rio Sapucahy, le Rio de São-Pedro et le Rio Pardo,
puis se joint au Rio Paranahyba-do-Sul pour former le
Rio Paraná.

On distingue encore : 1° le Rio Abaïté, dont la source
est dans la Serra Mata-da-Corda et qui reçoit le Rio
Chumbo, avant de se verser dans le Rio São-Francisco-
do-Norte par la rive gauche, à soixante-dix kilomètres
au-dessous du Rio do Andaya[1] ; 2° une autre rivière du

---

[1] C'est sur les rives du Rio Abaïté que fut trouvé le diamant de la couronne portugaise, appelé *O Regente*.

nom de Abaïté, qui descend des montagnes peu connues qu'on trouve à cent vingt kilomètres du village
d'Abaïté, dans la direction de l'Est à l'Ouest ; ce cours
d'eau entre dans le Rio São-Francisco par la rive gauche,
trente kilomètres au-dessous du Río Borrachudo ; 3° le
Rio Agua-Suja, affluent du Rio Araçuahy, a plus de
cinquante kilomètres au Nord-Est de Minas-Novas ; 4° le
Rio das Almas dont la source est près de la rive gauche
du Rio Abaïté et qui reçoit dans son cours du Sud-
Ouest au Nord-Ouest, le Rio Santo-Antonio, avant de se
joindre au Rio Somo ; 5° le Rio Alvaranga, dans lequel
on trouve de l'or, et qui a pour affluents le Rio de
Santo-Antonio et le Rio de São-José après lesquels il se
jette dans le Rio Manhuassú ; 6° le Rio Andayá, dont
les sources se trouvent dans les montagnes de la Serra
Bambuhy et de la Serra Saudade : son cours est très-
rapide pendant plus de deux cents kilomètres du Sud
au Nord, il reçoit le Rio Funchal et entre dans le Rio
São-Francisco ; 7° le Rio Anhonhecanhuva ou Sumidouro, dont le cours est souterrain et aux environs
duquel sont de riches mines de platine et d'or ; 8° le
Rio Araçuahy ou Arassuahy, principal affluent du Rio
Jiquitinhonha : les eaux de cette rivière contiennent
beaucoup de pierres précieuses et se grossissent du Rio
Preto, du Rio Santo-Antonio, du Rio Itamarandiba [1], du
Rio Fanado, du Rio Bom-Successo et du Rio Agua-Suja
déjà cité ; 9° le Rio Bambuhy, qui naît dans la Serra
Alegre ou da Marcella et entre dans le Rio São-Francisco ; 10° le Río Baojuba-Grande, affluent du Rio Chó-

---

[1] Ce cours d'eau est très-poissonneux et a sa source dans la Serra das
Esmeraldas.

pótó; 11° le Rio Barros, dont les affluents sont le Rio Juiz-
de-Fóra, à gauche, et le Rio Novo, à droite, et qui se
verse dans le Rio Preto ; 12° le Rio Bombassa, affluent
de la rive gauche du Rio Doce, à soixante kilomètres au-
dessous du confluent du Rio Guallacho ; 13° le Rio Borrachudo, affluent de la rive gauche du Rio São-Francisco ; 14° le Rio Carmo, qui grossit le Rio Guallacho
par la rive droite ; 15° le Rio Catinga, qui naît à l'Est
du Rio da Prata et se verse dans le Rio Paracatú ; 16° le
Rio Chópótó ou Xipótó, qui vient de l'Est de Barbacena,
est semé de récifs, forme beaucoup de cascades dont les
principales sont : Piraporá, Jumirim, Antas, Oculos,
Jacutinga, Ponte-Queimado et Inferno, reçoit le Rio
das Pirangas et le Rio Turvo et se jette dans le Rio Doce;
17° le Rio Correntes, autre affluent du Rio Doce ; 18° le
Cuyaté, aussi affluent du Rio Doce ; 19° le Rio Curma-
tahy, affluent du Rio Guaicuhy ou das Velhas ; 20° le
Rio Egoas, qui naît dans la Serra Olho-d'Agua, au Nord
de Paracatú et entre dans le Peio Paracatú, à soixante-
dix kilomètres au-dessous de Porto-da-Bezerra ; 21° le
Rio Escuro, dont la source est dans la Serra Pindahiba
et qui s'unit au Rio da Prata, qui vient de la Serra
Alegre et dans lequel on trouve des diamants; 22° le
Rio Furnas, affluent du Rio das Velhas, et remarquable
par sa chute de quarante-cinq mètres de hauteur;
23° le Rio Guallacho-do-Sul, dont on rencontre la source
dans la Serra do Ouro-Preto et qui a pour affluents le
Rio do Carmo, le Rio Guallacho-do-Norte et le Rio do
Peixe, puis se verse dans le Rio Chópótó; 24° le Rio
Guanháens ou Guanhães, qui se forme vers Serro et se
joint au Rio do Peixe, affluent du Rio de Santo-Antonio;

25° le Rio Gurutuba, affluent du Rio Verde ; 26° le Rio
Hottinga ou Ottinga, qui entre dans le Rio Jiquitinhonha par la rive gauche; 27° le Rio Itucambira, dont
les eaux roulent de l'or ; 28° le Rio Jequetahy, affluent
du Rio de São-Francisco, qui reçoit le Rio Mandassaya,
le Rio Trahiras et le Rio São-Lamberto ; 29° le Rio Ma-
caúba, qui roule ses eaux sur de l'or, des diamants, des
pierres fines et se verse dans le Rio Jiquitinhonha;
30° le Rio Marmellada, qui vient de la Serra Quatis et
entre par la rive gauche dans le Rio São-Francisco;
31° le Rio Manoel-Vaz, qui se grossit du Rio Itambé et
unit ses eaux au Rio de Santo-Antonio; 32° le Rio Ma-
noel-Vieira, affluent du Rio Chópótó ; 33° le Rio Manso,
célèbre par ses diamants et qui se jette dans le Rio Jiquitinhonha, par la rive droite; 34° le Rio Maquipóo,
qui se forme dans les impénétrables forêts de la rive
droite du Rio Doce, et se perd entre le Rio Costa et le
Rio Sacramento ; 35° le Rio das Mortes, qui naît à l'Est
de Barbacena, reçoit le Rio das Mortes-Pequeno, et après
un cours de près de deux cents kilomètres entre dans
le Rio Grande ; 36° le Rio Mozambo, affluent du Rio Sapucahy et sur les rives duquel il y a des sources d'eaux
sulfureuses ; 37° le Rio Mucury, formé par le Rio Preto-
Grande, le Rio Preto-Pequeno et le Rio Mimanachi : ce
fleuve coule entre la Serra das Esmeraldas et les monts
de la limite de la province de Bahia, il a son embouchure cinquante kilomètres au Nord de celle du Rio de
São-Matheus par 18°6′ de latitude Sud et 42°50′ de longitude Ouest; 38° le Rio Pacuhy, affluent du Rio São-
Francisco; 39° le Rio Pacuhy, qui reçoit le Rio Cachoe-
rinha et se verse dans le Rio Verde; 40° le Rio Pandeiro,

qui se jette dans le Rio São-Francisco, par la rive
gauche ; 41° le Rio Pará, autre affluent du Rio São-
Francisco entre le Rio Lambari et le Rio Paraupéba ;
42° le Rio Paracatú, que forment le Rio Escuro et le
Rio da Prata par leur jonction, et qui, après avoir reçu
le Rio Corrego-Rico, le Rio das Egoas, le Rio Preto, le
Rio do Somno et le Rio Catinga, se réunit au Rio São-
Francisco par 45°55′ de latitude ; 43° le Rio Paraúna,
qui naît dans la Serra Diamantina, traverse la Serra
Itucambira et se verse dans le Rio Velhas, à Tres-Barras ;
44° le Rio Paraupéba, affluent du Rio São-Francisco,
soixante kilomètres au-dessous de l'embouchure du
Rio Pará ; 45° le Rio Pardo, formé dans la Serra Ararás
et qui entre dans le Rio São-Francisco, par la rive
gauche ; 46° le Rio Pardo, affluent du Rio Grande ;
47° le Rio Pardo, qui naît dans la Serra das Almas, reçoit
le Rio Preto, traverse la Serra dos Aymorés, se divise
en deux branches dont l'une forme le Rio da Cachoeira
et l'autre le Rio Patipe ; 48° le Rio das Pedras, qui vient
de la Serra do Grão-Mogór et est affluent du Rio Itucambira ; 49° le Rio do Peixe, affluent du Rio Doce ;
50° le Rio Piauhy, dont la source est dans la Serra das
Esmeraldas et qui se verse dans le Rio Jiquitinhonha ;
51° le Rio Piracicába ou Percicába, tributaire du Rio
Doce, qui a pour affluents le Rio Casa-Alta, le Rio In-
ficionado, le Rio de Santa-Barbara et le Rio da Prata ;
52° le Rio da Pomba, tributaire du Rio Parahyba-do-
Sul ; 53° le Rio Sabará-Bussú, qui se verse dans le Rio
das Velhas ; 54° le Rio Sassuhy, formé par le Rio Vermelho et le Rio Cocaes, et affluent du Rio Doce ; 55° le
Rio de Santo-Antonio, qui, après avoir recueilli le Rio

do Peixe et le Rio Itambé, se verse dans le Rio Doce; 56° le Rio Santo-Estevao, dans lequel on trouve de la poudre d'or, ainsi que dans son affluent le Rio de Santa-Anna, et qui s'unit au Rio Cuiaté; 57° le Rio Sapucahy, dont les sources sont dans la Serra da Mantiqueira et qui a pour affluents le Rio Dourado, le Rio Servo, le Rio Santa-Barbara, le Rio Verde, le Rio do Peixe : il se verse ensuite dans le Rio Grande; 58° le Rio Todos-os-Santos, qui naît dans la Serra das Saphiras et se joint au Rio Mucury; 59° le Rio Uberava-Falso, tributaire du Rio Grande, par la rive droite; 60° le Rio Vacaria, affluent du Rio Jiquitinhonha, dans lequel on trouve des diamants et qui est très-poissonneux; 61° enfin le Rio das Velhas ou Guaicuhy, dont les sources sont dans la Serra Pindahiba et dans la Serra da Marcella, qui reçoit le Rio Furnas, le Rio Uberava-Verdadeiro, le Rio Inferno et le Rio Quebra-Anzões, et après un cours de près de quatre cents kilomètres entre dans le Rio Panahyba-do-Sul.

Les lacs principaux de la province de Minas-Geraes sont : 1° le lac Ajurúoca ou Ayuruóca, dans la Serra da Mantiqueira, découvert en 1759 par Simão da Cunha; 2° le lac Feia, sur la rive gauche du Rio São-Francisco, à vingt kilomètres au-dessus de l'embouchure du Rio Bambuhy : ce lac est peuplé de caïmans; 5° le lac Santa, situé à vingt-quatre kilomètres au Nord-Est de Sabará : ses eaux, très-limpides, ne dissolvent pas le savon; 4° le lac Verde, entre le lac Feia et le Rio Bambuhy : il a dix kilomètres de long sur quatre de large, on y trouve beaucoup de caïmans et de très-gros serpents.

Colonisation. — La province de Minas-Geraes compte
deux colonies : Mucury et Dom-Pedro II.

Mucury. — La colonie de Mucury a été établie par la
compagnie de navigation et de commerce du même
nom. Elle fut fondée en 1856 avec un premier noyau
de population composé de Suisses et d'Allemands. Cette
colonie, dont les commencements malheureux ont
donné lieu à un échange de notes entre les États originaires des colons et le Brésil, se relève aujourd'hui
des difficultés de son premier établissement. Une épidémie affligeante, une sécheresse exceptionnelle et
enfin quelques erreurs, peut-être quelques négligences
dans la distribution des subsistances, avaient, dans les
premiers temps, fait naître de vives et sérieuses réclamations. Les franches explications du gouvernement
brésilien ont apaisé toutes les irritations auxquelles ces
faits regrettables avaient donné lieu. Tout fait penser
aujourd'hui que l'activité des colons, les bons offices
de la Société, aideront la population à sortir de l'état
de gène où elle se trouve encore.

Dom-Pedro II. — La colonie de Dom-Pedro II fut établie en 1858 par la Compagnie *União e Industria*. Elle
contient déjà onze cents colons. Les terres de la colonie
sont situées à deux kilomètres de la ville de Parahybuna, par où ses produits trouveront un facile dé-
bouché. La salubrité de la colonie est parfaite et n'a
été altérée qu'une fois à la suite de l'arrivée d'un
navire de Tyroliens, à bord duquel le typhus s'était
déclaré. Ce mal, qui fit quelques ravages dans la colonie, a aujourd'hui complétement disparu, grâce
aux soins des médecins de la Compagnie et à l'éta-

28

blissement d'un hôpital placé dans de bonnes conditions.

Agriculture. — Les produits les plus considérables de la culture de la province sont : le manioc, le maïs, le riz, les haricots, le coton, les ignames, le café, le tabac, le sucre. On y élève beaucoup de bestiaux.

Routes. — Les principales routes sont celles de Ouro-Preto à Rio-de-Janeiro, de Ouro-Preto à Marianna et à Diamantina, de Serro à Diamantina et au Rio Jiquitinhonha, de Passa-Vinte, de São-Paulo à Ouro-Preto, etc.

Villes. — Les villes les plus importantes de la province sont : Ouro-Preto, *capitale*, Alagôa-Dourada, Araxás, Arripiados, Ajuruóca, Baependy, Barbacena, Barra-do-Bacalhão, Barra-Longa, Bocaina, Cabo-Verde, Caethé, Caldas, Campanha, Cocaes, Conceição-da-Barra, Conceição-do-Serro, Congonhas-do-Campo, Congonhas-do-Sabará, Curvello, Desemboque, Diamantina, Formiga, Grão-Mogór, Itabira, Itabira-de-Matto-Dentro, Itajúba, Jacuhy, Jaguary, Januaria, Japuré, Juiz-de-Fóra, Lavras-do-Funil, Marianna, Minas-Novas, Montes-Claros-de-Formigas, Oliveira, Paracatú-do-Principe, Patrocinio, Piranga, Pitangui, Piumhy, Pomba, Pouso-Alegre, Presidio, Queluz, Sabará, Salgado, Santa-Anna-dos-Fornos, Santa-Barbara, São-João-d'El-Rei, São-João-Nepomuceno, São-José-d'El-Rei, São-Romão, Supucahi, Serro, Tamanduá, Tres-Pontas, Ubá et Uberaba.

OURO-PRETO. — La ville de Ouro-Preto ou Villa-Rica a environ douze mille habitants. Elle est bâtie sur le flanc d'une haute montagne de la Serra Ouro-Preto, à plus de quatre cents kilomètres au Nord-Nord-Ouest de Rio-de-Janeiro, à douze kilomètres au Sud-Ouest de

Marianna, par 20° 15′ de latitude Sud et 47° 52′ de longitude Ouest, à mille deux cent cinquante mètres au-dessus du niveau de la mer. Le commerce y est actif et florissant, moins pourtant qu'autrefois. Cette ville, fondée en 1690, reçut en 1711 le titre de *villa*, et possède aujourd'hui celui de *cidade*. Elle a une école secondaire, une école de pharmacie et d'anatomie, une école normale agricole. La bibliothèque publique a une certaine importance, et le jardin botanique est assez remarquable. On trouve encore dans la ville un théâtre, quatre ponts et quinze églises, dont les plus remarquables sont : Nossa-Senhora-do-Pilar et Nossa-Senhora-da-Conceição.

ALAGÔA-DOURADA. — La petite ville d'Alagôa-Dourada est peu importante et située à vingt kilomètres environ au Nord-Ouest de São-José.

ARAXÁS. — La ville d'Araxás a près de quatre mille habitants, elle est à plus de six cents kilomètres à l'Est-Sud-Est de Goyáz, à plus de neuf cents à l'Ouest-Nord-Ouest de Ouro-Preto. Son marché est abondamment fourni de bestiaux, de coton, de fromages. Ses églises principales sont : São-Domingos, Nossa-Senhora-das-Dores, São-Sebastião, Santo-Antonio-de-Lisboa et São-Pedro-d'Alcantara.

ARRIPIADOS. — La ville d'Arripiados ou Arrepiados fut fondée en 1781; on y remarque l'église São-João-Baptista.

AJURUÓCA. — La ville d'Ajuruóca ou Ayuruóca possède une église dédiée à Nossa-Senhora-da-Conceição.

BAEPENDY. — La ville de Baependy ou Baependi, ou Santa-Maria-de-Baependy, est sur la rivière du même nom, à trois cents kilomètres au Sud-Ouest de Ouro-Preto et à deux cent cinquante au Nord-Ouest de Rio-de-Janeiro, par 22° 4′ de latitude Sud. Cette localité fut déclarée *villa* en 1814. On en exporte du tabac très-renommé, des haricots, du maïs et du café. Sa principale église est Nossa-Senhora-da-Conceição.

Barbacena. — La ville de Barbacena a le titre de *cidade*. Elle est située à près de cent cinquante kilomètres au Sud d'Ouro-Preto et à trois cent cinquante au Nord-Nord-Est de Rio-de-Janeiro, par 21° 21′ de latitude Sud. On y compte environ six mille habitants. L'or, le café et le coton sont les principaux articles de son commerce. Cette ville possède quatre ou cinq églises dignes d'attention.

Barra-do-Bacalhão. — La ville de Barra-do-Bacalhão est très-petite; on n'y trouve de remarquable que son église paroissiale.

Barra-Longa. — La ville de Barra-Longa ou São-José est sur la rive droite du Rio Guallacho, au confluent du Rio do Carmo. L'église São-José et un pont sur le Rio Guallacho sont les édifices les plus importants de cette localité.

Bocaina. — La petite ville de Bocaina est dans la chaîne de montagnes de son nom, à peu de distance du préside de Rio-Preto.

Cabo-Verde. — La ville de Cabo-Verde est bâtie entre la Serra da Assumpção et le Rio Pardo, affluent du Rio Grande, à cent kilomètres au Sud-Est de Jacuhy. On y trouve des bestiaux et des cuirs. Sa principale église est sous l'invocation de Nossa-Senhora-da-Assumpção.

Caethé. — La ville de Caethé ou Villa-Nova-da-Rainha

est à cent kilomètres au Nord-Est de Marianna et à quinze kilomètres au Sud-Est de Sabará, par 19° 54′ de latitude Sud. Cette ville, fondée en 1714, a pour églises principales : Nossa-Senhora-do-Bom-Successo, Nossa-Senhora-do-Rosario et São-Francisco.

CALDAS. — La ville de Caldas a près de quatre mille habitants. On y trouve des sources d'eaux thermales, desquelles elle tire son nom. Son église la plus remarquable est São-Francisco-de-Paulo. L'exploitation des mines et l'élève des bestiaux sont les principales sources de la richesse de cette localité.

CAMPANHA. — La ville de Campanha ou Villa-da-Campanha-da-Princeza-de-Beira est à plus de trois cents kilomètres au Sud-Ouest de Ouro-Preto, à quatre cent vingt au Nord-Ouest de Rio-de-Janeiro, par 21° 51′ de latitude Sud ; elle a le titre de *cidade*. On y trouve un hôpital, un théâtre et diverses églises, dont les principales sont : Santo-Antonio-do-Valle, Nossa-Senhora-das-Dores, Nossa-Senhora-do-Rosario, São-Sebastião et São-Francisco-d'Assis. Aux environs, il y a des sources d'eaux thermales.

COCAES. — La ville de Cocaes est située à cent cinquante kilomètres au Nord de Marianna et à quinze kilomètres à l'Est de Morro-Grande. Son église est dédiée à Santa-Anna.

CONCEIÇÃO-DA-BARRA. — La petite ville de Conceição-da-Barra possède une école primaire et une église sous l'invocation de Nossa-Senhora-da-Conceição.

CONCEIÇÃO-DO-SERRO. — La ville de Conceição-do-Serro ou Conceição-de-Mata-Dentro a peu d'importance. On y remarque l'église Nossa-Senhora-da-Conceição.

CONGONHAS-DO-CAMPO. — La ville de Congonhas-do-Campo se trouve à vingt-cinq kilomètres à l'Ouest de Queluz, sur la rive du Rio Congonhas, affluent du Rio Paraúpeba, par 20° 30′ de latitude Sud. Son église porte le nom de Nossa-Senhora-da-Conceição. Il existe beaucoup de mines de fer très-riches aux environs de cette localité.

CONGONHAS-DO-SABARA. — La ville de Congonhas-do-Sabará est située à dix ou douze kilomètres au Sud-Ouest de Sabará; elle possède environ trois mille habitants. L'église principale est sous l'invocation de Nossa-Senhora-do-Pilar.

CURVELLO. — La ville de Curvello gît par 18° 16′ de latitude Sud, à cent quatre-vingts kilomètres au Nord de Sabará, entre le Rio São-Francisco et le Rio das Velhas. Son église a pour patron Santo-Antonio.

DESEMBOQUE. — La ville de Desemboque est à six cents kilomètres au Sud-Est de Goyáz et à six cent soixante de Ouro-Preto, sur la rive gauche du Rio das Velhas. Le coton, les bestiaux et le maté sont les principaux articles de son commerce. On y remarque l'église Nossa-Senhora-do-Desterro.

DIAMANTINA. — La ville de Diamantina, qui a le titre de *cidade*, est dans une vallée au milieu de hautes montagnes, à près de dix-huit cents mètres au-dessus du niveau de la mer, à cinquante kilomètres au Nord-Nord-Ouest de Serro et à plus de trois cents au Nord-Nord-Est de Ouro-Preto, par 18° 10′ de latitude Sud et 46° 22′ de longitude Ouest. Ses églises les plus remarquables sont : Santo-Antonio, Nossa-Senhora-do-Rosario, Nossa-Senhora-das-Mercês, Nossa-Senhora-do-Patrocinio, Nossa-Senhora-do-Carmo, Nossa-Senhora-do-Bom-Fim, Santa-Quiteria et São-Francisco-de-Paulo. Cette ville est le siége d'un évêché.

Formiga. — La ville de Formiga ou Villa-Nova-da-Formiga est vers les sources du Rio da Formiga, affluent du Rio Grande. Elle a, depuis 1754, le titre de *villa*. Son église principale a pour patron São-Vicente-Ferrer.

Grão-Mogór. — La ville de Grão-Mogór ou Estrema est située dans la Serra Grão-Mogór. On y fait un commerce actif de bestiaux.

Itabira. — La ville d'Itabira est sur la rive gauche du Rio das Velhas, par 20° 18′ de latitude Sud, à quarante kilomètres au Nord-Nord-Ouest de Ouro-Preto. On trouve des mines d'or dans les environs. L'église d'Itabira est Nossa-Senhora-da-Boa-Viagem.

Itabira-de-Matto-Dentro. — La ville d'Itabira-de-Matto-Dentro ou de-Mata-Dentro est bâtie près des Serras Itabira et Itabirassú, à cent trente kilomètres au Nord-Est de Ouro-Preto. Il y a près de cette ville des mines d'or et de fer. L'église, qui possède un orgue, est dédiée à Nossa-Senhora-do-Rosario.

Itajúba. — La ville d'Itajúba est située près de la source du Rio Sapucahy, à trois cent trente kilomètres au Sud-Est de Ouro-Preto, sur le versant septentrional de la Serra da Mantiqueira. On y élève beaucoup de porcs. L'église est sous l'invocation de Santa-Anna.

Jacuhy. — La ville de Jacuhy ou Jacuhi, aussi appelée São-Pedro et São-Carlos-de-Jacuhy, fut fondée au commencement du dix-huitième siècle. Elle se trouve à près de six cents kilomètres à l'Ouest-Sud-Ouest de Ouro-Preto, par 20° 18′ de latitude Sud. Cette ville fait un commerce assez important de maïs, haricots et bestiaux. Sa principale église a pour patron São-Pedro-d'Alcantara.

Jaguary. — La ville de Jaguary ou Jaguari est bâtie sur le revers occidental de la Serra da Mantiqueira, près de la source du Rio Jaguary-Mirim, tributaire du Rio Mogy. Les cuirs et le coton sont ses principaux articles de commerce. Son église est dédiée à Nossa-Senhora-da-Conceição.

Januaria. — La ville de Januaria est à deux cent quarante kilomètres au Nord de Minas-Novas et à neuf cents aussi au Nord de Ouro-Preto, par 15° 5′ de latitude Sud. Le commerce y consiste surtout en riz, coton, maïs, manioc. L'église principale porte le nom de Nossa-Senhora-da-Conceição.

Japuré. — La ville de Japuré ou Japoré est entre la rive droite de la rivière de son nom et la rive gauche du Rio São-Francisco. Son église a pour patron São-Caetano.

Juiz-de-Fóra. — La petite ville de Juiz-de-Fóra est élevée de plus de six cent quatre-vingts mètres au-dessus du niveau de la mer, sur la route de Rio-de-Janeiro à Barbacena.

Lavras-do-Funil. — La ville de Lavras-do-Funil, fondée en 1720, est à quatre-vingt-dix kilomètres au Nord-Est de Campanha et à deux cent quarante de Ouro-Preto, par 20° 17′ de latitude Sud. On y trouve beaucoup de cordonniers et de tailleurs. Les articles principaux du commerce de cette localité sont le coton, le maïs, les haricots, le riz, les oranges. Les églises les plus importantes sont : Nossa-Senhora-da-Conceição, Santo-Antonio et Nossa-Senhora-do-Rosario.

MARIANNA. — La ville de Marianna ou Villa-Real-do-Ribeirão-do-Carmo a le titre de *cidade* et possède près de dix mille habitants. Cette ville, située à plus de neuf cent soixante mètres au-dessus du niveau de la mer, est à dix ou douze kilomètres au Nord-Est de Ouro-Preto et à plus de cinq cents au Nord-Nord-Ouest de Rio-de-Janeiro, par 20° 20′ de latitude Sud et 47° 27′ de longitude Ouest. Depuis 1745 elle possède un évêché. On y trouve aussi une école latine. Les églises remarquables de Marianna sont: la cathédrale (sé), nommée Nossa-Senhora-d'Assumpção, Nossa-Senhora-do-Carmo, São Francisco-de-Paula, Nossa-Senhora-do-Rosario, Santa-Anna, São-Gonçalo, São-Francisco-dos-Pardos, Nossa-Senhora-das-Mercês-dos-Pretos. Dans les environs de cette ville, il existe de riches mines d'or.

MINAS-NOVAS. — La ville de Minas-Novas ou Villa-do-Fanado possède le titre de *cidade;* elle porta successivement les noms de : São-Pedro-de-Fanado et Nossa-Senhora-do-Bom-Successo-das-Minas-de-Fanado. Elle fait un commerce étendu de coton et de maïs. Cette ville est situéé à plus de deux cents kilomètres au Nord-Est de Serro et à quatre cent cinquante au Nord-Nord-Est de Ouro-Preto, par 17° 57′ de latitude Sud, sur une colline entre le Rio de Fanado et le Rio de Bom-Successo, tributaires du Rio Arassuahy. Elle possède un grand nombre d'églises dont les plus remarquables portent les noms de São-Pedro, Nossa-Senhora-da-Piedade, São-Francisco-de-Paula, Nossa-Senhora-do-Rosario, Nossa-

Senhora-do-Bom-Fim, Nossa-Senhora-do-Amparo, Santa-Anna, São-José et São-Gonçalo.

MONTES-CLAROS-DE-FORMIGAS. — La ville de Montes-Claros-de-Formigas ou Formigas-de-Montes-Claros est bâtie à quatre cent quatre-vingts kilomètres au Nord-Nord-Est de Ouro-Preto et à cent vingt de Minas-Novas; elle fut fondée en 1698. Les bestiaux, les cuirs et le salpêtre sont les objets principaux du commerce de cette localité, dans laquelle on remarque l'église de São-José.

OLIVEIRA. — La ville d'Oliveira est à soixante kilomètres au Sud de Tamanduá. Les bestiaux y sont renommés. L'église principale est Nossa-Senhora-d'Oliveira.

PARACATÚ-DO-PRINCIPE. — La ville de Paracatú-do-Principe a le titre de *cidade ;* déjà, en 1714, elle fut décorée de celui de *villa.* Cette ville est à plus de huit cents kilomètres au Nord-Ouest de Ouro-Preto, par 16° 12' 2" de latitude Sud. Le commerce y est actif et consiste principalement en bois de teinture, plantes médicinales, sucre, caxaça, café, fromages, étain, argent et plomb. Les églises les plus remarquables sont : Santo-Antonio, Nossa-Senhora-do-Rosario, Nossa-Senhora-da-Abbadia et Nossa-Senhora-do-Amparo.

PATROCINIO.— La ville de Patrocinio est à cent vingt kilomètres au Nord d'Araxás. On y trouve beaucoup de bestiaux. L'église paroissiale est Nosso-Senhor-do-Patrocinio.

PIRANGA. — La ville de Piranga est à quarante-cinq kilomètres au Sud-Est de Marianna. Le tabac y est renommé. Les deux églises les plus importantes sont :

Nossa-Senhora-da-Conceição et Nossa-Senhora-do-Rosario.

PITANGUI. — La ville de Pitangui ou Villa-Nova-do-Infante est à six cent soixante mètres au-dessus du niveau de la mer, par 19° 42′ 50″ de latitude Sud, dans une vallée arrosée par le Rio Pará et le Rio de São-João, à deux cent trente kilomètres de Ouro-Preto. Elle reçut en 1719 le titre de *villa*. On en exporte du coton, du sucre, du maïs, de l'eau-de-vie, des porcs, des chevaux et des bestiaux. Son église est sous l'invocation de Nossa-Senhora-do-Pilar.

PIUMHY. — La ville de Piumhy ou Piumhi est à quatre vingt-dix kilomètres à l'Ouest-Sud-Ouest de Formiga. On y remarque l'église Nossa-Senhora-do-Livramento.

POMBA. — La ville de Pomba est par 21° de latitude Sud, sur la rive gauche de la rivière de son nom, à cent trente kilomètres à l'Est-Sud-Est de Ouro-Preto. On y trouve de l'eau-de-vie, du maïs, des haricots et des porcs.

POUSO-ALEGRE. — La ville de Pouso-Alegre ou Pouso-Alto est à trois cent soixante kilomètres au Sud-Sud-Ouest de Ouro-Preto et à soixante au Sud de Baependy, par 22° 27′ de latitude. Dans les environs de cette localité, il y a d'abondantes sources d'eaux thermales. Le tabac et les bestiaux sont les principaux articles de son commerce. L'église paroissiale est Nossa-Senhora-da-Conceição.

PRESIDIO. — La ville de Presidio-de-São-João-Baptista est à l'Est-Sud-Est de Ouro-Preto, à une distance d'environ deux cents kilomètres. On y fait commerce de sucre, de maïs, de haricots, d'eau-de-vie et de porcs. L'église a pour patron São-João-Baptista.

QUELUZ. — La ville de Queluz, bâtie à près de onze cents mètres au-dessus du niveau de la mer, fut créée *villa* en 1791. Elle est à quarante-cinq kilomètres au Sud-Sud-Ouest de Ouro-Preto, à quatre-vingt-dix au Nord-Est de São-João-d'El-Rei et à quatre cent vingt au Nord de Rio-de-Janeiro. Les bestiaux, le maïs et les haricots sont les principaux objets de son commerce. Ses églises les plus remarquables sont : Nossa-Senhora-da-Conceicão, Santo-Antonio et Nossa-Senhora-do-Carmo.

SABARÁ. — La ville de Sabará ou Villa-Real-de-Sabará, fondée en 1690, a le titre de *cidade* et la qualification de *fidelissima*. Elle est à sept cent soixante mètres au-dessus du niveau de la mer, à près de cent kilomètres au Nord-Nord-Est de Ouro-Preto, par 19° 47' 15" de latitude Sud sur la rive droite du Rio das Velhas, au-dessous du confluent du Rio Sabará-Bussú. Elle possède un hôpital remarquable et plusieurs églises parmi lesquelles on distingue : Nossa-Senhora-da-Conceição, São-Francisco, Nossa-Senhora-do-Carmo, Nossa-Senhora-do-Rosario-dos-Pretos et Nossa-Senhora-dos-Anjos-dos-Pardos. L'or en barre et en poudre et l'eau-de-vie y sont l'objet d'un commerce important. Au Nord de cette ville, à une distance de quinze kilomètres, on rencontre des sources d'eaux thermales.

SALGADO. — La ville de Salgado est à cinq kilomètres de la rive gauche du Rio São-Francisco, sur une éminence. Son église est sous l'invocation de Nossa-Senhora-do-Amparo. On exporte de cette localité du sucre, du coton, de l'eau-de-vie, des haricots et du maïs.

SANTA-ANNA-DOS-FORNOS. — La ville de Santa-Anna-dos-

Fornos n'est remarquable que par son église dédiée à Santa-Anna.

SANTA-BARBARA. — La ville de Santa-Barbara est sur la rivière du même nom, tributaire du Rio Piracicaba, à quarante-cinq kilomètres de l'Est-Sud-Est de Caheté et à plus de soixante au Nord-Nord-Est de Ouro-Preto. On y fait commerce de bestiaux et de pierres fines. L'église paroissiale porte le nom de Santa-Barbara.

SÃO-JOÃO-D'EL-REI. — La ville de São-João-d'El-Rei possède près de dix mille habitants; elle a le titre de *cidade*. Le territoire avoisinant est riche en mines de fer et d'or. Cette ville est située par 21° 42′ de latitude, à cent cinquante kilomètres au Sud-Ouest de Ouro-Preto et à trois cent soixante au Nord-Nord-Ouest de Rio-de-Janeiro. On y trouve un grand nombre d'églises dont les plus remarquables sont : Nossa-Senhora-do-Pilar, São-Francisco-de-Paula, Nossa-Senhora-do-Carmo, Nossa-Senhora-do-Rosario, Santo-Antonio-de-Tijuco, Bom-Jesus, São-Caetano, Nossa-Senhora-do-Bom-Fim, São-Gonçalo, Nossa-Senhora-das-Mercês et Nossa-Senhora-das-Dores. Le café, le coton, le sucre, l'eau-de-vie et les peaux sont l'objet d'un commerce très-actif.

SÃO-JOÃO-NEPOMUCENO. — La ville de São-João-Nepomuceno, qui a une église du même nom, est à cinquante kilomètres environ au Sud-Est de Pomba.

SÃO-JOSÉ-D'EL-REI. — La ville de São-José-d'El-Rei, fondée en 1718, par 21° 5′ 10″ de latitude, est située sur la rive droite du Rio das Mortes, à quinze kilomètres au Nord de São-João-d'El-Rei et à cent cinquante au Sud-Ouest de Ouro-Preto. On en exporte des fromages, des porcs et des bestiaux. Les églises principales sont :

Santo-Antonio, Nossa-Senhora-do-Rosario et São-João-Evangelista.

SÃO-ROMÃO. — La ville de São-Romão ou Villa-Risonha est à cent vingt kilomètres de l'embouchure du Rio das Velhas, sur la rive gauche du Rio São-Francisco, par 15° 15′ de latitude. On y fait commerce de sucre, d'eau-de-vie et de peaux. Les églises les plus importantes sont : São-Romão, autrefois nommée Santo-Antonio-da-Manga, São-Francisco-de-Paula et Nossa-Senhora-do-Rosario.

SAPUCAHI. — La ville de Sapucahi est à neuf cent cinquante kilomètres au Sud-Ouest de Ouro-Preto et à soixante-dix dans la même direction de Campanha, entre le Rio do Servo, le Rio Sapucahi et le Rio Santa-Barbara. L'église paroissiale est sous l'invocation de Santa-Anna. Le maïs, les haricots, le coton et le riz sont les éléments du commerce de cette ville.

SERRO. — La ville de Serro, située à près de onze cents mètres au-dessus du niveau de la mer, par 18′20′ de latitude fut fondée en 1576 ; elle a le titre de *cidade*. Cette ville est à deux cent soixante-dix kilomètres au Nord-Nord-Est de Ouro-Preto et à sept cent cinquante au Nord de Rio-de-Janeiro. On en exporte du sucre, du coton, du maïs, et on trouve dans son territoire du fer, de l'or, des diamants et autres pierres précieuses. On distingue parmi ses églises, qui sont très-riches : Nossa-Senhora-da-Conceição, Nossa-Senhora-da-Purificação, Nossa-Senhora-do-Carmo, Nossa-Senhora-do-Rosario, Nosso-Senhor-Jesus-do-Matozinho et Santa-Rita.

TAMANDUÁ. — La ville de Tamanduá gît par 20° 14′ de latitude, à cent kilomètres au Sud-Ouest de Pitangui et à plus de deux cents de Ouro-Preto. Les bestiaux et les cuirs y sont l'objet d'un grand commerce. On distingue dans cette ville les églises : Nossa-Senhora-do-Rosario, Nossa-Senhora-das-Mercès et São-Francisco.

TRES-PONTAS. — La ville de Tres-Pontas est à soixante kilomètres à l'Est de Lavras-do-Funil, entre le Rio das Mortes et le Rio-Grande. Son église paroissiale est Nossa-Senhora-d'Ajuda.

UBÁ. — La ville d'Ubá est près du Rio Parahybuna et du Rio Parahyba-do-Sul, vers le point où ce dernier s'engouffre entre deux murailles de rochers élevés. Le manioc, le café, le sucre et l'eau-de-vie y sont l'objet d'un commerce actif.

UBERABA. — La ville d'Uberaba ou Uberava a le titre de *cidade*. Elle est située à trois kilomètres de la route de São-Paulo à Goyáz, près la rive droite du Rio Uberaba-Falso. On y trouve une école secondaire, un directeur de l'instruction publique, une école primaire et une école de latin et de français. Ses églises sont : Santo-Antonio-e-São-Sebastião, Santa-Rita, Nossa-Senhora-do-Rosario, São-Miguel et Nossa-Senhora-do-Carmo. Le commerce de cette ville consiste en haricots, coton, maïs, manioc et bestiaux.

Armée. — L'armée compte dans la province de Minas-Geraes : un assistant de l'adjudant-général de l'armée et un corps de garnison fixe, infanterie et cavalerie.

PROVINCE DE PARA. — La province de Pará est la plus septentrionale de la côte du Brésil. Elle est située entre 4° 30' de latitude septentrionale et 8° de latitude méridionale, 47° et 57° de longitude occidentale. Ses limites sont : au Nord l'Océan et la Guyane française ; à l'Ouest, la province do Amazonas ; au Sud, la province de Matto-Grosso ; à l'Est, celles de Goyáz et de Maranhão. Elle occupe une superficie de un million quatre cent mille kilomètres carrés.

Le sol de cette province, excepté dans le Nord, est plat et sillonné d'une multitude de cours d'eau, dont le plus remarquable est l'immense fleuve des Amazones.

On trouve dans la province de Pará toutes les productions du Brésil. Les forêts qu'elle renferme sont considérables. Le climat y est sain, mais très-chaud. Le thermomètre n'y descend jamais au-dessous de 18° centigrades et rarement au-dessous de 20 ; il s'élève souvent à 56 et 57°. La chaleur est surtout pénible l'hiver, car alors aux effets de la température se joignent les influences de l'humidité et l'absence des brises de mer. Le jour le plus long dans la province de Pará comme dans celle do Amazonas est de 12 heures 18 minutes et le plus court de 11 heures 42 minutes. Vers l'Équateur les jours sont toujours égaux aux nuits.

Ce que nous avons dit de la province do Amazonas peut s'appliquer exactement à celle de Pará. (*Voir* *page* 546.)

Montagnes. — Les principales chaînes de montagnes de la province de Pará sont : la Serra Gurupy et la Serra Tumucuraque.

Serra Gurupy. — Les montagnes de cette chaîne sont au delà de la baie et de la ville du même nom. Elles sont très-élevées et servent de repère aux navigateurs qui veulent entrer soit à Belém, soit à Gurupy.

Serra Tumucuraque. — (*Voir page* 109.)

Cours d'eau.—Les cours d'eau principaux sont : le Rio das Amazonas, le Rio Tocantins, le Rio Xingú et le Rio Topayós.

RIO DAS AMAZONAS. — (*Voir page 85.*)

RIO TOCANTINS. — (*Voir page 99.*)

RIO XINGÚ. — (*Voir page 98.*)

RIO TOPAYÓS. — (*Voir page 98.*)

Iles. — Les îles les plus importantes de celles qui parsèment la côte de la province sont : Marajó, Ararahi, Baylique, Caviana et Maracá.

MARAJÓ. — Cette île a environ deux cent soixante-dix kilomètres de longueur de l'Est à l'Ouest et deux cent quarante de largeur. On y trouve le Rio Mondim, le Rio Arajáz et le Rio Arari. Ce dernier naît d'un lac dans l'intérieur de l'île et se verse dans l'Amazone. Le sol de cette île est très-marécageux et la culture du riz y donne d'excellents produits.

ARARAHI. — L'île d'Ararahi est dans l'embouchure du Rio Tocantins; elle a quinze kilomètres de longueur sur trois de largeur. La partie de l'île qui se trouve vis-à-vis la rive droite du Rio Tocantins porte le nom de Limoeira et la partie opposée celui de Marapatá.

BAYLIQUE. — L'île appelée Baylique ou Bailique est située dans l'embouchure de l'Amazone, à cent kilomètres au Sud-Ouest du cap Norte. Elle a douze kilomètres de longueur.

CAVIANA.—Cette île est aussi située dans l'embouchure de l'Amazone.

MARACÁ. — L'île Maracá a trente kilomètres de longueur; elle contient un lac très-poissonneux.

Colonisation. — La province de Pará possède une co-

Ionie appelée Nossa-Senhora-do-O'. Une subvention a été accordée à l'entrepreneur de cette colonie, afin de lui aider à introduire des colons. Il doit, dans l'espace de cinq ans, réunir cent colons au moins et recevoir ceux que le gouvernement lui enverra. Chaque famille aura droit à cinquante mille brasses carrées de terres à cultiver. L'entrepreneur est obligé d'acheter les terres qui manqueraient pour donner à chaque famille cette quantité.

Agriculture. — On cultive dans la province du riz, du coton, du café et du sucre.

Les quelques plantations de canne à sucre qui existent dans la province produisent trois espèces de cannes ; la canne d'Otaïti, la canne violette de Batavia, la canne jaune de Batavia. Ces deux dernières espèces sont très-hâtives et mûrissent huit ou dix mois après leur plantation. Le produit moyen annuel d'un hectare de terres choisies, planté en canne, est de près de deux mille kilogrammes de sucre.

Commerce. — La province de Pará exporte beaucoup de cacao, de riz, de résines, de baumes, du caoutchouc, du rocou, etc. Il y a un service de bateaux à vapeur de Belém à Cametá. (*Voir pour les autres lignes, page 547.*)

Villes. — Les villes principales de la province de Pará sont : Belém, *capitale;* Acará, Alemquer, Almeirim, Alter-do-Chão, Aveiro, Béja, Boim, Bragança, Cachoeira, Cametá, Cintra, Collares, Conde, Faro, Gurupá, Gurupi, Igarapé-Mirim, Macapá, Marajó, Mazagão, Melgaço, Monsaráz, Montforte, Mont'Alegre, Nazareth-da-Vigia, Obidos, Oeiras, Ourem, Outeiro, Pinhel, Pombal, Porto-de-Moz, Prado, Salvaterra, Santarêm, Souzel, Veiros,

Vigia, Villa-do-Equador, Villa-Franca, Villa-Nova-d'El-Rei.

BELÉM. — La ville de Belém ou Pará ou Santa-Maria-de-Belém est située à cent trente kilomètres de la vaste embouchure du Rio Tocantins, sur la rive droite, par 1° 28' de latitude Sud et 50° 50' 51" de longitude Ouest. Cette ville, qui contient environ quinze mille habitants, est depuis 1720 le siége d'un évêché. Elle fut fondée en 1615, à cinq cent quarante kilomètres à l'Ouest de l'île de Maranhão et à près de onze cents du Nord-Ouest d'Oeiras, sur la rive méridionale de la baie de Guajará. On y trouve trois hôpitaux, un jardin botanique et plusieurs églises, dont les principales sont : la cathédrale (Sé), appelée Nossa-Senhora-da-Graça, Santa-Anna, Santa-Trindade. La ville de Belém est le centre d'un commerce important de riz, coton, cacao, salsepareille, café, girofle, tapioca, baumes, caoutchouc, etc.

ACARÁ. — La ville d'Acará est bâtie à soixante kilomètres environ de Belém et avantageusement située sur la rive du Rio Acarà. Cette rivière qui prend sa source dans des forêts encore inexplorées, se jette dans le Rio Majú à vingt-cinq kilomètres au Sud de Belém.

ALEMQUER. — La ville d'Alemquer est bâtie à quatre-vingt-dix kilomètres au Nord de Santarêm. Son église porte le nom de Santo-Antonio-de Lisboa. Son commerce consiste en maïs, manioc, riz, tabac, cacao et bestiaux.

ALMEIRIM. — La ville d'Almeirim est située sur la rive gauche du fleuve des Amazones à l'embouchure du Rio Parú. Elle possède une église nommée Nossa-Senhora-da-Conceiçao. Le commerce principal de cette ville consiste en bois de construction, maïs, riz, manioc et coton.

ALTER-DO-CHÃO. — La ville d'Alter-do-Chão est sise à trente kilomètres environ de Santarêm et à onze cents kilomètres de Belém. Elle possède une église appelée Nossa-Senhora-da-Saúda.

AVEIRO. — La ville d'Aveiro est à plus de huit cents kilomètres de Belém, sur la rive droite du Rio Topayós, à cent kilomètres au-dessus de Santarêm. On en exporte du coton et du cacao.

BEJA. — La ville de Beja, sise à cinquante kilomètres à l'Est de Belém et à dix kilomètres au Sud de Villa-do-Conde, est entre la baie du Guajará, le Rio Tocantins, le Rio Mojú et le canal qui relie ces deux fleuves.

BOIM. — La ville de Boim est située quatre-vingt-dix kilomètres au-dessus de l'embouchure du Rio Topayós dans l'Amazone. L'église paroissiale est Santo-Ignacio.

BRAGANÇA. — La ville de Bragança est par 1°50′ de latitude Sud, à cent quatre-vingts kilomètres à l'Est-Nord-Est de Belém. Elle possède plusieurs églises dont la plus remarquable est São-João-Baptista.

CACHOEIRA. — La ville de Cachoeira ou Santa-Maria est peu importante. Son église est digne d'attention.

CAMETÁ. — La ville de Cametá ou Villa-Viçoza est à cent cinquante kilomètres au Sud-Ouest de Belém, sur la rive gauche du Rio Tocantins. Son église a pour patron São-João-Baptista.

CINTRA. — La ville de Cintra est sur le Rio Maracanãa, près de l'Océan. On y remarque l'église São-Miguel.

COLLARES. — La ville de Collares est à plus de soixante-dix kilomètres à l'Ouest de Belém. Son église est Nossa-Senhora-do-Rosario. Son commerce consiste en cacao et café.

CONDE. — La ville de Conde ou Villa-do-Conde est à cinquante kilomètres au Sud-Ouest de Belém, dans une île formée par le Rio Mojú, le canal Igarapé-Mirim et le Rio Tocantins et vers la rive orientale de ce dernier fleuve. L'église a pour patron São-Miguel.

FARO. — La ville de Faro est bâtie près du lac Jamundás, quarante kilomètres au-dessus du confluent du Rio Jamundás dans l'Amazone, et soixante-dix à l'Est d'Obidos. On y fait commerce de coton, de cacao et de tortues. L'église principale est dédiée à São-João-Baptista.

GURUPÁ. — La ville de Gurupá s'élève sur la rive droite du Rio das Amazonas à soixante-dix kilomètres au-dessous de l'embouchure du Rio Xingú. Cette ville a un commerce actif qui consiste en girofle, salseparreille et cacao.

GURUPI. — La ville de Gurupi ou Gurupy fut fondée en 1628. Elle est sise près de l'embouchure du cours d'eau de ce nom.

IGARAPÉ-MIRIM. — La ville d'Igarapé-Mirim est sur les bords du canal de son nom, qui fait communiquer le Rio Mojú et le Rio Tocantins, à soixante-dix kilomètres au-dessous de la jonction de ces deux cours d'eau.

MACAPÁ. — La ville de Macapá est située à deux cent soixante kilomètres au Nord-Ouest de Belém et à trois cents au Sud-Ouest du cap Norte, par 0°3′ de latitude Nord. On en exporte beaucoup de maïs, de riz, du manioc, du coton et du cacao.

Mazagão. — La ville de Mazagão ou Santa-Anna se trouve sur la rive droite du Rio Mutuacá, à trente kilomètres de son confluent avec le Rio das Amazonas et à vingt-cinq à l'Est de Villa-Nova. Elle reçut en 1765 le titre de *villa*. Son commerce consiste surtout en riz et en coton.

Marajó. — La ville de Marajó est dans l'île du même nom. Cette localité est très-importante et fait un grand commerce de riz et de bestiaux.

Melgaço. — La ville de Melgaço est bâtie sur la rive occidentale du lac Anapú. On en exporte du bois de construction. Sa principale église a pour patron São-Miguel.

Monsaráz. — La ville de Monsaráz ou Monçaráz, autrefois Caihá, est sise dans l'île de Marajó, à l'embouchure d'un petit cours d'eau tributaire du Rio Tocantins, à quinze ou vingt kilomètres de Montforte. Elle possède une église du nom de São-Francisco-d'Assis.

Montforte. — La ville de Montforte ou Joannes est aussi dans l'île de Marajó, à quatre-vingt-dix kilomètres au Nord de Belém. Cette ville fait un grand commerce de riz. Sa principale église est sous l'invocation de Nossa-Senhora-do-Rosario.

Mont'-Alegre. — La ville de Mont'-Alegre est bâtie dans une île de l'Amazone, à l'embouchure du Rio Guarupatuba. Le coton, le café, le cacao, le girofle, les haricots et le manioc sont les principaux objets du commerce de cette ville. L'église paroissiale a pour patron São-Francisco-Xavier.

Nazareth-da-Vigia. — La ville de Nazareth-da-Vigia est à trois kilomètres au Nord-Est de Belém. Elle possède, sous l'invocation de Nossa-Senhora-de-Nazareth, une église qui est un lieu célèbre de pèlerinage.

Obidos. — La ville d'Obidos ou Pauxis est à près de onze cents kilomètres à l'Ouest-Nord-Ouest de Belém et à quatre-vingts kilomètres à l'Ouest d'Alemquer, sur la rive gauche du Rio das Amazonas au confluent du Rio Oriximina. Son église est dédiée à Santa-Anna. Le coton et le cacao sont les articles principaux du commerce de cette ville.

Oeiras. — La ville d'Oeiras ou Bocas est sise sur les rives du Rio Araticú, à trente kilomètres au-dessus de son embouchure dans le Rio das Amazonas, et à soixante kilomètres à l'Est de Melgaço. L'église paroissiale est Nossa-Senhora-da-Assumpção. On exporte d'Oeiras du manioc et du maïs.

Ourem. — La ville d'Ourem est située à cent quarante-quatre kilomètres de Belém, sur la rive droite du Rio Guamá. Elle a pour église Espirito-Santo.

Outeiro. — La ville de Outeiro est sur une colline près du lac Urubuquára, à trente kilomètres de l'Amazone et à plus de cent à l'Ouest d'Almeirim. L'église principale est Nossa-Senhora-da-Graça.

Pinhel. — La ville de Pinhel ou Santa-Cruz est sur la rive gauche du Rio Topayós, en face d'Aveiro. Son église a pour patron São-José. Le cacao et le girofle sont les articles principaux de son commerce.

Pombal. — La ville de Pombal est à cent cinquante kilomètres au-dessus de l'embouchure du Rio Xingú, sur la rive droite. On exporte de cette ville du caoutchouc et du cacao.

Porto-de-Moz. — La ville de Porto-de-Moz est bâtie

sur la rive droite du Rio Xingù, à vingt-cinq kilomètres de son embouchure et à six cents kilomètres à l'Ouest de Belém. Son église a pour patron São-Braz.

PRADO. — La ville de Prado est sur les rives du lac Surubiú, à quarante-cinq kilomètres de la rive gauche de l'Amazone et à quatre-vingts à l'Ouest de Mont'-Alegre.

SALVATERRA. — La ville de Salvaterra, située dans l'île de Marajó, exporte beaucoup de riz. On y remarque l'église Nossa-Senhora-da-Conceição.

SANTARÊM. — La ville de Santarêm est près de l'Amazone, au confluent du Rio Topayós, à près de mille kilomètres à l'Ouest de Belém. Cette ville fait commerce de cacao et de plantes médicinales.

SOUZEL. — La ville de Souzel est sur la rive gauche du Rio Xingú, à cent quatre-vingts kilomètres au-dessus de son confluent avec le Rio das Amazonas. Son église est São-Francisco-Xavier.

VEIROS. — La ville de Veiros est sur la rive droite du Rio Xingú, à cent vingt kilomètres de son embouchure dans le Rio das Amazonas. L'église est sous l'invocation de São-João-Baptista.

VIGIA. — La ville de Vigia s'élève sur les rives du Rio Guajará, à quatre-vingt-dix kilomètres de Belém. Le cacao et le café sont les articles principaux du commerce de cette ville. L'église paroissiale est dédiée à Nossa-Senhora-de-Nazareth.

VILLA-DO-EQUADOR. — La ville nommée Villa-do-Equador ou Chaves est dans le Nord de l'île de Marajó. L'église principale est Santo-Antonio.

VILLA-FRANCA. — La ville appelée Villa-Franca ou

Camarú est bâtie sur le bord d'un lac, qui communique avec le Rio das Amazonas par la rive droite et avec le Rio Topayós par la rive gauche, à vingt-cinq kilomètres au Sud-Ouest de Santarèm et à mille kilomètres de Belém. L'église est sous l'invocation de Nossa-Senhora-da-Assumpção.

VILLA-NOVA-D'EL-REI. — La ville qui porte le nom de Villa-Nova-d'El-Rei est bâtie sur les rives du Rio Curúca, au fond de la baie du même nom, à vingt-cinq kilomètres au Sud-Sud-Ouest de la pointe Tijioca et à cent cinquante au Nord-Est de Belém. L'église Nossa-Senhora-do-Rosario est la principale de la localité. On exporte de cette ville du café, du cacao, du manioc, du sucre et du riz.

Armée. — L'armée brésilienne compte dans la province de Pará : un brigadier, commandant des armes de la province; un colonel, directeur de l'arsenal de guerre; un major d'état-major, commandant le fort da Barra; un lieutenant-colonel des Ingénieurs, un bataillon d'infanterie légère et un bataillon d'artillerie à pied.

PROVINCE DE PARAHYBA-DO-NORTE. — La province de Parahyba-do-Norte est située entre 6° 15′ et 7° 14′ de latitude Sud. Le sol est montagneux, très-fertile et sillonné de nombreux cours d'eau. Ses limites sont : au Nord, la province de Rio-Grande-do-Norte; à l'Ouest et au Sud, la province de Pernambuco; et à l'Est, l'Océan. Son étendue est d'environ cent quarante-quatre mille kilomètres carrés.

Montagnes. — Les montagnes les plus remarquables de la province sont : la Serra Bacamarte, la Serra Coité, la Serra do Commissario, la Serra Gamellas, la Serra Jabitacá, la Serra Parmati, la Serra Piancó, la Serra Raiz, la Serra Santa-Catharina, la Serra Araripe, et le mont Miguel-Barbosa.

Cours d'eau. — Les principaux cours d'eau de la province de Parahyba sont : le Rio Camaratuba, le Rio Grammame, le Rio Guarahú, le Rio Ipopoca, le Rio Mamanguape, le Rio Parahyba-do-Norte.

Rio Camaratuba. — Ce fleuve, qui reçoit le Rio Pitanga, a son embouchure à quinze kilomètres au Nord de la baie de la Traição.

Rio Grammame. — Ce petit fleuve, aussi appelé Guaramâma, naît près de Pilar et se verse dans l'Océan, à dix kilomètres au Sud de Cabo-Branco.

Rio Guarahú. — Cette rivière naît près de Montenios et se jette dans le Rio Parahyba par la rive gauche.

Rio Ipopoca. — Ce cours d'eau naît vers Mareação, traverse le lac Abiahi et se jette dans l'Océan à douze kilomètres au Nord de l'embouchure du Rio Goyanna.

Rio Mamanguape. — Le Rio Mamanguape a sa source dans le district de Pilar et entre dans la mer à vingt-cinq kilomètres au Nord de l'embouchure du Rio Parahyba-do-Norte et à cinq kilomètres de la baie da Traição. Il y a dans l'embouchure de ce fleuve une ile rase et sablonneuse.

Rio Parahyba-do-Norte. — (Voir page 107.)

Parmi les lacs, on distingue le lac Abiahi ou Abihahy, qui a douze kilomètres du Nord au Sud, sur six de largeur ; et le lac Camusim, près d'Alhandra.

Instruction publique. — La province de Parahyba-do-Norte possède soixante-huit écoles primaires : cinquante-quatre pour les garçons et quatorze pour les filles. Il y a en outre dix écoles primaires particulières.

L'instruction secondaire est donnée dans un lycée établi à Parahyba; il est fréquenté par près de cent élèves.

Colonisation. — La colonisation n'a point encore été essayée dans cette province, mais il existe une chaire d'agriculture pratique et théorique, qui rendra les plus utiles services à cette contrée. La création de cette chaire est due à l'initiative de l'un des dignes présidents de la province de Parahyba-do-Norte, M. Henri de Beaurepaire-Rohan.

Commerce. — Le principal commerce consiste en coton, sucre, gommes, baumes, bois de teinture, etc.

Villes. — Les villes les plus remarquables de la province sont : Parahyba, *capitale;* Alhandra, Arêa, Banaeiras, Cabaceiras, Campina-Grande, Conde, Catolé, Mamanguape, Montemór, Patos, Piancó, Pilar, Pombal, São-Miguel, Villa-da-Independencia, Villa-do-Imperador et Villa-Nova-de-Souza.

Parahyba-do-Norte. — La ville de Parahyba-do-Norte est bâtie sur le fleuve du même nom, par 7° 6′ 3″ de latitude Sud et 57° 15′ 15″ de longitude Ouest. Elle est à deux mille quatre cents kilomètres de Rio-de-Janeiro et à vingt-cinq de la mer. Cette ville, qui a le titre de *cidade,* renferme environ cinq mille habitants; elle est bâtie régulièrement, ses rues sont pavées, et parmi ses églises on remarque les suivantes : Nossa-Senhora-das-Neves, Bom-Jesus, Mãi-dos-Homens, Nossa-Senhora-do-Rosario, Santa-Cruz, São-Pedro-Gonzaga et Nossa-Senhora-do-Livramento. Le coton, le sucre et les bois de teinture sont l'objet d'un commerce important pour cette localité.

ALHANDRA. — La ville d'Alhandra est sise sur une éminence à douze kilomètres de la mer, à vingt kilomètres de Villa-do-Conde et à soixante-deux kilomètres au Sud de Parahyba. Cette ville possède deux églises : Nossa-Senhora-da-Assumpção et Nossa-Senhora-do-Rosario.

ARÊA. — La ville d'Arêa ou Brejo-d'Arêa est située dans les montagnes du même nom, à plus de deux cents kilomètres à l'Ouest-Nord-Ouest de Montemór. Tous les dimanches et les jours de fêtes il y a un marché de bestiaux et de produits agricoles. La principale église est Nossa-Senhora-da-Conceição.

BANANEIRAS. — La ville de Bananeiras n'est remarquable que par son église dédiée à Santa-Anna.

CABACEIRAS. — La ville de Cabaceiras a le titre de *villa federal;* elle possède environ trois mille habitants. Son église est nommée Nossa-Senhora-das-Cabaças ou da-Conceição.

CAMPINA-GRANDE. — La ville de Campina-Grande est à plus de deux cents kilomètres à l'Ouest de Parahyba, sur une élévation de la Serra Bacamarte. Son église est sous l'invocation de Nossa-Senhora-da-Conceição.

CONDE. — La ville de Conde est bâtie entre le Rio Japoquinha et le Rio Japoca, à trente kilomètres de la mer et à la même distance au Sud de Parahyba. L'église paroissiale est Nossa-Senhora-da-Conceição.

CATOLÉ. — La ville de Catolé ou Catholé est à douze kilomètres au Sud-Ouest de Piancó.

MAMANGUAPE. — La ville de Mamanguape s'élève sur

la rive gauche du fleuve de ce nom, à cinquante kilomètres de la mer et à quatre-vingts au Nord-Nord-Ouest de Parahyba. On en exporte beaucoup de coton. La principale église est São-Pedro-e-São-Paulo.

Montemór. — La ville de Montemór ou Aldêa-de-Perguiças est à vingt kilomètres de la mer, au-dessous de la rive gauche du Rio Mamanguape. Son église est Nossa-Senhora-dos-Prazeres. On exporte beaucoup de nattes de cette localité.

Patos. — La ville de Patos est dans une jolie vallée de la Serra dos Cairiris-Novos, près de celles d'Espinhares et de Borborêma. Le coton y est le principal article de commerce. L'église paroissiale est Nossa-Senhora-da-Guia.

Piancó. — La ville de Piancó est à six cents kilomètres à l'Ouest de Parahyba ; elle a le titre de *villa constitucional de Santo-Antonio-de-Piancó*. On y trouve du coton, du maïs et du manioc.

Pilar. — La ville de Pilar est à soixante-dix kilomètres au Sud-Ouest de Parahyba, sur la rive du Rio Parahyba-do-Norte. Son église est Nossa-Senhora-do-Pilar. Le coton, le sucre et l'eau-de-vie sont les principaux objets du commerce de cette ville.

Pombal. — La ville de Pombal est sise sur les bords du Rio Piancó, cinq ou six kilomètres avant sa réunion avec le Rio das Piranhas, à cinq cent soixante-dix kilomètres à l'Ouest de Parahyba. L'église la plus remarquable est Nossa-Senhora-do-Bom-Successo. Le coton forme la branche la plus importante du commerce de cette ville.

São-Miguel. — La ville de São-Miguel est à trois kilo-

mètres au Nord de la baie d'Acejutibiró et à soixante
kilomètres au Nord de Parahyba. On en exporte du
coton très-estimé. L'église principale est São-Miguel.

VILLA-DA-INDEPENDENCIA. — La ville nommée Villa-da-
Independencia-de-Gorabira est petite et peu importante ; elle possède une école d'enseignement mutuel
et une église nommée Virgem-Maria.

VILLA-DO-IMPERADOR. — La ville appelée Villa-do-Imperador ou Ingá fait commerce de sucre et de coton. Cette
ville a une école mutuelle et une église dédiée à Nossa-
Senhora-da-Conceição.

VILLA-NOVA-DE-SOUZA. — La ville de Villa-Nova-de-Souza
ou Jardim-do-Rio-do-Peixe est à soixante kilomètres à
l'Ouest de Pombal et à plus de six cents dans la même
direction de Parahyba, sur la rive gauche du Rio do
Peixe et au pied de la Serra do Commissario. L'église
la plus remarquable est Nossa-Senhora-dos-Remedios.

Armée. — L'armée brésilienne compte dans la province de Parahyba : un adjudant général de l'armée;
un capitaine d'état-major, commandant le fort de Cabedello ; un colonel des Ingénieurs et un demi-bataillon de chasseurs.

Le fort de Cabedello, construit en 1582, est près de
l'embouchure du Rio Parahyba-do-Norte, à six kilomètres de la mer, par 6° 57' 50" de latitude et 57° 10' 20"
de longitude Ouest.

PROVINCE DE PARANA. — La province de Paraná
prend son nom du fleuve qui l'arrose à l'Ouest. Elle se
trouve sous la zone tempérée, entre 24° et 33° 50' de
latitude méridionale. Ses limites sont : au Nord, la province de São-Paulo ; au Sud, celles de São-Pedro et de

Santa-Catharina ; à l'Ouest, le Paraguay et le pays des Missions ; à l'Est, l'Océan.

Son sol, peu montagneux, est très-fertile et attire de jour en jour une population désireuse de jouir des avantages d'un climat qui rappelle celui d'Europe.

Cours d'eau. — Les principaux cours d'eau de la province sont : le Rio Paraná, le Rio Ararapirá, le Rio Curityba et le Rio Tieté.

Rio Paraná. — (*Voir page* 104.)

Rio Ararapirá. — Ce petit fleuve naît dans la Serra Cubatão, coule dans les environs de Cananéa et de Paranaguá et entre dans l'Océan à vingt-cinq kilomètres au Sud de la baie de Cananéa, et quarante au Nord de celle de Paranaguá.

Rio Curityba. — Cette rivière naît dans les montagnes, à l'Ouest de Paranaguá, reçoit le Rio São-José, forme plusieurs cascades, puis prend le nom de Rio Iguassú avant de se jeter dans le Rio Paraná.

Rio Tieté. — Ce cours d'eau a sa source dans la Serra Cubatão et son embouchure dans le Rio Paraná. Il reçoit par la rive droite, le Rio Capibary, le Rio Piracicaba, le Rio Jacarépipira-Mirim, le Rio Jacarépipira-Assú et le Rio Sucuri ; par la rive gauche, le Rio Sorocaba et le Rio Lanções. Cette rivière forme un nombre considérable de cascades, dont les plus remarquables portent les noms de : Cangueira, Juri-Mirim, Araranhandúba, Itanhaem, Tiririca, Machado, Itaguaçaba, Itaguaçaba-Mirim, Pirapó-Pequeno, Pirapó-Grande, Bejuhi, Pilões, Garcia, Mathias-Peres, Itapêma, Itapêma-Mirim, Pederneira, Itahi, Ilha-Pequeno, Baranhão, Esteirão, Pitundúba, Itapuia, Baurú, Baruriu-

Mirim, Baruriu-Assú, Sapezal, Congonhas, Vamicanga, Tambari-Tiririca, Tambaú-Assú, Tambaú-Mirim, Comboia-Vaca, Campo, Avanhandava-Mirim, Avanhandava-Assú, Escaramuça, Utupanêma, Ilha, Matto-Secco, Ondas-Pequenas, Ondas-Grandes, Funil-Pequeno, Funil-Grande, Araracanguá-Assú, Utupêba, Guaicuritúba-Mirim, Itupira, Tres-Irmãos, Itapura-Mirim et Itapura-Grande.

On peut citer encore : le Rio da Cachoeira, qui se jette dans la baie de Paranaguá, vis-à-vis Antonina ; le Rio Canoinhas, qu'on trouve entre la province de Paraná et celle de Santa-Catharina ; le Rio Cubatão, affluent de la baie de Paranaguá ; le Rio Nhumdiaquára, aussi tributaire de la baie de Paranaguá ; le Rio Pepiriguassú, qui se verse dans le Rio Pelotas et le Rio Santo-Anastacio, tributaire du Rio Paraná, par la rive gauche.

Iles. — Les îles les plus remarquables sur la côte sont : Bom-Abrigo, Coral et Cotinga.

Bom-Abrigo. — Cette île a environ six kilomètres de longueur et gît par 25° 6′ 49″ de latitude Sud et 50° 17′ 51″ de longitude Ouest, près de la baie de Cananéa ou de Tarapandê.

Coral. — Cette île est au Sud-Sud-Est de Paranaguá par 25° 45′ 49″ de latitude et 50° 50′ 20″ de longitude.

Cotinga. — Cette île, qui a dix kilomètres de l'Est à l'Ouest sur six de largeur, est sise près de la baie de Paranaguá.

Colonisation. — La province de Paraná possède deux colonies. Une troisième, dont l'établissement aura lieu près d'Assunguy, est à l'étude.

Theresa. — La colonie Theresa, dont le développement est lent, est presque uniquement composée de

Brésiliens. Les cultures principales de cette colonie sont celles de canne à sucre, de riz et de tabac.

Superagui. — La colonie de Superagui, fondée en 1822, prend chaque année de nouveaux développements, sans avoir reçu aucune subvention du gouvernement. Cette colonie est située entre Paranaguá et Cananéa, communique avec cette dernière ville par la baie du même nom, et avec Paranaguá par le chemin qui va à Iguape et à Santos. Elle a une étendue de cinq cents kilomètres carrés, et contient environ cinq cents habitants. Les progrès de la culture dans cette colonie permettent l'exportation de marchandises diverses pour une somme d'environ vingt contos de reis. Le café et l'eau-de-vie de canne à sucre sont les principaux produits exportés.

Routes. — Les routes les plus importantes de la province sont celles de : Antonina, Graciosa, Tropas, Assunguy et Matta.

Villes. — Les villes les plus remarquables de la province sont : Curityba, *capitale*, Antonina, Cananéa, Castro, Guarapuáva, Guaratúba, Morretès, Palmeiras, Paranaguá, São-José-dos-Pinhaes et Villa-do-Principe.

Curityba. — La ville de Curityba ou Coritiba, qui a le titre de *cidade*, fut fondée en 1654. Elle est située par 25° 51' 42" de latitude Sud et 51° 56' de longitude Ouest. Elle a une forme presque ronde, et est bâtie dans la partie basse d'une vaste plaine ondulée qui est bornée du Nord Est au Sud par la Serra de Cubatão ou de Paranaguá. Cette ville est à cinq cents kilomètres de São-Paulo. Son commerce consiste surtout en bestiaux, porcs, chevaux et maté. On y remarque les

30

églises Nossa-Senhora-da-Luz, Nossa-Senhora-do-Rosario et São-Francisco-de-Paula. Les pêchers, les pommiers, en général tous les arbres fruitiers d'Europe y viennent bien. Les rues larges et régulières sont presque toutes pavées. La place publique, grande et carrée, est couverte de gazon.

Antonina. — La ville d'Antonina fut fondée en 1797. C'est une petite ville peu animée, mais qui sert d'escale aux bateaux à vapeur du Sud et acquiert ainsi une certaine importance commerciale par ses envois à Rio-de-Janeiro. Elle est sur la baie Itapemá, au fond et sur la rive méridionale du golfe de Paranaguá, sur un petit promontoire en face de l'embouchure du Rio Cachoeira et du Rio Nhundiaquára, par 25° 29′ de latitude et 51° 2′ de longitude, à quatre cent quatre-vingts kilomètres de São-Paulo. Son église principale est Nossa-Senhora-do-Pilar. Il y a une route de cette ville à Curityba.

Cananéa. — La ville de Cananéa est près de l'Océan, sur la baie de Cananéa ou de Tarapandê, à trois cent trente kilomètres de São-Paulo, par 25° 5′ de latitude Sud et 50° 26′ de longitude Ouest. On y fait commerce de riz, café, sucre, vanille, etc. L'église principale est sous l'invocation de São-João-Baptista. Les bateaux à vapeur de la ligne du Sud touchent à Cananéa.

Castro. — La ville de Castro est bâtie sur le Rio Japó ou Hiapó, à plus de cinq cent cinquante kilomètres de São-Paulo. Elle a pour église Santo-Amaro.

Guarapuáva. — La ville de Guarapuáva est près du Rio Iguassú, sur la route de São-Pedro, à quatre cent quatre-vingts kilomètres au Sud-Ouest de São-Paulo. Son église paroissiale est Nossa-Senhora-de-Belém.

GUARATÚBA. — La ville de Guaratúba ou Villa-Nova-de-São-Luiz, fondée en 1656, n'a d'importance que par le golfe sur le bord méridional duquel elle est bâtie. La baie de Guaratúba s'étend du Nord au Sud-Ouest, et a seize kilomètres de longueur. Elle communique avec la mer par un canal étroit appelé Barra-do-Sul. Des montagnes boisées s'élèvent autour de la baie, qui n'est séparée de la mer que par une étroite bande de terre couverte de mangliers, derrière lesquels se trouvent de grands bois. La baie de Guaratúba reçoit un grand nombre de cours d'eau dont les plus importants sont : le Rio Cubatão-Grande, le Rio Cubatão-Pequeno et le Rio de São-João. Quelques îles parsèment la baie ; elles sont presque toutes composées de terres marécageuses et couvertes de mangliers. L'île do Rato et l'île da Pescaria sont susceptibles de culture ; l'île dos Papagaios est couverte de perroquets, et celle dos Guarás contient un grand nombre d'*Ibis rubra ;* c'est de ces oiseaux, d'un rouge éclatant et qu'on appelle *guarás*, que l'île a pris son nom. La ville de Guaratúba se trouve à six kilomètres de la mer et à quatre cent trente au Sud-Ouest de São-Paulo, par 25° 52′ 25″ de latitude ; elle fut déclarée *villa* en 1771. On en exporte du riz, du manioc et des planches.

MORRETÈS. — La ville de Morretès est sise sur les rives du Rio Nhundiaquára, affluent de la baie de Paranaguá au Sud des monts Cubatão. On y fait commerce de sucre et de maté.

PALMEIRAS. — La petite ville de Palmeiras est tout près du Rio Castelhano. Son commerce consiste surtout en bestiaux. On trouve des mines de mercure dans ses environs.

Paranaguá. — La ville de Paranaguá fut fondée en 1573 et déclarée *villa* en 1640. C'est sur son territoire que pour la première fois on découvrit de l'or au Brésil. Dès l'an 1578, des terrains aurifères y étaient explorés. Les édifices et les maisons sont entièrement construits en pierres. Les rues principales, bien alignées, sont parallèles à la rivière et reliées entre elles par d'autres rues fort courtes. Les maisons sont proprement tenues, mais n'ont en général que le rez-de-chaussée. La douane, le théâtre, la chambre municipale et l'hôpital sont dignes d'attention. La principale église est celle de Nossa-Senhora-do-Rosario ; on en distingue encore trois autres. La ville de Paranaguá est à trois cent soixante kilomètres de São-Paulo, à quinze de la mer, et renferme environ huit mille habitants. Son principal commerce consiste en bois, riz, farine de manioc, chaux et café. En décrivant les côtes, nous avons parlé de la baie de Paranaguá. (Voir page 59.)

São-José-dos-Pinhaes. — La ville de São-José-dos-Pinhaes est près de la province de Santa-Catharina, à quinze ou seize kilomètres au Sud-Est de Curityba. Son église a pour patron São-José.

Villa-do-Principe. — La ville nommée Villa-do-Principe ou Villa-Nova-do-Principe, ou encore Santo-Antonio-da-Lapa, est à soixante kilomètres au Nord-Est de Curityba, sur la route de Santa-Catharina, par 25° 16′ 30″ de latitude Sud. Cette localité fut créée *villa* en 1806. On en exporte du lin, du maïs, des bestiaux, des chevaux et des mulets.

Armée. — On trouve dans la province de Paraná un assistant de l'adjudant général de l'armée, un capi-

taine d'état-major commandant la forteresse de Paranaguá et un corps fixe de garnison.

PROVINCE DE PERNAMBUCO. — La province de Pernambuco est située entre 7° et 15° de latitude méridionale. Elle a mille trois cents kilomètres environ du
Nord au Sud, et six cent vingt-cinq de l'Est à l'Ouest ;
son étendue est de deux cent soixante-quatorze mille
kilomètres carrés. Elle est bornée au Nord par les provinces de Ceará, Rio-Grande-do-Norte et Parahyba-do-
Norte ; à l'Ouest, par celles de Piauhy et de Goyáz ; au
Sud, par celles de Bahia et d'Alagôas ; et à l'Est par
l'Océan. Elle a plus de cent kilomètres de côtes entre
7° 32' et 8° 50'. Les principaux ports sont : Olinda,
Recife, Tamandaré, Goyanna et Itamaracá.

Le climat de cette province est varié et très-sain,
malgré l'élévation moyenne de la température. Le sol
est fertile et fournit en abondance des bois précieux,
tels que le cèdre, le jacarandá ou bois de rose, le sapu-
caia, le condurú, le massarandúba, le coração-de-
negro, le sicupira, le páo-d'arco, l'imbirba, le páo-
ferro, le piliá-marfim, l'amarello, le louro et d'excellent *bois du Brésil.*

Longtemps la province de Pernambuco fut la troisième dans l'ordre des produits de la douane ; elle a
aujourd'hui conquis le second rang, en prenant la
place de la province de Bahia, après laquelle elle était
demeurée jusqu'à ces dernières années.

La province de Pernambuco est divisée, depuis le
18 août 1860, en cinq districts électoraux, savoir :
Recife, Nazareth, Cabo, Caruarú et Villa-Bella.

Montagnes. — Les montagnes principales sont : la

Serra Araripe, la Serra Borborêma, la Serra dos Cairiris, et la Serra Russas.

Serra Araripe. — (Voir page 340.)

Serra Borborêma. — Cette chaîne très-étendue court
du Nord au Nord-Est et se divise en plusieurs rameaux
qui portent des noms particuliers.

Serra dos Cairiris. — Ces montagnes courent de
l'Ouest au Nord près de la rive gauche du Rio São-
Francisco ; elles renferment beaucoup d'animaux fossiles et des ossements très-grands. Un rameau de cette
chaîne, appelé Serra-dos-Cairiris-Velhos, est entre le
Rio Parahyba-do-Norte et le Rio Caparibe.

Serra Russas. — Cette Serra est à quatre-vingt-dix
kilomètres à l'Ouest de Recife. Elle est traversée par la
route de Recife à São-Francisco-do-Norte.

On distingue encore : la Serra d'Agua-Branca, la
Serra Arispe, la Serra da Barriga, la Serra Comunati,
la Serra Olho-d'Agua, la Serra Negra, le Pão-d'Assucar,
la Serra Priáca, la Serra Pedra-Bonita, la Serra Rapoza,
la Serra Sellada, la Serra Taquaratinga, etc.

Cours d'eau. — Les cours d'eau les plus remarquables
sont : le Rio Caparibe, le Rio Goyanna, le Rio Iguaraçú
ou Higuarassú, le Rio Ipojuca et le Rio Serinhaem ou
Serenhem.

Rio Caparibe. — Le Rio Caparibe naît dans la Serra
Cairiris-Velhos ; il a un cours de trois cent soixante
kilomètres de l'Ouest au Nord-Est, pendant lequel il
reçoit le Rio Paraná-Mirim, puis se divise en deux bras,
dont l'un, le plus petit, entre dans l'Océan au port dos
Affogados, et le second, plus considérable, se mêle à la
mer et au Rio Biberibe, près de Recife.

Rio Govanna. — Ce fleuve est formé par la jonction du Rio Tracunhaem et du Rio Capibaribe. (Voir page 44, à la note.) Son embouchure est à quinze kilomètres au Nord d'Itamaracá, entre les pointes des Pedras et dos Coqueiros, par 7° 32' de latitude Sud et 37° 8' de longitude Ouest.

Rio Iguaraçú. — Ce petit fleuve se forme par la réunion du Rio Ottinga, du Rio Pitanga et du Rio Taipé. Il est navigable pour les petites embarcations jusqu'à Iguaraçú, et pour les canots très-avant dans les terres.

Rio Ipojuca. — Ce cours d'eau a sa source dans la Serra dos Cairiris-Velhos; il traverse des terres fertiles et se verse dans l'Océan par 8° 23' de latitude et 37° 18' de longitude, au Sud et près du cap Sant'Agostinho.

Rio Serenhem. — Ce fleuve, dont le cours est de plus de cent cinquante kilomètres de l'Ouest à l'Est, reçoit le Rio Ceribó et se jette dans la mer vis-à-vis des îles Sant'Aleixo.

On peut encore citer : 1° le Rio Pirapama ; 2° le Rio Arrojado, qui naît dans la Serra Paranan et se verse dans le Rio Correntes; 3° le Rio Biberibe, qui a sa source à l'Ouest d'Olinda et dont les eaux alimentent la ville de Recife; 4° le Rio Catuáma, tributaire du canal du même nom, entre le continent et l'île Itamaracá ; 5° le Rio Formoso, qui débouche entre les îles Sant' Aleixo; 6° le Rio Jaboatão, qui se verse dans la mer avant le Rio Parapamba, dans la baie Jangada ; 7° le Rio Maracahipe, dont la direction est de l'Ouest à l'Est, et qui entre dans l'Océan à six kilomètres au Nord des îlots Sant'Aleixo; 8° le Rio Massarandúba, qui naît à l'Ouest de Goyanna et entre dans l'Océan par le canal Catuáma.

Iles. — Les principales îles sont celles de Sant'Aleixo et l'île Itamaracá. L'île Itamaracá, située à cinq kilomètres de la côte, possède d'importantes salines. Cette île a une longueur de dix-sept kilomètres sur une largeur de neuf. On y trouve une petite localité appelée Macaxeira, dont l'église est dédiée à Nossa-Senhora-dos-Prazeres.

Agriculture. — La culture est assez perfectionnée dans la province de Pernambuco. Le coton y est d'une qualité très-estimée. La canne à sucre et le café donnent d'excellents produits. L'eau-de-vie de canne à sucre est la source d'un commerce important. Les habitants excellent dans la fabrication de différentes confitures de fruits. On fait aussi une boisson fermentée appelée vin de *Cajú*, qui se vend très-bien dans la province.

Il est bien désirable qu'un recensement exact de la population soit entrepris, afin d'apprécier les produits de la province dans leur relation avec le nombre des habitants, et surtout pour mettre en pratique les idées si bien exposées par M. João-Francisco-Xavier Paes Barreto, dans le travail statistique qu'il a publié en 1857, sur la freguezia de Jaboatão, où la culture de la canne à sucre est très-développée, et sur laquelle est située le remarquable *engenho* Caraúna, où l'on trouve des terres admirablement cultivées et des bâtiments ruraux très-bien appropriés aux nécessités tropicales.

Chemin de fer. — Pour les communications intérieures, cette province possède un chemin de fer du Recife au Val-de-São-Francisco. La première section de cette ligne a été livrée à la circulation en 1858; une autre section a été ouverte à la fin de 1860.

Voitures. — Des lignes d'omnibus font un service journalier entre Recife, Cachangá, Jaboatão, Olinda, Passagem, Varzea et Apipucos.

Commerce. — Le commerce de la province de Pernambuco avec l'Europe est considérable et tend de jour en jour à s'accroître. Nous donnons ici, pour l'utilité de nos lecteurs, le prix des marchandises qui sont l'objet du commerce de la place du Recife.

Cours des principaux produits de la province de Pernambuco sur la place du Recife.

DÉSIGNATION	MESURES DE VENTE		COURS	
	BRÉSILIENNES.	FRANÇAISES.	EN REIS.	EN FRANCS.
Alcool.	canada.	1¹.4125	1.800	4 68
Biscuit de mer fin.	arroba.	14ᵏ 686	7.000	18 20
— — ordinaire. .	—	—	4.000	10 40
Bois dit du Brésil.	quintal.	58ᵏ.745	10.000	26 »
Café bon.	arroba.	14ᵏ.686	7.500	19 50
— trié.	—	—	5.000	13 »
— torréfié.	livre.	0ᵏ.459	300	» 78
Charbon de bois.	arroba.	14ᵏ.686	1.600	4 16
Chaux ordinaire.	—	—	300	» 78
— blanche.	—	—	400	1 04
Cigares.	le cent.	—	2.100	5 46
Cire de Carnauba.	livre.	0ᵏ.459	280	» 75
Confitures en gelée. . .	—	—	400	1 04
— sèches. . . .	—	—	1.000	2 60
Coton en fruit.	arroba.	14ᵏ.686	2.100	5 46
— en rame.	—	—	8.000	20 80
Cuirs de bœuf salés. . . .	livre.	0ᵏ.459	225	» 59
— — secs. . .	—	—	400	1 04
— — verts. . . .	—	—	150	» 39
— de chèvre	l'un.	—	500	» 78
— de tigre ou d'once. .	—	—	10.000	26 »
Eau-de-vie caxaça.	canada.	1¹.4125	450	1 17
— de canne . . .	—	—	1.000	2 60
— de genièvre. . .	canada.	1¹.4125	1.000	2 60
Étoupe.	arroba.	14ᵏ.686	1.600	4 16

DÉSIGNATION	MESURES DE VENTE		COURS	
	BRÉSILIENNES.	FRANÇAISES.	EN REIS.	EN FRANCS.
Farine de Manioc.....	alqueire.	13¹.80	2.400	6 24
— de Arow-root....	arroba.	14ᵏ.686	8.000	20 80
Gomme............	—	—	3.200	8 32
Haricots..........	—	—	1.250	3 25
Huile d'Amendoïm.....	canada.	1¹.4125	2.000	5 20
— de coco.......	—	—	1.600	4 16
— de Mamòna....	—	—	1.120	2 91
Ipécacuanha (racine)....	arroba.	14ᵏ.686	25.000	65 »
Madriers de bois Amarello..	l'un.		16.000	41 60
— — Louro...	—		8.000	20 80
Maïs............	arroba.	14ᵏ 686	1.000	2 60
Miel de canne........	canada.	1¹.4125	240	» 63
Nattes pour navires.....	le cent.		24.000	62 40
Noix de coco........	—		4.000	10 40
Pierres à aiguiser.....	l'une.		800	2 08
— à filtrer.....	—		9.000	23 40
— à broyer......	—		1.120	2 91
Planches de bois Amarello..	la douzaine.		96.000	249 60
— — divers...	—		40.000	104 »
Plumeaux grands.....	l'un.		3.000	7 80
— petits......	—		1.500	3 90
Pommes de terre.....	arroba.	14ᵏ 686	1.000	2 60
Riz brut..........	—	—	900	2 34
— décortiqué.......	—	—	2.500	6 50
Sabots de bœuf......	le cent.		300	» 78
Salsepareille........	arroba.	14ᵏ 686	25.000	65 »
Savon...........	livre.	0ᵏ.459	120	» 31
Sucre blanc........	arroba.	14ᵏ.686	4.100	10 66
— blond.......	—	—	2.500	6 50
— raffiné.......	—	—	6.400	16 64
Tabac en feuilles bon....	—	—	15.000	39 »
— — ordinaire.	—	—	7.000	18 20
— rôle......	—	—	16.000	41 60
Tapioca...........	—	—	3.500	9 10
Viande sèche.......	—	—	4.000	10 40
Vinaigre..........	canada.	1¹.4125	280	» 73

Pendant l'exercice 1859-1860, l'exportation des marchandises s'est élevée à un chiffre de 11,105,818,140 reis, soit 28,875,127 francs 16 centimes.

Villes. — Les principales villes de la province sont : Recife, *capitale*, Bonito, Brejo-da-Madre-de-Deos, Cabo-de-Santo-Agostinho, Conceição-de-Itamaracá, Garanhuns, Goyanna, Iguaraçú, Limoeiro, Nazareth-das-

Matas, Olinda, Pajehú-de-Flores, Páo-d'Alho, Rio-Formoso, Santo-Antão, Serenhem et Symbres.

Recife. — La ville de Recife est une des plus fortes et
des plus riches du Brésil. Elle possède une population
de près de cent mille âmes. Elle est sise par 8° 3′ 27″
de latitude Sud et 37° 12′ 4″ de longitude Ouest, à près
de deux mille kilomètres au Nord-Est de Rio-de-Janeiro.
Cette ville est divisée en trois parties : le Recife,
Santo-Antonio et Boa-Vista ; Recife est le port, sur une
bande de terre ; Santo-Antonio est le siége de l'administration de la province, dans une île du Rio Caparibe ;
Boa-Vista est sur la terre ferme. Ces différents quar-
tiers sont reliés par des ponts. La température de
Recife est généralement élevée, surtout la nuit et jusqu'à neuf ou dix heures du matin. Vers cette heure et
après quelques instants d'un calme pénible, la brise de
mer vient rafraîchir l'air jusqu'au coucher du soleil.

Les forts Brun, do Buraco, do Picão et das Cinco-
Pontas, défendent la ville par terre et par mer.

Les monuments les plus remarquables sont : le palais
du Président, le palais épiscopal, l'hôpital de la Miséri-
corde, l'hôpital D. Pedro II, l'hôpital militaire, les
Arsenaux de marine et de guerre, la Douane, l'Aqueduc qui amène l'eau du Rio da Prata à la ville, le
Théâtre, le Gymnase, la Maison de détention et le
Cimetière public. Ces deux derniers établissements
passent pour les plus beaux et les plus remarquables
du Brésil. La ville de Recife est depuis 1676 le siége
d'un évêché ; on y trouve un tribunal de *Relação* ou
Cour d'appel, un Tribunal de commerce, une Faculté
de droit, une succursale de la Banque du Brésil, etc.

Les principales Compagnies publiques, érigées en
Sociétés anonymes, sont : 1° la Compagnie *do Biberibe*,
autorisée par la loi du 14 juillet 1857, pour la fourni-
ture d'eau potable nécessaire à la consommation de la
ville; 2° la Compagnie *Pernambucana*, établie par décret du 31 janvier 1853, avec le privilége, pendant
vingt années, de la navigation à vapeur entre Recife et
Fortaleza; 3° la Compagnie du chemin de fer du *Recife*
au *Val-de-São-Francisco;* 4° la Compagnie d'éclairage
au gaz, qui est en voie de grande prospérité. Une autre
Compagnie de chemin de fer, du *Val do Una* à *Tamun-
daré*, a été autorisée par décret du 28 septembre 1857.
Les concessionnaires sont : MM. Dr Luiz de Carvalho
Paes de Andrade, Antonio Marques de Amorim, et
H. A. Millet. Ils ont fait commencer les travaux gra-
phiques. Les actions de l'entreprise sont de cent mille
reis chacune, réalisables en dix versements, entre lesquels il y aura un délai d'au moins trois mois.

Pendant ces dernières années, l'instruction publique
a pris un grand développement. Les écoles primaires
ont adopté la méthode de lecture de M. Castilho, et en
ont obtenu de bons résultats. Les écoles secondaires, le
Collége, les Arts et le Gymnase ont subi d'utiles ré-
formes dont les heureux effets sont déjà appréciés.

Les églises les plus dignes d'intérêt sont : Corpo-
Santo, São-Pedro-Gonçalves, Espirito-Santo, Santissimo-
Sacramento-de-Santo-Antonio, Sacramento-de-Boa-Vista
et quelques autres.

Bonito. — La ville de Bonito est située entre le Rio
Una et les sources du Rio Serenhaem, à cent vingt kilo-
mètrés Sud-Ouest de Recife. Elle fut créée *villa* par une

loi du 12 avril 1859. Son principal commerce consiste en coton et bestiaux.

BREJO-DA-MADRE-DE-DEOS. — La petite ville de Brejo-da-Madre-de-Deos est bâtie sur la rive droite du Rio Caparibe, à deux cents kilomètres à l'Ouest de Recife.

CABO-DE-SANTO-AGOSTINHO. — La ville de Cabo-Santo-Agostinho ou Tamandaré, créée le 15 janvier 1810, est à seize kilomètres au Sud de Recife, près du cap Sant' Agostinho. Son port, l'un des meilleurs de la province, est abrité contre les vents du Sud et du Sud-Ouest, mais ils sont exposés à ceux du Nord-Est. Une coupure du récif forme l'entrée de cette baie, qui reçoit le Rio Tamandaré, navigable seulement pour les pirogues. On y trouve en tous temps au moins quatre à six brasses d'eau. Cette ville fait un assez grand commerce d'eau-de-vie et de sucre. Elle est défendue par un fort qui gît, d'après les observations de M. Motet, capitaine de frégate, par 8° 45′ de latitude et 57° 25′ de longitude.

CONCEIÇÃO-D'ITAMARACÁ. — La ville de Conceição-d'Itamaracá, fondée en 1555, est élevée sur le bord occidental de l'île Itamaracá, près du Rio Iguaraçú. On y remarque l'église de Nossa-Senhora-da-Conceição-de-Itamaracá.

GARANHUNS. — La ville de Garanhuns ou Guaranhuns est située dans la Serra du même nom, à deux cent quatre-vingt-dix kilomètres au Sud-Ouest de Recife. Elle fut élevée au rang de *villa* le 15 janvier 1810. Son église a pour patron Santo-Antonio-de-Guaranhuns. Le principal commerce de cette ville consiste en coton, chevaux et bestiaux.

GOYANA. — La ville de Goyana ou Goyanna est assez

importante. Dès 1785 elle reçut le titre de *villa*, et en 1840 celui de *cidade*. Elle est bâtie dans une plaine traversée par un grand nombre de rivières, dont les principales sont : le Rio Tracunhaem, le Rio Capibaribe et le Rio Mirim. Ces cours d'eau se réunissent un peu au-dessous de la ville et forment le Rio Goyana. Le port de Goyana est à douze kilomètres de la mer. Cette ville compte près de dix mille habitants. On y remarque les églises de Nossa-Senhora-do-Rosario-de-Goyana, Senhor-dos-Martyres, Nossa-Senhora-do-Patrocinio, Nossa-Senhora-do-Rosario. Nossa-Senhora-da-Soledade. Le coton, le sucre, l'eau-de-vie, les cuirs, les bois de construction et de menuiserie sont l'objet d'un grand commerce dans cette localité.

Iguaraçú. — La ville d'Iguaraçú ou Iguarassú, ou Higuaraçú, s'élève sur la rive du fleuve du même nom, par 7° 49′ de latitude Sud et 57° 17′ de longitude Ouest, à quatre kilomètres de la mer et à vingt kilomètres au Nord-Nord-Est d'Olinda. Elle porte le titre de *leal villa*. On y trouve un hôpital et une église assez remarquable dédiée à São-Cosme-e-São-Damião. Le commerce consiste principalement en sucre.

Limoeiro. — La ville de Limoeiro est à quatre-vingts kilomètres de Recife, sur la rive Nord du Rio Caparibe. Elle possède un marché par semaine et exporte beaucoup de coton. Sa principale église est sous l'invocation de Nossa-Senhora-da-Expectação.

Nazareth-das-Matas. — La ville de Nazareth-das-Matas est située à peu de distance du Rio Tracunhaem, à près de soixante kilomètres au Nord-Ouest de Recife. Son église est dédiée à Nossa-Senhora-de-Nazareth-das-

Matas. Le commerce consiste principalement en coton et sucre.

OLINDA. — La ville d'Olinda est tout près de Recife, par 8° 0' 59" de latitude méridionale, et 37° 11' 3" de longitude occidentale ; elle a environ douze mille habitants; elle possède un jardin botanique et une bibliothèque. L'église cathédrale est dédiée à São-Salvador-d'Olinda. Cette ville a porté dans l'origine le nom de Marim ou Mair-Y.

PAJEHÚ-DE-FLORES. — La petite ville de Pajehú ou Pajeú-de-Flores, érigée à ce rang le 15 janvier 1810, est bâtie près de la Serra Araripe, à peu de distance de la source du Rio Pajehú.

PÁO-D'ALHO. — La ville de Páo-d'Alho s'élève sur la rive droite du Rio Caparibe, à quarante-cinq kilomètres à l'Ouest-Sud-Ouest d'Olinda. Ses églises principales sont : Espirito-Santo et Nossa-Senhora-do-Rosario. Le commerce de cette ville consiste surtout en coton et sucre.

RIO-FORMOSO. — La ville de Rio-Formoso gît par 8° 39' 40" de latitude Sud et 37° 24' 57" de longitude Ouest. Elle est à sept ou huit kilomètres de la mer et à soixante kilomètres de Recife, sur la rive gauche du Rio-Formoso. Elle possède une église dédiée à Nossa-Senhora-da-Conceição. Son commerce en sucre, coton et eau-de-vie est assez étendu.

SANTO-ANTÃO. — La ville de Santo-Antão, située sur le Rio Tapacora, affluent du Rio Capibaribe, est à cinquante kilomètres à l'Ouest-Sud-Ouest de Recife et à quarante kilomètres de la mer. Il se tient dans cette ville un marché toutes les semaines. Elle fait un grand commerce de coton et sucre. Son église est dédiée à Santo-Antão.

SERENHEM. — La ville de Serenhem ou Serenhaem, ou Villa-Formosa, est très-ancienne et située sur la rive gauche du Rio Serenhem. Cette ville est plus connue sous le nom de Serenhem que sous celui de Formosa; ce dernier nom lui avait été donné en 1627, quatre ou cinq ans avant que les Hollandais s'en emparassent. Elle est située par 8° 34′ de latitude Sud et 57° 28′ de longitude Ouest. On y trouve plusieurs églises et un couvent de Franciscains.

SYMBRES OU ORONOBA. — La ville de Symbres ou Oro-roba est à deux cent cinquante kilomètres à l'Ouest de Recife. Son église est dédiée à Nossa-Senhora-do-Monte. Cette ville fait un commerce étendu de coton, et dans les environs on élève beaucoup de bestiaux.

Armée. — L'armée brésilienne est représentée dans la province de Pernambuco par un lieutenant général, commandant des armes de la province; un maréchal de camp, inspecteur de l'infanterie; un lieutenant-colonel d'état-major, directeur de l'arsenal de guerre; un colonel d'état-major, commandant le fort Buraco; un major d'état-major, commandant le fort Tamandaré; deux capitaines d'état-major, dont l'un commande le fort d'Itamaracá et l'autre le fort Páo-Amarello; un lieutenant d'état-major, adjudant des forts de Gaibú et de Nazareth; un lieutenant-colonel du corps des Ingénieurs; un bataillon d'artillerie à pied; une compagnie d'ouvriers d'administration (artifices); une compagnie fixe de cavalerie et trois bataillons d'infanterie légère.

PROVINCE DE PIAUHY. — La province de Piauhy est

limitée au Nord par l'Océan et la province de Ceará ; à l'Ouest par la province de Maranhão ; au Sud et à l'Est par celles de Goyáz et de Pernambuco. Elle est située entre 2° 30′ et 11° de latitude Sud. Sa longueur du Nord au Sud est de neuf cent soixante-dix kilomètres sur une largeur, de l'Est à l'Ouest, de près de six cents kilomètres ; sa superficie est d'environ deux cent quatre-vingt-dix mille kilomètres carrés.

Le sol de cette province est montagneux au Sud et à l'Ouest, et offre de vastes plaines au Nord ; il est généralement fertile. Le climat est très-chaud mais salubre. Le bétail forme la principale richesse de cette contrée.

Montagnes. — Les montagnes les plus remarquables de cette province sont la Serra dos Cocos, la Serra Alegre, la Serra Gurguéa et la Serra Vermelha.

Cours d'eau. — Les plus remarquables cours d'eau de la province de Piauhy sont : le Rio Paranahyba-do-Norte, le Rio Canindé, le Rio Gurguéa et le Rio Poti.

Rio Paranahyba-do-Norte. — (*Voir page* 101.)

Rio Canindé. — Cette rivière a sa source dans la Serra dos Dois-Irmãos ; elle reçoit le Rio Piauhy et se verse dans le Rio Paranahyba.

Rio Gurguéa. — Ce cours d'eau, qui est très-étendu, reçoit, avant de s'unir au Rio Paranahyba, le Rio Parahim par la rive droite.

Rio Poti. — Le Rio Poti ou Puti, ou Caratheuz, fait de nombreuses cascades ; il reçoit le Rio Macambira, le Rio Marvão, le Rio São-Victor et le Rio Sambita, puis se jette dans le Rio Paranahyba par la rive droite, après un cours de plus de trois cents kilomètres.

On peut citer encore : le Rio Maratahoan ; le Rio

Marvão, affluent du Rio Poti, à soixante kilomètres au-dessus de la cascade do Bom-Jesus; enfin le Rio São-Victor, autre affluent du Rio Poti, qui, pendant un cours de cent cinquante kilomètres, reçoit le Rio São-Nicolào, le Rio Catinguinha, le Rio da Lagôa et le Rio Berlengas.

Les lacs les plus importants sont : le lac Paranahúhá ou Pernaguá, qui est très-poissonneux et a douze kilomètres de longueur sur cinq de largeur ; le lac São-Domingos, dont la circonférence est de trente kilomètres environ.

villes. — Les principales villes de la province sont : Theresina, *capitale*, Campo-Maior, Jaicós, Jerumenha, Marvão, Oeiras, *ancienne capitale*, Parnaguá ou Pernaguá, Paranahyba, Piracrúca, Principe-Imperial, São-Gonçalo-d'Amarante et Valença.

Theresina. — La ville de Theresina, aussi appelée Poti, Puti ou Villa-do-Poty, est depuis peu de temps capitale de la province. Cette localité, assez importante par son commerce, est à cent cinquante kilomètres au Nord d'Oeiras, sur la rive gauche du Rio Paranahyba et au confluent du Rio Poti. On en exporte beaucoup de coton. L'église la plus remarquable est Nossa-Senhora-do-Amparo.

Campo-Maior. — La ville de Campo-Maior est bâtie sur les rives du Rio Surubim, près d'un lac très-poissonneux, à près de quatre cents kilomètres au Nord-Est d'Oeiras, à cinquante du Rio Paranahyba et à dix du Rio Longá. Le commerce des bestiaux est le principal de la localité. Les églises principales sont : Santo-Antonio et Nossa-Senhora-do-Rosario.

Jaicós. — La ville de Jaicós ou Jahicós est à l'Est-Sud-Est d'Oeiras, à une distance d'environ cent vingt kilomètres. Son église est sous l'invocation de Nossa-Senhora-das-Mercês.

Jerumenha. — La ville de Jerumenha se trouve sur la route de Goyáz à Oeiras, à cent cinquante kilomètres à l'Ouest-Sud-Ouest d'Oeiras, sur la rive droite du Rio Gurguéa. Cette localité possède, depuis 1718, le titre de *villa*. On y trouve du coton, du tabac, du maïs, du riz, etc. L'église paroissiale est nommée Santo-Antonio ou Nossa-Senhora-do-O'.

Marvão. — La ville de Marvão ou Rancho-do-Prato est près de la rivière du même nom, à plus de cent kilomètres à l'Est-Sud-Est de Campo-Maior et à deux cent soixante au Nord-Est d'Oeiras. On y fait commerce de bestiaux. Son église est dédiée à Nossa-Senhora-do-Desterro. Aux environs de cette ville, il y a des mines d'argent.

Oeiras. — La ville d'Oeiras ou Mocha a le titre de *cidade;* elle doit son nom au marquis de Pombal, comte d'Oeiras; elle est par 7° 5' de latitude Sud et 46° 30' de longitude Ouest, à six cent cinquante kilomètres au Sud de l'embouchure du Rio Paranahyba, à seize cents au Nord de Rio-de-Janeiro et à sept cent vingt au Sud-Sud-Est de Maranhão. Les bestiaux y sont l'objet d'un grand commerce. On y trouve les églises Nossa-Senhora-da-Victoria, Nossa-Senhora-do-Rosario et Nossa-Senhora-da-Conceição. La ville d'Oeiras fut jusqu'à ces derniers temps *capitale* de la province.

Parnaguá. — La ville de Parnaguá ou Pernaguá est bâtie sur les bords du lac du même nom. On y fait commerce de sucre, de chevaux, de mulets, de haricots, de tabac, de maïs, etc. Cette ville, qui remonte à 1718, possède une église sous l'invocation de Nossa-Senhora-do-Livramento.

PARANAHYBA. — La ville de Paranahyba ou Parnahyba est sur la rive droite du fleuve de son nom, à trente kilomètres de la mer. Les bestiaux et les cuirs sont les articles principaux du commerce de cette localité. Elle possède les églises Nossa-Senhora-da-Graça et Nossa-Senhora-do-Rosario, et compte environ dix mille habitants.

PIRACRÚCA. — La ville de Piracrúca, bâtie sur les bords du Rio Piracrúca ou Piracurúca, fait commerce de coton, de manioc et d'eau-de-vie. Son église est Santa-Theresa.

PRINCIPE-IMPERIAL. — La ville de Principe-Imperial se trouve à trois cent vingt kilomètres au Nord-Est d'Oeiras, à vingt-cinq au-dessus de la cascade du Rio Poti. Les bestiaux y sont un important article de commerce.

SÃO-GONÇALO-D'AMARANTE. — La ville de São-Gonçalo-d'Amarante est à trente kilomètres de l'embouchure du Rio Canindé, dans le Rio Paranahyba-do-Norte, à cent kilomètres environ au Nord d'Oeiras. On exporte beaucoup de coton de cette ville.

VALENÇA. — La ville de Valença, déclarée *villa* en 1718, porta autrefois le nom de Catinguinha. Cette ville est à cent vingt kilomètres au Nord d'Oeiras, près du Rio Catinguinha. On y fait commerce de riz, de manioc, de tabac, de bestiaux et de maïs. Sa principale église est Nossa-Senhora-do-O'.

Armée. La province de Piauhy possède un assistant

de l'adjudant-général de l'armée et un demi-bataillon de chasseurs.

PROVINCE DE RIO-GRANDE-DO-NORTE. — La province de Rio-Grande-do-Norte est située entre 4° 10′ et 6° 15′ de latitude Sud. Son étendue est évaluée à soixante-seize mille kilomètres carrés; sa longueur de l'Est à l'Ouest à plus de quatre cents kilomètres, et sa largeur du Nord au Sud à deux cents kilomètres.

Le sol de cette province est fertile, mais peu cultivé. Le climat est chaud et salubre.

La province de Rio-Grande-do-Norte est limitée au Nord par celle de Ceará; à l'Ouest, par celle de Pernambuco; au Sud, par celle de Parahyba-do-Norte, et à l'Est par l'Océan.

Montagnes. — Les montagnes principales de la province sont : la Serra Barriguda, renommée pour le coton qu'elle produit; la Serra Bonito; la Serra Cabello-Não-Tem ; la Serra Camello, qui a trente kilomètres de longueur; la Serra Campo-Grande, aux environs de Porto-Alegre; la Serra Canudos; la Serra Espinharas; la Serra Estrella ; la Serra Martins, située à trois cents kilomètres de Natal et qui a une étendue de trente-six kilomètres du Sud au Nord; la Serra Pattù; la Serra Panati, habitée par une tribu des Tupinambas; la Serra São-Cosme; la Serra Tibão, dont le sommet le plus élevé gît par 4′ 49′ 20″ de latitude Sud et 59° 58′ 5″ de longitude Ouest.

Cours d'eau. — Les plus remarquables cours d'eau de la province de Rio-Grande-do-Norte sont : le Rio Cunhaú, le Rio Massaranguape, le Rio das Piranhas et le Rio Grande-do-Norte.

Rio Cunhaū. — Ce fleuve, aussi appelé Guaramatahi, reçoit le Rio Gramació et entre dans la mer près de la baie Formosa. On travaille en ce moment (août 1861) à désobstruer l'embouchure de ce fleuve pour faciliter l'entrée des bateaux à vapeur.

Rio Massaranguape. — Le Rio Massaranguape naît près de Carnaubinha et se jette, après un cours peu étendu, dans la baie de son nom, au Sud du cap São-Roque.

Rio das Piranhas. — Ce fleuve a sa source dans la Serra des Cairiris; il reçoit le Rio do Peixe, le Rio Piancó et le Rio Seridó. Avant d'arriver à la mer, au Nord de la province, il se divise en trois branches auxquelles on donne les noms de Rio Amargosa, à l'Est; Rio Conchas, à l'Ouest; et Rio dos Cavallos, entre les deux premiers. Tous ces cours d'eau sont très-poissonneux.

Rio Grande-do-Norte. — *Voir page* 107.

On distingue encore le Rio Cururú; le Rio Guajahi, affluent du Rio Grande-do-Norte, par la rive gauche; le Rio Mipibú, qui se verse dans le lac Groahiras; le Rio Cará-Mirim, de la canalisation duquel on s'occupe.

Les lacs les plus remarquables sont: le lac Apanha-Peixe, situé près de la rive droite du Rio Appodi et qui a près de six kilomètres de circonférence; le lac Groahiras, qui a environ dix-huit kilomètres de longueur, reçoit le Rio Cururú, le Rio Mipibú, communique avec le lac Papari et avec le Rio Tarehiri et est très-poissonneux; le lac Pacco, sur les rives du Rio Appodi; et le lac Varges, qui a plus de dix kilomètres de longueur.

Iles. — On distingue près des côtes de la province plusieurs îles parmi lesquelles nous citerons: l'île Manoel, dans l'embouchure du Rio Appodi, et l'île Manoel-Gonçalves, près de l'embouchure du Rio Mossoró.

villes. — Les principales villes de la province sont : Natal, *capitale*, Angicos, Arêz, Extremoz, Goianinha, Maioridade, Porto-Alegre, Santa-Anna-dos-Matos, São-Gonçalo, São-José-de-Mipibú, Toiros, Villa-Flor, Villa-da-Princeza et Villa-Nova-do-Principe.

NATAL. — La ville de Natal fut fondée en 1597. Elle est située à l'embouchure du Rio Grande ou Potengi, à six kilomètres de la mer, et à deux mille cinq cents kilomètres au Nord-Nord-Est de Rio-de-Janeiro. Son port est très-commerçant. Cette ville, qui a le titre de *cidade* et contient environ quinze mille habitants, possède plusieurs églises dont les principales sont : Nossa-Senhora-d'Appresentação, Nossa-Senhora-do-Bom-Fim, Nossa-Senhora-do-Rosario, Bom-Jesus-das-Dores-da-Ribeira et Santo-Antonio. Le commerce consiste surtout en coton, bois du Brésil, sucre, tabac, riz, manioc et maïs.

ANGICOS. — La ville d'Angicos ou de São-José-dos-Angicos fait un commerce étendu de coton, de riz, de haricots et de manioc. L'église dos Anjos est la plus importante.

ARÊZ. — La ville d'Arêz est bâtie à soixante kilomètres au Sud de Natal et près du lac Groahiras. Elle possède un hospice et une église dédiée à São-João-Baptista.

EXTREMOZ. — La ville d'Extremoz fut fondée en 1760. Elle est à vingt-cinq kilomètres au Nord de Natal et à seize de la mer. Son église porte le nom de Nossa-Senhora-dos-Prazeres-e-São-Miguel.

GOIANINHA. — La ville de Goianinha s'élève près du lac Groahiras, à quarante kilomètres au Sud de Natal. Elle possède environ trois mille habitants. Sa principale église est sous l'invocation de Nossa-Senhora-dos-Prazeres.

MAIORIDADE. — La petite ville de Maioridade n'a pas une grande importance commerciale; elle est située dans le Sertão de Porto-Alegre.

PORTO-ALEGRE. — La ville de Porto-Alegre, bâtie dans la Serra do Regente, est à plus de trois cents kilomètres à l'Ouest de Natal, à cent vingt de la côte Nord de la province et à dix-huit du Rio Appodi. Son église a pour patron São-João-Baptista.

SANTA-ANNA-DOS-MATOS. — La petite ville de Santa-Anna-dos-Matos possède une école primaire et une église sous l'invocation de Santa-Anna.

SÃO-GONÇALO. — La ville de São-Gonçalo est sur la rive gauche du Rio Grande, à dix-huit kilomètres à l'Ouest de Natal. Son église est dédiée à São-Gonçalo.

SÃO-JOSÉ-DE-MIPIBÚ. — La ville de Mipibú ou de São-José-de-Mipibú s'élève sur les rives du lac Papari et du Rio Mipibú, à soixante kilomètres au Sud-Sud-Ouest de Natal et à trente de la mer. On en exporte du maïs, du manioc et du tabac. L'église porte le nom de Santa-Anna.

TOIROS. — La ville de Toiros possède un joli port sur l'Océan, au Sud du cap Toiros, à cent quarante kilomètres au Nord de Natal. Elle fait un assez grand commerce de sel, de cuirs, de porc salé et de coton. La principale église est Bom-Jesus-dos-Navegantes.

VILLA-FLOR. — La ville nommée Villa-Flor a porté autrefois le nom de Gramació. Elle est à soixante-dix kilomètres au Sud de Natal, à douze de la mer, au confluent du Rio Gramació et du Rio Cunhaú. Sa plus remarquable église est dédiée à Nossa-Senhora-de-Desterro. Le commerce de cette localité consiste en coton et bois du Brésil.

VILLA-DA-PRINCEZA. — La ville appelée Villa-da-Princeza ou Açú est sur la rive gauche du Rio das Piranhas, à deux cent quarante kilomètres de Natal. Elle exporte du poisson salé, du manioc, du riz, des haricots, etc. On trouve des salines dans les environs. Parmi les églises, on remarque São-João-Baptista et Nossa-Senhora-do-Rosario.

VILLA-NOVA-DO-PRINCIPE. — La ville qui porte le nom de Villa-Nova-do-Principe, s'est appelée précédemment Caïco ; elle est bâtie sur le Rio Seridó, à cinquante kilomètres environ au-dessus de son embouchure dans le Rio das Piranhas. Son église est sous l'invocation de Santa-Anna. Le coton, le tabac, le maïs, le manioc et les bestiaux forment les principaux éléments du commerce de cette ville.

Armée. — L'armée brésilienne compte dans la province de Rio-Grande-do-Norte : un assistant de l'adjudant général de l'armée ; un lieutenant d'état-major, commandant la forteresse dos Santos-Reis-Magos ; une compagnie fixe de chasseurs.

PROVINCE DE RIO-DE-JANEIRO. — La province de Rio-de-Janeiro est située entre 21° et 24° de latitude Sud. Son étendue est de treize mille kilomètres carrés. Elle est bornée au Nord par les provinces d'Espirito-Santo ; au Sud-Ouest, par celle de São-Paulo ; à l'Est et au Sud par l'Océan.

Le climat de cette province est sain et tempéré.

Montagnes. — Les montagnes les plus remarquables de la province de Rio-de-Janeiro sont : le Morro Acaica, la Serra dos Aymores, la Serra Itatindiba, la Serra dos Orgãos, la Serra Piranguára et le Pão d'Assucar.

Morro Acaica. — Cette montagne est située au Sud-Ouest de Ilha-Grande et forme avec le mont Cairuçu l'entrée de la baie d'Angra-dos-Reis. Elle gît par 25° 15′ 12″ de latitude et 46° 49′ 20″ de longitude.

Serra dos Aymores. — (*Voir page* 110.)

Serra Itatindiba. — Cette chaîne de montagnes, rameau de la Serra dos Aymores, se trouve dans le district de Maricá.

Serra dos Orgãos. — La configuration des montagnes de cette chaîne, qui offrent de nombreuses pointes élancées et rapprochées, lui a valu le nom qu'elle porte. (Orgues). La Serra dos Orgãos est située à soixante-dix kilomètres environ de la baie de Rio-de-Janeiro ; elle donne naissance à une infinité de rivières. (*Voir page* 110.)

Serra Piranguára. — Les montagnes de cette chaîne sont situées au Sud de la Serra Tingua partie de celle dos Aymores.

Pão-d'Assucar. — C'est un énorme rocher conique placé sur le bord de la mer, près de la baie de Rio-de-Janeiro, qu'il domine de plus de deux cents brasses. Il est situé par 22° 56′ 8″ de latitude et 45° 34′ 43′′ de longitude.

On peut citer encore parmi les montagnes de la province : 1° la Serra Amar-e-Querer, dans le district de Cabo-Frio ; 2° la Serra Bocaina, branche de celle dos Orgãos ; 3° la Serra Botaes, dans le Nord de la province ;

4° la Serra Corcovado, qui commence à dix kilomètres de Rio-de-Janeiro et se termine près de la ville; de ces montagnes part l'aqueduc qui recueille les eaux du Rio Tejuco et alimente la capitale; 5° la Serra Capivari; 6° la Serra Catimbão; 7° la Serra Manga-Larga, près de Vassouras; 8° la Serra Macacú; 9° la Serra Macahé; 10° la Serra Pedra-Lisa ; 11° la Serra Piba ; 12° la Serra Pindotiba; 13° la Serra Santa-Cruz; 14° la Serra Tinguá ; 15° la Serra Tiririca.

Cours d'eau. — Les principaux cours d'eau de la province de Rio-de-Janeiro sont : le Rio Alcantara, le Rio Guandú, le Rio Iguassú, le Rio Inhomirim, le Rio Itaguahi, le Rio Magé, le Rio Mambucába, le Rio Maracanãa, le Rio Macacú, le Rio Parahyba-do-Sul, et le Rio São-João.

Rio ALCANTARA. — Ce petit fleuve a sa source dans la Serra Piba-Pequena ; il reçoit diverses rivières, forme quelques petits ports dont le plus important est Guaxindiba, et se verse à la mer entre l'embouchure du Rio Macacú et le Morro de Taúna.

Rio GUANDÚ. — Ce fleuve est formé par la Rio das Lages et le Rio Santa-Anna et se jette dans la baie d'Angra-dos-Reis.

Rio IGUASSÚ. — Ce cours d'eau naît dans la Serra dos Orgãos, reçoit quelques rivières dont la principale est le Rio Pilar, et entre dans la baie de Nictheroy, au Nord de l'île do Governador.

Rio INHOMIRIM. — Ce fleuve prend naissance dans la Serra dos Orgãos, au mont Itacolomi, se dirige au Sud et reçoit le Rio do Ouro, le Rio Santa-Cruz, le Rio Bonga et le Rio Caioaba ; se verse ensuite dans la baie de Nictheroy, au Nord du Morro de Brito.

Rio Itaguahi. — Le Rio Itaguahi naît d'une montagne élevée dans le district de São João Marcos, se dirige au Sud et a son embouchure dans la baie d'Angra dos Reis.

Rio Magé. — Ce fleuve a sa source dans la Serra dos Orgãos; il reçoit le Rio Andorinhas, le Rio Meio, le Rio das Pedras et entre dans la baie de Rio-de-Janeiro.

Rio Mambucába. — Ce cours d'eau naît dans la Serra Bocaina, fait de nombreuses cascades et a son embouchure près d'Angra-dos-Reis. Il est navigable pour les pirogues.

Rio Maracanãa. — Le Rio Maracanãa se forme dans la Serra da Tejuca, passe près du palais de Boa-Vista et alimente de ses eaux les fontaines de Rio-de-Janeiro.

Rio Macacú. — Ce fleuve est le plus considérable de ceux qui se versent dans la baie de Nictheroy. Il a sa source dans la Serra das Aguas-Compridas, à l'extrémité Nord de la Serra dos Orgãos; il reçoit le Rio Batatá, communique par la rive droite avec la rive gauche du Rio Guapy-Assú, par un canal naturel appelé Rio dos Morros, reçoit encore le Rio Cacerubú, le Rio d'Aldeia ou Tambi et le Rio Guapy-Assú.

Rio Parahyba-do-Sul. — (Voir page 103.)

Rio São-João. — Ce fleuve reçoit successivement le Rio Curubixas ou Curubichas, le Rio Bananeira, le Rio Ipuca, le Rio de Lontra, le Rio Dourado, par la rive gauche; le Rio Gavião, le Rio do Ouro, et le Rio Bacaxá, par la rive droite; il traverse ensuite le lac Juturnahiba et se jette dans l'Océan à Barra-de-São-João.

On distingue encore parmi les cours d'eau : 1° le Rio Aguas-Claras, affluent du Rio São-João; 2° le Rio Aldêa-

Velha, qui s'unit au Rio Ipuca; 3° le Rio Alegre, qui se
verse dans le Rio Parahyba-do-Sul; 4° le Rio Bacaxá,
déjà cité, qui naît dans la Serra Sambé, reçoit le Rio
Ouro, le Rio Domingos, le Rio Comboatá et traverse le
lac Juturnahiba; 5° le Rio Bambuhi, sorte de canal naturel qui unit le lac Cururupina au lac Maricá; 6° le Rio
Arará, affluent du Rio das Lages; 7° le Rio Barra-Mansa,
qui se verse dans le Rio Parahyba-do-Sul; 8° le Rio Barra-
Pequena; 9° le Rio Bengala, tributaire du Rio Macacú;
10° le Rio Bengalas, dont la source est dans la Serra
Morro-Queimado et l'embouchure dans le Rio Grande,
rive droite; 11° le Rio Araras, affluent du Rio Piabanha;
12° le Rio Ariró, petit tributaire de la baie d'Angra-dos-
Reis; 13° le Rio-Boassú, dont les eaux affluent dans la
baie de Rio-de-Janeiro; 14° le Rio Bosarahi, qui se verse
dans le Rio Parahyba-do-Sul; 15° le Rio Cagoati ou Guai-
taca, qui se rend dans la baie d'Angra-dos-Reis; 16° le
Rio Cacerubú ou Casserubú, nommé plus haut, qui naît
dans la Serra Sambé et reçoit le Rio Bonito, le Rio Tan-
guá, le Rio Muticapira et le Rio Iguá; 17° le Rio Cam-
boropi; 18° le Rio Congonhas, dont les eaux s'unissent
au Rio Santa-Anna; 19° le Rio Capivari, qui se verse
dans le lac Juturnahiba; 20° le Rio Carangola, affluent
du Rio Muriaré; 21° le Rio Fagundas, tributaire du Rio
Piabanha; 22° le Rio Grande, dont la source est sur le
versant de la Serra dos Orgãos, qui reçoit le Rio Bengalas et se jette dans le Rio Parahyba-do-Sul; 23° le Rio
Guapy-Assú, dont la source est dans la Serra dos Orgãos
et qui se verse dans le Rio Macacú; 24° le Rio Guapy-
Mirim, qui débouche dans la baie de Nictheroy, entre
le Rio Magé et le Rio Macacú; 25° le Rio Guaracuhi,

affluent de la baie d'Angra-dos-Reis; 26° le Rio Imbé, tributaire du lac de Cima; 27° le Rio Inhangá, qui se jette dans la baie de Rio-de-Janeiro; 28° le Rio Mangaratiba, qui se verse dans la baie d'Ingahiba et est navigable pour les pirogues; 29° le Rio Maria-Preta, affluent du Rio Parahyba-do-Sul; 30° le Rio Macabú, qui a sa source dans la Serra-do-Frade et se déverse dans le lac Feia; 31° le Rio Macacos, tributaire du Rio das Lages; 32° le Rio Macahé, dont la source se trouve dans la Serra do Mar, près de Nova-Friburgo et l'embouchure dans le Rio de São-Pedro; 33° le Rio Maribi ou Pilar; 34° le Rio Mato-Grosso, qui se forme dans la Serra dos Orgãos et se verse dans le Rio Parahyba-do-Sul; 35° le Rio Mauá, tributaire de la baie de Nictheroy; 36° le Rio Morto, affluent du Rio Piabanha; 37° un autre Rio Morto, qui se verse dans le Rio Muriahé et dont les eaux sont malsaines; 38° le Rio Muriahé, affluent du Rio Parahyba-do-Sul, par la rive gauche; 39° le Rio Muriqui, qui se verse dans la baie d'Angra-dos-Reis; 40° le Rio Novo, tributaire du Rio de Santa-Anna; 41° le Rio Orindi-Assú, dont la source est dans la Serra dos Orgãos et l'embouchure dans le Rio Guapy-Assú; 42° le Rio Orindi-Mirim, qui débouche comme le précédent; 43° le Rio Miriti; 44° le Rio Mituapira; 45° le Rio das Ostras, qui a son embouchure à douze kilomètres au Nord de celle du Rio de São-João; 46° le Rio Parahybuna, formé du Rio Barros et du Rio Preto et tributaire du Rio Parahyba-do-Sul; 47° le Rio Parati-Guassú, qui se verse dans la baie d'Angra-dos-Reis; 48° le Rio Pavúna, dont la source est dans la Serra Bangú et qui débouche dans le Rio Miriti; 49° le Rio Piraqué; 50° le Rio Redditiba ou São-Gonçalo,

tributaire de la baie d'Angra-dos-Reis; 51° le Rio Piabanha, affluent du Rio Parahyba-do-Sul; 52° le Rio Pirahy, qui a son embouchure dans le Rio Parahyba-do-
Sul; 53° le Rio Paquequer, aussi affluent du Rio Parahyba-do-Sul; 54° le Rio Paquequeira, tributaire du Rio
Macacú; 55° le Rio Parati-Mirim, dont les eaux se versent
dans la baie d'Angra-dos-Reis; 56° le Rio Patitiba, affluent de la même baie; 57° le Rio Santa-Catharina;
58° le Rio Sarapuhy ou Sarapuhi, qui reçoit le Rio Pio-
him et se verse dans la baie de Nictheroy.

Les lacs principaux de la province de Rio-de-Janeiro
sont : 1° le lac Araraumá, aussi appelé Iriruamá, qui est
situé dans les environs de Cabo-Frio, qui a trente-six
kilomètres de l'Ouest à l'Est sur douze de largeur, et
communique avec la mer par un canal appelé Itajurú;
2° le lac Camorim ou Jacarépaguá, qui a vingt-cinq kilomètres de longueur et est à trente kilomètres à l'Ouest
de Rio-de-Janeiro; 3° le lac Campelo, près de l'embouchure et sur la rive gauche du Rio Parahyba-do-Sul,
avec lequel il communique par deux canaux, qui a
quinze kilomètres du Nord au Sud et trois kilomètres de
largeur; 4° le lac Brava, qui a six kilomètres de largeur
et un peu plus de longueur, et se trouve près de Cabo-
Frio; 5° le lac Feia, à trente kilomètres au Sud du Rio
Parahyba-do-Sul; 6° le lac Freitas, à douze kilomètres
au Sud de Rio-de-Janeiro; 7° le lac Jacarepuá; 8° le lac
Jacunê; 9° le lac Itajurú; 10° le lac Juturnahiba, dont
la longueur est de quatre kilomètres environ et la largeur de trois; 11° le lac de Cima, qui a douze kilomètres
de longueur; 12° le lac de Jesus; 13° le lac Marapendi,
lac long, étroit et très-poissonneux, situé entre le lac

Jacarepaguá et la mer; 14° le lac Maricá, qui communique avec le lac Cururupina par le Rio Bambuhi, a douze kilomètres de longueur du Nord-Est au Sud-Ouest et six de largeur, est très-abondant en poissons et en oiseaux aquatiques; 15° le lac Mangariúba, qui se trouve entre la Serra-dos Orgãos et la baie de Rio-de-Janeiro, au Sud de Suruhi; 16° le lac Páo-de-Ferro, près de Cabo-Frio; 17° le lac Saquarêma, qui a douze kilomètres de longueur; 18° le lac Boassica, situé près de la mer, entre le Rio das Ostras et le Rio Macahé et qui a trente kilomètres de longueur sur six de largeur; 19° le lac Pertininga, près de l'entrée de la baie de Rio-de-Janeiro.

Iles. — Les îles les plus remarquables de la province de Rio-de-Janeiro sont : 1° l'île Agua ou Aguas, sise dans la baie de Nictheroy, au Nord de l'île do Governador; 2° l'île Arrueira, dans la même baie; 3° l'île Algodão, sur la côte, vers Parati; 4° l'île das Almas, vers le même point; 5° les îles Ancoras, groupe situé au Nord du cap Frio et à l'Est-Sud-Est du cap Buzios; 6° l'île Aracaïba, à peu de distance de Parati; 7° l'île Araraquarinha ; 8° l'île Araraquarú; 9° l'île Araujo; 10° l'île Bexiga; — ces cinq dernières sur le même point de la côte, vers Parati; 11° l'île Bica, près de Mangaratiba; 12° l'île Boa-Viagem, dans la baie de Rio-de-Janeiro ; 13° l'île Branca, vis-à-vis l'embouchure du Rio Una, près du cap-Frio; 14° l'île Cabras, près Parati; 15° l'île Caiera, dans la baie de Nictheroy; 16° l'île Cédro, dans la baie d'Angra-dos-Reis; 17° l'île Côcos, dans la même baie; 18° l'île Comprida, au Sud-Ouest de la baie de Rio-de-Janeiro, à six kilomètres au Nord-Ouest de l'île Redonda, 19° l'île Coqueiros, dans la baie de Rio-de-Janeiro; 20° l'île Côtias,

dans la baie d'Angra-dos-Reis; 21° l'île Caqueirada ou dos
Frades, dans la baie de Rio-de-Janeiro; 22° l'île Carôço,
près Parati; 23° l'île Catalão, dans la baie de Nictheroy;
24° l'île Catunduba ou Cutunduba, près du Pão-de-Assucar, à l'entrée de la baie; 25° l'île Caxorros, dans la
baie d'Angra-dos-Reis; 26° l'île Deserta, sise près de Parati; 27° les îles Duas-Irmãas, vers le même point que la
précédente; 28° l'île dos Ganchos ou Ganxos, aussi vers
Parati; 29° l'île Gato, à l'entrée de la baie de Rio-de-Janeiro; 30° l'île Gipoya ou Giboya, dans la baie d'Angra-
dos-Reis; 31° l'île do Governador, qui se trouve dans la
baie de Rio-de-Janeiro et a plus de quarante kilomètres
de circonférence et une largeur de six kilomètres;
32° l'île Cunhambeba; 33° l'île Ferreira, près de Parati;
34° une autre île Ferreira, dans la baie de Rio-de-Janeiro; 35° l'île dos Flamengos, dans la même baie;
36° l'île Franceza, au Sud-Ouest du cap Frio; 37° l'île
Fundão, à l'entrée de la baie de Rio-de-Janeiro; 38° l'île
Galeão, dans la même baie; 39° l'île das Cobras, sur laquelle est bâtie une forteresse et qui n'est séparée de la
ville de Rio-de-Janeiro que par une distance de cinquante à cent brasses; 40° l'île appelée Ilha-Grande, située près de Rio-de-Janeiro, qui a dix-huit kilomètres de
largeur du Nord au Sud et trente de longueur de l'Est à
l'Ouest; 41° l'île Imbahi, au Sud et près de la baie de
Nictheroy; 42° l'île Jaguanão, dans la baie d'Angra-dos-
Reis; 43° l'île Laranjeiras, dans la baie de Rio-de-Janeiro;
44° l'île Madeira, dans la partie de la baie d'Angra-dos-
Reis, appelée Bahia de Santa-Cruz; 45° l'île Maia, à l'entrée de la baie de Nictheroy, près de l'île dos Paios;
46° les îles Maricá, au nombre de deux, à l'entrée de

la baie de Rio-de-Janeiro et dont la plus au Sud gît par 25°0′55″ de latitude Sud et 45°20′8″ de longitude Ouest; 47° l'île Manoel-Rodrigues, aussi à l'entrée de la baie de Nictheroy; 48° l'île Maçaricos [1], près de Parati; 49° l'île Matimento, située aussi près de Parati; 50° l'île Méros, à l'entrée méridionale de la baie d'Angra-dos-Reis; 51° l'île Milho, dans la baie de Rio-de-Janeiro; 52° les îles Pelladas, dans la baie d'Angra-dos-Reis; 53° l'île Pombas, dans la baie de Nictheroy; 54° l'île dos Ratos; 55° l'île Rasa; — ces deux dernières dans la même baie de Rio-de-Janeiro ou Nictheroy; — 56° l'île Rasa, dans la baie d'Angra-dos-Reis; 57° l'île Redonda, en face de l'entrée de la baie de Nictheroy; 58° l'île Redonda, dans la baie d'Angra-dos-Reis; 59° l'île Rijo, dans la baie de Rio-de-Janeiro; 60° l'île Santa-Barbara, dans la même baie; 61° l'île dos Paios, au Sud de l'entrée de la baie de Nictheroy; 62° l'île das Palmas, dans la même baie; 63° l'île Panêma, dans la baie d'Angra-dos-Reis; 64° l'île Paqueta, dans la baie de Rio-de-Janeiro; 65° l'île Pombeba, dans la même baie; 66° les îles dos Porcos, en face de la côte appelée dos Flamengos; 67° l'île Rapada, dans la baie d'Angra-dos-Reis; 68° l'île Rato, dans la même baie; 69° l'île Pico, située près de Parati; 70° l'île Sexto, dans la baie d'Angra-dos-Reis; 71° l'île Suécia, dans la baie de Rio-de-Janeiro; 72° l'île Tahenga, dans la baie d'Angra-dos-Reis.

Instruction publique. — Cette province renferme cent vingt écoles primaires pour les garçons et soixante-qua-

---

[1] Cette île doit son nom au grand nombre de courlis rouges dont elle est peuplée. Ces oiseaux portent, en portugais, le nom de Maçarico-Guaraz.

torze pour les filles, non compris celles de la capitale de l'empire.

Établissements publics. — (*Voir à la ville de Rio-de-Janeiro*).

Colonisation. — Les colonies sont au nombre de cinq, savoir : Vallão-dos-Veados, Santa-Rosa, Independencia, Santa-Justa, Corôas.

Vallão-dos-Veados. — Cette colonie est dans un état de prospérité satisfaisante, elle compte quatre cent cinquante habitants, dont la majeure partie sont Brésiliens.

Santa-Rosa. — Établie en 1852, cette colonie contient cent quarante-deux colons, presque tous Brésiliens ou naturalisés.

Independencia. — Cette colonie possède une population de trois cent dix-huit colons, en majeure partie Allemands.

Santa-Justa. — Fondée en 1852, cette colonie compte aujourd'hui cent trente-deux colons.

Ces trois dernières colonies sont établies d'après le système partiaire, et leur population est moindre que lors de leur fondation. Un certain nombre de colons, après avoir acquitté leurs dettes, se sont retirés, soit pour s'établir à leur propre compte, soit pour exercer leur industrie primitive.

Corôas. — Cette colonie est aujourd'hui presque abandonnée et ne compte guère plus de quatre ou cinq familles, qui y sont demeurées par suite du manque de moyens de se rendre ailleurs.

Les colonies de la province de Rio-de-Janeiro sont très-peu importantes, et établies généralement d'après un système vicieux et impopulaire. Leur prospérité est dònc douteuse. Les productions principales de ces centres agricoles consistent en café, maïs, etc.

Agriculture. — Le sol de la province est montagneux, très-fertile, mais la culture n'est pas perfectionnée. Les principaux produits qu'elle donne sont le café, le sucre, le coton, le tabac.

Le 30 juin 1860, un décret a établi un Institut agricole sous le nom de : *Imperial Instituto Fluminense de Agricultura*. Le ministre est président honoraire de cette association, appelée à rendre de grands services.

Commerce et Industrie. — (*Voir à la ville de Rio-de-Janeiro*).

Division électorale. — La province de Rio-de-Janeiro est divisée, sous le rapport électoral; en quatre districts qui sont : Rio-de-Janeiro, Campos, Nictheroy et Pirahy.

Villes. — Les villes les plus importantes de la province de Rio-de-Janeiro sont : Rio-de-Janeiro, *capitale de l'Empire*, Nictheroy, *capitale de la province*, Aldêa-Velha, Angra-dos-Reis, Barra-de-São-João, Barra-Mansa, Cabo-Frio, Campos-dos-Goitacazes, Cantagallo, Capivary, Estrella, Iguassú, Itaborahy, Itaguahy, Macahé, Magé, Mambucaba, Mangaratiba, Maricá, Marapicú, Merity, Nova-Friburgo, Paraty, Paty-do-Alferes, Porto-das-Caxias, Rezende, Rio-Bonito, Rio-Claro, Santo-Antonio-de-Sá, São-João-da-Barra, São-João-do-Principe, Saquarêma, Valença, Vassouras.

RIO-DE-JANEIRO. — La ville de Rio-de-Janeiro ou São-Sebastião-do-Rio-de-Janeiro, siége du gouvernement brésilien, est située par 22°54′ de latitude Sud et 45°36′ de longitude Ouest. Cette ville contient environ trois cent mille habitants. Sa fondation remonte à l'an 1564. Elle est bâtie sur le bord de la baie du même nom, qui en fait l'un des plus beaux ports du monde [1]. L'entrée de la baie est défendue par plusieurs forts. Les églises, le Palais impérial, la Douane, le théâtre São-Pedro, l'Hospice des fous, la Santa-Casa-da-Misericordia, l'aqueduc da Carioca et la Bourse sont les monuments les plus remarquables.

On trouve à Rio-de-Janeiro un évêché, fondé en 1676, un séminaire, une Académie et une faculté de Médecine, une école de Pharmacie, une académie des Beaux-Arts, un Musée, vingt-quatre écoles d'instruction primaire pour les garçons, et seize pour les filles, un collège, un Institut pour les jeunes aveugles, un Institut commercial, un Jardin botanique, un Institut historique et géographique, un grand nombre d'établissements d'instruction privée. On peut citer encore le Conservatoire dramatique, l'Institut de l'ordre des avocats, l'Institut médical, l'Institut pharmaceutique, le Conservatoire de musique, la Société de musique, l'École homœopathique, le Gymnase scientifique et littéraire, la Société impériale amante de l'instruction, l'Académie philosophique, la Société statistique, la Société propagatrice des Beaux-Arts, l'Association des Imprimeurs, l'Association des Artistes, etc.

Rio-de-Janeiro possède de nombreux monastères, couvents, associations religieuses et de bienfaisance. Les plus remarquables sont : les Sœurs de Saint-Vincent de

---

[1] Bien qu'il soit avéré depuis des siècles que la ville de Rio-de-Janeiro n'est pas située près d'un fleuve, on trouve cependant dans le *Dictionnaire de la Conversation et de la Lecture*, édité par F. Didot, en 1857, « Rio-de-Janeiro, située à l'embouchure du fleuve du même nom. »

Paule, l'Ordre de Saint-Benoît, l'Ordre de Saint-François, l'Ordre des Carmes chaussés, l'Ordre tiers de Saint-François-de-la-Pénitence, l'Ordre tiers de Notre-Dame-du-Mont-Carmel, l'Ordre tiers des Minimes de Saint-François-de-Paule, l'Ordre tiers du Seigneur-Bon-Jésus-du-Calvaire-de-la-Voie-Sacrée, la Confrérie du Prince des Apôtres, la Confrérie de la Sainte-Croix-des-Militaires, la Confrérie du Très-Saint-Sacrement, la Confrérie de Notre-Dame-de-la-Gloire, etc., etc.; la Société de Saint-Vincent-de-Paule, l'Institut épiscopal religieux, la Société brésilienne de Bienfaisance, la Société portugaise de Bienfaisance, la Société portugaise, — *Seize Septembre*, — patriotique, humanitaire et de bienfaisance, la Société française de Bienfaisance, la Société française de Secours-Mutuels, la Société Union et Bienfaisance, la Société belge de Bienfaisance, British Benevolent Fund, Deutscher Hulfs Verein, la Société philanthropique suisse, la Société des orfévres, là Société protectrice des veuves délaissées, la Société des séculiers employés dans les églises, etc., etc.

Des omnibus, des voitures, des bateaux à vapeur, des chemins de fer rendent facile la circulation dans la ville et ses environs.

Les principaux établissements de crédit sont: la Banque du Brésil, la Banque rurale et hypothécaire, la Banque commerciale et agricole, la Banque Mauá, Mac-Gregor et Cᵉ, la Caisse économique de Rio-de-Janeiro.

Les principaux journaux publiés à Rio-de-Janeiro sont : Jornal do Commercio, qui tient lieu de journal officiel; Correio Mercantil; Abelha Musical; A Actualidade; Annaes Brasilienses de Medicina; Argos; Auxiliador da

Industria Nacional ; O Brasil Artistico; O Brasil Musical; Brasil Pittoresco; O Cidadão; Correio Mysterioso; Correio da Tarde; Courrier du Brésil (en français); Galeria Lusitana; Gazeta Forense; Gazeta Judiciaria; A Marmota; l'Écho du Brésil (en français); O Monarchista; O Progresso; Revista do Instituto Historico e Geographico Brasileiro; Revista Pharmaceutica; Revista Popular; Revista da Sociedade Physico-Chimica; Revista dos Tribunaes; Sá's Commercial and Maritime Circular; Tribuna Catholica; O Tyranno; Voz da Nação; A Voz do Povo.

Le nombre des navires marchands qui fréquentent le port de Rio-de-Janeiro atteint une moyenne annuelle d'environ quatre mille, savoir :

Bateaux à vapeur.	520
Galères.	150
Bricks	550
Brigantines.	540
Galliotes, Pataches, etc.	1050
Gabares.	770
Yachts	280
Autres embarcations	120

Sur ce nombre il y a environ onze cents navires au long cours, présentant un tonnage total de plus de cent mille tonneaux. La proportion des navires nationaux aux navires étrangers, pour les voyages de long cours, est de 1 à 8.

Les correspondances régulières entre Rio-de-Janeiro et l'Europe sont entretenues par deux services de bateaux à vapeur. Un de ces services part d'Angleterre, il est la propriété d'une compagnie anglaise « Royal Mail Steam Ship » dont les navires partent de Southampton le 9 de chaque mois; le second service est fait depuis peu de temps par la compagnie des Messageries impé-

riales; un départ a lieu de Bordeaux le 25 de chaque
mois.

De Rio-de-Janeiro partent encore les bateaux à vapeur destinés à faciliter les communications de la capitale avec les provinces. Pour les provinces du Nord, les
bateaux partent le 7 et le 23 de chaque mois; ils font
escale à Bahia, Maceió, Pernambuco, Parahyba, Natal,
Ceará, Maranhão et Pará. Pour les provinces du Sud,
les départs ont lieu le 8 et le 24 de chaque mois, tou-
chant à Santa-Catharina, Rio-Grande, Porto-Alegre et
Montevidéo.

Outre ces lignes principales, il existe aussi :

Un service de Rio-de-Janeiro à Campos ;

Un de Rio-de-Janeiro à São-João-da-Barra ;

Un de Rio-de-Janeiro à Santos ;

Un de Rio-de-Janeiro à Santa-Catharina, avec escales
à Ubatúba, São-Sebastião, Santos, Iguape, Cananéa,
Paranaguá, Antonina et São-Francisco-do-Sul.

Les communications les plus promptes entre Rio-de-
Janeiro et les provinces exigent pour :

Alagôas.	4 jours.	Pernambuco. .	6 jours.
Amazonas.	28 —	Piauhy.	21 —
Bahia.	3 —	Porto-Alegre . .	8 —
Ceara.	10 —	Rio-Grande-do-	
Espirito-Santo.	17 —	Norte.	9 —
Goyáz. . . . . 2 m.	17 —	Santa-Catharina .	4 —
Matto-Grosso. . . . 2 m.	1 —	São-Paulo. . . .	3 —
Maranhão. . . .	13 —	São-Pedro-do-Rio-	
Minas-Geraes.. . .	15 —	do-Grande-do-	
Pará.	15 —	Sul.	7 —
Parahyba-do-Norte .	8 —	Sergipe.	14 —
Paraná. . . . . . 1 m.	29 —		

Les communications les plus rapides entre la capitale
du Brésil et les autres parties du monde exigent pour :

Anvers. . . .	1 m.	0 jours.	Marseille. . . .	1 m.	0	jours.
Baltimore. . . .	1 —	10 —	Mexico	1 —	24	—
Bordeaux. . . .		24 —	Montevidéo. . .		9	—
Boston	1 —	7 —	New-Orleans . .	1 —	12	—
Buenos-Ayres. .		9 —	New-York. . . .	1 —	11	—
Californie. . . .	2 —	8 —	Paris.		26	—
Hambourg . . .	1 —		Philadelphie. .	1 —	12	—
Le Hàvre		29 —	Porto.		28	—
Lisbonne. . . .		23 —	Trieste. . .	1 —	1	—
Liverpool. . . .		29 —	Valparaiso. . . .	1 —	25	—
Londres.		27 —				

NICTHEROY. — La ville de Nictheroy ou Nictherohy ou Nitherohi, autrefois appelée Praia-Grande, a le titre de *cidade*. Elle est bâtie dans une crique de la baie de son nom ou baie de Rio-de-Janeiro. Elle est le siége du gouvernement de la province. On y trouve plusieurs édifices remarquables. Les rues y sont très-régulières et généralement larges. Cette ville est la résidence d'un directeur de l'instruction publique; elle possède une chaire de latin, une de français et une d'anglais, plusieurs écoles primaires, un asile créé par le vicomte do Rio-Bonito, sous le nom de Santa-Leopoldina, l'Institut nictheroyense pour les sciences, les lettres et les arts, le collége de São-João-Baptista, le collége Philomatico, etc. Le commerce consiste surtout en sucre et café. Les églises ont été mentionnées page 18.

ALDÊA-VELHA. — La petite ville d'Aldêa-Velha est située dans la Serra do Mar, près de la source du cours d'eau de son nom.

ANGRA-DOS-REIS. — La ville d'Angra-dos-Reis a porté autrefois le nom de Ilha-Grande; elle a aujourd'hui le titre de *cidade*. Les rues y sont généralement irréguliéres et étroites. Cette ville est située sur le bord de la baie de son nom, par 25°4' de latitude Sud et 46°48' de longitude Ouest; elle fait un commerce étendu de cacao, bois de construction et de teinture, sucre et café. On y trouve trois écoles primaires, un hôpital et plusieurs couvents. La liste de ses églises se trouve à la page 19.

BARRA-DE-SÃO-JOÃO. — La ville de Barra-de-São-João ou Barra-do-Rio-de-São-João, qui s'est appelée Campos-Novos, se trouve par 22°55' de latitude et 44°28' de longitude Ouest. On y fait un assez grand commerce de tabac, sucre et café. Voir page 21 pour les églises.

BARRA-MANSA. — La ville de Barra-Mansa a le titre de *cidade*. Elle fait un commerce étendu en café et sucre. On trouve dans cette ville plusieurs écoles primaires et diverses confréries religieuses. Ses églises ont été nommées à la page 22.

CABO-FRIO. — La ville de Cabo-Frio est très-ancienne et a le titre de *cidade*. Il y a dans cette ville une école de latin, une chaire de philosophie, diverses écoles primaires, plusieurs couvents et confréries religieuses. Les noms de ses églises se trouvent à la page 25. Le commerce de Cabo-Frio, qui est très-important, consiste en café, sucre, bestiaux et huiles.

CAMPOS-DOS-GOITACAZES. — La ville de Campos-dos-Goitacazes ou São-Salvador-dos-Campos-dos-Goitacazes est bâtie sur la rive droite du Rio Parahyba-do-Sul, à près de cinquante kilomètres de la mer et à trois cent cinquante au Nord-Est de Rio-de-Janeiro, par 21°32' de latitude Sud et 43°38' de longitude Ouest. En 1812, cette ville, qui a aujourd'hui le titre de *cidade*, fut créée baronnie en faveur de la veuve de Braz Carneiro Leon. En 1833, un débordement de la Parahyba fit, dans la ville et dans le district adjacent, de grands ravages, maintenant réparés. Les rues principales sont pavées, toutes sont éclairées la nuit. Le port de Campos fait un commerce très-actif avec Rio-de-Janeiro ; ce commerce consiste surtout en café, sucre, eau-de-vie, bois de construction. Les terres des environs sont parfaitement cultivées; on y récolte du maïs, des haricots, du manioc, de la canne à sucre, du café, du cacao, de l'indigo, et on y élève beaucoup de bestiaux et de chevaux. La ville de Campos est la résidence d'un juge de droit, d'un promoteur public, d'un juge municipal, d'un juge des orphelins et de plusieurs juges de paix. On y trouve également des vice-consuls ou agents consulaires de Buenos-Ayres, Danemark, Deux-Siciles, États-Unis, France, Hambourg, Hanovre, Portugal, Grand-Duché de Hesse, Hollande, Lubeck, Espagne, Prusse, Russie, Norwége, Suisse. La ville de Campos possède plusieurs écoles primaires, un hôpital, plusieurs confréries religieuses. Les églises de cette ville ont été nommées p. 25.

CANTAGALLO. — La ville de Cantagallo ou São-Pedro-de-Cantagallo est située à plus de deux cents kilomètres au Nord-Est de Rio-de-Janeiro et à cent cinquante à l'Ouest de Campos. Cette localité, qui a aujourd'hui le titre de *cidade*, reçut celui de *villa* dès 1814. On remarque surtout à Cantagallo l'église paroissiale, située au fond d'une place, entre deux rues parallèles. Les transports s'effectuent principalement à dos de mulet jusque dans les ports du Rio Macacú. Cantagallo est le siége d'un juge de droit. On y trouve un collége, plusieurs écoles primaires et diverses associations religieuses. Le commerce consiste généralement en café, sucre et eau-de-vie. Voir page 25 pour les églises.

CAPIVARY. — La ville de Capivary s'élève entre la Serra-dos-Aymorés et le Rio Bacaxa. Elle possède, depuis 1841, le titre de *villa*. Cette localité fait un grand commerce de bois de construction et de café. Les principales églises sont mentionnées page 19.

ESTRELLA. — La ville d'Estrella est située sur le Rio Inhomirim, où elle possède un petit port, à six kilomètres au-dessus de l'embouchure de ce cours d'eau, dans la baie de Nictheroy. Cette localité possède un collége de garçons et un de filles et plusieurs écoles primaires. La ville d'Estrella fait un commerce étendu de café, lard, coton, fromages de Minas, farine de manioc, poteries, bois et charbons. Elle contient environ douze mille habitants. Il y a dans cette ville des exemples de longévité incroyables. En 1859, il y existait encore une veuve âgée de plus de 120 ans, conservant toutes ses facultés intellectuelles, marchant très-bien et jouissant d'une bonne santé. Il y avait à la même époque plusieurs personnes âgées de plus de cent ans. Les églises d'Estrella ont été nommées page 20.

IGUASSÚ. — La ville d'Iguassú ou Iguaçú est sur la rive droite du fleuve de son nom ; elle reçut, en 1855, le titre de *villa*. Cette localité paraît généralement plus animée que ne le sont ordinairement les petites villes du Brésil. On y fait commerce de sucre, de café, d'eau-de-vie et de poteries. Les églises d'Iguassú se trouvent désignées page 19.

ITABORAHY. — La ville d'Itaborahy ou São-João-d'Itaborahy a depuis 1833 le titre de *villa*. Elle possède une des plus belles églises de la province. Le sucre et le café sont les principaux éléments de son commerce.

Les églises qu'on y trouve ont été nommées page 22.

ITAGUAHY. — La ville d'Itaguahy ou São-Francisco-Xavier-d'Itaguahy fut créée *villa* en 1815. Elle fut constituée baronnie par Dom João VI en faveur de João-Paulo Bezerra. Depuis 1841, il y a un canal, nommé Pedro-de-Alcantara, ouvert entre cette ville et le Rio Itaguahy. On fait, dans cette localité, un commerce actif qui consiste en café et sucre. On y remarque, outre plusieurs églises dont nous avons donné les noms page 20, la chambre municipale, le Théâtre et plusieurs hôtels.

MACAHÉ. — La ville de Macahé s'élève par 22°17' de latitude Sud et 44°14' de longitude Ouest, à deux cent quarante kilomètres à l'Est-Nord-Est de Rio-de-Janeiro. Elle possède un port sur l'Océan. En 1813, cette localité reçut le titre de *villa* et le nom de São-João-de-Macahé; le titre de *cidade* lui a été conféré depuis. Elle est le siége d'un juge de droit. Son commerce principal consiste en café, sucre et bois de construction et de teinture. Les églises de cette ville ont été mentionnées page 21.

MAGÉ. — La ville de Magé est à quarante kilomètres environ au Nord-Nord-Est de Rio-de-Janeiro. En 1789, cette localité reçut le titre de *villa* et le nom de Magé au lieu de Magepé, qu'elle avait porté jusqu'alors. Elle fut successivement créée baronnie et vicomté en faveur de Mathias-Antonio de Souza-Lobato. On récolte dans les environs du café, du maïs, du riz, des haricots, du manioc estimé. On y fait en outre commerce de bois. On trouve près de cette ville une fabrique de tissus de coton et diverses grandes plantations de café, dont les principales occupent plus de quatre mille bras. Les églises ont été nommées page 18. La ville de Magé possède aujourd'hui le titre de *cidade*.

MAMBUCÁBA. — La ville de Mambucaba est située entre Angra-dos-Reis et Paraty, à cent cinquante kilomètres de Rio-de-Janeiro, sur les rives du Rio Mambucába. On y fait commerce de café, de manioc, de haricots et surtout de riz. Pendant ces dernières années la plupart des grandes exploitations de café du district de cette ville ont beaucoup décru, et on n'estime pas à moins de mille les esclaves qui, par suite de cette diminution, ont été transférés ailleurs. Toutefois le commerce de la ville s'en est peu ressenti, à cause de la grande quantité de café venant du centre de la province et du tabac qui arrive de celle de Minas-Geraes. Les églises de Mambucába se trouvent indiquées page 19.

MANGARATIBA. — La ville de Mangaratiba s'élève à l'Ouest d'un cap qui divise en deux parties la baie d'Angra-dos-Reis. Elle a, depuis 1831, le titre de *villa*. Le café, le tabac et le riz sont l'objet d'un commerce important pour cette localité. Nous en avons nommé les églises principales page 21.

MARICÁ. — La ville de Maricá, bâtie sur les rives du lac de son nom, est à plus de dix kilomètres de la mer et à soixante à l'Est de Rio-de-Janeiro. Elle fut élevée au rang de *villa* en 1814, avec le nom de Santa-Maria-de-Maricá. On exporte de cette localité beaucoup de farine de manioc très-estimée, du riz, du maïs, du sucre, de l'eau-de-vie, des cigares, etc. Nous avons mentionné ses églises page 24.

MARAPICÚ. — La ville de Marapicú, Mariapicú ou Maripocú est située à cinquante kilomètres à l'Ouest-Nord-

Ouest de Rio-de-Janeiro. On trouve dans cette ville beaucoup de négociants étrangers, dont le principal commerce consiste en café et sucre. La principale église est dédiée à Nossa-Senhora-da-Conceição.

MERITY. — La ville de Merity ou Miriti se trouve à trente kilomètres au Nord-Ouest de Rio-de-Janeiro. Dans l'origine, cette localité a porté le nom de São-João-de-Trahirapungo. On y fait commerce de sucre, de café et de manioc. L'église principale est sous l'invocation de São-João-Baptista.

NOVA-FRIBURGO. — La ville de Nova-Friburgo est à cent quatre-vingts kilomètres au Nord-Est de Rio-de-Janeiro. On trouve dans cette ville, qui doit sa fondation à une colonie suisse, un juge de droit, plusieurs juges de paix, un collège, nommé São-Vicente-de-Paulo, et diverses écoles primaires. Le commerce de cette ville consiste en café, sucre et pommes de terre. Son église principale est appelée São-João-Baptista.

PARATY. — La ville de Paraty ou Parati, qui possède le titre de *cidade*, est très-ancienne et bâtie sur la rive occidentale de la baie d'Angra-dos-Reis, à deux cent dix kilomètres à l'Ouest-Sud-Ouest de Rio-de-Janeiro. On y fait un commerce très-étendu, qui consiste principalement en sucre, eau-de-vie, riz, maïs, café, haricots. Cette ville possède une chaire de latin et plusieurs écoles secondaires et primaires. En 1815, elle fut érigée en comté en faveur de Dom Miguel-Antonio de Noronha Abranches Castello Branco. Nous avons nommé ses principales églises page 19.

PATY-DO-ALFERES. — La ville de Paty ou Pati-do-Alferes est sise à dix-huit kilomètres au Sud de la rive droite du Rio Parahyba-do-Sul; elle porta d'abord le nom de Roça-do-Alferes et fut créée *villa* à la fin de 1820. On y trouve plusieurs fabriques de sucre et d'eau-de-vie et dans les environs de grandes cultures de café. L'église la plus remarquable est sous l'invocation de Nossa-Senhora-da-Conceição.

PORTO-DAS-CAIXAS. — La ville de Porto-das-Caixas est très-bien située sur la rive droite du Rio da Aldeia, affluent du Rio Macacú. Son port admet de petites embarcations et facilite le commerce de sucre et de café de tout le district.

REZENDE. — La ville de Rezende, qui a le titre de *cidade*, est bâtie sur une petite colline à peu de distance de la rive droite du Rio Parahyba-do-Sul, à cent quatre-vingts kilomètres au Nord-Ouest de Rio-de-Janeiro et à plus de cent au Nord d'Angra-dos-Reis. En 1801, cette localité reçut le titre de *villa*. On y trouve un juge de droit, un promoteur public, plusieurs juges de paix, un hôpital remarquable, des écoles en grand nombre, etc. Le commerce de Rezende est important; il consiste surtout en café et sucre. Les églises de cette ville ont été nommées page 20.

RIO-BONITO. — La ville Rio-Bonito est à plus de quatre-vingt-dix kilomètres à l'Est-Nord-Est de Rio-de-Janeiro, à près de cinquante kilomètres à l'Est de Macacú. Cette ville fait un grand commerce de café, de sucre et de manioc. Les églises ont été indiquées p. 22.

RIO-CLARO. — La ville de Rio-Claro possède plusieurs écoles primaires. Elle est le siége d'un juge de droit. On en exporte beaucoup de café. Voir page 18 pour les églises de cette ville.

SANTO-ANTONIO-DE-SÁ. — La ville de Santo-Antonio-de-Sá, aussi appelée Santo-Antonio-de-Cacerubú ou Macacú, est sise sur la rive gauche du Rio Macacú, à soixante-dix kilomètres au Nord-Nord-Est de la ville de Rio-de-Janeiro. On y fait commerce de café, de sucre et d'huile. Les églises de cette ville sont nommées page 18.

SÃO-JOÃO-DA-BARRA. — La ville de São-João-da-Barra a le titre de *cidade*. Elle est située à quarante kilomètres à l'Est-Sud-Est de Campos, sur la rive droite et près de l'embouchure du Rio Parahyba-do-Sul, par 21°, 58' de latitude Sud et 45° 24' 15" de longitude Ouest. Le sucre et le café sont les principaux articles d'exportation de cette ville.

SÃO-JOÃO-DO-PRINCIPE. — La ville de São-João-do-Principe, autrefois São-João-Marcos, est située à quarante kilomètres au Nord d'Angra-dos-Reis. Elle reçut le titre de *villa* en 1811, avec le nom qu'elle porte aujourd'hui. Le café et le sucre y sont l'objet d'un commerce actif. Les églises de cette ville se trouvent indiquées page 20.

SAQUARÊMA. — La ville de Saquarêma ou Sequarêma est placée entre la mer et le lac de son nom. Elle reçut, en 1841, le titre de *villa*. Son commerce avec la capitale de l'empire est très-important et consiste principalement en café, bois de construction, poisson sec et salé, etc. Nous avons, page 21, nommé les églises de cette localité.

VALENÇA. — La ville de Valença, qui a le titre de *cidade*, est bâtie entre le Rio Parahyba-do-Sul et le Rio Preto, à trente kilomètres de la jonction de ce dernier avec le Rio Barros. Cette ville possède un hôpital qui fut édifié par souscription. Son commerce de café, de

33

sucre, de riz et autres marchandises, est très-étendu. Les églises de Valença sont indiquées page 21.

Vassouras. — La ville de Vassouras, qui possède près de six mille habitants et a le titre de *cidade*, est située à peu de distance du Rio Parahyba-do-Sul. Elle possède plusieurs édifices modernes assez remarquables. Ses églises sont nommées page 20. Le commerce de Vassouras a pour objets principaux le café et les porcs.

Armée.. — L'armée brésilienne est représentée dans la province de Rio-de-Janeiro par : l'état-major général de l'armée, un colonel commandant supérieur, un colonel chef d'état-major, un bataillon d'artillerie à pied, un corps d'ouvriers (artifices), un régiment de cavalerie légère et un bataillon d'infanterie de ligne.

La garde nationale y compte : un colonel commandant supérieur, un colonel chef d'état-major, sept escadrons de cavalerie, douze corps de cavalerie, deux compagnies d'artillerie, une section de bataillon d'artillerie, trente-deux bataillons d'infanterie de service, dix bataillons d'infanterie de réserve, deux sections de bataillon d'infanterie de service et quinze sections de bataillon d'infanterie de réserve. Ensemble 29,528 hommes de service actif et 9,067 de réserve.

PROVINCE DE SANTA-CATHARINA. — La province de Santa-Catharina est limitée au Nord par celle de Paraná ; à l'Ouest et au Sud par celle de São-Pedro-do-Rio-Grande-do-Sul et à l'est par l'Océan. Elle est située entre 25° 50′ et 29° 20′ de latitude Sud. Son étendue, y compris les îles de Santa-Catharina et de São-Francisco, est de treize cents myriamètres carrés.

Les productions de cette province sont variées. Les

plantes tropicales et celles des contrées tempérées y croissent avec succès. Le café, la canne à sucre, les bananiers, le coton, peuvent y être cultivés.

Il existe dans cette province, entre la Serra Cubatão et l'Océan, sur les rives du Rio Cubatão, des sources d'eaux thermales près desquelles il y eut autrefois un hôpital. Ces sources sont connues sous le nom de Caldas-de-Santa-Catharina.

Montagnes. — Les montagnes les plus remarquables de la province de Santa-Catharina sont : 1° le mont Bahul, situé au delà de Porto-Bello ; c'est, après le mont Camberella, le point le plus élevé de la province ; 2° le mont Camberella, dans l'île Santa-Catharina, au Sud de Desterro ; 3° la Serra Cubatão ; 4° le mont Santa-Martha, situé par 29° de latitude environ ; 5° la Serra Papoa, près de Laguna ; 6° la Serra do Mar ou Serra Geral.

Cours d'eau. — Les cours d'eau de la province de Santa-Catharina sont généralement peu étendus et peu importants ; ce fait tient au voisinage de la chaîne de montagnes par rapport à la mer, voisinage qui ne permet pas aux sources de se réunir dans un bassin et aux ruisseaux de se joindre avant d'arriver à l'Océan. Les plus remarquables des cours d'eau sont : 1° le Rio Araranguá, situé entre la province de Santa-Catharina et celle de São-Pedro-do-Rio-Grande-do-Sul ; le cours de ce fleuve est rapide, son lit profond ; il entre dans la mer par 29°11' de latitude entre les monts Pedras et Mosteiros ; 2° le Rio Alagôa, qui entre dans l'Océan à plus de trente kilomètres au Nord de l'embouchure du Rio Araranguá ; 3° le Rio Aririhú, qui coule dans les environs de São-José ; 4° le Rio Arroio-Grande, qui naît des lacs Lagoinhas et se jette dans la mer à trente kilomètres au Nord de l'embouchure du Rio Mampitúba; 5° le Rio Biragueira; 6° le Rio Biguassú, qui se verse au Nord du Rio Maruhi; 7° le Rio Bobos, qui coule dans les environs de Porto-Bello; 8° le Rio Cachorros, dont la source est dans la Serra Cubatão, et qui se verse dans le Rio Pelotas; 9° le Rio Braço, affluent du lac da Cruz; 10° le Rio Camboriú; 11° le Rio Capibary, affluent du Rio Tubarão; 12° le Rio Cubatão, qui naît dans la Serra Cubatão et entre dans la mer par la baie de Brito; 13° un autre Rio Cubatão, dont la source est aussi dans la chaîne de montagnes de son nom, à l'Ouest du mont da Tromba, et qui a son embouchure dans le canal qui sépare l'île de São-Francisco du continent; à son embouchure, il a vingt brasses de large et trois de profondeur; 14° le Rio Carahá, affluent du Rio Iguassú, et dans le lit et sur les bords duquel on trouve d'excellentes pierres à aiguiser; 15° le Rio Cavallinhos, qui se verse dans le canal entre l'île São-Francisco et le continent; 16° le Rio Caveira, affluent du Rio Curityba; 17° le Rio Garcia; 18° le Rio Embahu, qui débouche au Sud de la baie de Santa-Catharina; 19° le Rio Itajahy-Mirim, aussi appelé Trombudo, tributaire du Rio Itajahy, qui appartient à la province de São-Paulo par sa source et à celle de Santa-Catharina par son embouchure; 20° le Rio Itajahy, qui se forme dans la province de São-Paulo, de la réunion du Rio Negro et du Rio Correntes, traverse la province de Santa-Catharina, et sépare le district de São-Francisco de celui de Porto-Bello; 21° le Rio Jaraguá, affluent du Rio Itapicú; 22° le Rio Maria-Bacháara, tributaire du Rio Tres-Barras; 23° le Rio

Maruhi, qui coule de l'Ouest à l'Est, débouche près de la baie de São-José, au Nord du Rio Massambú, et est navigable jusqu'à Guarda; 24° le Rio Massambú, qui débouche en face de l'entrée Sud de la baie de Santa-Catharina; 25° le Rio Mampítúba, qui sépare la province de Santa-Catharina de celle de São-Pedro-do-Rio-Grande-do-Sul et entre dans la mer par 29° 20′ de latitude Sud; 26° le Rio Paraty, affluent du canal qui sépare l'île São-Francisco de la terre ferme; 27° le Rio Piranga, affluent du Rio Itapicú par la rive gauche, près du lac da Cruz; 28° le Rio Piraqué, qui se verse dans le Rio São-Francisco; 29° le Rio Sahy ou Sahi, entre les provinces de Paraná et de Santa-Catharina, qui se divise en deux bras : le Rio Sahy-Mirim, affluent du canal qui entoure l'île São-Francisco, et le Rio Sahy-Grande, qui se verse au Sud de la baie de Guaratúba; 30° le Rio Pirapireba ou Pirabireba, tributaire du canal appelé Rio de São-Francisco; 31° le Rio São-João ou Rio Tres-Barras, qui reçoit le Rio Maria-Bacháara et le Rio das Farinhas, et se verse. par une large embouchure, dans le canal de São-Francisco : 32° le Rio Tejucas, affluent de la baie du même nom; 33° le Rio Vermelho, dans l'île Santa-Catharina.

Les lacs principaux de la province de Santa-Catharina sont : 1° les lacs Camacho ; réunion de lacs qui communiquent les uns avec les autres par des canaux naturels et dont les principaux sont : Jaguaruna, Gurupába, Santa-Martha; 2° le lac da Cruz, qui a douze kilomètres de longueur et est parallèle à la mer; le Rio Itapicú traverse ce lac en formant avec lui une croix; le Rio Piranga, le Rio Upitanga, le Rio Itapicú. le Rio Mirim, le Rio Jaraguá et le Rio Braço se versent dans le lac da Cruz; 3° le lac Forquilha, qui a trois kilomètres de longueur et une largeur à peu près égale; ce lac communique avec la mer par le Rio Garopába; 4° le lac Encantada, aussi appelé Piraquèra, qui a six kilomètres de longueur sur près de deux de largeur, et est situé à trente kilomètres de la pointe Gamboa; 5° le lac Grande ou Lagoa-Grande, qui a dix kilomètres de longueur sur trois de largeur; 6° le lac Laguna, dont la longueur est de trente kilomètres sur une largeur de douze, et qui est situé à vingt-cinq kilomètres environ du cap de Santa-Martha; 7° le lac Panêma, au nord de Laguna.

Iles. — Les îles les plus remarquables de la province sont : Santa-Catharina et São-Francisco. Nous parlons plus loin de ces deux îles. Les autres sont : 1° l'île Araçatuba, située vers l'entrée méridionale de la baie de Santa-Catharina, entre la pointe Araçatuba et la pointe Pinheiro; elle possède un fort qui fut construit en 1742; 2° l'île Arvoredo, sise par 27° 16' 47" de latitude Sud et 50° 49' 15" de longitude Ouest, au Nord de l'île Santa-Catharina, à dix-huit kilomètres à l'Est-Nord-Est de la pointe Gancho et au Sud-Sud-Est de l'île Galé; l'île Arvoredo a vingt-cinq kilomètres de circonférence; 3° l'île Anható-Mirim, située dans la baie de Santa-Catharina et à deux cents mètres environ du continent; elle se trouve à cinq kilomètres environ de la ville de Desterro; le canal qui sépare cette île de la terre ferme est défendu par trois forts: l'un bâti sur l'île Anható-Mirim, nommé Santa-Cruz, et qui se trouve par 27° 25' 32" de latitude Sud, 51° 1' 14" de longitude Ouest; l'autre élevé sur l'île Ratone, et le troisième, appelé São-José, est sur l'île Santa-Catharina; 4° l'île Galé, à vingt-cinq kilomètres au Nord de l'île Santa-Catharina, par 27° 10' de latitude Sud ; 5° les îlots de Graça ou Garcia, au Nord et près de l'île São-Francisco ; 6° les îles Tamboretes, situées au Sud-Est de l'île São-Francisco ; la plus méridionale de ces îles est par 26° 20' 54" de latitude Sud et 50° 59' de longitude Ouest.

Instruction publique. — La province de Santa-Catharina possède un lycée, quarante et une écoles primaires pour les garçons et quinze pour les filles. Il y a en outre sept écoles privées pour les garçons et douze pour les filles.

Colonisation. — Plusieurs colonies sont établies sur différents points de la province de Santa-Catharina. Quelques-uns de ces établissements prospèrent, d'autres donnent l'espoir d'un avenir meilleur, quelques-uns enfin ont besoin de sacrifices nouveaux pour acquérir un développement qui leur permette de subsister ensuite. Les principales sont : São-Pedro-de-Alcantara, Vargem-Grande, Santa-Isabel, Blumenau, Dona-Francisca, Belge et Santa-Theresa.

São-Pedro-de-Alcantara. — Cette colonie commença en 1829 avec cent cinquante-six familles allemandes; elle contient aujourd'hui près de deux mille personnes. La culture y est développée et donne de bons résultats. Les colons sont satisfaits et ne réclament que des voies de communication pour donner à leurs produits un écoulement plus facile.

Vargem-Grande. — Cette colonie fut fondée en 1857 par quarante colons sortis de la colonie São-Pedro-de-Alcantara. La population est aujourd'hui de cent soixante habitants. Le sol de cet établissement est fertile et très-salubre. Les colons ont exporté en 1859 des produits de leur culture pour une somme de quinze contos de reis et la valeur des objets importés n'a été que de deux contos cent cinq mille reis. Les colons sont tous catholiques et ont fait élever une chapelle à leurs frais.

Santa-Isabel. — En 1847, cent soixante-quatre colons commencèrent cette colonie, à peu de distance du Rio dos Bugres et à cinquante kilomètres de São-José. La situation de cet établissement, la richesse du sol et la salubrité dont il jouit, donnent tout lieu d'espérer que ce centre de population est appelé à un développement important. On y trouve aujourd'hui près de trois cents habitants. L'exportation de leurs produits s'est élevée, en 1859, à trente contos de reis environ et l'importation n'a été que de six contos de reis. Ces chiffres sont la plus éloquente preuve du développement donné à l'agriculture.

Blumenau. — Cette colonie est située dans de bonnes terres sur les rives du Rio Itajahy-Assú, à soixante-dix kilomètres environ de son embouchure. Elle fut fondée en 1850 par le docteur Blumenau. Elle possède aujourd'hui près de huit cents habitants. Le gouvernement a fait tout récemment l'acquisition de cette colonie au prix de cent vingt contos de reis, et se dispose à y créer des voies de communication qui donneront un développement important à ce nouveau centre de population.

Toutefois l'exportation, qui s'est élevée en 1859 à la somme de treize contos de reis, est inférieure à l'importation, qui s'est élevée à vingt-cinq contos. Mais le

caractère actif et entreprenant des colons donne le
meilleur espoir pour l'avenir.

Dona-Francisca. — Cette colonie doit sa fondation à
la Société de colonisation de Hambourg. Le prince de
Joinville céda à cet effet une partie des terrains qui lui
appartenaient dans la province de Santa-Catharina. La
colonie comptait cent vingt-cinq colons en 1851 ; elle
en possède aujourd'hui deux mille quatre cent soixante-
quinze. La majeure partie de ses habitants sont protestants ; le nombre des catholiques est cependant assez
élevé pour qu'il y ait un prêtre.

Le développement de cette colonie est lent et pénible, et sa production agricole ne correspond point avec
sa consommation. En 1859, pour parfaire ce qui man-
quait à l'alimentation, il a été importé dans la colonie :

Viande sèche	1,700	arrobas	8,500,000 reis.
Farine de manioc.	10,000	alqueires	20,000,000
Riz	270	sacs	2,700,000
Sucre	1,200	arrobas	4,800,000
Café.	460	»	2,500,000
Lard.	260	»	5,120,000
Haricots	80	sacs	800,000
Sel.	500	aliquieres	700,000
Bœufs et Porcs.	250		7,250,000
Étoffes et autres marchandises.			12,000,000

Ces chiffres très-modérés donnent un total de plus de
soixante-deux contos de reis, tandis que l'exportation,
consistant uniquement en planches, meubles, charrettes, vêtements faits, ne s'est élevée qu'à dix contos
de reis au maximum.

Les travaux que le gouvernement fait faire dans cette
colonie ou à proximité sont les ressources qui comblent
ce déficit. Les principaux travaux entrepris ou achevés

sont : l'église catholique, le temple protestant, la prison et la route de la province de Paraná. La construction de l'église catholique avance lentement, celle du temple protestant est un peu plus rapide. On a regretté, il y a deux ans, que les fonds imputés à la première de ces constructions aient été appliqués à la seconde. Ce virement de fonds, irrégulier en lui-même, semblait en outre vouloir favoriser la population protestante au détriment des catholiques. Cet état de choses ne s'est pas continué, et il y a lieu de penser que les travaux, marchant de front, seront achevés à la même époque.

La construction de la prison a été plus rapide. Elle est solidement construite, mais les cellules sont beaucoup trop petites, manquent de plancher, ce qui les rend très-humides, et ne reçoivent que très-peu de jour.

La colonie Dona-Francisca comprend deux centres de population : Joinville et Annaburg. Elle communique avec la ville de São-Francisco par le Rio da Cachoeira et le lac Saguassú. Ce trajet, souvent pénible, ne peut se faire que par un temps propice et avec des marées favorables.

Une direction intelligente et ferme de cette colonie pourrait la conduire à un avenir heureux, mais le système suivi jusqu'à présent ne peut que créer à l'avenir des embarras sérieux, à moins que les subventions du gouvernement ne se continuent longtemps encore.

Belge. — Cette colonie fut fondée en 1845 par quatre-vingt-dix Belges. Elle est située à dix-huit ou vingt kilomètres du Rio Itajahy-Assú. La plupart des colons dont elle s'est formée se sont dispersés : ceux qui restent vivent du produit de leurs récoltes.

Santa-Theresa. — La colonie militaire de Santa-Theresa compte cent vingt-quatre habitants. Les cultures
principales sont le maïs, les haricots, le manioc et les
pommes de terre.

Une autre colonie qui portera le nom de Theresopolis
est sur le point de se former dans la vallée du Rio Cedro
et du Rio Cubatão.

Villes. — Les villes les plus remarquables de la pro-
vince de Santa-Catharina sont: Desterro, *capitale*, Lages,
Lagôa, Laguna, Lapa, Porto-Bello, São-Francisco, São-
José et São-Miguel.

Desterro. — La ville de Desterro ou Nossa-Senhora-
do-Desterro, ou même Santa-Catharina, a le titre de
cidade ; elle est située dans l'île Santa-Catharina. La latitude et la longitude prises du clocher de l'église qui
fait face au marché sont 27° 55' 56" latitude Sud et
51° 0' 8" longitude Ouest. Sa population est d'environ
huit mille habitants. La ville de Desterro est longue et
peu profonde; les rues, généralement droites, ne sont
pas larges; presque toutes sont pavées. Les maisons,
bâties en pierre ou en briques, ont souvent deux étages.
Les boutiques sont bien approvisionnées de diverses
marchandises d'Europe.

Au milieu de la ville se trouve une vaste place qui
descend en pente douce vers la mer. A son extrémité
inférieure est situé le marché ; à son extrémité supérieure, l'église de Nossa-Senhora-do-Desterro. A gauche,
en venant de la mer, se trouve le palais du président ;
à droite, la chambre municipale et la poste. La place a
environ deux cent soixante mètres du marché à l'é-
glise et soixante-dix mètres de largeur. En 1859, on

construisait un quai qui, bien que trop bas et trop peu avancé dans la mer, est destiné à rendre de nombreux services au commerce. Parmi les édifices, on peut encore citer la caserne et l'hôpital.

Il y a à Desterro deux hôtels pour les voyageurs : l'un, celui do Universo, tenu par un Français, est le plus convenable et le plus fréquenté.

L'île de Santa-Catharina, autrefois nommée dos Patos, est fertile et très-cultivée. Comme presque partout, la culture, poursuivie sans fumer la terre, a épuisé tous les sucs nutritifs, et les cultivateurs se plaignent de ce qu'il n'y a plus de terres dans l'île. Les forêts n'y existent que sur quelques sommets, et la majeure partie du sol est en capoeiras. La diminution des eaux potables, qui est le résultat du défrichement, se fait surtout sentir dans la capitale de la province. L'île a près de soixante kilomètres de longueur sur quinze de largeur. La largeur du bras de mer qui la sépare du continent est d'environ deux cents brasses. La ville est défendue par plusieurs forts, qui protégent l'entrée de la rade.

Le port de Desterro a reçu en 1859 sept cent soixante-trois navires, dont cinquante et un étrangers. Sur ces cinquante et un navires, pas un ne portait le pavillon français : les États-Unis en ont fourni le plus grand nombre, puis viennent l'Angleterre, l'Uruguay, l'Espagne, la Russie, la Hollande, la Sardaigne et Hambourg.

Lages. — La ville de Lages est à plus de deux cents kilomètres à l'ouest de Desterro, cette distance prise en ligne directe, car, par les routes tracées, il y a plus de trois cent cinquante kilomètres; elle gît par 27° 48' de latitude Sud, sur la route de la province de São-Pedro-do-Rio-Grande-do-Sul à celle de São-Paulo. Le climat de cette localité est sain et tempéré ; on y fait commerce de bois, de cuirs, de mate, de bestiaux, de sucre et d'eau-de-vie. La ville de Lages reçut, en 1774, le titre de *villa*. On y remarque l'église Nossa-Senhora-dos-Prazeres.

Lagôa. — La ville de Lagôa est dans l'Est de l'île Santa-Catharina, sur les rives du lac appelé Lagôa-Grande. On y fait commerce de sucre, de manioc, de maïs, de lin, de légumes et d'eau-de-vie. La principale église est dédiée à Nossa-Senhora-da-Conceição.

Laguna. — La ville de Laguna est située sur une plage basse, près de mornes élevés. Elle est sur la rive Ouest d'un lac, près de l'embouchure du Rio Tubarão, à plus de cent kilomètres au Sud de Desterro, à vingt-cinq environ au Nord du cap Santa-Martha, par 28° 28'25" de latitude sud. Elle fut fondée en 1624 et déclarée *villa* en 1750. L'église de cette ville, d'abord appelée Santa-Anna, porte aujourd'hui le nom de Santo-Antonio-dos-Anjos. Son port offre un bon mouillage et est de forme circulaire.

Les maisons y sont bâties en pierres et couvertes de tuiles. Cette ville a un commerce assez important avec Desterro, surtout pour le riz, le lin, le maïs, la manioc, les bois de construction et le poisson salé.

Lapa. — La ville de Lapa ou Lapa-do-Ribeirão est dans l'île Santa-Catharina, à dix kilomètres au Sud de Desterro. Le commerce de cette ville consiste en sucre, eau-de-vie et poisson salé. L'église est sous l'invocation de Nossa-Senhora-da-Lapa.

Il existe sur la route de Lages à Desterro, entre le Rio Itajahy et la ville de Lages une autre petite ville du nom de Lapa.

Porto-Bello. — La ville de Porto-Bello, autrefois nommée Garoupas, possède un bon port. Elle est par 27°8' de latitude Sud et 51°4' de longitude Ouest, à peu de distance d'un lac très-poissonneux. On remarque à Porto-Bello l'église São-Joaquim. Le commerce consiste en riz, manioc, maïs, lin, sucre, eau-de-vie.

São-Francisco. — La ville de São-Francisco est bâtie dans l'île de ce nom. Cette île, autrefois appelée Engraça, a environ quarante kilomètres du Nord au Sud. La forme est celle d'un arc dont la corde est parallèle à la côte. Le canal qui la sépare du continent est appelée Rio de São-Francisco, bien que ce soit un bras de mer. L'entrée Nord a porté autrefois le nom de Babitonga, on l'appelle aujourd'hui Barra-Grande, Barra-do-Norte; sa largeur est d'environ quinze cents brasses. Un canal assez profond mais étroit permet à des navires d'un fort tonnage de pénétrer jusqu'un peu au delà de la ville de São-Francisco. Le balisage de cette entrée serait fort utile et éviterait de trop fréquents sinistres. L'entrée méridionale est nommée Barra-d'Aracary ou d'Araquary; elle n'a pas plus de deux cents brasses de largeur.

L'entrée de la Barra-do-Norte est indiquée par une haute colline appelée Morro de João-Diaz. Ce point situé à l'extrémité de l'île gît par 26° 6'33" de latitude Sud et 50° 59'56" de longitude Ouest. La plage du continent qui lui est opposée se nomme Pontal.

Le canal qui entoure l'île de São-Francisco est parsemé d'iles et de rochers. Les plus grandes de ces îles sont : l'Ilha-do-Mel, l'Ilha-dos-Barcos et l'Ilha-d'Antonia-da-Silva. L'Ilha-do-Mel est basse et marécageuse.

Le bras de mer reçoit dans son parcours divers cours d'eau parmi lesquels nous signalerons le Rio Jaguaruna-Pequeno; le Rio Jaguaruna-Grande ; le Rio do Barbosa; le Rio do Pinto ; le Rio das Tornos ; le Rio Bacuhy ou Bocuhy; le Rio Batuby; le Rio dos Barrancos; le Rio das Tres-Barras, qui reçoit le Rio Furta-Enchente et le Rio São-João; le Rio dos Cavallinhos; le Rio Pirabireba ou Piraberaba ; le Rio Biguacù, le Ribeirão ; le Rio d'Antonio-Felix, le Rio Cubatão-Grande ; le Rio Eriri-Grande; le Rio Eriri-Pequeno ; le lac Saguassù, sorte de lagune intérieure qui reçoit diverses petites rivières dont la plus importante est le Rio da Caxoeira ; le Rio Paranaguá-Mirim; le Rio Paraty; le Rio das Arêas-Pequeno; le Rio dos Pinheiros et le Rio Piraqué.

La ville de São-Francisco, aussi nommée Nossa-Senhora-da-Graça-do-Rio-de-São-Francisco-do-Sul, est bâtie dans une crique du bras de mer qui sépare l'ile du continent, vis-à-vis la côte appelée Sahy, par 26°12' de latitude Sud et 51°4' de longitude Ouest, cette ville a le titre de *cidade*. Elle est longue, mais peu profonde ; elle compte environ deux mille habitants. Deux collines la dominent : le Morro da Cidade et le Morro do Hospicio. Sur le sommet de ce dernier on voit les ruines d'une église. Quelques maisons de la ville sont bâties avec soin et bien entretenues. Les rues sont en général larges et droites. Celles qui descendent vers la mer sont pavées. Au centre de la ville se trouve une grande place couverte de gazon, sur laquelle sont l'église et la chambre municipale. L'église, dédiée à Nossa-Senhora-da-Graça, est large, bien éclairée, bâtie en pierre, mais on la désirerait plus propre.

Le commerce consiste en manioc, riz, maïs, sucre, tabac, haricots et café.

Les boutiques sont en grand nombre et assez bien approvisionnées de marchandises. Les ouvriers des diverses professions abondent. Les cultivateurs des environs possèdent presque tous des maisons à la ville et viennent à certaines époques y passer quelques jours.

Le nombre des pêcheurs est considérable, car tout le monde, ou à peu près, possède une pirogue. L'eau semble être l'élément naturel de tous, femmes et enfants conduisent une pirogue avec assurance et par les plus mauvais temps.

La farine de manioc est la nourriture principale; on y ajoute le poisson cuit dans l'eau et des oranges dans la saison. Dans les familles plus aisées, on mange de la viande sèche et des haricots noirs, car on n'a pas tous les jours de la viande fraîche.

Il y a à São-Francisco un hôtel contenant deux petits lits. On n'y trouve pas toujours de quoi manger. Il y a dans la même maison deux billards autour desquels se réunissent journellement quelques commerçants de la ville.

São-José. — La ville de São-José, bâtie sur le bord de la baie de son nom, est à six kilomètres environ à l'Ouest de Desterro et à trois kilomètres du Rio Maruhy. On y trouve du sucre, de l'eau-de-vie, du riz, du poisson et du maïs; dans les environs, il y a des gisements de charbon de terre. L'église São-José est remarquable.

São-Miguel. — La ville de São-Miguel ou São-Miguel-da-Terra-Firme fut fondée en 1746. Son église a pour patron São-Miguel, Cette ville, qui s'élève sur le bord de la baie du même nom, possède un port abrité des vents de l'Ouest. On y fait commerce de sucre, maïs, manioc et haricots.

Armée. — L'armée compte, dans la province de Santa-Catharina, un assistant de l'adjudant général de l'armée, un major d'état-major, commandant la forteresse de Santa-Cruz, un sous-lieutenant d'état-major, commandant le fort de Ratones, un major du corps des ingénieurs et un bataillon de dépôt de chasseurs à pied.

PROVINCE DE SÃO-PAULO. — La province de São-Paulo est située entre 20°50' et 28° de latitude Sud, ses limites sont : au Nord, les provinces de Goyáz et de Matto-Grosso; au Nord-Est, celles de Minas-Geraes et de Rio-de-Janeiro; à l'Ouest, le Paraguay; au Sud, la province de Paraná, et à l'Est, l'Océan.

Le sol de la province, très-salubre et très-fertile, fournit en abondance la canne à sucre, le café, le riz, le manioc, le tabac, etc. On y trouve de riches mines d'or et de fer.

La province est divisée en trois districts électoraux qui sont : São-Paulo, Taubaté et Mogymirim.

Montagnes. — Les montagnes les plus remarquables de la province sont : 1° la Serra Apucarana, aux environs de Guarapuava et du Rio Tibajii, dans laquelle on trouve des mines d'or autrefois fort riches; 2° la Serra Araçoiaba, près de Sorocába; 3° la Serra [Araquará, entre le Rio Pardo, le Rio Piracicába et le Rio Pipira; 4° la Serra Dourada, riche en or; 5° la Serra Guarassoyava, aussi appelée Biraçoyava et Quirassoyava ; 6° le

mont Jaguari ou Jaguary ; 7° la Serra Paranápiaçaba.

Cours d'eau. — Les cours d'eau principaux de la province de São-Paulo sont : 1° le Rio Parahyba-do-Sul (*Voir page* 103) ; 2° le Rio Aguapehy, affluent du Rio Paraná, par la rive gauche, à soixante kilomètres au-dessus de l'île Manoel-Homem ; 3° le Rio Araquará, qui verse ses eaux dans le Rio Pardo, affluent du Rio Paraná ; 4° le Rio Bananal, affluent du Rio Parahyba-do-Sul ; 5° le Rio Curupassé, aussi nommé Juquiriqueré, qui entre dans la baie de son nom au Nord de São-Sebastião ; 6° le Rio Hinhangabahú, qui arrose la ville de São-Paulo, s'unit au Rio Tamandatahi et se verse dans le Rio Tieté ; 7° le Rio Hipanêma ou Ipanêma, affluent du Rio Sorocába par la rive gauche ; 8° le Rio Itanhaem, dont la source est dans la Serra do Mar, et l'embouchure dans l'Océan par 24° 11′ de latitude Sud et 49° 15′ de longitude Ouest ; 9° le Rio Ivahy, nommé Ubahi par les Espagnols, dont la source est dans les plaines de Guarapuava, et qui reçoit successivement le Rio Tinto, le Rio Bom, le Rio Soberdo, le Rio Capibary et le Rio Thua, puis se verse dans le Rio Paraná ; 10° le Rio Mogi-Guassú, qui naît dans la Serra da Mantiquiera, reçoit lé Rio Jaguary-Mirim et se jette dans le Rio Paraná ; 11° le Rio Mogi-Mirim, affluent du Rio Mogi-Guassú ; 12° le Rio Paranápanêma, qui s'unit au Rio Paraná après avoir reçu le Rio Itapetininga, le Rio Apiahy, le Rio Tabagy et le Rio Pirapó ; 13° le Rio Piratininga, qui se verse à la mer par trois embouchures dont les noms sont : Barra-Grande, près de laquelle est Santos, Piratininga et Bertioga ; 14° le Rio Piruibe, qui entre dans l'Océan vis-à-vis des îles Quei-

madas; 15° le Rio Pinheiros, affluent du Rio Tieté;
16° le Rio Pardo, qui reçoit le Rio Araquára et s'unit
au Rio-Grande; 17° le Rio Una, affluent de l'Océan, à
soixante kilomètres au Nord d'Iguape.

Le lac le plus important porte le nom de Mar-Pequeno; c'est un lac profond et salé qui a soixante kilomètres du Sud-Ouest au Nord-Est, et sépare le continent
de la plage d'Iguape.

Iles. — Les îles parsemées le long de la côte de la
province de São-Paulo sont: 1° les îlots Alcatrazes au
Sud de la baie de São-Sebastião; le sommet du plus important de ces îlots est par 24° 6′ 5″ de latitude et
48° 6′ 47″ de longitude Ouest de Paris; 2° les îles Buzios, sises à douze kilomètres à l'Est de l'île São-Sebastião; la principale de ces îles se trouve par 25° 44′ 27″
de latitude Sud et 47° 26′ 4″ de longitude Ouest; 3° les
îles Couves, au nombre de deux, à l'Est d'Ubatúba; la
plus grande gît par 25° 25′ 54″ de latitude méridionale,
et 47° 17′ 54″ de longitude occidentale; 4° l'île Guahiba ou Santo-Amaro, située au Nord de l'île Engua-
Guassú ou São-Vicente; ces deux îles forment la baie de
Santos; la pointe Sud de l'île Guahiba, appelée Ponta-
Grossa, gît par 48° 44′ 54″ de latitude Sud; cette île a
environ vingt-cinq kilomètres de long sur plus de
quinze de large; 5° l'île Mar-Virado, au Sud-Sud-Ouest
de l'île dos Porcos et au Nord-Nord-Est de l'île São-Sebastião, par 25° 54′ 7″ de latitude Sud et 47° 54′ 20″ de
longitude Ouest; 6° l'île Montão-de-Trigo, entre les îles
Guahiba et São-Sebastião, par 25° 51′ 4″ de latitude Sud,
et 48° 12′ 2″ de longitude Ouest; 7° l'île São-Sebastião,
qui est à plus de cent kilomètres de Santos; cette île a

vingt-cinq kilomètres de largeur; 8° l'île São-Vicente, sur laquelle sont bâties les villes deSantos et São-Vicente.

Colonisation. — Les colonies sont nombreuses dans la province de São-Paulo, mais très-peu d'entre elles présentent une importance remarquable. Toutes, moins deux, sont établies d'après le système partiaire.

Ces colonies sont : Senador-Vergueiro, Angelica, Lagôa, Cresciumal, São-Jeronimo-e-Santa-Barbara, Tapera, Bery-e-Cauvitinga, Boa-Vista, São-Francisco, Sitio-Novo, Tapera, Sete-Quedas, Morro-Azul, São-Louzenço, Morro-Grande, São-Joaquim, São-José, Santo-Antonio, São-José-de-Corumbataty, Dores, Tatú, Nova-Germania, Pouso-Alegro-dé-Jahú, Independencia, Getuba, Florence, Paraiso, Boa-Esperança, Laranjal, Capitão-Diniz.

Villes. — Les villes les plus remarquables de la province de São-Paulo sont : São-Paulo, *capitale*, Apiahy, Araquará, Arêas, Atibaia, Bananal, Batataes, Bragança, Campinas, Capibary, Casa-Branca, Constituição, Cunha, Franca, Guaratinguetá, Iguape, Itanhaem, Itapetininga, Itapeva, Itú, Jacarehy, Jundiahy, Lorena, Mogy-das-Cruzes, Mogy-Mirim, Parahybuna, Parahytinga, Parana-hyba, Pindamonhangaba, Porto-Feliz, Pouso-Alegre, Queluz, Rio-Claro, Santa-Isabel, Santo-Amaro, Santos, São-José-de-Parahyba, São-Roque, São-Sebastião, São-Vicente, Silveiras, Sorocába, Tatui, Taubaté, Ubatúba, Villa-Bella-da-Princeza.

São-Paulo. — La ville de São-Paulo a vingt-cinq mille habitants environ; elle est située à trois cent cinquante kilomètres à l'Ouest de Rio-de-Janeiro, à soixante-dix au Nord de Santos et à six au Sud de Rio Tieté, par 25°53′10″ de latitude méridionale et 48°19′ de longi-

tude occidentale. Elle fut fondée en 1554. Elle est depuis 1745 le siége d'un évêché. On y trouve une école
de droit et une université. Cette ville a le titre de *cidade
imperial*, depuis le 17 mars 1823.

São-Paulo est bâtie sur une éminence; les rues sont
droites et assez larges pour que les voitures puissent circuler. Il existe plusieurs places publiques, dont les plus
remarquables sont celles du Palais et celle de la Cathédrale. Son église principale est Santa-Iphigenia.

Apiahy. — La ville d'Apiahy ou Apiahi fut fondée
en 1600; elle est sise par 24°22′ de latitude. Son église
a pour patron Santo-Antonio-de-Lisboa.

Araquará. — La ville d'Araquará ou São-Bento-d'Araquará est sur la rive droite du Rio Tieté, quarante-cinq
kilomètres après sa rencontre avec le Rio Piracicába.

Arêas. — La ville d'Arêas ou São-Miguel-das-Arêas
fait un commerce assez actif de volaille et de café.

Atibaia. — La ville d'Atibaia ou São-João-d'Atibaia
est à soixante kilomètres au nord de São-Paulo. On y fait
commerce de bestiaux. La principale église a pour patron São-João-Baptista.

Bananal. — La ville de Bananal, bâtie sur la rive
droite du Rio Parahyba-do-Sul, est assez importante et
fait le commerce de volailles, de sucre et de café, surtout avec Rio-de-Janeiro. Elle a le titre de *cidade*. On
trouve dans cette ville un juge de droit, plusieurs juges
de paix, un promoteur public, plusieurs écoles publiques et privées, etc. Les églises principales sont : Ma-
triz-do-Senhor-Bom-Jesus-do-Livramento , Nossa-Senhora-do-Rosario et Nossa-Senhora-da-Boa-Morte. Cette
dernière était encore inachevée l'année dernière (1860).

Batataes. — La ville de Batataes est peu importante; elle ne possède le titre de *villa* que depuis 1839.

Bragança. — La ville de Bragança est sise à plus de cent quarante kilomètres au Nord-Est de São-Paulo, par 23°2' de latitude, 48°36' de longitude Ouest. Les bestiaux et les porcs y sont l'objet d'un commerce important. On distingue à Bragança, l'église Nossa-Senhora-da-Conceição.

Campinas. — La ville de Campinas, située par 22°40' de latitude Sud et 48°58' de longitude Ouest, est à plus de cent kilomètres de São-Paulo. Elle a le titre de *cidade*. Son commerce principal consiste en sucre. L'église paroissiale a pour patron São-Carlos.

Capibary. — La ville de Capibary ou Capibari est sur le cours d'eau du même nom, à cent quatre-vingts kilomètres à l'Ouest de São-Paulo. On y fabrique beaucoup d'eau-de-vie, des pirogues et des barques. L'église principale est dédiée à São-João-Baptista.

Casa-Branca. — La ville de Casa-Branca fait un commerce étendu de bestiaux. Elle a pour église principale Nossa-Senhora-das-Dores.

Constituição. — La ville de Constituição, ainsi appelée Piracicába, est sur la route de Cuyabá à São-Paulo, à cent quatre-vingts kilomètres au Nord-Est de São-Paulo. L'église la plus remarquable est Nossa-Senhora.

Cunha. — La ville de Cunha, située dans la Serra do Facão, jouit d'un climat très-sain et relativement froid. Elle se trouve à plus de deux cents kilomètres de São-Paulo, par 23°3' de latitude et 47°20' de longitude. Son église paroissiale est dédiée à Nossa-Senhora-da-Conceição.

FRANCA. — La ville de Franca ou Franca-do-Impera-
dor, située sur la rive droite du Rio Mogy, fait un commerce étendu, qui consiste principalement en bestiaux.
On y remarque l'église Nossa-Senhora-da-Conceição.

GUARATINGUETÁ. — La ville de Guaratinguetá, bâtie sur
la route de São-Paulo à Rio-de-Janeiro, et sur la rive
droite du Rio Parahyba-do-Sul, à deux cent quatre-
vingts kilomètres au Nord-Est de São-Paulo, fut fondée
en 1651. Son commerce en tabac, sucre et café, est assez
actif. On y trouve les églises Santo-Antonio, Nossa-Senhora-do-Rosario et São-Gonçalo.

IGUAPE. — La ville d'Iguape s'élève au fond du lac
appelé Mar-Pequeno, à deux cent quatre-vingts kilomètres au Sud-Ouest de São-Paulo, par 25°52′25″ de latitude Sud. Elle fut fondée en 1654. On y trouve l'église
Nossa-Senhora-das-Neves, dans laquelle on remarque
une statue *Ecce homo* qui est en très-grande vénération.
Le commerce d'Iguape consiste surtout en sucre, riz,
maïs, manioc et café.

ITANHAEM. — La ville d'Itanhaem, sur le cours d'eau
de son nom, est à cent trente kilomètres au Sud-Ouest
de São-Paulo. Son commerce de planches et de manioc
est assez important. La principale église est dédiée à
Nossa-Senhora-da-Conceição.

ITAPETININGA. — La ville d'Itapetininga, dont le nom
s'écrit aussi Itapeteninga, Itapitininga, Itapytininga,
Ytapetininga, etc., est à soixante-dix kilomètres au Sud
de Sorocába, à cent quatre-vingts à l'Ouest de São-Paulo,
par 25°40′ de latitude Sud. Cette ville fut fondée en 1770.
Elle possède une église dédiée à Nossa-Senhora-dos-Prazeres. Les bestiaux y sont le principal objet de commerce.

ITAPEVA. — La ville d'Itapeva ou Faxina s'élève sur la route de São-Paulo à Lages, par 24° 2′ de latitude méridionale, à deux cent quatre-vingts kilomètres à l'Ouest-Sud-Ouest de São-Paulo et à peu de distance du Rio Verde. Sa principale église est sous l'invocation de Santa-Anna. On y fait commerce de bestiaux.

ITÚ. — La ville d'Itú, ou Y-tú, qui a le titre de *fidelissima cidade*, est à plus de cent kilomètres à l'Ouest de São-Paulo, à quarante au Nord-Nord-Est de Sorocába, par 23°28′ de latitude et 49°52′ de longitude. On y trouve un hôpital et plusieurs églises, dont les principales sont : Nossa-Senhora-das-Candeas, Bom-Jesus, Nossa-Senhora-do-Patrocinio et Santa-Rita. Cette ville fut fondée en 1654. Elle fait commerce de sucre, de mulets et de chevaux.

JACAREHY. — La ville de Jacarehy ou Jacarehi est bâtie sur la rive droite du Rio Parahyba-do-Sul, à plus de cent kilomètres à l'Est-Nord-Est de São-Paulo par 23°18′30″ de latitude méridionale et 43°48′ de longitude occidentale. Elle fut fondée en 1652. Son commerce consiste en café et tabac. On y trouve l'église Nossa-Senhora-da-Conceição.

JUNDIAHY. — La ville de Jundiahy ou Jundiahi, qui s'élève sur la rive gauche du fleuve du même nom, fut fondée en 1656. Elle est à soixante kilomètres au Nord-Nord-Ouest de São-Paulo, par 23°10′ de latitude Sud et 49°10′ de longitude Ouest. Son église paroissiale est dédiée à Nossa-Senhora-do-Desterro. Le sucre, les mulets et les harnais sont les principaux articles du commerce.

LORENA. — La ville de Lorena, sise à plus de deux cent vingt kilomètres de Rio-de-Janeiro, à deux cent

quarante au Nord-Est-de São-Paulo et sur la rive droite
du Rio Parahyba-do-Sul, fait commerce de café, de
porcs, de volailles. La plus remarquable église est Nossa-
Senhora-da-Piedade.

Mogy-das-Cruzes. — La ville de Mogy-das-Cruzes ou
Mogi-das-Cruzes, fondée en 1611, est à six kilomères
de la rive gauche du Rio Tieté, à soixante à l'Est-Nord-
Est de São-Paulo, par 25°27' de latitude Sud, et 48°51'
de longitude Ouest. Le commerce y trouve de l'eau-de-
vie, du sucre, du coton et du café. Les plus remarquables églises sont : Santa-Anna, Bom-Jesus, do Carmo
et Carmelitas.

Mogy-Mirim. — La ville de Mogy-Mirim ou Mogimirim,
sise par 22°20'30" de latitude Sud, est sur la rive gauche
du Rio Mogy-Mirim, à six kilomètres au-dessus de son
confluent avec le Rio Mogy-Guassú, à cent quatre-vingts
kilomètres au Nord-Nord-Est de São-Paulo. Cette localité
a reçu en 1769 le titre de *villa*. Son église paroissiale a
pour patron São-José. Le commerce y consiste en fromages, eau-de-vie, coton, maïs, sucre, volailles, chevaux, bestiaux, etc.

Parahybuna. — La ville de Parahybuna, aussi nommée
Paraúna et Santo-Antonio-da-Barra-do-Parahybuna, est
à 120 kilomètres au Nord-Est de São-Paulo. On y fait
commerce de café, de tabac et de maïs. L'église principale est sous l'invocation de Santo-Antonio.

Parahytinga. — La ville de Parahytinga ou Parahi-
tinga, aussi appelée São-Luiz-de-Paratinga ou Pertininga, ou Piratinga, est sur la rive gauche du Rio Parahyba-do-Sul au-dessus du Rio Parahybuna, par 28°8'
de latitude Sud et 47°4' de longitude Ouest, à cent

quatre-vingt-dix kilomètres à l'Est-Nord-Est de São-Paulo et à plus de deux cents à l'Ouest de Rio-de-Janeiro. On y trouve du café, du tabac, des haricots et du maïs. Son église porte le nom de São-Luiz.

PARANAHYBA. — La ville de Paranahyba, fondée en 1625, est sur la rive gauche du Rio Tieté, à plus de quarante kilomètres au Nord-Ouest de São-Paulo. Le commerce y consiste en bestiaux, sucre, eau-de-vie et coton. L'église paroissiale est dédiée à Santa-Anna.

PINDAMONHANGABA. — La ville de Pindamonhangaba est bâtie dans une plaine de la rive droite du Rio Parahyba-do-Sul, à cent quatre-vingt-dix kilomètres au Nord-Est de São-Paulo et à vingt à l'Est de Taubaté. Elle fut fondée en 1713. On y fait commerce de tabac, de bestiaux, de coton, de sucre et de café. Les églises principales sont : Nossa-Senhora-do-Bom-Sucesso et São-José.

PORTO-FELIZ. — La ville de Porto-Feliz, qui s'est autrefois appelée Araritaguába, est sur la rive gauche du Rio Tieté, à trente kilomètres au-dessous de la cascade nommée Itú, à cent quarante kilomètres à l'Ouest de São-Paulo, par 25° 18′ de latitude sud et 50° 4′ de longitude Ouest. Le sucre et les bestiaux y sont les articles principaux du commerce. L'église paroissiale est sous l'invocation de Nossa-Senhora-Mãi-dos-Homens.

POUSO-ALEGRE. — La ville de Pouso-Alegre est sur la limite des provinces de São-Paulo et de Minas-Geraes, au Sud de la rive gauche du Rio Grande. On y remarque l'église Bom-Jesus.

QUELUZ. — La ville de Queluz a peu d'importance. Son église dédiée à São-João est assez remarquable.

Rio-Claro. — La ville de Rio-Claro située non loin de celle de Constituição, fait commerce de bestiaux et de manioc. On y trouve une église qui a pour patron São-João-Baptista.

Santa-Isabel. — La ville de Santa-Isabel, bâtie sur le Rio Mandú, affluent du Rio Tieté, est à cent quatre-vingts kilomètres au Nord-Est de São-Paulo. L'église paroissiale porte le même nom que la ville.

Santo-Amaro. — La ville de Santo-Amaro, sise à quatre-vingts kilomètres de São-Paulo, possède une église assez digne d'attention, et qui porte le nom de Santo-Amaro.

Santos. — La ville de Santos, bâtie sur une éminence au Nord de l'île Engua-Guassú, est, après São-Paulo, la ville la plus remarquable de la province. Les maisons y sont régulières et bien entretenues. L'église paroissiale et la Douane sont les édifices les plus remarquables. Santos a été fondée en 1545 et érigée en *villa* dès l'an 1550. Le commerce de Santos, qui est très-important et très-actif, consiste surtout en sucre, café, riz, eau-de-vie, tabac, etc. On trouve à Santos deux hôpitaux et les églises Todos-os-Santos et Santa-Catharina.

São-José-de-Parahyba. — La ville de São-José-de-Parahyba s'élève par 25° 12' de latitude Sud et 48° 4' de longitude Ouest. Son église la plus remarquable a pour patron São-José.

São-Roque. — La ville de São-Roque est à quatre-vingt dix kilomètres à l'Ouest de São-Paulo, sur la route d'Itú à Sorocába. L'église paroissiale y porte le nom de la ville.

São-Sebastião. — La ville de São-Sebastião compte en-

viron quatre mille habitants; elle fut fondée en 1636.
On y fait commerce de sucre, café, tabac, eau-de-vie,
poterie de terre, etc. Cette ville est située par 25° 48′ 20″
de latitude méridionale et 47° 49′ 30″ de longitude occidentale. Son église la plus remarquable a pour patron
São-Sebastião.

São-Vicente. — La ville de São-Vicente est à huit ou
neuf kilomètres de Santos et à soixante-dix de São-Paulo,
sur les rives du Rio São-Vicente. Sa principale église est
dédiée à São-Vicente-Ferrer.

Silveiras. — La ville de Silveiras ou Villa-Nova-das-
Silveiras, fait un commerce assez étendu qui consiste en
sucre, café, tabac, etc.

Sorocába. — La ville de Sorocába fut fondée en 1670.
Elle possède environ cinq mille habitants, a le titre de
cidade, et est située à plus de cent kilomètres au Sud-
Ouest de São-Paulo, par 23° 39′ de latitude Sud. Cette
ville fait principalement le commerce de sucre, de
coton, de maïs, de bestiaux et de café. Dans les environs,
il y a d'immenses mines de fer, peu ou point exploitées, ni même explorées. Les églises principales sont :
Nossa-Senhora-da-Ponte, Nossa-Senhora-do-Rosario et
Santo-Antonio.

Tatui. — La petite ville de Tatui est située entre Itapetininga et Sorocába. On y remarque l'église Nossa-
Senhora-das-Dores.

Taubaté. — La ville de Taubaté, fondée en 1640, a
aujourd'hui le titre de *cidade*. Elle est à cinq ou six
kilomètres de la rive droite du Rio Parahyba-do-Sul, à
cent quatre-vingts au Nord de São-Paulo, par 22° 54′
de latitude Sud et 48° 4′ de longitude Ouest. Le tabac,

le coton, le café, le sucre, le maïs, les haricots et l'eau-de-vie y sont l'objet d'un important commerce. On trouve à Taubaté les églises de São-Francisco-das-Chagas, Nossa-Senhora-do-Rosario et Nossa-Senhora-do-Pilar.

UBATÚBA. — La ville d'Ubatúba possède un port assez fréquenté. Cette ville, qui remonte à 1637, est par 25° 26′ de latitude Sud et 47° 27′ de longitude Ouest, à deux cent soixante kilomètres à l'Est-Nord-Est de São-Paulo et à deux cent quarante de Rio-de-Janeiro. Les églises principales sont : Exaltação-da-Santa-Cruz et Nossa-Senhora-da-Conceição. Le commerce d'Ubatúba consiste en manioc, café, riz, sucre, eau-de-vie, tabac et planches.

VILLA-BELLA-DA-PRINCEZA. — La ville nommée Villa-Bella-da Princeza est sur la côte occidentale de l'île São-Sebastião, à près de deux cents kilomètres à l'Est de São-Paulo, par 25° 47′ de latitude Sud, et 47° 46′ de longitude Ouest. Le sucre, l'eau-de-vie et le tabac y sont les principaux objets de commerce. L'église principale est dédiée à Nossa-Senhora-da-Luz.

Armée. — L'armée brésilienne compte dans la province de São-Paulo : un assistant de l'adjudant général de l'armée, un lieutenant-colonel du corps des ingénieurs, un capitaine d'état-major, commandant la forteresse de Bertioga et un corps fixe de garnison (infanterie et cavalerie).

La garde nationale est composée de douze commandants supérieurs, quarante bataillons, cinq sections de bataillon et trois compagnies d'infanterie; trois corps et onze escadrons de cavalerie, une compagnie et une section de compagnie d'artillerie; trois bataillons, seize sections de bataillon, dix-huit compagnies et onze sections de compagnie d'infanterie de réserve.

PROVINCE DE SÃO-PEDRO-DO-RIO-GRANDE-DO-SUL. — La province de São-Pedro-do-Rio-Grande-do-Sul, ou simplement de São-Pedro est limitée : au Nord par les provinces de Paraná et de Santa-Catharina; à l'Ouest et au Sud, par l'Uruguay et Monte Vidéo; à l'est par la province de Santa-Catharina et l'Océan. Elle est située entre 28° et 52° de latitude Sud; son étendue est évaluée à plus de trois cent mille kilomètres carrés.

Cette province est, depuis le 18 août 1860, divisée en deux districts électoraux : Porto-Alegre et Rio-Grande.

Le sol de cette province est montagneux à l'Ouest, au Sud et à l'Est; mais au Nord et au Centre elle offre de vastes et fertiles plaines. Le riz, le blé, l'orge, le maïs, la vigne, les fruits de toute espèce y viennent parfaitement. On y trouve des mines d'or, d'argent, de soufre et de houille. C'est un excellent pays agricole, dont les bestiaux forment la principale richesse; le cactus nopal y croît naturellement, et pourrait devenir, par la cochenille, une source de richesses. La plus remarquable forêt de la province s'étend du Nord de São-Pedro au Sud du Rio Uruguay, elle se nomme Mata Castelhana.

La partie basse de la province est entrecoupée d'une suite de lagunes formant deux lacs principaux assez semblables aux haffs des bords de la Baltique, en Prusse.

La culture du blé, autrefois florissante dans cette

province, est aujourd'hui très-déchue et presque généralement abandonnée. De 1810 à 1820 les récoltes de blé furent abondantes, mais la rouille qui s'introduisit peu à peu et fit perdre de nombreuses récoltes, éloigna des cultivateurs le désir de continuer à produire cette céréale.

Montagnes. — Les montagnes les plus remarquables de la province sont : 1° le mont Albardão, qui sert de limite au Brésil et à l'État-Oriental; 2° le Cerro da Vigia, près du Rio Jaguarão; 3° le Cerro Largo, à soixante-dix kilomètres au Sud du Rio Jaguarão; 4° le Cerro Pellado, au Nord du Rio Piratinim; 5° le Cerro Pellado-da-Encruzilhada, entre le Rio Camacuan et le Rio Jacuhy; 6° la Serra Herval, au Nord du Rio Jaguarão; 7° la Serra Matheus-Simões, sur les rives du Rio Capivary; 8° la Serra do Mar, dans laquelle on trouve un vaste plateau, nommé Campos-de-Serra-e-Cima, situé au Nord de Porto-Alegre; 9° la Serra Monte-Alegre, au Nord de Cachoeira et près du Rio Taquary et du Rio Pardo; 10° le mont Navarro, dont le sommet est entre le mont dos Castelhos-Grande et le mont Xafalote, et qui sert de point de démarcation au Brésil et à l'État-Oriental; 11° la Serra Tapes; 12° la Serra São-Martinho.

Cours d'eau. — Par la raison que nous avons donnée aux cours d'eau de la province de Santa-Catharina, ceux de la province de São-Pedro-do-Rio-Grande-do-Sul ont peu d'étendue. Les principaux sont : 1° le Rio Albutay, affluent du Rio Uruguay; 2° le Rio Antas, dont la source est dans la Serra Geral et l'embouchure dans le Rio Taquary, par la rive gauche; 3° le Rio Arapehy, qui naît dans la Serra Herval et se verse dans le Rio Uruguay, à

plus de deux cents kilomètres au-dessous du Rio Ibicuy;
4° le Rio Araricá ou Vacari-Mirim, qui a sa source au
Nord du mont Cuchilla-Grande et son embouchure dans
le Rio Jacuhy-Superior; 5° le Rio Cahy, qui se forme
près du mont Negro et se verse dans le Rio Jacuhy par
la rive gauche; 6° le Rio Camacuan ou Camacoan,
aussi nommé Iquabaquam, qui naît au mont Cuchilla-
Grande, reçoit le Rio Palmas, le Rio Torrinhos, le Rio
Santo-Antonio, le Rio Camargo, le Rio Pedras et le Rio
Carahá, puis se verse dans le lac dos Patos; 7° le Rio
Curetehy ou Bútucarahy, qui a sa source au Nord de
celle du Rio Pardo, et se verse dans le Rio Jacuhy, par
la rive gauche; 8° le Rio Canguçú, affluent du lac dos
Patos; 9° le Rio Capibary, ou Capivary, ou Capibari,
qui se forme d'un lac au pied de la Serra Geral et se
verse dans le Rio do Sino; 10° le Rio Chasqueiro, af-
fluent du lac Mirim; 11° le Rio Caziquei, affluent du
Rio Ibicuy; 12° le Rio Dom-Marcos, tributaire du Rio
Jacuhy, par la rive droite; 13° le Rio Gravatahy ou Rio
da Aldêa, qui naît dans la Serra Geral et se verse dans
le lac Viamão; 14° le Rio Guanehi, tributaire du Rio
Bruguay; 15° le Rio Ibicuy, qui reçoit le Rio Taqua-
rembó, le Rio Jaguary, le Rio Caziquei, le Rio Ponche-
Verde, le Rio Ibicuy-Mirim, le Rio Icaïca, le Rio Toropi,
le Rio Nanduy, le Rio Itú, le Rio Ibirapuita, et s'unit au
Rio Uruguay, par la rive gauche, par 29° 30' de latitude
Sud; 16° le Rio Ijuy, qui naît dans la Serra Herval, reçoit le Rio Ijuy-Mirim et se verse dans le Rio Uruguay,
par 27° 50' de latitude Sud; 17° le Rio Jacuhy, qui se
forme par la réunion du Rio Jacayoiba, du Rio Ibirayó-
pira et du Rio Jay, reçoit le Rio Vacahi, le Rio Santa-

Barbara, le Rio Dom-Marcos, le Rio Irapuan, le Rio Pi-
query, le Rio Butucarahy, le Rio Pardo, le Rio Taquary
ou Tacoary, le Rio Cahy, le Rio dos Sinos et le Rio Gravatahy, puis se verse dans le lac Viemão; 18° le Rio Pe-
lotas, qui coule entre la province de Paraná et celle de
São-Pedro-do-Rio-Grande-do-Sul, naît de la Serra do
Mar, reçoit le Rio Caveiras, le Rio Canoas, le Rio Ca-
chorros, le Rio Correntes, le Rio Pepiri et le Rio Uru-
guay-Mirim, puis contribue ensuite à former le Rio
Uruguay; 19° un autre Rio Pelotas, tributaire du Rio
São-Gonçalo; 20° le Rio Parahy-Mirim, affluent du Rio
Negro, dans lequel il entre près de la forteresse de
Santa-Thecla, par 31° 16' de latitude Sud; 21° le Rio
Quarahim, qui reçoit le Rio Garôpa et le Rio Jaráo;
22° le Rio Palmares, tributaire du lac dos Patos; 23° le
Rio Palmas, affluent du Rio São-Gonçalo; 24° le Rio
Paratiny, qui entre dans le Rio Uruguay par 27° 45' de
latitude Sud; 25° le Rio Pareci, qui se verse dans le Rio
Taquary; 26° le Rio São-Gonçalo, sorte de canal qui
unit le lac Mirim au lac dos Patos; 27° le Rio Vacahi,
dans lequel on trouve de l'or.

Les lacs les plus importants sont : 1° le lac Barros,
qui a près de vingt-cinq kilomètres de longueur du Nord
au Sud, sur dix kilomètres de largeur, et est situé près
de la Serra Geral; 2° le lac Cajuba, qui se trouve entre
le Nord des lacs Mangueira et Mirim et dont la circonférence est d'environ quarante kilomètres; 3° le lac Capibary, situé entre l'Océan et le lac dos Patos; 4° le lac de
Mostardas ou do Peixe, sis entre le lac dos Patos et la mer,
et dont la longueur est de plus de cinquante kilomètres;
ce lac est très-poissonneux; 5° le lac Mangueira, aussi

appelé Saquarembó, qui se trouve entre l'Océan et le lac Mirim, possède une longueur de cent trente kilomètres sur six de largeur et communique avec la mer par un canal naturel nommé Rio Taïm ou Tahim ; 6° le lac Mirim, dont la longueur est de cent cinquante kilomètres du Nord-Est au Sud-Est, et la largeur de plus de trente de l'Est à l'Ouest ; il communique au Nord avec le lac dos Patos par le Rio São-Gonçalo ; ce lac est navigable et très-poissonneux ; 7° le lac dos Patos, qui a deux cent quarante kilomètres du Nord-Est au Sud-Est, parallèlement à l'Océan, et une largeur variant de dix-huit à cinquante kilomètres ; il communique, au Sud, avec le lac Mirim par le Rio São-Gonçalo, et au Nord, avec le lac Viamão ; il se verse dans l'océan Atlantique par un canal naturel appelé Rio Grande ; il y a dans ce lac, près de la ville de São-Pedro-do-Rio-Grande, une île nommée dos Marinheiros, dont la circonférence est de quinze kilomètres ; 8° le lac Ponche-Verde ; 9° le lac Viamão.

Colonisation. — La province de São-Pedro-do-Rio-Grande-do-Sul est la plus propice à la colonisation européenne ; elle possède un assez grand nombre de colonies dont les principales sont : Caseros, São-Leopoldo, Santa-Cruz, Santa-Maria-da-Boca-do-Monte, Santo-Angelo, São-Pedro-d'Alcantara-das-tres-Forquilhas, Nova-Petropolis, Santa-Maria-da-Soledade, São-Lourenço, Pedro II, Mundo-Novo, Mariante, São-Pedro-das-Torres, Monte-Alverne, Estrella, Conventos.

Caseros. — Cette colonie militaire, fondée il y a peu d'années, n'est pas encore très-prospère ; on a commencé sur son territoire la construction d'un quartier et d'une église,

São-Leopoldo. — Cette colonie fut commencée en 1824; elle possède aujourd'hui près de seize mille habitants. L'exportation de cette colonie est évaluée, en moyenne, à plus de huit cents contos de reis par an. Elle possède plusieurs fabriques d'huile, de bière, d'eau-de-vie, de farine de manioc, etc. On y trouve trois écoles publiques et vingt-sept écoles particulières d'instruction primaire.

Santa-Cruz. — Cette colonie, créée en 1849, est aujourd'hui dans un état prospère. Le nombre de ses habitants est de près de trois mille. Les cultures principales sont les haricots, le riz, les pommes de terre, le blé, le maïs, le tabac.

Santa-Maria-da-Boca-do-Monte. — Cette colonie est située sur les municipios de Santa-Maria et da Cruz-Alta, dans les montagnes de la Serra São-Martinho. Elle compte environ cent cinquante habitants, qui vivent du produit de leur culture. Les terres de cette colonie sont excellentes.

Santo-Angelo. — Cette colonie est établie dans le municipio da Cachoeira, entre la Picada Nova et le Rio Jacuhy. Elle fut commencée en 1857; sa population est d'environ deux cents personnes. Avec un peu d'aide, il y a lieu de penser que cette colonie acquerra un développement remarquable. Les terres y sont fertiles et bien situées. L'exportation s'élève déjà à une valeur d'environ dix contos de reis.

São-Pedro-d'Alcantara-das-tres-Forquilhas. — Ce centre agricole fut fondé en 1825; son développement peu rapide ne lui permet pas encore d'exporter ses produits en grande quantité. Elle est située à quatre-vingts kilomètres de la ville de Conceição-do-Arroio. La population de cette colonie est d'environ quatre cent cinquante habitants.

Nova-Petropolis. — Cette colonie, fondée tout récemment, ne peut encore présenter de données capables d'en faire apprécier l'avenir. Ce ne fut qu'en septembre 1858 qu'on y entreprit les premiers travaux. Les terres y sont très-bonnes, la position bien choisie et les routes sont commencées. Il y a déjà cinq cents habitants.

Santa-Maria-da-Soledade. — Cette colonie, commencée en 1856, possède environ trois cent quatre-vingts colons. Les cultures principales sont celles de haricots, maïs et pommes de terre. En 1859, un certain nombre de colons se sont retirés par suite de l'invasion d'une bande de sauvages qui s'était montrée vers le Nord de la colonie et y avait assassiné deux personnes.

São-Lourenço. — Cette colonie est formée depuis trop peu de temps pour qu'il puisse être donné des informations exactes à son sujet. Elle possède une population de plus de deux cents personnes.

Pedro II. — Cette colonie décroît de jour en jour; des deux cent soixante-quatorze habitants dont elle fut originairement composée, il en reste à peine cent. Ce sont de pauvres Irlandais qui vivent de pommes de terre et de maïs, et cultivent en outre un peu de tabac.

Mundo-Novo. — Cette colonie possède sept cents habitants. Son développement est lent, mais égal et continu. La récolte dépasse un peu les besoins de la population. On cultive principalement la canne à sucre, les haricots, le maïs et le tabac.

Mariante. — Colonie fondée avec cent seize colons,

en 1856. L'étendue des terres qu'elle occupe est d'environ deux millions de brasses carrées. Elle se trouve à proximité du Rio Taquary, qui lui fournira une voie de transport facile.

São-Pedro-das-Torres. — Cette colonie est située à quinze kilomètres de São-Domingos; le nombre de ses habitants est de près de cinq cents. On y trouve une école primaire. La culture est assez productive et tout fait espérer un accroissement de produits.

Monte-Alverne. — Les commencements de cette colonie ne datent guère que de 1860. Elle est sise entre les villages de Castelhano et de Sampaio.

Estrella. — Cette colonie, établie sur les terres du colonel Victorino José Ribeiro, occupe une superficie de plus de six millions de brasses carrées. Sa population est d'environ deux cents personnes. Les terres sont fertiles, les forêts remplies de bois, précieux ou utiles. Les récoltes ont donné jusqu'à présent les plus fructueux résultats.

Conventos. — La colonie de Conventos fut fondée, en 1855, sur les terres de M. Fialho, près de la rive droite du Rio Taquary. La population actuelle est de deux cents habitants. Les produits de la culture permettent un commencement d'exportation, et les bois de construction, que les forêts de la colonie fournissent abondamment, sont une source productive de revenus.

Il nous reste à parler des villages fondés pour la civilisation et la catéchisation des indigènes. Les principaux de ces villages sont : Nonohay, São-Nicoláo, São-Vicente et Santa-Isabel.

Nonohay. — Ce village, situé dans le municipio da

Cruz-Alta, sur la rive gauche du Rio Uruguay, est en décadence par suite des incursions des sauvages et des assassinats commis par eux sur plusieurs personnes de Nonohay. Les efforts de quelques indigènes civilisés donnent l'espoir que le village pourra recouvrer sa tranquillité et la prospérité dont il commençait à jouir.

São-Nicolão. — Ce village est encore plus abandonné que le précédent ; il n'y reste guère que des vieillards ou des invalides. Tous les jeunes gens se sont dispersés soit pour exercer des professions, soit pour embrasser l'état militaire.

São-Vicente. — Ce village est habité par des indigènes de la nation Guarani. On y trouve des maisons de commerce, et une chapelle assez bien entretenue. Le maître d'école est un indigène.

Santa-Isabel. — Ce village fut fondé avec les indigènes gouvernés par le cacique Doble et le capitão Chico, à quinze kilomètres du lac Vermelha, dans des terrains peu propres à la culture et manquant d'eau. Toutefois, la colonie militaire de Caseros, qui se trouve non loin du village, contribuera à le développer et à le faire prospérer.

Commerce et industrie. — Le commerce de la province tend à prendre chaque jour un accroissement remarquable. L'importation diminue et l'exportation augmente. Ce fait est opposé à ce qui se passe dans tout le reste de l'Empire. Pendant l'exercice 1858-1859, la valeur des marchandises importées a été de 5,754,145,688 reis, et celle des produits exportés de 7,115,062,181 reis. Il était entré dans le port de Rio-Grande 448 navires, sur lesquels il y en avait : 50 de

Montevidéo, 22 de Hambourg, 27 de Liverpool, 2 de Salem, 10 de Lisbonne, 9 de Setubal, 9 d'Anvers, 6 de Richemond, 8 de Porto, 15 de Buenos-Ayres, 29 de Cadix, 1 de Baltimore, 10 de New-Castle, 20 de divers autres ports.

La navigation à vapeur est faite par l'entreprise de plusieurs compagnies, dont deux sont subventionnées.

L'une exploite quatre lignes : de Porto-Alegre à Taquary, un voyage par semaine ; de Porto-Alegre à Laranjeiras, sur le Rio Cahy, et de là à Guimarães, un voyage par semaine ; de Porto-Alegre à la barre, aussi un voyage par semaine, de Porto-Alegre à Rio-Pardo, également un voyage par semaine.

La compagnie *União*, dont les navires desservent régulièrement Pelotas, São-José-do-Norte et parfois Porto-Alegre, est constituée sans subvention. L'un de ses bateaux va de Rio-Grande à Jaguarão.

Il y a une autre entreprise particulière dont les bateaux font, deux fois par semaine, le voyage de Porto-Alegre à São-Leopoldo.

Enfin, la dernière compagnie fait le service entre Porto-Alegre et Rio-Pardo.

Sous le récent ministère de M. Francisco Xavier Paes Barreto, il a été édicté un règlement relatif à la navigation fluviale de la province de São-Pedro-do-Rio-Grande-do-Sul. Les bases principales de ce règlement sont : 1° que pour être maître ou patron de barque sur les lacs et les cours d'eau de la province, il faut passer un examen devant la capitainerie du port ; 2° que le nombre des pratiques ou pilotes est illimité ; 5° que les pilotes sont soumis à un examen ; 4° la détermina-

tion des différents modes d'éclairage obligatoires pour
les embarcations qui naviguent la nuit.

Villes. — Les villes les plus remarquables de la pro-
vince sont : Porto-Alegre, *capitale;* Alegrete, Bagé,
Caçapáva, Cachoeira, Canguçú, Encruzilhada, Espirito-
Santo-da-Cruz-Alta, Pelotas, Piratinim, Rio-Grande-de-
São-Pedro, Rio-Pardo, Santo-Amaro, Santo-Antonio-da-
Patrulha, São-José-do-Norte, São-Leopoldo, São-Luiz-
das-Missões, Serrito, Triumpho et Vaccaria.

PORTO-ALEGRE. — La ville de Porto-Alegre a le titre
de *leal e valerosa cidade.* Elle a porté autrefois le nom
de Porto-dos-Cazaes. Cette ville, fondée en 1743, gît par
30° 21′ de latitude Sud et 54° 10′ de longitude Ouest,
sur la rive gauche du Rio Jacuhy, près du lac Viamão,
à douze cents kilomètres au Sud-Ouest de Rio-de-
Janeiro. Le nombre des habitants est d'environ vingt
mille; les rues sont bien alignées et on trouve plusieurs édifices remarquables, entre autres : la douane,
l'hôpital, les églises Nossa-Senhora-Mãi-de-Deos, Nossa-
Senhora-do-Rosario et Nossa-Senhora-das-Dores. Cette
ville possède un chantier de construction pour les navires. Son commerce est très-actif.

ALEGRETE. — La ville d'Alegrete est bâtie sur une
colline de la rive gauche du Rio Ibirapuitá, à quarante-
cinq kilomètres au-dessus de la jonction de cette rivière
avec le Rio Ibicuy. On y trouve une église nommée
Nossa-Senhora-da-Conceição-Apparecida.

BAGÉ. — La ville de Bagé est bâtie près du Rio Ca-
macuam. Elle possède une église sous l'invocation de
São-Sebastião.

CAÇAPÁVA. — La ville de Caçapáva ou Caçapába est à

cent cinquante kilomètres au Sud-Ouest de la ville de
Rio-Pardo et à cent cinquante à l'Ouest-Sud-Ouest de
Porto-Alegre. Elle fait un grand commerce de bestiaux.
Sa principale église est dédiée à Nossa-Senhora-da-
Conceição-da-Cachoeira.

CACHOEIRA. — La ville de Cachoeira, Caxoeira ou Vil-
la-Nova-de-São-João-da-Cachoeira, s'élève dans la partie
supérieure du cours du Rio Pardo. Son église porte le
nom de Nossa-Senhora-da-Conceição.

CANGUÇÚ. — La ville de Canguçú est sur le cours d'eau
du même nom, au Sud du Rio Camacuan. Son église
paroissiale est appelée Virgem-Maria.

ENCRUZILHADA. — La ville d'Encruzilhada se trouve
près du Rio Santa-Barbara, au Sud du Rio Jacuhy, à
environ soixante-dix kilomètres à l'Ouest de la ville de
Rio-Pardo. L'église est dédiée à Santa-Barbara.

ESPIRITO-SANTO-DA-CRUZ-ALTA. — La ville d'Espirito-
Santo-da-Cruz-Alta est bâtie au Nord des sources du Rio
Jacuhy. Le commerce y consiste surtout en mate et
bestiaux.

PELOTAS. — La ville de Pelotas a le titre de *cidade*.
Elle est à quarante kilomètres au Nord-Ouest de Rio-
Grande-de-São-Pedro, à deux cent soixante-dix de Porto-
Alegre. La viande sèche, les cuirs, les cornes et le suif
sont les objets principaux du commerce de Pelotas.
La plus remarquable église est São-Francisco-de-Paula.

PIRATINIM. — La ville de Piratinim, située sur la rive
gauche du cours d'eau de son nom, fait un commerce
étendu de bestiaux, de lin et de coton. L'église paroissiale est sous l'invocation de Nossa-Senhora-da-Conceição.

Rio-Grande-de-São-Pedro. — La ville de Rio-Grande-de-São-Pedro, a le titre de *cidade*; elle se trouve sur la rive méridionale du canal naturel appelé Rio Grande, qui fait communiquer le lac dos Patos avec l'Océan; elle gît par 32° 2' de latitude Sud et 55° 29' de longitude Ouest; à près de deux cent trente kilomètres de Porto-Alegre. Cette ville, qui fut fondée en 1747, possède environ dix mille habitants. Les églises les plus remarquables sont : São-Pedro, Nossa-Senhora-do-Carmo, São-Francisco-de-Paula. La viande sèche, les cuirs, le suif, les cornes, le lin et le blé y sont l'objet d'un très-important commerce. La navigation au long cours et le cabotage y sont très-actifs.

Rio-Pardo. — La ville de Rio-Pardo est sur la rive droite du cours d'eau de son nom, à peu de distance de son confluent avec le Rio Jacuhy, à cent vingt kilomètres à l'Ouest de Porto-Alegre. Le commerce consiste principalement en viande sèche, lin et mate. La ville de Rio-Pardo fut fondée en 1751 ; on y trouve plusieurs églises dont la principale est Nossa-Senhora-do-Rosario.

Santo-Amaro. — La ville de Santo-Amaro, sise sur la rive gauche du Rio Jacuhy, à quarante-huit kilomètres à l'Ouest de Porto-Alegre et à soixante à l'Est de Rio-Pardo, fut fondée en 1737. On y trouve beaucoup de bestiaux et de lin. L'église paroissiale est dédiée à Santo-Amaro.

Santo-Antonio-da-Patrulha. — La ville de Santo-Antonio-da-Patrulha fut fondée en 1740 ; elle est sur la route de São-Paulo, à quatre-vingt-dix kilomètres à l'Est-Nord-Est de Porto-Alegre. Elle a porté le nom de

Santo-Antonio-da-Guarda-Velha. Son commerce consiste en sucre, manioc, maïs. L'église paroissiale a pour patron Santo-Antonio.

São-José-do-Norte. — La ville de São-José-do-Norte possède un excellent port pour les navires d'un fort tonnage ; elle est dans une plaine sablonneuse, sur le Rio Grande, entre l'Océan et le lac dos Patos, à douze kilomètres de Rio-Grande-de-São-Pedro. Cette ville fut fondée en 1775. On y fait commerce de viande sèche, de cuirs, de cornes, etc. La principale église est sous l'invocation de Nossa-Senhora-dos-Navegantes.

São-Leopoldo. — La ville de São-Leopoldo est à quarante kilomètres au Nord de Porto-Alegre. On y récolte beaucoup de légumes, et on en exporte du beurre et des fromages.

São-Luiz-das-Missões. — La ville de São-Luiz-das-Missões est entourée de forêts ; elle s'élève sur les rives du Rio Piratinim. On y fait commerce de tabac, de sucre, de maïs, de coton, de manioc. L'église paroissiale porte le nom de la ville.

Serrito. — La ville de Serrito, aussi appelée Jaguarão et autrefois nommée Espirito-Santo-do-Serrito-no-Jaguarão, est bâtie entre le Rio Jaguarão et le lac Mirim. C'est un grand marché de bestiaux. L'église principale porte le nom de Espirito-Santo.

Triumpho. — La ville de Triumpho est sur la rive gauche du Rio Taquary, à peu de distance de son confluent avec le Rio Jacuhy, à soixante-dix kilomètres à l'Ouest de Porto-Alegre. On y trouve toutes les productions européennes, et particulièrement du lin et du blé. L'église est appelée Bom-Jesus-do-Triumpho.

Vaccaria. — La ville de Vaccaria ou Vacaris, autrefois appelée Nossa-Senhora-d'Oliveira, est à cent quatre-vingts kilomètres au Nord de Porto-Alegre, et à peu de distance à l'Ouest de Santo-Antonio-da-Patrulha. On y fait commerce de bestiaux et de viande sèche.

Armée. — L'armée brésilienne est représentée dans la province de São-Pedro-do-Rio-Grande-do-Sul par : un maréchal de camp, commandant des armes de la province ; un brigadier, directeur de l'école militaire préparatoire ; un brigadier, directeur de l'école centrale préparatoire ; un brigadier, directeur de l'arsenal de guerre de Porto-Alegre ; un brigadier, inspecteur d'infanterie, commandant supérieur de la garde nationale ; un lieutenant-colonel du corps des ingénieurs ; un régiment d'artillerie monté ; quatre régiments de cavalerie légère ; trois bataillons d'infanterie de ligne et deux bataillons d'infanterie légère.

PROVINCE DE SERGIPE. — La province de Sergipe est située entre 10° et 12° 20' de latitude Sud. Sa superficie est évaluée à quatre-vingt-huit mille kilomètres carrés. Ses limites sont : au Nord et à l'Ouest la province de Pernambuco ; au Sud, celle de Bahia ; et à l'Est, l'Océan.

Le sol de cette province est montueux et boisé en partie ; sur quelques points on y trouve de vastes solitudes arides.

Montagnes. — Les montagnes les plus remarquables de la province de Sergipe sont : 1° la Serra Curralinho ; 2° la Serra Itabayanna, la plus élevée et la plus étendue de la province ; elle est à soixante kilomètres de l'Océan, entre le Rio Real et le Rio Vasa-Barris ; son plus haut

sommet gît par 10°41'10" de latitude Sud, et 39° 13' 20"
dè longitude Ouest de Paris ; 3° la Serra Japaratúba ou
Pacatúba ; 4° la Serra Miaba, à soixante-dix kilomètres
de la mer, et dans laquelle on trouve du fer et du salpêtre ; 5° la Serra Tabanga.

Cours d'eau. — Les plus importants des cours d'eau de
la province sont : 1° le Rio Cotindiba ou Cotinguiba, qui
naît au Nord de la Serra Itabayanna, reçoit le Rio Poxim
et entre dans l'Océan à peu de distance des ruines de
l'ancienne ville de São-Christovão ; 2° le Rio Ganhamoróba, affluent du Rio Cotindiba ; 3° le Rio Paramopâma,
affluent du Rio Sergipe, à trente kilomètres de l'Océan ;
4° le Rio Piauhy, affluent du Rio Real, par la rive gauche ; 5° le Rio Ponchim, tributaire du Rio Aracajú ; 6° le
Rio Saguim, qui se verse dans le Rio Real ; 7° le Rio Sergipe, qui s'unit, à douze kilomètres de l'Océan, au Rio
Irapiranga ou Vasa-Barris.

Le lac principal de la province porte le nom de Tiririca.

Ile. — L'île la plus importante est celle do Ouro, sise
dans l'embouchure du Rio de São-Francisco, à trente-
cinq kilomètres de l'île do Ferro.

Commerce. — Le principal commerce de la province
consiste en coton, sucre et eau-de-vie de canne à
sucre.

Colonisation. — Aucune colonie n'est établie dans la
province de Sergipe. Son sol, en grande partie fertile,
offrirait cependant d'immenses avantages à la colonisation. Des canaux ont été entrepris pour augmenter la
facilité des communications. Nous citerons principalement le canal de Japaratúba et celui de Poxim.

Instruction publique. — Cette province possède quarante-trois écoles de garçons et vingt-trois de filles. Sur
toutes ces écoles, on n'en comptait qu'une en 1859,
dont le mobilier fût à peu près suffisant ; la plus grande
partie est privée des choses les plus indispensables, telles
que : papier, plumes, encre, bancs, tables, livres, etc.

Villes. — Les villes les plus importantes de la province de Sergipe sont : Aracajú, *capitale*, Capella, Divina-Pastora, Espirito-Santo-do-Rio-Real, Estancia, Itabayaninha, Itabayanna, Itaparoa, Lagarto, Laranjeiras,
Maroim, Porto-da-Folha, Propriá, Rio-Real, Rosario,
Santa-Luzia, Santo-Amaro, São-Christovão, *ancienne capitale*, Soccorro et Villa-Nova-de-Santo-Antonio.

Aracajú. — La ville d'Aracajú a été tout récemment
désignée comme capitale de la province. Cette localité
est sur une éminence de la chaîne de montagnes de
son nom, à peu de distance du Rio Cotinguiba, rive
droite, et à dix ou douze kilomètres de l'Océan. Le territoire avoisinant, et même une partie de la ville, sont
peuplés par les descendants des Tupinambas. On y fabrique des tuiles et des briques.

Capella. — La ville de Capella fait un commerce de
sucre assez important. On y remarque l'église Nossa-
Senhora-da-Purificação.

Divina-Pastora. — La ville de Divina-Pastora n'a été
élevée au rang de *villa* qu'en 1840. On y fait commerce
de bestiaux, de cuirs et de coton.

Espirito-Santo-do-Rio-Real. — La ville de Espirito-
Santo-do-Rio-Real, s'élève sur la rive gauche du Rio
Real. Elle possède une école primaire et une église
nommée Espirito-Santo.

ESTANCIA. — La ville d'Estancia a le titre de *villa constitucional;* elle est située à trente kilomètres au Sud-Ouest de São-Christovão, à dix ou douze de Santa-Luzia, sur la rive gauche du Rio Piauhy, à trente kilomètres de la mer. Le coton et le tabac y sont les principaux articles de commerce; il y a une mine de charbon de terre dans les environs. Les églises principales sont : Nossa-Senhora-da-Guadelupe et Nossa-Senhora-do-Rosario.

ITABAYANINHA. — La ville d'Itabayaninha ou Itabaianinha est à l'Ouest de São-Christovão. On y remarque l'église Nossa-Senhora-da-Conceição.

ITABAYANNA. — La ville Itabayanna, Itabayana, Itabaianna ou Itabahianna, est près de la chaîne de montagnes du même nom. On y fait commerce de chevaux estimés. Cette ville possède une école d'enseignement mutuel et une église qui a pour patron Santo-Antonio.

ITAPAROA. — La ville d'Itaparoa, qui a peu d'importance, est bâtie au Nord-Est de la Serra Itaparoa, au Sud du Rio Real.

LAGARTO. — La ville de Lagarto, sise à cent vingt kilomètres à l'Ouest de São-Christovão, fait commerce de coton et de bestiaux. Sa principale église est dédiée à Nossa-Senhora-da-Piedade.

LARANJEIRAS. — La ville de Laranjeiras ou Larangeiras se trouve à plus de vingt kilomètres de l'Océan, sur la rive gauche du Rio Cotindiba. Elle possède un hôpital et une église nommée São-Joaquim ou Santo-Nome-de-Jesus. Les bestiaux sont, dans cette ville, l'objet d'un important commerce.

MAROIM. — La ville de Maroim ou Maruim s'élève sur

les rives du Rio Ganhamoróba, affluent du Rio Sergipe, à l'Ouest de Santo-Amaro. Il y a un marché tous les samedis. Le sucre est l'objet principal du commerce.

Porto-da-Folha. — La ville de Porto-da-Folha commence à prendre quelque développement. On y remarque surtout l'église Nossa-Senhora-da-Conceição.

Propriá. — La ville de Propriá, Propihá ou Urubú-de-Baixo est à quarante kilomètres à l'Ouest d'Itabayanna, entre deux lacs, vers les rives du Rio de São-Francisco-do-Norte. Son église est dédiée à Santo-Antonio. On trouve des salines dans les environs.

Rio-Real. — La ville de Rio-Real fait commerce de coton et de bestiaux. Son église principale est Nossa-Senhora-dos-Campos.

Rosario. — La ville de Rosario est bâtie près de l'embouchure du Rio Ciriri dans le Rio Japaratúba, à dix ou douze kilomètres au Nord de Santo-Amaro. On y fait un assez grand commerce de bestiaux, de coton et de manioc. L'église paroissiale est Nossa-Senhora-do-Rosario.

Santa-Luzia. — La ville de Santa-Luzia ou Santa-Luzia-do-Rio-Real est à peu de distance du Rio Guara-rêma, tributaire du Rio Real, à quarante kilomètres au Sud-Sud-Ouest de São-Christovão. Le coton, le maïs, le manioc, le tabac, le riz et les haricots sont, dans cette ville, l'objet d'un important commerce.

Santo-Amaro. — La ville de Santo-Amaro se trouve près du canal par lequel le Rio Sergipe communique avec le Rio Cotindiba, à l'Est de la Serra Itabayanna. On en exporte du sucre et de l'eau-de-vie.

São-Christovão. — La ville de São-Christovão, an-

cienne capitale de la province, a le titre de *cidade*. Elle
gît par 11° 14′ de latitude Sud, à trente kilomètres de
l'Océan, près du Rio Sergipe et du Rio Paramopêma.
Cette ville fait un important commerce de tabac, de
coton et de sucre. Les églises les plus remarquables
sont : São-Christovão, Nossa-Senhora-do-Amparo, Nossa-
Senhora-do-Rosario, Misericordia, Carmelitas et Fran-
ciscanos.

Soccorro. — La ville de Soccorro, située à quatre
kilomètres au Nord de São-Christovão et à l'Ouest de la
Serra da Telha, fait commerce de sucre, d'eau-de-vie
et de coton. Son église paroissiale est dédiée à Nossa-
Senhora-do-Bom-Soccorro.

Villa-Nova-de-Santo-Antonio. — La ville appelée Villa-
Nova-de-Santo-Antonio ou Santo-Antonio-da-Villanova-
do-Rio de-São-Francisco-do-Norte, exporte beaucoup de
bestiaux, de coton et de maïs. Cette ville se trouve sur
la rive droite du Rio de São-Francisco-do-Norte, à quarante-cinq kilomètres de l'Océan, presque en face de
Penedo. Son église a pour patron santo Antonio.

Armée. — L'armée compte dans la province de Sergipe : un assistant de l'adjudant général de l'armée,
un major des ingénieurs et une compagnie fixe de
chasseurs.

XVII

MATIÈRES DIVERSES

Les maisons du Bresil, à l'exception de celles des grandes villes, offrent en général peu de commodités. Dans l'intérieur du pays, presque toutes les habitations sont dépourvues de vitres. Les fenêtres, ouvertes tout le jour, se ferment la nuit au moyen de volets. Dans les petites villes, les croisées vitrées sont souvent remplacées par une espèce de persienne treillagée, qui permet de voir au dehors sans être vu. Les meubles sont rares et ne consistent guère qu'en caisses, nattes, escabeaux et lits. Dans les maisons plus aisées on trouve quelques tables, des bancs ou des chaises. Chez les gens riches, ou qui par leurs fonctions occupent une place élevée dans la société, les appartements semblent vides tant on met peu de meubles : un canapé, quelques fauteuils, quelques chaises, le tout canné, un guéridon ou une console, parfois un piano, composent tout l'ameublement d'une vaste pièce dans laquelle on reçoit les visites. Les autres chambres de la maison sont plus vides encore.

Les habitants de la campagne mangent par terre sur une natte, qui ensuite sert de lit. La natte nommée esteira est un meuble des plus indispensables : c'est le lit, la couverture, la table, la chaise, le rideau, et quelquefois la porte.

Pour fabriquer les nattes on a un long bâton entaillé de place en place, à distances égales; à chaque entaille on attache l'extrémité de deux ficelles roulées sur des bobines; entre les deux ficelles et le long du morceau de bois, on place un paquet de joncs et on le lie en faisant passer la ficelle du dessus dessous et celle du dessous dessus ; on répète cette opération à chaque nouveau paquet de joncs, jusqu'à ce que la natte ait acquis une largeur suffisante.

Les lits dans les maisons du peuple sont composés de quatre montants supportant un fond de bois plein ; on se couche sur cette sorte de lit de camp en y ajoutant une natte et quelquefois un drap, duquel on s'enveloppe; on ne se déshabille point, ou l'on n'ôte que les vêtements superflus. Chez les personnes aisées, le lit est le meuble qu'on orne le plus. Les rideaux, les couvre-pieds, les draps, quelquefois très-fins, sont tous ornés de dentelles de coton qu'on fabrique dans le pays ou de franges nattées en effilant les extrémités de l'étoffe.

Les vêtements s'empilent dans les caisses qui servent de siéges et sont rangées le long des murs comme nous plaçons nos meubles. Les propriétaires qui demeurent à peu de distance des villes y ont presque tous une maison, dans laquelle ils viennent passer quelques jours au moment des grandes fêtes; toutes les caisses sont alors transportées soit en canot, soit sur des charrettes, car elles accompagnent leur possesseur partout où il va.

Plusieurs fois dans le cours de cet écrit nous avons parlé des pirogues, qui sont composées d'une seule pièce ; il est inutile que nous revenions sur cet objet.

Les charrettes sont formées de deux longues barres de bois supportées par un essieu, qui parfois aussi est en bois ; les roues, dans lesquelles passe l'essieu, sont souvent deux disques de bois massif, dont le diamètre est considérable. Dans les endroits où pénètrent les Eu ropéens, on commence à trouver des charrettes semblables à celles d'Europe.

Les pirogues, sur le bord de la mer, et presque toujours sur les fleuves, sont retirées de l'eau toutes les fois qu'on n'en a pas besoin, et remisées sous une espèce de hangar, appelé rancho. Ceux qui ne sont pas assez aisés pour posséder un rancho se contentent de retourner sens dessus dessous leurs pirogues, ou de les couvrir de branchages feuillus pour les préserver du soleil. Quand on veut se servir de la pirogue, on la retourne et on la met à l'eau.

Dans le Nord du Brésil, les pirogues sont plus rares que dans le Sud, et pour les remplacer on se sert de radeaux, nommés jangadas. Les jangadas sont composées de sept pièces de bois léger, dont deux sont transversales et soutiennent les cinq autres, qui ne sont point consolidées par autre chose. Leur longueur varie de sept à huit mètres. Les deux pièces de bois extérieures sont les plus longues et supportent le siége du timonier, qui tient une pagaie servant de gouvernail. Les jangadas sont conduites au moyen d'une voile latine de grande dimension. On entreprend souvent sur ces embarcations des voyages assez éloignés de la côte; elles servent à la pêche et au transport des marchandises.

Il n'entre pas un seul morceau de fer dans la construction de ces embarcations. Les indigènes civilisés excellent à conduire les jangadas et les pirogues.

La principale occupation des habitants épars le long de la côte est la pêche. Ils fabriquent leurs filets avec les fibres extraites des feuilles d'une espèce de palmier. Ces fibres n'ont besoin d'aucune préparation pour être employées; elles sont vertes, soyeuses, et on les teint en noir avec une décoction de l'écorce d'une térébinthacée nommée Aroeira. Une sorte de racine spongieuse, plus légère que le liége, et fournie par une Anonacée, est employée aux mêmes usages que le liége. On fait aussi des filets avec d'autres fibres blanches, mais offrant moins de solidité que celles dont nous venons de parler.

La nourriture des Brésiliens varie suivant les localités. Dans le Sud, la viande sèche, les poules, et surtout les haricots noirs et la farine de manioc dominent dans l'alimentation. Au centre, la viande de porc, la farine de maïs et la volaille sont la base de la nourriture. Enfin, au Nord, l'alimentation se compose davantage de poisson, de légumes et de fruits, parmi lesquels on distingue surtout les noix de coco. Partout le poisson sec se consomme en grande quantité. Les oranges, les bananes et diverses confitures ajoutent une assez grande masse d'aliments à ceux que nous venons de citer. Partout, excepté dans les villes, le pain est un aliment de luxe; la farine de manioc, qu'on y substitue, se sert dans des assiettes ou dans des moitiés de courge, quelquefois même sur la nappe, disposée en petits monceaux. En beaucoup d'endroits, on sert l'eau à tout le monde dans le même verre; dans d'autres, chacun puise l'eau dans une dame-jeanne, au moyen d'un coco pourvu d'un manche, et qui sert de verre.

Les femmes ne mangent généralement pas avec les hommes; elles prennent leur repas soit avant, soit après, parfois en même temps, mais dans une autre pièce; s'il n'y en a qu'une, elles se placent à distance, toujours prêtes à les servir.

Après le dernier repas du soir et avant d'aller se coucher, les enfants et les esclaves s'approchent du père, lui demandent sa bénédiction et disparaissent après l'avoir reçue. S'il y a un étranger dans la maison, un nègre lui apporte de l'eau dans un bassin de cuivre ou de bois, suivant la fortune des hôtes, et lui lave les pieds. Le maître de la maison vient quelquefois remplir lui-même ce soin à l'égard des étrangers auxquels il donne l'hospitalité.

L'hospitalité est une vertu patriarcale encore pratiquée au Brésil, dans tous les endroits un peu éloignés des centres populeux. Nous avons été plus d'une fois l'objet des soins empressés que les Brésiliens rendent dans ce cas aux étrangers, et notre plus doux souvenir du Brésil est celui des mille attentions délicates et du désintéressement avec lesquels on nous a reçu en divers lieux.

La religion du Brésil est le catholicisme; les étrangers établis dans ce pays professent librement leur religion.

Les Brésiliens sont si peu ou si mal instruits des vérités de la religion, que leur culte se compose d'une multitude de pratiques superstitieuses, et que la morale évangélique souffre les plus graves atteintes, sans qu'on y attache aucune importance. Les actions qui nous paraissent des fautes contre les mœurs semblent là tout à fait naturelles et sont, même au point de vue du clergé, irrépréhensibles. La croyance se borne à l'exécution de quelques pratiques extérieures, encore les accomplit-on d'une manière nonchalante et par une habitude consacrée. Dans les processions figurent les costumes les plus bizarres; de longues files d'hommes couverts de manteaux de soie de différentes couleurs, des enfants déguisés en anges, avec des ailes de papillon; des jeunes filles habillées en séraphins, avec des robes légères et ballonnées; une musique charivarique de tambours, de violons, de guitares; des feux d'artifice tirés en plein jour, avec grand fracas, devant les églises et aux points où s'arrête la procession; un clergé nombreux, s'occupant plus de maintenir l'ordre dans cette foule bigarrée que de réciter des prières; tout cet ensemble a quelque chose d'étrange pour l'Européen, et lui semble plutôt une parodie de mauvais goût qu'un acte de religion.

Les fidèles les plus attachés à leurs devoirs entendent la messe les dimanches et les jours de fête, et se confessent à Pâques. On ne voit presque jamais personne à l'église avec un livre; on s'y frappe fréquemment la poitrine avec bruit, et d'un autre côté on rit et on cause avec ses voisins. Les églises sont dépourvues de sièges; les femmes s'accroupissent par terre et les hommes restent debout. Tous, hommes et femmes, ont la tête nue. Comme c'est à peu près le seul endroit de réunion des femmes, c'est aussi le seul où elles étalent toutes leurs toilettes; il n'est pas rare d'en rencontrer qui sont coiffées et décolletées comme pour un bal.

Les obligations des prêtres ne sont pas plus rigoureuses que celles des laïques : beaucoup d'entre eux ne disent qu'une messe basse le dimanche. Point de prône, point de lecture de l'Évangile; le prêtre, avant l'office et en attendant l'heure de commencer, rit et parle avec les fidèles qui se trouvent près de lui. De vêpres, il n'en est jamais question. Les enfants ne sont point instruits de leurs devoirs religieux, et, pour faire leur première communion, ne sont point interrogés sur les vérités de la religion, qu'ils ignorent nécessairement. Les fidèles ne sont visités par le prêtre que pour l'administration des derniers sacrements.

Beaucoup de prêtres, outre les fonctions ecclésiastiques, ont des propriétés qu'ils font valoir, ou un commerce dont ils s'occupent dans leurs moments de loisirs, qui sont nombreux. Hors de l'église, leur costume ne diffère de celui des laïques que par une cravate blanche doublée de rouge. Il n'est pas rare de voir un prêtre en vêtements de couleurs claires, la chemise décolletée, un gilet fait de l'étoffe d'anciens ornements sacerdotaux, et un paletot d'indienne. Nous avons vu plus d'une fois les enfants qui répondent à la messe accomplir cet office vêtus d'une simple chemise.

L'oubli des convenances ne s'arrête pas à ces choses déjà graves de la part du clergé. La simonie est pratiquée presque à tous les degrés de la hiérarchie ecclésiastique, et cette vente des choses sacrées se cache sous divers noms qui n'en diminuent pas l'immoralité. La vie privée de certains prêtres est scandaleuse : le jeu, l'ivrognerie, et d'autres passions honteuses les mettent au-dessous des particuliers les plus répréhensibles à cet égard. Ils n'y ajoutent pas l'hypocrisie et ne se cachent pas sous des dehors graves ; mais le tort que leur conduite fait à la foi aura besoin, pour être atténué, de toute l'énergie et de tout le dévouement des jeunes prêtres qui s'instruisent aujourd'hui dans les séminaires, et donnent déjà l'espoir d'une rénovation de la croyance et de la foi.

Malgré l'affligeant tableau que nous venons de tracer et dont nous taisons les plus odieux côtés, nous nous plaisons à reconnaître qu'il y a un assez grand nombre d'heureuses exceptions à ce courant général de négligence et d'inobservation des plus simples règles de la morale.

Dans les villes et parmi le clergé instruit, on trouve de véritables prêtres accomplissant leur mission en fervents chrétiens. Les évêques sont choisis parmi les plus dignes, et donnent l'exemple de toutes les vertus apostoliques. Mais tous leurs efforts pour enrayer le mal et l'éteindre peu à peu se brisent contre des obstacles que le temps seul peut vaincre : habitudes invétérées et difficulté des communications.

Il y a des paroisses plus vastes que certains États souverains d'Europe et des diocèses plus grands que l France. L'évêque de Rio-de-Janeiro, pour visiter les paroisses de son diocèse, emploierait plusieurs années à travers mille fatigues et des dangers sans nombre. Le

temps seul peut donc amener un changement heureux
dans cet état de choses. D'un autre côté, les prêtres étrangers, qui viennent avec les colons, donnent l'exemple
des vertus et du dévouement à leurs fonctions et feront
ressortir, par le contraste, la voie mauvaise dans laquelle
le clergé brésilien est engagé.

Les séminaires aujourd'hui fondés dans tous les diocèses forment au ministère sacré des prêtres qui seront
dignes sous tous les rapports des hautes fonctions auxquelles ils se destinent. Cette génération nouvelle re-
trempera, par l'exemple de ses vertus, la foi ébranlée,
et ravivera les règles méconnues de la morale divine.

Les cœurs élevés et purs, qui gémissent aujourd'hui
sur les maux de l'Église brésilienne, peuvent en espérer
la disparition prochaine et verront fleurir dans un avenir rapproché la pureté des mœurs, une foi éclairée et
vivace, et le respect des choses saintes.

Les registres de l'état civil sont tenus par les prêtres
et le sont quelquefois avec tant de négligence, que nous
connaissons des parents qui ne peuvent pas aujourd'hui
retrouver l'acte de baptême de leurs enfants.

Outre l'état civil, l'enregistrement des terres et des
mutations de propriété est confié au clergé, qui jouit
d'une multitude de prérogatives et d'immunités.

Nous ne saurions trop le répéter, tout ce que nous
venons d'exposer s'applique bien plus aux campagnes
qu'aux villes. Dans es cités, telles que Rio-de-Janeiro,
Recife, Bahia, São-Luiz, Rio-Grande, Desterro, etc., les
usages ne diffèrent que peu ou point des usages d'Europe. L'ameublement, la nourriture, le service, tout se
fait comme en Europe. Comme partout, les dames ont

le don et le talent de plaire; mais, plus que partout, elles sont, en général, instruites et bien élevées. Il n'est pas rare de rencontrer de toutes jeunes dames, des demoiselles, parlant et écrivant plusieurs langues, parmi lesquelles le français d'abord, puis l'anglais, l'allemand, l'espagnol, etc. Toutes sont excellentes musiciennes.

Le Brésil n'a qu'une chose à souhaiter, disons-le encore en terminant, c'est un accroissement rapide de travailleurs libres, qui mettront son sol riche, inépuisable, à même de produire tout ce qu'il est susceptible de donner, et qui tireront parti des biens immenses que renferme le territoire.

TABLE DES MATIÈRES

FIN DE LA TABLE DES MATIÈRES

PARIS. — IMP. SIMON RAÇON ET COMP., RUE D'ERFURTH, 1.